Theodor Sonnemann

Die Menschheit hat noch eine Chance

Alternativen für die Welt von morgen

Hoffmann und Campe

1. bis 7. Tausend 1977

Gesetzt aus der Korpus Garamond-Antiqua
Gesamtherstellung Bercker · Graphischer Betrieb GmbH, Kevelaer
ISBN 3-455-08953-4 · Printed in Germany

Im Gedenken
an Ursula, Brigitte und Renate
für Marga, Christina
und Hans-Henning

Inhalt

Vorwort

In der seit Jahren anhaltenden Diskussion über die Zukunft der Menschheit scheint es für die Mehrheit der erstaunten oder zutiefst verschreckten Beobachter nur zwei entgegengesetzte Pole zu geben, von denen entweder düstere Vorhersagen oder leichtfertige Zuversicht ausgehen. Den Propheten des Unglücks, so stellt sich dies dem unvoreingenommenen Zeitgenossen dar, stehen die Propheten zukünftiger Beglückungen unbeirrbar gegenüber. Was für den einen Signale des sich anbahnenden Untergangs der Menschheit sind, stellt sich dem anderen als Fortschritt dar, was immer darunter verstanden werden könnte.

Der Streitgegenstand für die Kontrahenten aus dem Lager der unbelehrbaren Pessimisten oder der oberflächlichen Optimisten heißt Umweltschutz. Er ist zum Reizwort für Millionen von Menschen in aller Welt geworden, die sich mehr oder minder vorbereitet mit der Frage konfrontiert sehen, ob die Menschheit unentrinnbar aus eigenem Verschulden ihrem Ende entgegentaumele oder ob es doch Wege zu einem Fortbestand gäbe. In dieses Niemandsland der Unentschlossenen, der Unwissenden, der Verzagten oder der unsicher Hoffenden stößt Theodor Sonnemann vor. Er macht seine Leser zu Mitwissern und Mitdenkern als Voraussetzung für seine These von der möglichen Überwindung des Unheils, das uns allen durch den Mißbrauch der Schätze dieser Erde droht. Bevölkerungsentwicklung, Nahrungsmittelerzeugung, Kapitalinvestitionen, Rohstoffreserven, Beanspruchung des Naturhaushalts und vieles andere mehr werden als Stichworte für eine gründliche Aufbereitung des vorliegenden Stoffes zu einer Darstellung der gegensätzlichen Meinungen, zur Analyse, zum Kommentar und schließlich zu Lösungsansätzen genutzt.

Theodor Sonnemann geht sehr gründlich vor. Er geht von der Entwicklung des Naturschutzgedankens aus und setzt als ersten Schwerpunkt nicht ohne kritische Anmerkungen den Umweltalarm und die sich anschließenden Weltuntergangsstimmen. Doch er sammelt sorgfältig die Argumente aus dem Gegenlager, beschäftigt sich mit Bevölkerungsexplosion und Ausverkauf an Rohstoffen, mit der Ausbeutung der Weltmeere ebenso wie mit Kernenergie, Wachstumstheorien und ermutigenden Anfängen. Die Stärke des Werkes von Theodor Sonnemann geht allerdings über die zuverlässige Materialsammlung weit hinaus. Von behutsamer Hand wird der Leser durch die chronologische Entwicklung der weltweiten Diskussion über Untergang oder neue Ansätze zu einer beständigen Zukunft der Menschheit geleitet. Diese Behutsamkeit gilt nicht nur der dokumentarischen Darstellung sondern auch der Wertung aus der Sicht eines wissenden und abwägenden Fachmannes. Theodor Sonnemann hat es sich nicht so leicht gemacht wie die Verfasser von manchen populären Veröffentlichungen, die sich im Grunde auf einen Wortschwall von Kassandrarufen beschränkten oder mit dem Widerspruch ohne ausreichende Gegenbeweise antreten. Sonnemann beschäftigt sich ausführlich mit Rachel Carson und ihren Anhängern einer wissenschaftlich unbegründeten Untergangstheorie. Er weicht Wissenschaftlern wie Jay M. Forrester und Dennis Meadows nicht aus, die den populären Alarmruf aufgriffen und eine möglichst breit fundierte Beweisführung versuchten, die in den zwei inzwischen berühmten Berichten des Klubs von Rom ihren Niederschlag fanden. Theodor Sonnemann sucht, findet und begründet seine Antithese. Dabei befindet er sich in einer Reihe mit Männern wie John Maddox, die den Weltuntergangspropheten die Stirn bieten.

Diese große Gruppe von Wissenschaftlern, Praktikern und sachkundigen Laien ist sich durchaus darüber im klaren, daß sie sich zunächst in einer Defensivposition befindet, weil sie nüchterne Sachargumente gegen schwungvolle Agitation, die Darlegung des Beweisbaren gegen publikumswirksame Behauptungen, die Grenzen der Realisierbarkeit der Endprophetie gegenüberstellen müs-

sen. Theodor Sonnemann – und auch dies unterscheidet ihn von manchen Autoren – übernimmt die Offensive der Zuversichtlichen und setzt sich mit seinem Werk an deren Spitze. Er durchbricht die Schallmauer der Angstvorstellungen von einer Selbstvernichtung der Menschheit und führt zu Lebensmut und Selbstbehauptung durch neue Selbstbestimmung. Dabei sind für ihn Gesellschaftskritik und Systemwandel keine geeigneten Mittel einem drohenden Chaos zu entkommen. Theodor Sonnemann setzt seine Hoffnungen auf die Intelligenz und auf die schöpferische Phantasie des Menschen, auf seine Lebenskraft und seinen Einfallsreichtum. Dies untermauert der Verfasser mit Lösungsvorschlägen, die aus der Krise führen können.
Theodor Sonnemann kennt die Gefahr und weiß dennoch Hoffnung mit Vertrauen zu verbinden: »Sicher ist, daß unsere Welt in hohem Maße gefährdet ist und daß wir nicht mehr viel Zeit zu verlieren haben, wenn wir diesen großenteils von uns selbst heraufbeschworenen Gefahren entgegenwirken wollen. Doch nicht sicher ist, daß wir unwiderruflich und unaufhaltsam dem Abgrund zutreiben müssen. Allerdings müssen wir in die Speichen greifen.« Noch haben wir Zeit, und es fehlt nicht an Mut.

Rudolf Hanauer

München, Oktober 1976 Präsident des Bayerischen Landtags

Einführung

Der Gedanke, die unberührte Natur zu schützen und zu erhalten um ihrer Schönheit willen und als Quelle der Erholung, hat seinen frühen und ersten Ausdruck gefunden in der Naturschutzbewegung. Sie hat Hunderttausende von begeisterten Naturfreunden erfaßt, aber nicht die großen Massen. Entstellende und die natürlichen Lebensbedingungen gefährdende Eingriffe in Natur und Landschaft, Folgeerscheinungen einer zunehmenden Industrialisierung, hat sie nicht verhindern oder abwenden können. Erst als die Idee des Naturschutzes sich ausweitete zu der des Umweltschutzes, ist die Bedrohung der Welt um uns herum der Menschheit des Industriezeitalters in ihrer ganzen Breite bewußt geworden. Damit hat sie eine nachgerade alle Lebensbereiche einbeziehende weltweite Bedeutung erfahren. Sie ist von den Massenmedien aufgegriffen und zum Gegenstand einer immer weiter greifenden Gesetzgebung nicht nur in den hochentwickelten Industrieländern geworden.

Die überall aufflammende Diskussion über die Gefahren, die die Menschen durch nachlässigen Umgang mit lebensnotwendigen Umweltfaktoren heraufbeschworen haben, kann für sich in Anspruch nehmen, die Probleme eines sich auf alle natürlichen Lebensbedingungen erstreckenden Umweltschutzes volkstümlich gemacht zu haben. Aber durch Prognosen und Forderungen, die über realisierbare Zielsetzungen hinausschießen, hat sie Panik und Lebensangst verbreitet. Sie hat die Frage aufgeworfen, ob und unter welchen Voraussetzungen die Menschheit noch Aussicht hat zu überleben. Wir wollen versuchen, sie in einem positiven Sinne zu beantworten, in der Gewißheit, daß die Menschen unserer Tage

ihre und ihrer Nachkommen Zukunft zwar gefährdet, aber noch nicht vertan haben.
Dabei verkenne ich keineswegs, daß es notwendig war, die Menschheit mit einer massiven Darstellung der von ihr selbst ausgehenden Bedrohung aufzurütteln. Ich bestreite auch nicht, daß manche Gefahren tatsächlich bestehen. Ebenso bin ich davon überzeugt, daß wir uns auf bescheidenere Wachstumsraten einrichten sollten. Aber ich wende mich gegen offensichtliche Irrtümer, noch so gutgemeinte Übertreibungen und unzulässige Verallgemeinerung, erst recht aber gegen Gesamtdarstellungen, die die Zukunft des Menschengeschlechtes als ausweglos bezeichnen, und gegen alle Versuche, die Probleme der biologischen und technischen Umwelt mit dem politischen Bestreben nach Änderung der gesellschaftlichen und wirtschaftlichen Systeme zu verbinden.
Die moderne Industriegesellschaft steht an einem Wendepunkt. Sie beginnt darüber nachzudenken, ob es der Sinn des Wirtschaftens sein kann, immer mehr Bedürfnisse zu wecken, um immer mehr produzieren zu können. Sie fängt an einzusehen, daß es natürliche Grenzen des Wachstums gibt und daß es nicht vertretbar ist, schwer zu ersetzende Rohstoffe zu vergeuden für Produkte, die keineswegs unentbehrliche Lebensbedürfnisse darstellen. Diese Grenzen treten zutage in der Rezession, deren Ursache mit darin liegt, daß mehr produziert worden ist, als der Markt aufnehmen kann. Das sind Fakten, die für sich selbst sprechen. Die Alarmrufe, die uns glauben machen wollen, daß die Wachstumsgrenzen unverrückbar sind und demnächst erreicht sein werden, sind überspitzt und übertrieben. »Wir werden uns selbst widersprechen« – so schrieb Wilhelm Röpke vor 20 Jahren –, »wenn wir uns die Warnung vor der äußersten Gefährdung des Menschen und seiner Gesellschaft in unserer Zeit nicht zu eigen machen würden, und unter den Ursachen dieser Gefährdung finden wir gewiß solche von größtem Gewicht, von denen wir sagen können, daß sie nie zuvor in der Geschichte aufgetreten sind. Aber das sollte uns nicht mit Untergangsvisionen zu Boden drücken, denn von der Gefährdung können wir . . . zuversichtlich sagen: sie ist die erste nicht. Und nichts zwingt uns anzunehmen, daß selbst diese nicht schließlich überwunden werden könne, sofern wir uns nicht den Glauben . . . an den Menschen . . . neh-

men lassen.«[1] Genau das ist das Thema dieses Buches.
Es ist gedacht und angelegt als eine Gegenposition zu dem ersten und dem zweiten Bericht des Klubs von Rom und vor allem zu den vergröbernden Folgerungen, die eine große Zahl von geistigen Nachfahren der Berichterstatter und ihrer apodiktischen Thesen gezogen haben. Diese Propheten des Untergangs lassen die Möglichkeiten neuer Entdeckungen, Erfindungen und Verfahren wie ihre Auswirkungen auf die Zukunftsaussichten der heutigen Menschheit praktisch außer Betracht. Sie schwelgen in apokalyptischen Weltuntergangsvisionen und einer nihilistischen Resignation, die die Fähigkeiten des elektronischen Zeitalters negiert, die entnervend und entmutigend wirkt und politische wie gesellschaftliche und wirtschaftliche Lösungen anstrebt, die mit den Grundsätzen einer freiheitlich-demokratischen Staats- und Gesellschaftsordnung nicht zu vereinbaren sind.

Auf seiner Tagung in Philadelphia zu Ostern 1976 hat der Klub von Rom einen dritten Bericht angekündigt. Angesichts der wachsenden Kritik an allzu offensichtlichen Irrtümern, Fehlern und zusammengebrochenen Voraussagen soll offenbar hier und da ein bißchen Wind aus den Segeln genommen werden. Die Thesen über den zur Katastrophe führenden Raubbau an Rohstoffen und Energien und die damit zusammenhängende unzulängliche Nahrungsmittelproduktion sollen, wie es heißt, revidiert werden. Aber es bleibt bei der Utopie einer Weltorganisation, die sowohl die Geburtenrate wie das wirtschaftliche Wachstum planen soll. Die Industrialisierung der Dritten Welt soll forciert, die Rüstung reduziert werden.

Das sind reichlich verspätete und überdies halbe Einsichten. Inzwischen haben die düsteren Aspekte der ersten beiden Berichte Verwirrung genug angestiftet. Sie sind zu gesellschaftspolitischen Programmen einflußreicher Gruppen geworden. Sie können auch nicht unschädlich gemacht werden, indem ihre Urheber und Verfechter dem mit so großem Aufwand und mit so viel Unfehlbarkeitsanspruch vorgestellten Schreckensgemälde den einen oder anderen helleren Farbflecken aufsetzen, ohne doch die Grundtendenz preiszugeben. Wie ihre Thesen verstanden und ins Extreme weitergeführt worden sind, zeigt Herbert Gruhls »geplünderter Planet«. Sie spuken weiter. Ich unternehme es, ihnen entgegenzuwirken, weil es mir darum geht, kommenden Generationen das Vertrauen in ihre Fähigkeiten und den Glauben an eine lebenswerte Zukunft zu erhalten.

Daß ich dieses Buch schreiben konnte, verdanke ich meiner Frau, einer geduldigen und kritischen Partnerin unzähliger Diskussionen, und dem Fleiß wie der Sorgfalt meiner Sekretärin, Frau Waltraud Kraus; beide waren meine einzigen Mitarbeiter.

Die Entwicklung des Naturschutzgedankens

Der Mensch in seiner Umwelt

Von Anbeginn an ist die Menschheit ständig der Versuchung erlegen, die Kräfte der Natur, deren sie zur Befriedigung ihrer sich verfeinernden Lebensnotwendigkeiten bedurfte, im Übermaß zu nutzen, ihren natürlichen Hilfsquellen mehr zu entnehmen, als im Prozeß des Wachstums und Reifens ersetzt werden konnte. Alles, was sie unternommen hat, um ihren steigenden Bedarf an Nahrung, Kleidung und Behausung zu decken, ist zu Lasten der ursprünglichen Natur gegangen und ist begleitet gewesen von einem mehr oder minder nachhaltigen Eingriff in das Gleichgewicht des Naturhaushaltes. Pflanzen und Tiere haben dem Menschen weichen müssen. Viele Großtierarten sind nicht allein deshalb ausgestorben, weil Klimaverschiebungen ihre Lebensbedingungen veränderten. Das Vordrängen des Menschen hat den Raum für Großlebewesen immer mehr eingeengt. Die mißverstandene Verheißung, der Mensch solle sich die Erde untertan machen, hat vom Beginn der Menschheitsgeschichte an als Rechtfertigung für Raubbau und folgenschwere Zerstörung dienen müssen. Immer wieder haben die Menschen um eines Augenblicksvorteiles willen und ohne sich über die Lage der nach ihnen Kommenden Gedanken zu machen, die Kreisläufe der Natur unterbrochen. So sind die fruchtbaren Gefilde des Zweistromlandes, der Wiege der Menschheit, und Nordafrikas, der Kornkammern des römischen Imperiums, zu Wüsten geworden und, um nur die handgreiflichen Beispiele zu nennen, die abgeholzten Mittelmeerländer verkarstet. Auch in grauen Vorzeiten sind unersetzbare Bodenschätze abgebaut und Flußläufe verpestet worden. Allenfalls die Bauern und am ehesten die Menschen in den von der

Natur wenig begünstigten nördlichen Regionen haben zeitig erkannt, wie sehr ihre Existenz davon abhing, daß sie das, was sie ihrem Boden entnehmen wollten, in Einklang mit seiner Regenerationsfähigkeit halten mußten.

Die Zunahme der Erdbevölkerung ist jahrtausendelang in langsamer Progression verlaufen. Etwa 1650 Jahre sind notwendig gewesen, um die Zahl der ersten 250 Millionen Erdbewohner zu verdoppeln. Von da an vollzog sich die Entwicklung in größeren Sprüngen. Innerhalb der nächsten 200 Jahre hat sich die Erdbevölkerung vervierfacht, und von 1850 bis 1950 hat sie, mit rund 2 Milliarden, den achtfachen Stand, von Christi Geburt an gerechnet, erreicht. Aber Bevölkerungsexplosionen hat es auch schon gegeben, als die Erde noch ganz dünn besiedelt war. Josefs Brüder zogen nach Ägypten, weil sie vom Hunger geplagt wurden. Alle großen Wanderbewegungen der Weltgeschichte, die Einfälle der Hunnen und Mongolen nach Europa, die Wanderungen germanischer Völker in den Mittelmeerraum, bis hin zu den Auswanderungswellen des 19. Jahrhunderts, sind durch die gleichen Antriebskräfte in Bewegung gesetzt worden: durch das elementare Verlangen nach Nahrung und Wärme, nach einem besseren und leichteren Leben. In den gleichen Zeiträumen der Menschheitsgeschichte sind fruchtbare Kulturlandschaften in ehemals dicht bevölkerten Gebieten der Verödung anheimgefallen, nicht, weil sich zu viel Menschen in ihnen zusammendrängten, sondern weil diese mit den Gaben der Natur gedankenlos umgingen.

Die eigentliche Überbelastung des Naturhaushaltes, deren so lange nicht erkannten oder negierten Folgen inzwischen zu einer Überlebensfrage nicht nur der hochentwickelten Industrienationen geworden sind, setzte erst vor 150 Jahren, mit dem Beginn des Maschinenzeitalters, ein. Die Erfindung der Dampfmaschine und die damit eingeleitete technisch-industrielle Entwicklung veränderten die Welt. Die Güterproduktion erreichte bis dahin unbekannte Dimensionen. Neue Verkehrsmittel ermöglichten einen intensiven, alsbald weltweiten Güteraustausch und rückten Länder und Völker dichter aneinander heran. Die Maschinenkraft und danach die Elektrizität vervielfältigten die menschliche Arbeitsleistung, machten körperliche Arbeit leichter und bequemer, schließlich auch weitgehend entbehrlich. Die überall, insbesondere auf der Energiebasis Kohle emporschießenden Industrien schafften Arbeitsplätze für Hunderttausende, die in den schnell aus dem Boden gestampften neuen Siedlungen, den Anfängen der »Ballungsräume«, zusammenströmten. Die ständischen Ordnungen lösten sich auf. Aus heimatgebundenen kleinen Bauern, Handwerkern, Tagelöhnern wurden wurzellose Fabrikarbeiter. Die Vormachtstellung des grundbesitzenden Adels trat zurück gegenüber dem Großbürgertum, das im Handel und in der Industrie große Reichtümer in kurzer Frist erwerben konnte. Seine Interessen prägten das Gesicht der Wirtschaft, die Formen des frühen Kapitalismus, und gewannen beherrschenden Einfluß auf das öffentliche Leben. Der Obrigkeitsstaat, der berufen gewesen wäre, den sich überschlagenden Industrialisierungsprozeß im Sinne des allgemeinen Wohles ausgleichend zu steuern, wurde in die Passivität der Nachtwächterrolle verwiesen. Möglichst ungehindertes Gewinnstreben wurde zur Maxime wirtschaftlichen Handelns.

In dieser Epoche vorwärtsstürmenden technischen Fortschritts waren die Blicke der wirtschaftenden Menschen allein nach vorn, auf den materiellen Erfolg, gerichtet. Was sich rechts und links von ihrem Wege bewegte, wurde übersehen und überrannt. Die Ellenbogen des Tüchtigsten, Schnellsten und Rücksichtslosesten entschieden. Die Standorte der Industrien wie der um sie herum wild wachsenden Arbeitersiedlungen wurden allein nach Zweckmäßigkeitsgesichtspunkten bestimmt. Ihre ungelösten wirtschaftlichen und gesellschaftlichen Probleme belasten uns heute noch, nach hundert Jahren eines längst dubios gewordenen Erfolgsrausches. Daß Landschaftsbilder von einmaliger Schönheit unwiederbringlich zerstört wurden, bekümmerte nur einige wenige, deren Protestrufe ungehört verhallten. In der Euphorie dieser ersten Blütezeit der modernen Industriewirtschaft hielt sich kaum jemand auf mit Betrachtungen darüber, daß die Rohstoffvorkommen, die so unbedenklich ausgebeutet wurden, ebensowenig unbegrenzt sind wie die Kräfte der Natur, reine Luft, sauberes Wasser und gesunder Boden. Die Menschheit berauschte sich an den alle Lebensbereiche erfassenden und prägenden Taten ihres technischen Ingeniums, eben ihrer Ingenieurleistungen, die auch in ihrem geistigen Leben einen immer breiteren Raum einnahmen und gleichrangig neben die Geisteswissenschaften traten. Sie genoß unbekümmert, was die Technik an immer Neuem zu bieten hatte, und fragte nicht nach dem Preis, den sie eines Tages dafür zu zahlen haben würde.

Was das Jahrhundert der ersten industriellen Revolution hinterlassen hat, was wir wieder in Ordnung bringen und künftig in einer besseren Ordnung halten müssen, sind nicht allein die Probleme, die sich ergeben, wenn es darum geht, das Gleichgewicht des Naturhaushaltes wiederherzustellen. Was wir als Umweltkrise verstehen, ist zugleich und in einem unauflösbaren Zusammenhang mit ihr eine Krise der wirtschaftlichen und sozialen Ordnungssysteme, im tiefsten Grunde auch eine solche der staatlich-politischen Ordnung. Sie ist nicht minder eine geistige Krise. Denn alle Überlegungen, die auf die Erhaltung oder die Wiederherstellung der naturgegebenen Lebensvoraussetzungen gerichtet sind, müssen Stückwerk bleiben, wenn sie nicht zugleich auch die mit ihnen verbundenen wirtschaftlichen und gesellschaftlichen Probleme miteinbeziehen. Eine solche umfassende Neuordnung der Existenzgrundlagen bedingt aber auch einen tiefgreifenden Prozeß des Umdenkens, einer Umwertung von bisher unbestrittenen Werten, eine Umstellung sowohl von Konsumgewohnheiten wie von Denkvorstellungen, alles in allem die Bereitschaft, auf vielen Gebieten des täglichen Lebens nach neuen Wegen zu suchen.

Inzwischen haben umwälzende naturwissenschaftliche Erkenntnisse und technische Erfindungen eine neue Epoche der Industrialisierung, das elektronische Zeitalter, eingeleitet. Wegen ihrer tiefen Einwirkungen auf alle ökonomischen und sozialen Bereiche wird die etwa mit dem Ende des Zweiten Weltkrieges zu datierende technisch-industrielle Entwicklung als die zweite industrielle Revolution bezeichnet. Neue Verfahren, aber auch neue Bedürfnisse sind entstanden. Rüstung und Raumfahrt benötigen die Schaffung neuer industrieller Kapazitäten. Der rapide wachsende Energiebedarf der Industrie, des Verkehrs, der privaten Haushalte, den das Erdölembargo in dramatischer Weise sichtbar gemacht und verschärft hat, erfordert die Erschließung neuer Energiequellen. Neu ist auch das sich überschlagende Tempo, in dem bis dahin unbekannte technische und wirtschaftliche Perspektiven sich eröffnen und Fragen aufwerfen, die alsbaldige Lösungen verlangen. Neue große Industriezentren stellen neue und hohe Anforderungen an Bauland, Luft und Wasser, ebenso die Wohnsiedlungen und der Verkehr. Neue Techniken, deren Neben- und Folgewirkungen noch nicht zu übersehen sind, wie die Energiegewinnung aus der Atomspaltung und der Atomfusion, werfen Probleme von unbekannten Größenordnungen auf. Insgesamt gesehen wächst die Belastung des Naturhaushaltes in progressiven Ausmaßen. Die ökologischen Krisenerscheinungen, die sich während der ersten Industrialisierungswelle noch in relativ erträglichen Grenzen gehalten haben, erfahren eine plötzliche und bedrohliche Aktualisierung.

Seitdem die Menschen seßhaft geworden und auf die regelmäßige Nutzung natürlicher Hilfsquellen angewiesen waren, haben sie unbedenklich genutzt, was ihnen die Natur geboten hat. Sie haben Steppen urbar gemacht, Wälder gerodet und Flüsse reguliert, Eisen geschmolzen und geschmiedet, um ihre Lebensbedingungen zu sichern und zu verbessern. Und sie haben nach Gold und Silber gegraben, um ihren Wohlstand zu mehren. Sicherlich haben sie auch Raubbau getrieben. Aber darüber brauchten sie sich keine Gedanken zu machen, solange Platz für alle auf der Erde war und die Naturgüter, die sie nutzten, unerschöpflich zu sein schienen. Eine existenzbedrohende Überbeanspruchung der Naturkräfte ist erst in unseren Tagen eingetreten. Sie hat aber, wenn auch nur schrittweise, allmählich und zunächst nur für besonders augenfällige Teilbereiche, die Erkenntnis reifen lassen, daß dem technischen Fortschritt, dem wirtschaftlichen Wachstum und damit auch dem allgemeinen Wohlstand natürliche Grenzen gesetzt sind. Deren Verlauf ist zwar noch nicht überall und in allen Einzelheiten erkennbar geworden, aber sie zeichnen sich immer deutlicher ab. Sie zwingen die Menschheit, wenn sie nicht das Opfer ihrer eigenen zivilisatorischen Leistungen werden will, nach neuen Wegen zu suchen, jedenfalls aber ihr Schrittmaß zu verlangsamen, und das ohne weiteren Verzug.

Es versteht sich von selbst, daß die ersten Warnrufe aus den Reihen derer kamen, die sich durch zerstörerische oder verschandelnde Eingriffe in die Natur nicht in ihren materiellen Belangen, wohl aber in ihrem ästhetischen Empfinden, in ihrer Freude an der Natur getroffen fühlten. Und ebenso selbstverständlich ist es, daß sie auf den Widerstand derer stießen, die diese Eingriffe verursachten und in den Protesten der Naturschützer eine unberechtigte oder sogar rechtswidrige Behinderung ihrer legitimen geschäftlichen Interessen erblickten. Der Handstreich, mit dem der Drachenfels und das Siebengebirge, das erste deutsche Naturschutzgebiet, davor bewahrt wurden, in einen einzigen großen Steinbruch verwandelt zu werden, oder die Spendenaktion, mit der der Totengrund, das Kernstück des späteren Naturparkes Lüneburger Heide, vor der Aufforstung oder Bebauung gerettet wurde, sind zwei Beispiele für unzählige.

Das Siebengebirge konnte in seiner einmaligen Schönheit erhalten werden aufgrund privater Initiativen oder, sagen wir es einfacher, dadurch, daß Bürger und Studenten mit Knüppeln die Steinbrucharbeiter verjagten, als sie darangingen, die Burgruine des Drachenfels, das herausragende Sinnbild dieser sagenumwobenen Landschaft, einzustürzen. Die aufschäumende Empörung der Bevölkerung veranlaßte den König von Preußen, dem Regierungspräsidenten zu Köln das Enteignungsrecht zu verleihen, von dem dieser, allerdings begrenzt auf den Drachenfels, sofort Gebrauch machte. Aber Enteignung hieß auch Entschädigung; dem Steinbruchbesitzer, der Eigentumsrechte geltend machen konnte, mußte der Drachenfels regelrecht abgekauft werden. Dieses 140 Jahre zurückliegende Ereignis ist insofern für die zu dieser Zeit einsetzende Naturschutzbewegung von grundlegender Bedeutung, als hier der Staat zum ersten Male in Wirtschaftsabläufe und bürgerliche Rechte eingriff, um durch Schönheit ausgezeichnete Landschaftsteile der Allgemeinheit zu erhalten. Es enthält aber auch Züge von einer bis heute gültigen Aktualität. Der wichtigste dürfte der sein, daß mehr oder minder tumultartige Aktionen, mit denen in unseren Tagen die Bürgerinitiativen ihre individuellen Auffassungen über den Schutz der Umwelt durchzusetzen versuchen, kein allgemein gültiges Rezept darstellen. Sie können Anstöße geben, aber diese müssen, wie beim Vorgang Siebengebirge, dann doch mit dem geltenden Recht in Einklang gebracht oder durch neugeschaffenes Recht legitimiert werden. Zum anderen zeigt dieses Beispiel, dem viele andere in aller Welt zur Seite stehen, daß noch so großherzige private Geldsammlungen und Stiftungen, mittels derer bedrohte Landschaftsteile aufgekauft und erst dadurch zerstörerischem Vorgehen entzogen werden, auch im günstigsten Falle nur zu punktuellen Teilergebnissen führen können. Sie sind Tropfen auf heiße Steine. Und noch einen dritten symptomatischen und richtungweisenden Aspekt enthalten die Umstände, aus denen der erste deutsche Naturpark entstanden ist. In ihrem letzten Grunde sind sie doch nichts anderes als der Zusammenprall von Anschauungen und Interessen, die sich polar gegenüberstehen, aber dennoch oder gerade deswegen eine ausgleichende, beiden Seiten gerecht werdende Lösung verlangen, die herbeizuführen Pflicht des Staates ist. Die Verfechter idealistischer Zielsetzungen wie die des Natur- und Landschaftsschutzes haben es leicht, die Zustimmung der öffentlichen Meinung für sich zu mobilisieren, wenn sie ihre wirtschaftlichen Gegenspieler als unverständige, allein von materiellen Gewinnstreben geleitete Ausbeuter anprangern. Aber sie müssen sich sagen lassen, daß der Abbau von Bodenschätzen, zu denen auch Bausteine, Kies, Sand, Zementerde und dergleichen gehören, in der Vergangenheit wie heute zu den unabdingbaren Lebensvoraussetzungen gehört und daß, von allen anderen Notwendigkeiten abgesehen, viele Menschen ihr Brot in der Gewinnung und Nutzung von Steinen und Erden finden müssen. Der Fall Siebengebirge ist noch von besonderer Pikanterie. Denn derselbe König Friedrich Wilhelm IV., der beeindruckt von den Argumenten der Landschaftsschützer, kurzerhand das Enteignungsrecht dekretierte, war es, dem die Fertigstellung des Kölner Domes zu danken ist – und der Kölner Dom ist erbaut worden mit den Gesteinen des Siebengebirges. Eine abwägende Synthese der beiderseitigen Interessen hätte wahrscheinlich auf einen für beide Seiten begehbaren Weg führen können. Hundert Jahre später hat die Rheinische Braunkohlen AG gezeigt, wie man es machen kann. Und in jüngster Zeit beweisen die Beispiele des Stenzelberges und des Weilberges im Siebengebirge, daß aufgelassene Steinbrüche durchaus keine abstoßenden Schandmale zu bleiben brauchen und daß auch scheinbar diametrale Interessen einvernehmlich geregelt werden können.

Naturschutz, so wie seine frühen Vorkämpfer ihn verstanden haben, hieß Schutz der natürlichen Landschaft, der Naturdenkmale, seltener Tiere und Pflanzen. Und diese Vorkämpfer waren Freunde der Natur, Männer, die aus dem Wandervogel kamen, und, soweit sie Wissenschaftler waren, Botaniker, Zoologen, Geologen, geistige Nachfahren Alexander von Humboldts.

Solange die Land- und die Forstwirtschaft das Gesicht der Landschaft ganz oder weit überwiegend bestimmten, bestand kein Anlaß, sich über den Schutz der Natur Gedanken zu machen. Die Erhaltung der Kulturlandschaft und die Pflege der Wälder war von jeher ein sich von selbst ergebendes Nebenprodukt der Bodenbewirtschaftung im weitesten Sinne. Das änderte sich erst, als die bis dahin in den Städten konzentrierte gewerbliche Wirtschaft auf das Land hinausdrängte, d. h. mit der beginnenden Industrialisierung. Parallel mit den Wandlungen der Agrar- zur Industrielandschaft, allerdings zunächst nur in vereinzelten Äußerungen, erwuchs der Unwille über die verunstaltenden Eingriffe in die Natur. Aus ihm entstanden die frühen Ansätze der Natur- und Landschaftsschutzbewegung, ausgelöst durch lokale Vorgänge, auf lokale Bereiche beschränkt und noch ohne organisatorischen Zusammenhang. Die ersten Reaktionen gegen die das Landschaftsbild verunstaltenden Begleiterscheinungen der Industrialisierung bestanden, wie die Drachenfelsaktion exemplarisch zeigte, in spontanen Bemühungen, einzelne durch Schönheit und Ehrwürdigkeit herausragende Objekte vor Verschandelung und Zerstörung zu bewahren. Der Anfang des Naturschutzes war der Denkmalschutz. Sein Ziel war es, historische Ortsbilder und kunsthistorisch bedeutsame Bauten vor Verfall und Zerstörung zu retten. Kulturdenkmäler sollten nicht unbedenklich geopfert werden, wenn sie dem Fortschritt, d. h. gewinnerzielenden Unternehmungen im Wege standen[1a]. Diesen Bestrebungen ist es z. B. zu danken, daß zahlreiche Sakralbauten im Westen Deutschlands, die nach der Säkularisierung und in den napoleonischen Kriegen zweckentfremdet, d. h. in Pferdeställe, Verpflegungsläger und Irrenanstalten verwandelt worden waren, ihrer eigentlichen Bestimmung zurückgegeben und vor dem Verfall bewahrt werden konnten. Aber die Denkmalschutzbestrebungen zielten noch nicht auf das, was wir unter Naturschutz verstehen. Auch im Siebengebirge handelte es sich ja in erster Linie um die Rettung der Burgruine des Drachenfelses[2].

Rudorff und Conwentz – Pioniere des Naturschutzes

Der Begriff Naturschutz erscheint im deutschen Schrifttum erstmalig in einer Veröffentlichung von Ernst Rudorff, Professor für Musikwissenschaft in Berlin. Aber er ist anders gemeint, als wir ihn heute verstehen. Rudorff geht aus von der Denkmalspflege und verfährt nur folgerichtig, wenn er in seiner 1880 erschienenen Schrift Heimatschutz an die Stelle von Naturschutz setzt. Er stellt dem Heimatschutz wie dem 1904 gegründeten Deutschen Bund Heimat, 1951 als Deutscher Heimatbund neu erstanden, die Aufgaben der kulturwürdigen Gestaltung des Flur- und Ortsbildes, der Pflege und Fortbildung der Bau- und Handwerkskultur – Bestrebungen, die Schultze-Naumburg weiterentwickelt hat –, Pflege der Heimatkunde, der Mundarten, von Brauchtum und Volkskunst, Schutz der überkommenen Werke der Kultur. Aufgaben also, die der Erhaltung des Kulturerbes dienen, jedoch mit Naturschutz im eigentlichen Sinne nur am Rande zu tun haben.
Eine erste Systematisierung des Naturschutzgedankens und der aus ihm abzuleitenden legislativen und administrativen Konsequenzen verdanken wir Prof. Dr. Hugo Conwentz, Geheimer Regierungsrat, Preußischer Staatskommissar für Naturdenkmalspflege, Direktor des westpreußischen Provinzialmuseums in Danzig. Im Juli 1904, gleichzeitig mit Rudorffs Heimatbundgründung, legte Conwentz dem preußischen Kultusminister unter dem Titel ›Die Gefährdung der Naturdenkmäler und Vorschläge zu ihrer Erhaltung‹ eine Denkschrift vor, in der er eingehende Vorstellungen entwickelte[3]. Er wünscht, daß die Fürsorge, die den Kunstdenkmälern seit geraumer Zeit zugewendet werde, auch auf die Naturdenkmäler auszudehnen sei. Es geht ihm darum, daß »nicht nur wissenschaftliche Einzelheiten der Oberflächengestaltung, Pflanzen- und Tierwelt für Studienzwecke, sondern auch hervorragende Teile der ursprünglichen Landschaft zur Freude der ganzen Bevölkerung bewahrt werden«. Er will auf die Gefahren hinweisen, die den Naturdenkmälern nicht nur durch Naturkräfte selbst, sondern vor allem durch den Menschen drohen, durch Mängel der Erziehung und der Herzensbildung, durch Roheit und Unverstand, aber auch aus wirtschaftlichen Gründen. Der Katalog dessen, was er als gefährdet

ansieht, ist erstaunlich vielseitig, beinahe umfassend im Sinne heutiger Erkenntnisse. Conwentz wendet sich gegen Meliorationen, die das Gesicht der Landschaft verändern, gegen das Abschlagen von Wallhecken, die den Singvögeln als Nistplätze dienen. Er sieht, jedenfalls in Umrissen, die Probleme der Reinhaltung von Luft und Wasser, der Abwässer und der Abfallbeseitigung. Für vieles, was er als schädlich und verbesserungsbedürftig empfindet, macht er die Industrie verantwortlich. »Luft, Wasser und Feld«, so schreibt er dem Minister der geistlichen, Unterrichts- und Medizinalangelegenheiten, »Tiere und die ganze Landschaft unterliegen nicht selten der schädigenden Einwirkung gewisser Zweige der Industrie. Wenn in chemischen Fabriken übelriechende Gase nicht aufgefangen, sondern in die Atmosphäre abgelassen werden, kann uns der Genuß der freien Natur dort verleidet werden. Verderblicher sind die Rauchgase, welche in der Umgebung industriereicher Orte auftreten und die Pflanzenwelt in meilenweiter Entfernung erheblich beeinträchtigen, stellenweise vernichten.«
Wenn wir bereit sind, in diesen frühen Erkenntnissen Bestätigung und Rechtfertigung für unsere heutigen Vorstellungen und Forderungen zu sehen, dann sollten wir auch beachten, in welcher maßvollen und klugen Weise sich dieser Pionier des Naturschutzes vor 70 Jahren um den goldenen Mittelweg bemüht, der sowohl für den Gesetzgeber wie für die verursachende Wirtschaft wie für den betroffenen Naturschutz begehbar ist. Conwentz erkennt an, daß »der rapide Aufschwung der Industrie in hohem Grade erfreulich und von nationaler Bedeutung« ist. Aber – und das läßt sich auch in modernen Formulierungen nicht besser sagen – »wenn die Industrie den Weg fand, so groß zu werden, muß sie auch Mittel erfinden, allzu nachteilige Einwirkungen von der umgebenden Natur fernzuhalten«. Das ist, mehr als zwei Menschenalter vor uns und – auf eine kurze Formel gebracht – das Verursachungsprinzip und zugleich die ebenfalls höchst aktuelle Forderung nach umweltfreundlichen Produkten und Produktionsverfahren. Das ist auch der ganz modern anmutende Hinweis auf Lösungen, die aus dem Streit um die Anwendung chemischer Pflanzenschutz- und Schädlingsbekämpfungsmittel herausführen könnten. Auch bei der Festlegung des Begriffs Naturdenkmal ist Conwentz darauf bedacht, das Kind nicht

mit dem Bade auszuschütten. Schutzwürdig ist für ihn eigentlich nur die unberührte Landschaft, nicht das von Menschenhand geschaffene. Alleen und Parkanlagen klammert er aus. Selbst die Dorflinden will er nicht als Naturdenkmale gelten lassen. Wie für unsere Tage gedacht, muten auch die Vorschläge für die seines Erachtens erforderlichen Maßnahmen an. Soviel wie möglich soll freiwillig geschehen durch Einzelpersonen wie durch Vereine. Die Schulverwaltungen sollen anordnen, daß bereits bei den Schulkindern das Verständnis für die Schönheit der Natur und der Sinn für Schonung und Erhaltung der Naturdenkmäler geweckt wird. Entsprechende Anordnungen sollen an die landwirtschaftliche Verwaltung und an die Forstbehörden ergehen, wobei den letzteren das vielleicht etwas frühzeitige Lob erteilt wird, daß sie bereits alles mögliche von selbst getan haben. Hochschulen, Lehranstalten, landwirtschaftliche Schulen sollen angehalten werden, an der Ausbreitung des Naturschutzgedankens – immer noch bezogen auf die Naturdenkmäler – mitzuwirken. Ganz modern ist auch sein Hinweis, daß Moore und andere Feuchtgebiete weniger unter wirtschaftlichen Gesichtspunkten angesehen und behandelt werden sollten, als vielmehr unter solchen der Erhaltung seltener Pflanzen und Tiere. Von Enteignungen zum Zwecke des Natur- bzw. Denkmalschutzes hält Conwentz nichts. Er weiß, daß Entschädigungen gezahlt werden müssen, und meint, es sei zweckdienlicher und billiger, schützenswerte Objekte in der Obhut ihrer Eigentümer zu belassen und diese zur pfleglichen Behandlung anzuhalten. Auch die Möglichkeiten, Naturdenkmäler durch Ankauf zu sichern, hält er für allzu begrenzt. Was er vom Staate erwartet, ist die Errichtung eines Amtes zur Erhaltung der Naturdenkmäler, dessen Aufgabe es wäre, die schutzbedürftigen Objekte zu registrieren und Anträge auf Unter-Schutz-Stellung vorzuprüfen. Mit einem neidvollen Blick auf großräumige Länder wie die Vereinigten Staaten und Rußland, die ganze Territorien zu Nationalparken erklären konnten, fordert er den Erlaß eines »Gesetzes betreffend den Schutz der Naturdenkmäler« einheitlich für ganz Preußen; dieses Gesetz soll vorsorglich auch Handhaben für Enteignungen und Eigentumsbeschränkungen enthalten. Conwentz' Hoffnung auf ein wenigstens für die preußischen Landesteile einheitliches Naturschutzrecht sollte sich dreißig

Jahre später in Gestalt des Reichsnaturschutzgesetzes erfüllen und weitere dreißig Jahre später zunichte werden, als die deutschen Bundesländer darangingen, eigene Gesetze für Naturschutz und Landschaftspflege zu erlassen, die inhaltlich und rechtssystematisch weit voneinander abweichen und einen Zustand der Rechtszersplitterung begründen, wie er schlimmer auch in den ersten Anfängen der Naturschutzbewegung nicht gewesen ist.
Conwentz war wie alle, die sich um ihn scharten und auf seine Anregung hin sich in den ersten Naturschutzorganisationen zusammenfanden, Idealist. Die Erhaltung der Naturdenkmäler solle nicht um ihrer selbst willen geschehen, sie solle auch dazu beitragen, die Liebe zur Natur und zur Heimat zu wecken. »Mit solchen Denkmälern der Natur«, so schließt er seine bahnbrechende Denkschrift ab, »werden bezeichnende Gelände unserer engeren Heimat und des deutschen Vaterlandes geschützt und gesichert, und deshalb kommt diesen Bestrebungen neben ihrer wissenschaftlichen und allgemeinen eine starke nationale Bedeutung zu. Werden in jedem Landesteil die natürlichen Schönheiten und Seltenheiten erhalten und den Bewohnern geistig nähergerückt, so erwächst diesen hieraus eine erhöhte Freude und Liebe zur heimatlichen Scholle. Heimatliebe und Vaterlandsliebe, welche zu allen Zeiten mit die schönsten Züge des Volkscharakters bildeten, würden durch die angeregte Pflege der Naturdenkmäler eine nicht gering anzuschlagende lebhafte Förderung und Stärkung erfahren.«

Die ersten Naturschutzgesetze

Was Conwentz und Rudorff in Bewegung gebracht hatten, kam nicht mehr zur Ruhe. Ihre Gedanken und Anregungen waren sowohl in der Öffentlichkeit wie bei den amtlichen Stellen auf fruchtbaren Boden gefallen. Sie fanden ihren Niederschlag in einer ganzen Reihe von Gesetzen und Rechtsverordnungen der deutschen Bundesländer. Dabei trat, insbesondere in Preußen, alsbald ein Problem zutage, das bis heute nicht gelöst worden ist. Indem in alle auch nur entfernt mit der Materie Natur- und Landschaftsschutz befaßten Spezialgesetze ergänzende Vorschriften eingebaut wurden, die der

Verwirklichung zunächst des Denkmals-, dann des Naturschutzes im weiteren Sinne dienen sollten, wurde das geltende Recht jedenfalls für den Laien unübersichtlich, abgesehen davon, daß es für die Aufsichtsbehörden immer schwieriger wurde, darüber zu wachen, ob die gutgemeinten Vorschriften in der behördlichen Praxis auch wirklich angewendet wurden. Hinzu kam, daß nicht nur die Begriffsbestimmungen, sondern schließlich auch die Zielsetzungen ins Fließen gerieten. Nachdem die Idee, hervorragende Naturdenkmäler unter gesetzlichen Schutz zu stellen, konzipiert und akzeptiert worden war, entsprach ihre Weiterentwicklung zum Naturschutz und zur Landespflege nur dem Gebot einfacher Logik. Der Heimatbund vollzog diesen Schritt, indem er 1914 seine satzungsmäßigen Aufgaben erweiterte oder doch in Richtung auf den Naturschutz kommentierte[4]. Der allgemeine Zweck des Bundes, nämlich »die deutsche Heimat in ihrer natürlichen und geschichtlichen Eigenart zu schützen«, wurde dahin ausgelegt, daß er auch den Schutz der Natur, also der Tier- und Pflanzenwelt sowie »der geologischen Eigentümlichkeiten und der Eigenart des Landschaftsbildes« mitumfaßte. In der Tat ist es diese hier erstmalig erhobene Forderung nach Schutz auch des Landschaftsbildes, die Eingang in die Gesetzgebung gefunden hat. Bereits im Jahre 1908 tauchten in einer Ergänzung zum Bayerischen Polizeistrafgesetz die Begriffe Naturschutz und Naturpflege auf, die hier allerdings noch im Conwentzschen Sinne, also für Denkmalschutz, verwendet wurden.

Den entscheidenden »Wendepunkt in der Geschichte des Natur- und Landschaftsschutzes« brachte die Weimarer Reichsverfassung vom 11. August 1919. Sie bestimmte in Artikel 150: »Die Denkmäler der Kunst, der Geschichte und der Natur sowie die Landschaft genießen den Schutz und die Pflege des Staates.« Jetzt ging es also nicht mehr allein um die Erhaltung der Naturdenkmäler, sondern auch und darüber hinaus um die des Landschaftsbildes. Der Anfang zu einem umfassenden Natur- und Landschaftsschutz im Sinne unserer heutigen Auffassung war damit gemacht worden. Durch diesen Verfassungsauftrag ausgelöst, entstand eine Reihe von Ländergesetzen, die den Naturschutzgedanken folgerichtig weiterentwikkelten. Als ein Markstein auf dem Wege zu einem allen Anforderungen gerecht werdenden Naturschutz kann das preußische Gesetz vom 5. Mai 1920 angesehen werden, mit dem dem Siedlungsverband Ruhrkohlenbezirk e. V. eine neue Satzung gegeben wurde. In diesem Gesetz wurde für das Gebiet mit der stärksten Industrialisierungsdichte und der größten Gefährdung der natürlichen Umwelt dem Verband aufgegeben, die Interessen der Denkmalspflege und des Heimatschutzes möglichst zu berücksichtigen. Das waren noch die Gedankengänge von Conwentz und Rudorff in ihrer frühen Form. Aber dann hieß es weiter, daß auch größere Flächen – Wälder, Heide, Gewässer – »und ähnliche Erholungsflächen« von der Bebauung freizuhalten sein. »Zu dem bisher einzigen Ziel des Natur- und Landschaftsschutzes, die Natur in ihren landschaftlich wertvollsten Beständen – und mit den Naturdenkmälern einschließlich der bedrohten Arten von Tieren und Pflanzen – zu erhalten, kam nun auch das Recht der Bevölkerung auf Erholung in der Natur.«[5] In der gleichen Richtung, aber ebenfalls zunächst beschränkt auf Großstädte und Industriegebiete, bewegte sich das »Gesetz zur Erhaltung des Baumbestandes und Erhaltung und Freigabe von Uferwegen im Interesse der Volksgesundheit« vom 29. Juli 1922. Waldbestände und Grünflächen sollten für Zwecke der Erholung und – mit der Freihaltung der Ufer – auch des Wanderns erhalten bleiben.

Es ist eindrucksvoll zu sehen, wie die von der Naturschutzbewegung, von richtungweisenden Einzelpersönlichkeiten und den überall entstehenden privaten Verbänden ausgehenden Impulse den Naturschutzgedanken weiterentwickelt und wie sie allmählich die Maßnahmen der Länderregierungen und der gesetzgebenden Körperschaften beeinflußt, man kann sagen: nach sich gezogen haben. Der noch bescheidene Beginn war der von Conwentz verfochtene Gedanke des Schutzes der Naturdenkmäler. Der Heimatbund, dessen Gründer Rudorff den Begriff des Naturschutzes erstmalig verwandte, erweiterte ihn um den Schutz des Landschaftsbildes. In der preußischen Gesetzgebung erscheint dann zum ersten Male die Erholungsfunktion der geschützten Natur. Im hessischen Naturschutzgesetz vom 14. Oktober 1931, das letzte vor Erlaß des vereinheitlichenden und zusammenfassenden Reichsnaturschutzgesetzes, wird die Forderung nach Erhaltung des Landschaftsbildes aufgegriffen; die Natur soll geschützt werden auch wegen ihrer

»landschaftlichen Schönheit und Eigenart«. Es ist eine logische Zwangsläufigkeit, die sich sowohl in den Forderungen der Naturschutzbewegung wie in den Folgehandlungen der Gesetzgeber vollzieht. Nachdem man einmal erkannt hatte, daß es in der Natur schutzbedürftige Objekte gibt, die man nicht sich selbst oder der Willkür und dem Unverstand der Menschen überlassen kann, ergab sich der weitere Weg zum Landschaftsschutz und zur Erholungslandschaft aus der einfachen Fortführung des ersten auslösenden Gedankenansatzes.

Das Reichsnaturschutzgesetz vom 26. 6. 1935 bedeutete einen wesentlichen Schritt nach vorn in der Verwirklichung der Ziele, die sich in der deutschen Naturschutzbewegung in einer dreißigjährigen Entwicklung herauskristallisiert hatten. Der Gesetzgeber war dem gedanklichen Weg vom Objektschutz bis zur Landschaftserhaltung gefolgt. Außerdem war nun auch die lange entbehrte Rechtseinheitlichkeit hergestellt worden. Das Naturschutzrecht war jetzt klar und übersichtlich. Damit war zwar, selbst im Hinblick auf die damals vorliegenden Erkenntnisse, noch kein Endzustand erreicht worden. Aber es sollte auch dankbar festgehalten werden, daß dieses Gesetz es möglich gemacht hat, 40 000 Naturdenkmäler, 3000 Landschaftsschutz- und 700 Naturschutzgebiete zu sichern. Das ist ein eindrucksvolles Ergebnis, besonders wenn man dazu in Betracht zieht, daß gleichzeitig, ausgelöst durch die bahnbrechende Initiative des um den deutschen und europäischen Naturschutz so hochverdienten Vorsitzenden des Vereins Naturschutzpark, Dr. h. c. Alfred Toepfer, eine ständig wachsende Zahl großräumiger Naturparke geschaffen werden konnte. Ein Menschenalter lang hat das Reichsnaturschutzgesetz eine sichere, den damaligen Anschauungen und Notwendigkeiten voll gerecht werdende Grundlage für die Gestaltung des Naturschutzes abgegeben.

Doch alsbald stellte sich heraus, daß parallel zu der allgemeinen zivilisatorischen und gesellschaftlichen Entwicklung auch für den Naturschutz neue Gesichtspunkte und erweiterte Aufgaben entstanden waren. Der nächste Schritt, der sich in den Diskussionen innerhalb der Verbände bereits vor Erlaß des Reichsnaturschutzgesetzes angedeutet hatte, mußte den Begriff der Erholungslandschaft herausheben. Die Schaffung großräumiger Erholungslandschaften in Verbindung mit dem Naturschutz war eine auf der Hand liegende Folgerung aus den Verhältnissen, unter denen eine wachsende Zahl von Menschen in den Großstädten und in den industriellen Ballungsräumen leben und arbeiten muß. Sie gewann an Aktualität durch die Entwicklung des Massenwohlstandes, die fortschreitende Technisierung der Arbeitsvorgänge, die dadurch ermöglichte Arbeitszeitverkürzung und die damit sich verdichtenden Freizeitprobleme.

Die Verstädterung eines immer größer werdenden Teiles der Bevölkerung, die Lebens- und Arbeitsbedingungen des elektronischen Zeitalters, mußten geradezu zwangsläufig einen Wandel auch in den Zielsetzungen des Natur- und Landschaftsschutzes herbeiführen. Das Wohnen in dichtbesiedelten, von Rauch und Lärm erfüllten Industriegebieten, in der Enge großstädtischer Mietshäuser, in den Hochhauswohnblöcken, steigert das Bedürfnis nach Licht, frischer Luft und ausgleichender Bewegung ebenso wie eine die Körperkräfte immer weniger beanspruchende, dafür aber die Nerven und die seelischen Faktoren um so stärker belastende Arbeitsweise. Andererseits bieten die Massenmotorisierung, die verkürzten Arbeits- und die verlängerten Freizeiten in Verbindung mit steigendem Einkommen auch der Industriearbeiterschaft ganz andere Möglichkeiten, in der freien Natur Erholung zu suchen, als in der vorindustriellen Zeit. Längere Wochenenden und regelmäßiger, arbeitsrechtlich abgesicherter Urlaub, beides soziale Errungenschaften der letzten Jahrzehnte, können durchaus ein Gegengewicht gegen gesundheitsschädigende Lebens- und Arbeitsbedingungen bilden, was voraussetzt, daß leicht erreichbare Erholungsgebiete in ausreichendem Umfange verfügbar sind.

In einem Vortrag vor der Evangelischen Akademie in Loccum hat Konrad Buchwald daran erinnert, daß in den vorindustriellen Zeiten auch die Menschen in der Stadt mit der freien, außerstädtischen Landschaft noch eng verbunden und wenn auch nicht durch ihren Beruf, so doch in ihrem Tagesablauf mit dem Wechsel der Jahreszeiten und dem naturbedingten Lebensrhythmus verflochten waren. Ihr Leben verlief zwar nicht sorgenloser, aber doch geruhsamer als das der modernen Menschen, die weit mehr auf eine regelmäßige

Auffrischung ihrer physischen und psychischen Kräfte angewiesen sind. »Erholung ist aber nur möglich«, sagt Buchwald, »wenn der Mensch während der Zeit der Regeneration mit einer Umwelt in Berührung kommt, von der noch die nötige Heilwirkung ausgeht. Durch eine Fülle natürlicher Reize muß die Überflutung mit technischen, dem Menschen wesensfremden Reizen überkompensiert werden«; wenigstens in seiner Erholungs- und Freizeit müsse er wieder grüne und blaue, beruhigende Farben sehen können. Und wegen dieser ständigen Überreizung, mit der der vielfältige technisch-zivilisatorische Fortschritt bezahlt werden muß, braucht der Großstadtmensch naturnahe Landschaften, in die er sich sooft wie möglich, auch an den Arbeitstagen, zurückziehen kann. Diese Erholungslandschaften sollen, nach Buchwald, »nichts von dem enthalten, was uns in den großen Städten im Überfluß umgibt wie Lärm, Hast, dauernde seelische und körperliche Überforderung. Statt dessen sollen sie dem erholungsbedürftigen Menschen eine akustisch und optisch reizvolle Umwelt, klares Wasser, reine Luft und vor allem Ruhe bieten.« Die Arbeitsmedizin kommt zu den gleichen Ergebnissen. So entsteht ein zunehmender Bedarf an Grünflächen, an stadtnahen Erholungsanlagen, die nur mit oder durch die öffentliche Hand, in erster Linie also durch Kommunalverwaltungen, erstellt und gesichert werden können, und weiträumigen Erholungslandschaften und Feriengebiete, die ebenfalls der gesetzgeberischen, administrativen und nicht zuletzt auch der fiskalischen Hilfe bedürfen.

Die erste Konsequenz der aus dem Naturschutzgedanken abgeleiteten Forderung nach mehr Erholungslandschaften berührt bereits die Probleme der Städteplanung, des Wohnungsbaues, der ländlichen Siedlung, der Raumordnung, bedeutet aber zugleich auch eine räumliche Ausweitung der Naturschutzbestrebungen. Je mehr jedoch der Naturschutz, nunmehr auch unter Berufung auf die unentbehrliche Erholungsfunktion der natürlichen Landschaft, seine Zielsetzungen erweiterte, desto mehr wurden Konfliktsituationen heraufbeschworen. Was der Naturschutz anstrebte, noch bevor der viel weiter reichende Komplex dessen, was unter Umweltschutz verstanden wird, auftaucht, muß in unserem Lande, in dem fast jeder Quadratmeter wirtschaftlich genutzt wird, sofort drängende

Probleme der Raumordnung, aber auch Interessenkollisionen aufwerfen. Riesenhafte, dem Staate gehörende, menschenleere Wildnisse, aus denen die von uns so neidvoll betrachteten großartigen Nationalparke etwa in den Vereinigten Staaten und Kanada geschaffen werden konnten, stehen in dicht besiedelten Kulturlandschaften eben nicht zur Verfügung. Und jeder Versuch, etwas auch nur annäherend Vergleichbares zu gestalten, würde, wie die Vorgeschichte des Bayerischen Nationalparks gezeigt hat, unlösbare Schwierigkeiten heraufbeschwören. Als man in den fünfziger Jahren daranging, immer neue sogenannte Naturparke ins Leben zu rufen, ohne daß dieser Begriff rechtlich fundiert war, stieß man auf Widerstände, die sich am Beispiel des Naturparks Lüneburger Heide, des Naturschutzgebietes um Wilsede, entzündeten. Sind Naturparke, so wurde gefragt, große Naturmuseen, in denen, abgesehen vom Fremdenverkehr und dem, was damit zusammenhängt, das private wirtschaftliche Leben zum Erliegen gebracht wird? Besorgt und erregt haben Land- und Forstwirte und ihre Berufsorganisationen die Frage aufgeworfen, ob etwa für jeden anderen neuen Naturpark das Modell Wilsede zugrunde gelegt werden solle. Sie befürchteten einschneidende Eingriffe in eine modernen ökonomischen Gesichtspunkten entsprechende Betriebsführung, Behinderung in der Anwendung neuzeitlicher Techniken im Bauwesen, in der Landeskultur usw. Die Konfliktsituation wird deutlich in einem Erlaß der niedersächsischen Landesregierung, die, von dem ihr besonders naheliegenden Modellfall Wilsede ausgehend, sich um einen Ausgleich der aufeinanderstoßenden Interessen bemüht. In diesem Erlaß wird anerkannt, daß auch die Kulturlandschaft nicht nur dem Eigeninteresse ihrer Eigentümer dienen kann, sondern auch bedeutsame Sozialfunktionen zu erfüllen hat, und daß großräumige Erholungsgebiete für die städtische Bevölkerung notwendig sind. Gleichzeitig wird jedoch den Naturschutzbestrebungen eine deutliche Grenze gesetzt. Der Erlaß bestimmt, daß »rechtliche Maßnahmen zum Schutz von Landschaftsschutzgebieten oder Landschaftsteilen nur unter sorgfältiger Abwägung der Interessen aller Beteiligten getroffen werden sollen«. Unter Hinweis auf den Wandlungsprozeß, dem die land- und forstwirtschaftlichen Betriebsformen unterliegen, wird angeordnet, daß Landschaftsschutzverordnungen keine Bestimmungen enthalten sollen, durch die, wie es heißt, »eine zeitgemäße Entwicklung der Land- und Forstwirtschaft unzumutbar erschwert wird«. Als diese Haltung der niedersächsischen Landesregierung auf einer internationalen Naturschutztagung diskutiert wurde, äußerte ein um den Naturschutz hochverdienter ehemaliger niederländischer Ministerpräsident, bei dem gegenwärtigen Stand der weltweiten Handelsverflechtungen müßten die Industrieländer es sich leisten können, die Landwirtschaft überall dort aufzugeben, wo sie mit den vorrangigen Interessen des Naturschutzes kollidiere. Inzwischen dürfte die Entwicklung der weltpolitischen Lage, aber auch der Welternährungssituation hinreichend deutlich gemacht haben, daß zwingende wirtschaftliche, gesellschaftliche und politische Gesichtspunkte für eine solche vereinfachende Lösung des Konflikts keinen Raum bieten.

Das zentrale Problem des Naturschutzes in den dichtbesiedelten Industrielandschaften Westeuropas und jedenfalls der Bundesrepublik, dem wir in Verbindung mit den noch wesentlich weiter ausgreifenden Problemen des Umweltschutzes wieder begegnen werden, ist das der Enge, die Beschränkung auf verhältnismäßig begrenzte Bereiche, die bewohnt und mehr oder minder intensiv, das Gesicht der Landschaft und das Gleichgewicht der Naturkräfte beeinflussend bewirtschaftet werden. Damit ergibt sich von selbst die Notwendigkeit, eine schiedliche Auseinandersetzung mit den Rechten und den legitimen Interessen anderer Bevölkerungsschichten und Wirtschaftszweige herbeizuführen. Nach dem Reichsnaturschutzgesetz, nach den inzwischen erlassenen Naturschutz- und Landschaftspflegegesetzen der Bundesländer wie nach einem Bundesnaturschutzgesetz können bestimmte, abgegrenzte Gebiete unter Naturschutz, andere Landesteile unter Landschaftsschutz gestellt werden. Aber allen Gesetzen ist gemeinsam, daß Flächen, die anderen öffentlichen Interessen dienen, dem Verkehr, der Verteidigung u. a. in ihrer Benutzung nicht beeinträchtigt werden dürfen. Das heißt also, daß dem Naturschutz auch in einer noch so zeitgemäßen und wohlwollenden Gesetzgebung nicht ein Sonderrechtsstatus eingeräumt werden kann, mit dem alle anderen Rechte und Rechtsansprüche beiseite geschoben werden. Die Verfechter einer verbesserten und wirksameren Fundierung des Naturschutzes und der Landespflege werden es schon als einen bedeutsamen Fortschritt begrüßen können, wenn wenigstens eine effektive, in jedem Einzelfall durchsetzbare Gleichstellung erfolgt und wenn künftig die Naturschutzbehörden, aber auch die Naturschutzverbände an Planungen und Entscheidungen beteiligt werden, die die Gestalt der Landschaft berühren.

Charakteristische Musterbeispiele widerstreitender Interessen und Auffassungen zwischen Naturschutz einerseits und Land- und Forstwirtschaft andererseits haben sich zwanzig Jahre lang aus den Maßnahmen zur Verbesserung der Agrarstruktur, insbesondere der Flurbereinigung, ergeben. Zwar sah auch das Flurbereinigungsgesetz von 1953 vor, daß Belange der Landschaftsgestaltung gebührend berücksichtigt werden sollten. Aber sein eigentliches Ziel ist es doch, die technischen Voraussetzungen für eine zeitgemäße Bodenbewirtschaftung und damit den Ertrag der Landwirtschaft zu verbessern. Wirtschaftliche Zielsetzungen standen eindeutig im Vordergrund, was aus der damals gegebenen agrarpolitischen Situation ohne weiteres zu verstehen ist. Damit aber waren die Kollisionsgefahren dem Gesetz bereits in die Wiege gelegt worden. Sie liegen auf der Hand. Der Landwirt strebt nach arrondierten Flächen, größeren und rationelleren Teilgrundstücken, die auf ausgebauten Wegen mit modernen Maschinen zu erreichen sind. Er wehrt sich gegen Auflagen, die anderen als wirtschaftlichen Überlegungen entstammen, soweit sie ihn in einer zeitgemäßen Bewirtschaftung seines Betriebes behindern könnten. Er ist von seinem Beruf her der beste Landschaftspfleger, was auch für die Außenstehenden leicht erkennbar wird überall dort, wo aufgegebene und verwahrloste landwirtschaftliche Grundstücke die Landschaft in eine Unkrautsteppe verwandeln. Aber was er erhält und erhalten will, ist die genutzte Kulturlandschaft, die die Grundlage seiner ökonomischen Existenz darstellt, und nicht eine museale Landschaft, die ihm, dem Praktiker, der aus der Landwirtschaft seinen Lebensunterhalt bestreiten muß, als eine ästhetische Abstraktion erscheint. Dieser Art, die Natur zu schützen, steht er uninteressiert und ablehnend gegenüber, und das auch dann, wenn er bereit ist, den Erholungswert der Landschaft anzuerkennen. Eine von ihm befürchtete, über das wesentliche und auch erreichbare Ziel hinaus-

gehende Hypertrophie der Naturschutzidee ist es, die seinen Widerspruch und seinen Widerstand herausfordert.
Die Meinungen darüber, wie die Landschaft, d. h. die Kulturlandschaft im Interesse ihrer Erhaltung für außerlandwirtschaftliche Zwecke, geschützt werden kann und muß, wie die Forderungen des Naturschutzes an die Landschaft erfüllt werden können, ohne daß die weniger ideellen, aber lebensnotwendigen Belange der Landwirtschaft dabei zu kurz kommen, müssen bei allem, was zur Verbesserung der Agrarstruktur unter wirtschaftlichen Aspekten geschieht, aufeinanderprallen. Die Flurbereinigungsbehörden konnten, wenn sie nur den ihnen aufgegebenen ökonomischen, strukturellen Zweck ihrer Maßnahmen im Auge hatten, nicht umhin, Dinge zu tun, die den Naturfreund auf den Plan rufen mußten. Sie rodeten Knicks und Hecken und ersetzten sie durch monotone Pappelreihen, die Winderosionen verhindern sollten. Sie zogen breite, asphaltierte Wirtschaftswege durch die baumlose Landschaft, begradigten Bachläufe, deren Mäanderwindungen den Naturfreund erfreut hatten, und forsteten liebliche Wiesentäler auf, womöglich mit unerwünschten Fichtenmonokulturen. Die Siedlungsgesellschaften legten Aussiedlerhöfe hinaus in die bereinigte Flur, was für den Landschaftspfleger die Zersiedlung der Landschaft bedeutete, und statteten sie aus mit nüchternen Zweckbauten, die billig und praktisch waren, während der Naturschutzbeauftragte um die Erhaltung des überlieferten Dorfbildes und um die heimatliche Bauweise kämpfen mußte. Die einen beriefen sich darauf, daß sie dem schwer bedrängten deutschen Bauern zu einer nachhaltigen Verbesserung seiner Ertragslage und seiner Wettbewerbsfähigkeit verhelfen, die anderen, daß sie die natürliche Landschaft möglichst unbeeinträchtigt erhalten sollen. In diesem Teilausschnitt zeichnete sich der Zusammenprall von ideellen und materiellen Interessen ab, der in aller Breite zutage treten mußte, als die viel weiter reichenden Probleme des Umweltschutzes in Angriff genommen wurden. Es ist die Kardinalfrage: Was können wir tun, um unsere Lebensqualität zu verbessern, ohne gleichzeitig die Grundlagen des Lebens überhaupt, nämlich des Erwerbslebens, aufzugeben? Was können wir beibehalten von unseren derzeitigen Methoden des Wirtschaftens, wenn wir weiter als von einem Tag zum an-

deren denken wollen? Gibt es unter den jetzt sichtbar gewordenen Bedingungen überhaupt noch eine wirtschaftliche Expansion? Zu welchen Folgerungen muß der Umdenkensprozeß führen, dem wir uns nicht länger entziehen können? Wie sieht die Synthese aus zwischen der Sicherung der natürlichen Lebensvoraussetzung und der Aufrechterhaltung auch nur des derzeitigen Zivilisationsstandes? Aber was immer auch wir zu tun haben, um der Gefährdung der naturgegebenen Lebensvoraussetzungen, der Umwelt, zu begegnen, gewiß ist, daß alle Bemühungen um eine heile Welt unvollkommen bleiben, wenn nicht der Schutz der Natur und die Pflege der Landschaft zum Ausgangspunkt genommen werden – wie es ja auch dem geschichtlichen Ablauf und den Gedankengängen der ersten Pioniere entspricht. Naturschutz und Landschaftspflege standen am Anfang aller Bemühungen um eine heile Umwelt. Sie gaben auch die erste Antwort auf die Frage, ob wir untergehen oder überleben werden, und zwar eine zuversichtliche.

Naturparke in der Bundesrepublik

Nur wenige Jahre vor der Verkündung der Grünen Charta hatte der lang gehegte Gedanke Gestalt angenommen, mehr oder weniger nach dem Muster des Naturparks Lüneburger Heide, Naturparke auch in anderen, durch Naturschönheiten ausgezeichneten Gebieten zu schaffen und damit den Weg der Naturschutzidee von der Erhaltung von Naturdenkmälern bis zur Sicherung weiträumiger Erholungslandschaften folgerichtig auch in der Praxis weiterzugehen.

Die promotorische Kraft des Naturparkgedankens war und ist der Hamburger Großkaufmann Dr. h. c. Alfred Toepfer, seit 1953 Vorsitzender des bereits 1909 gegründeten Vereins Naturschutzpark, des Trägers des bis dahin ohne Beispiel und ohne Nachfolge dastehenden Naturparks Lüneburger Heide.

Alfred Toepfer ist alter Wandervogel. Das große Erlebnis, das dem Naturfreund und Wanderer die Richtung gewiesen hat, war das Treffen der Freideutschen Jugend auf dem Hohen Meißner, »dieses Aufbegehren einer begeisterungsfähigen, von hohem Idealismus erfüllten, um die Zukunft von Volk und Vaterland besorgten jungen Generation gegen behäbiges Wohlstandsdenken, gegen die Sattheit einer müde gewordenen Epoche, gegen spießerhafte Enge, auch gegen beginnende Erstarrung staatlicher und gesellschaftlicher Ordnungssysteme.«[6] Diesem bewegenden Jugenderlebnis, zwei Jahre, bevor »in Europa die Lichter ausgingen«, ist Alfred Toepfer verpflichtet geblieben. Sobald seine großen wirtschaftlichen Erfolge ihm die materiellen Möglichkeiten eröffneten, hat er sie in einem wohl einmaligen Mäzenatentum verwirklicht, konzentriert auf den

Gedanken, überall, wo es angehen mochte, Naturparke zu schaffen, und zwar sowohl als Naturreservate wie als Erholungsgebiete.
Auf einer Kundgebung, die der Verein Naturschutzpark am 6. Juni 1956 im Auditorium maximum der Universität Bonn in Gegenwart des Bundespräsidenten Professor Theodor Heuss und vieler maßgebenden Persönlichkeiten des öffentlichen Lebens veranstaltete, hat Alfred Toepfer ein Naturparkprogramm für das Gebiet der Bundesrepublik Deutschland vorgelegt. Er forderte die Errichtung von Naturparken, um die Reste einer noch unberührten Natur als »Oasen der Stille« und als Stätten der Erholung für die von der Hetze des Alltags zermürbten Menschen zu erhalten. Dieses Programm, das schneller und viel ausgedehnter als ursprünglich vorgesehen, verwirklicht wurde, sah ein dichtes Netz großräumiger Naturparke in allen Teilen des Bundesgebietes vor.
Unbestreitbar ist, daß der Anstoß, den Naturschutzgedanken in dieser Richtung weiterzuentwickeln und ihn auch sogleich zu verwirklichen, nicht von staatlichen Organen ausgegangen ist, sondern von weitblickenden Einzelpersönlichkeiten und privaten Organisationen. Verständlich ist auch, daß diese Pioniere, die oft genug Mühe hatten, sich gegen Unverständnis und Indolenz durchzusetzen, dem Eindruck erliegen konnten, daß sie in ihrem Kampf allein standen und daß, wenn sich schließlich Erfolge einstellten, diese ausschließlich ihnen zu danken seien. Es heißt aber doch wohl, die Dinge zu einseitig zu sehen, wenn man sagt – hier bezogen auf den Umweltschutz –, daß »die politische Führung eine wichtige Chance ungenutzt vertan« habe und daß »der Politiker wirkliche Fortschritte im Umweltschutz nur unter dem starken Druck der öffentlichen Meinung vollziehen kann«[7]. Vergessen wir nicht, daß auch die Verbände zu ihren heutigen Zielsetzungen, so selbstverständlich sie uns erscheinen mögen, erst etappenweise und auf einem langen Wege gekommen sind. Die Probleme des Naturschutzes, der Landschaftspflege und des Umweltschutzes, wie sie seit dem in unserem Lande durchgeführten Europäischen Naturschutzjahr 1970 plötzlich zu einem Generalthema der öffentlichen Diskussion und der Massenmedien geworden sind, waren bis dahin nur einem kleinen Kreis von Fachleuten bekannt und auch diesen keineswegs in einem

abgerundeten Gesamtbild. In den letzten Jahren haben eine Reihe von Krisenmomenten unterschiedlicher Art und Intensität dem Menschen der Industriegesellschaft die Augen für die auf sie eindringenden Gefahren geöffnet. Dennoch sollen wir nicht übersehen, daß es zuerst und jahrzehntelang die Einrichtungen des Naturschutzes gewesen sind, die den Blick des Menschen auf die Bedrohung der Natur, der Landschaft, des Naturhaushaltes hingelenkt haben. Erst in den siebziger Jahren ist der Begriff Naturschutz durch den des Umweltschutzes erweitert und ergänzt worden. Was wohl sonst hätte z. B. den Deutschen Naturschutzring veranlassen und legitimieren können, sich ohne grundsätzliche Erweiterung seiner satzungsmäßigen Zweckbestimmung im Untertitel als Bundesverband für Umweltschutz zu bezeichnen?

Die Bonner Kundgebung des Vereins Naturschutzpark hat eine auch für die Veranstalter überraschende, nach Jahrzehnten noch spürbare Wirkung ausgelöst. Sie bezeichnet gewissermaßen den Durchbruch des Naturparkgedankens. Gefördert durch den Verein, der seine Erfahrungen zur Verfügung stellte, entstand in schneller Folge eine große Zahl von Naturparken – bis 1975 insgesamt 54 –, die sich auf regionale Trägerschaften stützten. Sie schlossen sich zu einem Verband zusammen, der mit dem Verein Naturschutzpark durch Personalunion in der Persönlichkeit Alfred Toepfers verbunden geblieben ist.

So hoch man auch die privaten Initiativen einschätzen mag, denen immer neue und immer größere Naturparke ihre Entstehung verdanken, so wenig sollte verkannt werden, daß die rechtliche und materielle Basis dieser Naturparke hauptsächlich Kommunen und Kommunalverbände waren und sind und daß sie ins Leben gerufen wurden in erster Linie durch beamtete Persönlichkeiten – Regierungspräsidenten, Landräte, Oberkreis- und Oberstadtdirektoren u. a. Deutlicher konnte nicht sichtbar gemacht werden, daß und mit welcher Intensität die Naturparkbewegung von amtlichen Stellen aufgegriffen und weitergetragen wurde. Allein damit ist dargetan, daß Politiker und Beamte durchaus nicht erst des massiven Drucks der öffentlichen Meinung bedürfen, um für den Natur- und Landschaftsschutz mit Begeisterung wie mit Erfolg tätig werden zu können. Das gilt auch und im besonderen Maße von den Bonner Institutionen. Bundespräsident Theodor Heuss, von dem wir wissen, daß er sich nicht vor einen Wagen spannen ließ, den er nicht ziehen wollte, hat durch seine Anwesenheit bei der programmatischen Kundgebung des Vereins Naturschutzpark seine Zustimmung zu diesem Programm bekundet. Wenige Wochen später hat der Präsident des Deutschen Bundestages, Dr. Eugen Gerstenmaier, auf dem Deutschen Naturschutztag in Passau den Naturschutz als eine Staatsbürgerpflicht bezeichnet. Hier wurde auch zum ersten Male die im Grundgesetz festgelegte Sozialbindung des Eigentums in ihrer Anwendung auf den Naturschutz herausgestellt: auch und vielleicht gerade die Eigentümer von Grund und Boden haben Verpflichtungen gegenüber der Allgemeinheit, denen sie sich nicht unter Berufung auf das Prinzip des privaten Eigentums entziehen können.

Ein Jahr darauf, gelegentlich der Eröffnung der Bundesgartenschau in Köln am 26. April 1957, hat Bundeskanzler Dr. Konrad Adenauer mit einem durch seine Schlichtheit überzeugenden Bekenntnis die sozial-ethische Bedeutung des Naturschutzes hervorgehoben. Er bezeichnete die Verbindung des Menschen mit der Natur als die Grundlage für ein gesundes Familien- und staatliches Leben. Über seine Kölner Oberbürgermeisterjahre sagte er: »Ich habe es als ein Hauptziel meiner Tätigkeit angesehen, den Menschen wieder mit der Natur in Verbindung zu bringen, damit ihre seelische Kraft nicht absterbe.«[8]

Auch die höchst aktive Rolle, die das für Fragen des Naturschutzes und der Landschaftspflege zuständige Bundesressort, das Bundesministerium für Ernährung, Landwirtschaft und Forsten, bei der Gestaltung und Weiterentwicklung der Naturschutzbestrebungen gespielt hat, sollte nicht übersehen werden. Die von diesem Ministerium ausgehenden Impulse und Förderungsmaßnahmen gingen weit über das hinaus, was als pflichtgemäße Wahrnehmung einer zunächst doch zweitrangigen Aufgabe von einem Ressort erwartet werden konnte, das für Ernährung, Landwirtschaft und Forsten zuständig ist. Im Rahmen der ihm obliegenden Förderfunktionen hat das Ministerium auch in der Öffentlichkeit für die Idee des Naturschutzes aufklärend und werbend gewirkt, hat Rat und Hilfe bei der administrativen Gestaltung wie bei der finanziellen Ausstattung

von Naturparken zur Verfügung gestellt und hat die Tätigkeit der Naturschutzverbände und ihre gemeinnützigen Bestrebungen auch in der öffentlichen Diskussion nach Kräften unterstützt.
Sowohl dem amtierenden Minister, dem späteren zweiten Bundespräsidenten Dr. h. c. Heinrich Lübke, Gründer und Schirmherr des Deutschen Rates für Landespflege, wie dem damaligen Chef des Ministeriums, dem Verfasser, hat Alfred Toepfer bei zahlreichen Anlässen das Zeugnis ausgestellt, daß sie sich die Sache des Naturschutzes aus voller Überzeugung und mit großer innerer Anteilnahme zu eigen gemacht haben[9].
Die Spitzen dieses Ressorts sind frühzeitig darum bemüht gewesen, richtungsweisende Beiträge zur Diskussion über die Entwicklung des Naturschutzgedankens zu leisten. Schon 1956 haben sie die Auffassung vertreten, daß der Weg vom konservierenden Charakter des Naturschutzes über die bewußte Gestaltung der Erholungslandschaft bis hin zum Schutz der naturgegebenen Lebensvoraussetzungen gehen werde. Die Naturschutzbewegung wurde aus dem Zwang der Dinge heraus »zu einem Anliegen der großen Massen, je mehr die um sich greifenden Erscheinungsformen des technischen Zeitalters die Züge unserer geistigen und natürlichen Landschaft umgestalten«. Denn »immer mehr Menschen, die gezwungen sind, in großen Städten ein naturfernes Leben zu führen, brauchen und suchen die möglichst unverfälschte Natur, nicht so sehr aus ästhetischen Gründen und als schönen Rahmen für einige Ferienwochen, sondern vor allem als eine unentbehrliche Quelle der Erholung, der Ausspannung, der Besinnung«. Ein halbes Menschenalter vor dem Europäischen Naturschutzjahr und lange bevor der allgemein geläufige Begriff Umweltschutz das Licht der Welt erblickte, sind die Zusammenhänge zwischen der technisch-zivilisatorischen Entwicklung mit ihren gesellschaftlichen Folgewirkungen und einer auf Erhaltung der natürlichen Daseinsvoraussetzungen gerichteten Naturschutzbewegung dargetan worden.
In der Zusammenarbeit mit den Naturschutzorganisationen, unter denen in den fünfziger Jahren der Verein Naturschutzpark nahezu als einziger sich um eine den Gegebenheiten der industriellen Massengesellschaft angepaßte Weiterentwicklung des Naturschutzgedankens verdient gemacht hat, fiel dem Bundesernährungsministe-

rium die zwar unpopuläre, aber unerläßliche Aufgabe zu, die weitgespannten Forderungen der Verbände auf das Maß des Möglichen und Erreichbaren zu reduzieren. Das konnte so aussehen, als ob die damals Verantwortlichen nur halben Herzens mitgegangen wären und Wasser in den Wein der überall sich regenden Naturbegeisterung hätten gießen wollen. In Wahrheit war es ihnen darum zu tun, die Vorstellungen, die dem Wunsch nach Schaffung möglichst vieler Naturparke zugrunde lagen, in Einklang mit der bundesdeutschen Wirklichkeit zu halten und dafür zu sorgen, daß eine so gute Sache nicht durch Übertreibungen von Übereifrigen diskreditiert und Rückschlägen ausgesetzt werde – eine Funktion staatlicher Stellen, die auch angesichts der weiterreichenden Probleme des Umweltschutzes ihre Aktualität behalten hat. Außerdem kam es darauf an, auch diejenigen Wirtschaftskreise und Bevölkerungsgruppen für den Gedanken eines erweiterten und verbesserten Naturschutzes zu gewinnen, die ihm von Haus aus fernstanden oder sich in ihren materiellen Interessen beeinträchtigt fühlten: Land- und Forstwirte, Jäger, Fischer und viele andere.

Der Staat muß für alle seine Bürger da sein. Er muß darüber wachen, daß der Gleichheitsgrundsatz beachtet wird. Er muß also auch deutlich machen, an welchem Punkte die schwungvoll vorgetragenen Anliegen des Naturschutzes auf lebenswichtige Interessen anderer Gruppen stoßen, über die der Staat sich nicht hinwegsetzen kann. Und er muß versuchen, den Ausgleich zwischen den aufeinanderprallenden Interessen zu suchen. Im besonderen kam es darauf an klarzustellen, daß auch in geschützten Landschaftsteilen mit den damals rechtlich nicht abgesicherten Wesensmerkmalen des Naturparkes das wirtschaftliche Leben nicht zum Erliegen oder auch nur zum Stillstand gebracht werden kann, der Betrieb der Land- und Forstwirtschaft auch mit modernen Methoden und Geräten keinen Beschränkungen unterworfen wird – sofern diese nicht auch außerhalb der Naturparke angeordnet werden –, z. B. DDT-Verwendung, Strohverbrennen u. dergl.

Den staatlichen Stellen und hier wiederum dem Bundeslandwirtschaftsministerium fiel die wenig dankbare Aufgabe zu, den Eiferern entgegenzuwirken, die, von abstrakten Modellvorstellungen ausgehend, die Naturparke zu großflächigen Nationalparken etwa nach nordamerikanischen oder kanadischen Vorbildern gestalten wollten. Diese und ähnliche Einrichtungen auch in anderen Teilen der Welt können zwar, wie von amtlicher Seite immer wieder betont worden ist, unsere neidvolle Bewunderung erregen. Aber jeder Versuchung, sie nachzuahmen, müssen wir einfach deshalb widerstehen, weil sie den Rahmen unserer Möglichkeiten sprengen. Das Gebiet der Bundesrepublik gehört zu den am dichtesten bevölkerten der Erde. Wir leben auf engem Raum zusammengedrängt. Unser Land ist mit natürlichen Reichtümern und Bodenschätzen nur spärlich gesegnet. Mit dem, was wir haben, müssen wir haushälterisch umgehen. Können wir es uns leisten, die wenigen uns zur Verfügung stehenden natürlichen Hilfsquellen – Bodenschätze, Wasserkraft – ungenutzt zu lassen, weil ihre Nutzbarmachung zu Forderungen des Naturschutzes und der Landschaftspflege in Widerspruch geraten würde? Mit dieser Frage ist eine der hier sich ergebenden Konfliktsituationen umrissen. Die Bedürfnisse der Wirtschaft und mit ihnen eng verbunden die der Siedlung und des Verkehrs, vor allem auch die der Land- und Forstwirtschaft können von staatlichen Stellen, die eine vielschichtige Gesamtverantwortung wahrzunehmen haben, nicht grundsätzlich und überall dort, wo sie mit Anliegen des Naturschutzes in Widerspruch geraten, als zweitrangig behandelt werden. »Wenn wir uns vor die Wahl gestellt sehen, entweder unsere materielle Existenz zu verbessern oder unser Dasein zu verschönern, dann werden wir uns nur allzuoft für das erstere entscheiden müssen.«[10] Damit wird jeder, der einerseits mit der Natur und dem Naturschutz innerlich engagiert, andererseits aber von seinem Amt her verpflichtet ist, auch die andere Seite zu sehen, immer wieder vor schwerwiegende Entscheidungen gestellt.

Die Verfasser der Grünen Charta haben dieses Problem erkannt. Sie haben ihm Rechnung getragen mit ihrem Vorschlag, daß neben Erholungs- u. a. auch Industrielandschaften als solche ausgewiesen werden sollten, ein Verfahren, das unerläßlich ist, solange nicht auch von seiten der Politik und der staatlichen Stellen das Nullwachstum als der erstrebenswerte und vielleicht sogar sich von selbst ergebende Normalzustand angesehen wird, nämlich bei anhaltender Rezession.

Eine Konfliktlage wie diese wird sich auch in der Umweltpolitik nicht vermeiden lassen. Sie wird um so deutlicher und nicht selten in dramatischer Zuspitzung hervortreten, je mehr die Umweltschutzmaßnahmen Reformen von grundlegender Bedeutung und tiefe Eingriffe in viele Lebensbereiche notwendig machen, um der Umweltgefährdung nachhaltig Herr zu werden. Dabei wird es immer so sein, daß die Forderungen der öffentlichen Meinung und ihrer engagierten Wortführer – die den Vorzug genießen, die Dinge nur von einer Seite, von ihrer Seite her betrachten zu können – immer früher da sind und weiter vorn liegen als die Reaktion derer, denen der schwierige Teil obliegt, nämlich Forderungen in Taten, Ideen in Fakten umzusetzen. Das können Unterschiede im Tempo, in der Argumentationsbreite, aber auch solche der Weltbetrachtung sein. Keinesfalls rechtfertigt ihr Vorhandensein den Schluß, daß die in der Verantwortung Stehenden mit geringerer Sachkenntnis, mit Voreingenommenheiten, mit lauem Herzen an ihre Aufgabe herangehen. Sie haben es nur viel schwerer als die Agitatoren. Aber indem sie gezwungen sind, ihre Maßnahmen mit Gegebenheiten und anders laufenden Interessen in Einklang zu bringen, einen Schritt vor den anderen zu setzen, tun sie einer guten Sache auf die Dauer einen besseren Dienst, als wenn sie versuchen würden, extremen Lösungen nachzulaufen, die an der Realität scheitern müssen.
Auch diese Situation, die immer wieder sich auftuende Kluft zwischen Wollen und Vollbringen, ist nicht neu. Sie ergab sich bereits mit denselben Frontstellungen, als es sich darum handelte, die Forderung nach immer mehr Naturparken auf die Wirklichkeit zu übertragen. Mit einem wesentlichen Unterschied allerdings. Zwischen Fordernden und Ausführenden bestand ein grundsätzlicher, niemals in Zweifel gezogener Konsens und nicht ein tiefer Graben, wie er sich später etwa zwischen den Befürwortern von Kernkraftwerken und den Sprechern der Bürgerinitiativen aufgetan hat. Das Zusammenwirken, das sich in den fünfziger Jahren zwischen den Wortführern der Naturschutzbewegung und ihren beamteten Gegenspielern – die immer als Mitspieler geachtet wurden – herausgebildet hat, könnte ein gutes Vorbild sein auch für die Rollenverteilung, die die viel tiefer greifenden Probleme der Umweltgefährdung erfordern.

Inzwischen haben sich Idee und Wirklichkeit des Naturschutzes und der Landschaftspflege weiterentwickelt. Eine große Zahl von Naturparken in allen Teilen des Bundesgebietes ist entstanden. Sie dienen vielen Millionen Menschen zur Erholung und zur Freude. Sie sind aber darüber hinaus insbesondere für die Bewohner der Industriezentren zu einer inneren und äußeren Lebensnotwendigkeit geworden.

Die Grüne Charta von der Mainau und Nixons Botschaft

Die Erweiterung des Naturschutzgedankens zu dem umfassenden Begriff der Umwelt, der Umweltgefährdung, des Umweltschutzes wird durch zwei bedeutsame Manifestationen markiert; in Deutschland durch die Grüne Charta der Mainau und, etwas später, in den Vereinigten Staaten durch Richard Nixons Botschaft an die Nation. In der Bundesrepublik Deutschland ist sie das Werk und das Verdienst der um den Schutz der Natur besorgten Männer und Frauen, die sich seit 1956 alljährlich auf der Insel Mainau zu den ›Mainauer Rundgesprächen‹ versammeln, und in hervorragender Weise des Schloßherrn der Mainau, des Grafen Lennart Bernadotte, der – als Sprecher des Deutschen Rates für Landespflege und als Präsident der Deutschen Gartenbaugesellschaft – der gastgebende und richtungweisende Initiator dieser längst zu einer Institution gewordenen Zusammenkünfte ist. Aus Überlegungen und Diskussionen eines kleinen Kreises unabhängiger und verantwortungsbewußter Männer und Frauen, als Niederschlag von Erkenntnissen, die diesen Kreis fünf Jahre lang beschäftigt hatten, ist die Grüne Charta von der Mainau entstanden. »Berufene Sachkenner haben diese Charta formuliert; die Interparlamentarische Arbeitsgemeinschaft, der Abgeordnete des Bundestages und der Länderparlamente aus allen Parteien angehören, hat wesentlich daran mitgearbeitet.«[11] Am 20. April 1960, anläßlich des fünften Mainauer Rundgespräches, wurde die Grüne Charta der Öffentlichkeit vorgelegt, verbunden mit dem Aufruf an alle, »um des Menschen willen tatkräftig für die Ziele dieser Charta einzutreten«. Ein freies Gremium aus Persönlichkeiten des kulturellen, politischen und wirt-

schaftlichen Lebens – nämlich der vom Bundespräsidenten Heinrich Lübke berufene Deutsche Rat für Landespflege – soll dazu mithelfen, die Ziele der Grünen Charta zu verwirklichen. Die Charta ist die erste programmatische Erklärung, die den Begriff Umwelt verwendet.
Die Grüne Charta fußt auf den im Grundgesetz festgelegten Grundrechten, den Menschenrechten als der Basis jeder menschlichen Gemeinschaft, auf dem jedem Bürger zustehenden Recht der freien Entfaltung seiner Persönlichkeit, das das Recht auf körperliche Unversehrtheit einschließt, und auf der Sozialverpflichtung des Eigentums. Sie stellt fest, daß »die Grundlagen unseres Lebens . . . in Gefahr geraten (sind), weil lebenswichtige Elemente der Natur verschmutzt, vergiftet und vernichtet werden und weil der Lärm uns unerträglich bedrängt. Die Würde des Menschen ist dort bedroht, wo seine natürliche Umwelt beeinträchtigt wird. Zu den unverletzlichen und unveräußerlichen Menschenrechten gehört auch das Recht auf ein gesundes und menschenwürdiges Leben in Stadt und Land.«[12] Voraussetzung für ein solches menschenwürdiges Leben sei, so heißt es weiter in einer ihrer Zeit weit vorauseilenden Formulierung, neben gesunder Nahrung auch eine gesunde Landschaft, die Boden, Luft und Wasser einschließt, und – an die Bestrebungen des Naturschutzes im engeren Sinne anknüpfend – die Erhaltung der Pflanzen- und Tierwelt. »Alle diese lebenswichtigen Elemente werden übermäßig und naturwidrig beansprucht. Immer häufiger werden lebendiger Boden vernichtet, Oberflächen- und Grundwasser verdorben, Luft verunreinigt, Pflanzen- und Tierwelt gestört und offene Landschaft verunstaltet.«
Die Grüne Charta hütet sich vor einseitiger Betrachtung und extremen, mit den Realitäten in Widerspruch geratenden Forderungen. Sie erkennt an, daß auch Wirtschaft und Technik und alles, was die Technik zur Zivilisation der Industrienationen beigesteuert hat, unerläßliche Voraussetzungen unseres heutigen Lebens sind. Aber sie weist auch, lange bevor Denis Meadows die ›Grenzen des Wachstums‹ darzustellen versuchte, darauf hin, daß die natürlichen Grundlagen der Technik und der Wirtschaft, Rohstoffe und Energien, »weder willkürlich ersetzt noch beliebig vermehrt werden« können. Deshalb sei es notwendig, einen Ausgleich zwischen Wirt-

schaft, Technik und Natur herzustellen. Auch die Probleme der Raumordnung werden, erstmalig im Zusammenhang mit Naturschutz und Landschaftspflege, richtig gesehen. »Um des Menschen willen sind der Aufbau und die Sicherung einer gesunden Wohn- und Erholungslandschaft, Agrar- und Industrielandschaft unerläßlich.« Dieses zentrale Anliegen der Grünen Charta soll über einen Katalog von ineinandergreifenden Einzelmaßnahmen verwirklicht werden. Die Grüne Charta fordert:

eine rechtlich durchsetzbare Raumordnung für alle Planungsebenen, unter Berücksichtigung der natürlichen Gegebenheiten,

die Aufstellung von Landschafts- und Grünordnungsplänen, welche die für Wohn- und Industriesiedlungen sowie für Verkehrszwecke bestimmten Flächen ausweisen, dazu auch die Bereitstellung von Gartenland für Zwecke der Naherholung, stadtnahen Erholungsraum für die Wochenenden und stadtfernen für die Ferien,

den freien Zugang zu Wäldern, Bergen, Seen, Flüssen und sonstigen landschaftlichen Schönheiten,

die Sicherung einer leistungsfähigen Landwirtschaft, die eine ordnungsmäßige Bodennutzung gewährleistet, und der ländlichen Siedlung,

verstärkte Maßnahmen zur Erhaltung und Wiederherstellung eines gesunden Naturhaushaltes, insbesondere durch Boden-, Klima- und Gewässerschutz,

Sicherung und nachhaltige Nutzung der natürlichen wie der von Menschenhand geschaffenen Grünflächen,

Verhinderung vermeidbarer landschaftsschädigender Eingriffe, z. B. beim Siedlungs- und Industriebau, beim Bergbau, Wasserbau, Straßenbau,

stärkere Pflege natur- und landschaftskundlicher Grundlagenkenntnisse im Schulunterricht und Ausbau der Forschung für alle mit dem natürlichen Lebensraum befaßten Disziplinen.

Und schließlich: durch breit angelegte Unterrichtung der Öffentlichkeit über die Bedeutung der Landschaft und die ihr drohenden Gefahren soll ein Prozeß des Umdenkens eingeleitet werden. Die Initiatoren der Grünen Charta waren 1960 ihren Zeitgenossen auch darin weit voraus, daß sie die Bedrohung der Natur, der Landschaft, der Umwelt in einem weiter gefaßten Sinne als eine alle Le-

bensbereiche erfassende allgemeine Krise erkannten.
Auf der konstituierenden Sitzung des Deutschen Rates für Landespflege, in der Inhalt und Ziel der Grünen Charta kommentiert wurden, war es Konrad Buchwald, der darauf hinwies, daß die übermäßige Beanspruchung des Naturhaushaltes nicht nur die Landschaft verändert, Gesundheit und Wohlbefinden der Menschen der modernen Industriegesellschaft schädigt, sondern auch bedenkliche geistig-seelische Folgen hat; sie löst den Großstadtmenschen aus der Verbindung mit der Natur. Damit ist zum ersten Male angedeutet worden, daß die Umweltkrise zugleich und eigentlich von ihren Wurzeln her eine geistige Krise ist.
Der Appell der Grünen Charta ist nicht die erste Mahnung zur Einsicht. Seit den frühen Tagen des Wandervogels sind immer wieder Menschen aufgestanden, die auf die Fragwürdigkeit unseres Fortschrittglaubens und auf die Unnatur unserer Lebensweise hingewiesen haben. Was aber die Grüne Charta von ähnlichen Mahnrufen unterscheidet, die ein gutes Jahrzehnt später die Umweltschutzbewegung in Gang gesetzt haben, ist der ihr innewohnende Sinn für Maß und Realität, die sachliche Abgewogenheit der Feststellungen zur Lage, das in wenigen klaren Strichen dargestellte Programm, die gut fundierte Argumentation und der gänzliche Verzicht auf agitatorische Wirkung. In ihrem unverändert gültigen Inhalt wie in ihrer Form, die niemanden anklagt, ist die Grüne Charta nicht nur ein Manifest. Sie ist auch und vor allem ein Arbeitsprogramm.
Aber – auch das muß gesagt werden – die Breitenwirkung, die die Männer der Mainauer Gespräche und des Deutschen Rates von ihrer Manifestation erwarten konnten, ist zunächst ausgeblieben. Die Massenmedien hatten den Umweltschutz, der so viele Möglichkeiten für Sensationen und Schlagzeilen bietet, noch nicht entdeckt. Landschaftspflege war für die öffentliche Meinung ein unbekannter Begriff und Naturschutz ein Reservat für einige Idealisten, die von der öffentlichen Meinung als weltfremde Schwärmer, steckengebliebene Wandervögel angesehen wurden. Und die Konferenz der Kultusminister der Bundesländer war trotz jahrelanger Bemühungen des Deutschen Rates für Landespflege nicht zu bewegen, Hinweise auf die Grüne Charta in den Unterricht über Biologie oder

Bürgerkunde aufzunehmen. Dabei wären die Kultusminister, von denen einige auch für Naturschutz und Landschaftspflege ressortmäßig zuständig waren, doch wohl mehr und eher als andere berufen gewesen, die tiefen Risse und Sprünge in unserer nicht mehr heilen Welt zu sehen und zu erkennen, daß Lösungen, die zur Rettung der natürlichen Lebensvoraussetzungen gefunden werden müssen, eine Umkehr des Denkens bedingen und daß mit dieser Umkehr nicht früh genug begonnen werden kann, nämlich bereits in der Schule. Das waren die Forderungen, die Conwentz schon 60 Jahre vorher erhoben hatte. In diesen zwei Menschenaltern sind wir also, trotz aller schönen Reden über Umweltgefährdung, nicht einen Schritt vorangekommen. Aber das ist wahrlich nicht die Schuld der Grünen Charta und derer, die sie geschaffen haben.
Zehn Jahre nach der Grünen Charta, in seiner von Schwung und Begeisterung getragenen Botschaft an die Nation vom 22. Januar 1970, hat der Präsident der Vereinigten Staaten, Richard Nixon, zum Problem des Umweltschutzes öffentlich Stellung genommen; die Hälfte des Textes seines Berichtes über die Lage der Nation ist diesem Thema gewidmet[13]. »Unser Volksvermögen wird«, so sagt der Präsident, »in den nächsten zehn Jahren um 50 Prozent zunehmen. Die grundlegende Frage ist: bedeutet dies, daß wir in einem realen Sinne um 50 Prozent reicher, um 50 Prozent besser gestellt und um 50 Prozent glücklicher sein werden?« Oder werde der 1980 amtierende Präsident auf ein Jahrzehnt zurückblicken müssen, »in dem 70 Prozent unserer Bevölkerung in städtischen Ballungsräumen lebten, im Verkehr steckengeblieben und erstickt im Smog, vergiftet durch Wasser, taub geworden im Lärm und – ein spezieller amerikanischer Aspekt – terrorisiert durch Verbrechen«. Für Nixon stellt sich das große Problem der siebziger Jahre so dar: »Sollen wir vor unseren Umweltverhältnissen kapitulieren oder sollen wir unseren Frieden mit der Natur machen und mit der Wiedergutmachung der Schäden beginnen, die wir unserer Luft, unserem Boden und unseren Gewässern zugefügt haben?« Die Natur wieder in ihren natürlichen Zustand zu versetzen, müsse ein vordringliches Anliegen insbesondere der jungen Generation sein, die die Folgen der Versäumnisse ihrer Väter und Vorväter zu tragen habe. Reine Luft, reines Wasser, unberührte, offene Landschaft – das alles solle wie-

der zum angestammten Recht jedes Amerikaners werden, und das lasse sich erreichen, wenn man jetzt zu handeln beginne. Aber das alles werde man nicht umsonst bekommen. Nixon kündigte an, daß er dem Kongreß allein für die Reinhaltung des Wassers ein 10-Milliarden-Dollar-Programm vorschlagen werde. »Durch jahrelange Sorglosigkeit haben wir der Natur gegenüber eine Schuld anwachsen lassen, und diese Schuld wird nun eingefordert.«
Aber wie vor ihm die Grüne Charta, so bleibt auch Nixon auf dem Boden der Wirklichkeit. Der Einwand der extremen Natur- und Umweltschützer, daß zwischen wirtschaftlichem Wachstum und sauberer Umwelt ein grundlegender Widerspruch bestehe, so daß das eine das andere ausschließe, schiebt er beiseite. Seine Antwort auf die auch in den Vereinigten Staaten aufgeworfene Frage, ob nicht das Wachstum dem Umweltschutz geopfert werden müsse, ist klar und bündig: ». . . das Wachstum nicht aufgeben, aber es in eine andere Richtung lenken. So sollten wir beispielsweise der Beengung und dem Smog ein Ende bereiten – wobei wir aus dem gleichen Reservoir an Erfindungskraft schöpfen müssen, das diese Erscheinungen hervorgebracht hat.«
Es ist auch nicht so, daß das bedenkenlose Eingreifen in die Natur früher deswegen erträglich gewesen wäre, weil es, jedenfalls nach der Auffassung der damals Lebenden, bis vor hundert Jahren Raum für alle auf der Erde gegeben habe und Raubbau an natürlichen Hilfsquellen, an Bodenschätzen, Wäldern und Wasser ohne einschneidende Folgen geblieben sei. Auch als die Menschen noch Platz genug hatten, haben sie unverständigen Mißbrauch mit den Gaben der Natur getrieben. Die Naturschutzbewegung ist nichts anderes als eine verspätete Rettungsaktion, eine Abwehrreaktion gegen die über Jahrtausende sich fortsetzenden Eingriffe des Menschen in das Gefüge der Natur. Sie war der Aufstand elitärer Schichten der Gesellschaft, die sich der ideellen Werte einer unverfälschten Natur und einer gesunden Umwelt bewußt geworden war, gegen eine Haltung, die die Natur lediglich als Objekte materieller Nutzung betrachtet hatte. Heute ist sie ein lebenswichtiges Anliegen breiter Bevölkerungsschichten, wenn auch längst noch nicht aller.
Viele Jahrhunderte hindurch hatte sich an den Lebensformen und

den Lebensinhalten der Menschheit nichts Wesentliches geändert. Die Erfindungen neuer Geräte und Verfahren verbesserten ihre Lebensbedingungen, und die Entdeckung neuer Länder erweiterte ihr Weltbild. Das Streben nach Gewinn, nach schnell erworbenem Reichtum wurde zum Leitmotiv wirtschaftlichen Handelns. Die massiven Eingriffe in den Haushalt der Natur wogen um so schwerer, als außer einigen einsamen Rufern in der Wüste der häßlichen Industrielandschaft niemand sich ihrer Tragweite bewußt wurde. Ihrer ganzen Geisteshaltung nach waren die fortschrittsbegeisterten Menschen des 19. Jahrhunderts, des Zeitalters des frühen Kapitalismus wie des frühen Liberalismus, nicht bereit und ihrer ganzen Einstellung nach nicht imstande, die düsteren Kehrseiten der technischen Errungenschaften zu erkennen, die sie mit so unbändigem Stolz erfüllten. Sie waren Kinder der Aufklärung. Ihre Vorstellungen vom Staat und seinen Funktionen leiteten sie her aus der Französischen Revolution, die die Ordnungselemente des absoluten Staates wie die gesellschaftlichen Strukturen der Feudalzeit beiseite gefegt hatte. Was sie unter Freiheit, Gleichheit und Brüderlichkeit verstanden, war in erster Linie die Freiheit des auf sich selbst gestellten Individuums, seine Befreiung von jeder Art staatlichen Zwanges und obrigkeitlicher Aufsicht, die als rechtswidrige Bevormundung empfunden wurde. Was sie dem Staat an Aufgaben zubilligten, war nicht mehr als die Verpflichtung, den unbegrenzten Freiheitsraum des Individuums zu schützen und im übrigen den Bürger im Sinne des laissez-faire, laissez-passer frei schalten und walten zu lassen. Der Gedanke, daß es diesem Staat einfallen könnte, die wirtschaftliche Betätigung seiner Bürger im Rahmen von Ordnungsprinzipien, die auf das allgemeine Wohl bezogen waren, steuern oder einengen zu wollen, war ihnen aus ihrer Grundhaltung heraus zuwider, in ihren Augen ein Rückfall in Zeiten, in denen sie mehr oder minder rechtlose Untertanen einer absoluten Staatsgewalt gewesen waren. In Ausübung ihrer privaten Eigentumsrechte bauten sie ihre Fabriken, wo Platz dafür war, betrieben sie nach den Verfahren, die den größten Gewinn auf dem kürzesten Wege erwarten ließen, behandelten die menschliche Arbeitskraft wie jede andere Ware und entnahmen der Natur, was immer ihrem materiellen Vorteil dienen konnte. Die Idee, daß Eigentum verpflichte, brauchte mehr als hundert Jahre, bis sie Eingang in die Verfassung des Deutschen Reiches und der Bundesrepublik Deutschland fand; inwieweit sie im Denken aller Bürger Fuß gefaßt hat, bleibe dahingestellt.

Dem Liberalismus, diesem Kinde und Nachfahren der Aufklärung, verdanken wir die Freiheit des Individuums und damit die Freiheit der wirtschaftlichen Betätigung, losgelöst von Zunftzwang und obrigkeitlicher Reglementierung. Die Spielregeln der Wettbewerbswirtschaft, ohne jegliche Sozialverpflichtung des Eigentums, die den freiheitlichen Auffassungen der frühen Liberalen ganz unverständlich gewesen und als Rückfall in Ordnungsvorstellungen des absoluten Staates erschienen wäre, legten den Grund für einen beispiellosen Aufschwung der Wirtschaft, der privaten Initiative, des individuellen Wohlstandes einer neuen Elite, die an die Stelle der führenden Schichten des Feudalstaates traten. Aber schrankenlose Freiheit des Unternehmers, gepaart mit einem durch keine Bindung an das allgemeine Wohl gehemmten Gewinnstrebens führte zur Entstehung des industriellen Proletariats. Die krassen Besitzunterschiede der Vorrevolutionszeit wurden nicht gemildert. Vielmehr wurde für den sogenannten kleinen Mann der soziale Rückschritt, gemessen am Standard der überwundenen Ständegesellschaft, immer spürbarer und drückender. Aus einer Gesellschaft, in der abhängige Lohnarbeit die Ausnahme gewesen war, wurde ». . . eine Gesellschaft, die von der Masse wirtschaftlich abhängiger und verarmter Proletarier und einer verhältnismäßig kleinen Gruppe besitzender Bürger geprägt war«[14]. Diese Ära hat uns nicht nur die Industriearbeitersiedlungen mit den bis heute nachwirkenden sozialen Problemen hinterlassen, sondern auch die schwer reparablen Schäden, die durch gedanken- und verantwortungslosen Umgang mit den Kräften und Schätzen der Natur entstanden sind.

Die alle Bereiche des wirtschaftlichen, gesellschaftlichen und persönlichen Lebens erfassenden und durchdringenden Veränderungen, die schweren Störungen der natürlichen Gleichgewichte sind in ihrem ganzen Ausmaß erst der heute lebenden Generation bewußt geworden, und zwar wie mit einem Schlage. Das Erwachen des Umweltbewußtseins jedenfalls in der Bevölkerung der großen Industrienationen kann gegen Ende der sechziger Jahre datiert werden, in der Bundesrepublik Deutschland eigentlich erst mit dem Europäischen Naturschutzjahr 1970. Vorher waren weder das Wort noch der Begriff, heute jedermann geläufig, außerhalb eines kleinen Kreises von Fachleuten bekannt. Was der Menschheit so plötzlich die Augen geöffnet hat, das sind die sich überschlagende technische Entwicklung, die immer deutlicher zutage tretende Belastung der Natur, wahrscheinlich auch die rapide Zunahme der Weltbevölkerung und der Verfall traditioneller politischer und sozialer Strukturen. »Alle, die wachen Auges die Gegenwart erleben, sehen, erschreckt und ratlos, ständig neue Probleme vor sich aus der Erde schießen, Hunger und Unterernährung, Verfall der Städte, Verunreinigung der Luft, der Gewässer und der Meere, unkontrollierter Bevölkerungszuwachs, Rauschgiftsucht unter der Jugend, Mitbestimmungsunruhe, Polarisierung militärischer Macht, technologisches und wirtschaftliches Ungleichgewicht und unzählige Probleme von ähnlicher Bedeutung.«[15]

Um die Jahrhundertwende war es die Sorge um die Erhaltung von wenigen, ausgewählten Naturdenkmälern und dreißig Jahre später die weitere um die Erhaltung unberührter Landschaft, von Erholungsgebieten für den mehr und mehr der Verstädterung anheimfallenden Menschen, die Gegenaktionen auslöste, tastende Versuche, bescheidene Anläufe mit begrenzten Zielsetzungen. Sie erstreckten sich auf Teilbereiche dessen, was wir heute unter Natur und Umwelt und deren Gefährdung verstehen. Wie ist es dazu gekommen, daß der Mensch in den hochzivilisierten Industrieländern, der sich eben noch an jedem weiteren technischen Fortschritt berauschte und ihn als Stufe eines immer weiter nach oben führenden Weges betrachtete, plötzlich von einem Tag zum anderen, die Welt um sich herum mit ganz anderen Augen ansieht und immer neue schwarze Schatten entdeckt, wo eben noch nichts als helles Licht war? Wie konnte es geschehen, daß die Wohlstandsgesellschaft, die jede technische Errungenschaft, ohne nach ihrer Kehrseite zu sehen, als einen weiteren Schritt zum besseren, leichteren, bequemeren Leben registrierte, über Nacht ihren Weg mit Fallgruben und Tretminen gepflastert glaubt? Woher kommt dieser jähe Wandel vom naiven Fortschrittsglauben zur düsteren Weltuntergangsstimmung, zu der inneren Unsicherheit und Ratlosigkeit, den die Menschheit plötzlich befallen hat? Was hat den Anstoß gegeben, daß die Probleme des Umweltschutzes mit immer neuen Varianten auf einmal in aller Munde und selbst die Schlagersänger mit Reimereien auf Schutz und Schmutz zur Stelle sind? Und wenn schon der nunmehr geschärfte Blick für die Zustände rings um uns her Anlaß genug zu der sorgenvollen Frage bietet, ob es so oder wie anders es weitergehen könnte, wenn schon die Verantwortlichen zu erkennen beginnen, daß die Belastbarkeit des Naturhaushaltes die Grenzen wirtschaftlichen Wachstums mindestens mitbestimmt, wie ist es dann um unsere und unserer Nachfahren Zukunft bestellt?

Umweltalarm

Durch die Grüne Charta von der Mainau wie durch Nixons Botschaft an die Nation ist der Naturschutzgedanke organisch fortentwickelt worden in der Richtung auf das, was nunmehr unter Umweltschutz verstanden wird. Eine revolutionäre Wende und zugleich eine bedenkliche emotionale Zuspitzung hat er durch eine Reihe von literarischen Ereignissen erfahren. Ihr Zweck war und ist, die breite Öffentlichkeit in alarmierender Weise auf die Gefahren aufmerksam zu machen, die der Menschheit des Atomzeitalters durch die Zerstörung ihrer natürlichen Lebensbedingungen drohen. In erster Linie sind es die populären Veröffentlichungen von Rachel Carson, Jay M. Forrester und Dennis Meadows, die eine weltweite, aufrüttelnde Wirkung ausgeübt und der Umweltdiskussion eine neue, aggressive Note gegeben haben.

Rachel Carson

Zweimal innerhalb von hundert Jahren haben Bücher amerikanischer Frauen die Welt bewegt. Beide Male haben sie ein die ganze Menschheit berührendes und erregendes Problem aufgegriffen. Und beide Autorinnen haben, von ihren Gefühlen fortgetragen, ihren Gegenstand überzeichnet und verzerrt. In den Köpfen ihrer Zeitgenossen haben sie einprägsame, bildhafte Vorstellungen hervorgerufen, die tiefe, aber unzutreffende Eindrücke hinterließen. Zehn Jahre vor Ausbruch des amerikanischen Bürgerkrieges hat Harriet Beecher-Stowe mit ›Onkel Toms Hütte‹ Geschichte gemacht. Sie hat bewirkt, daß die halbe Welt bis auf den heutigen Tag die Probleme der Sklaverei, die Hintergründe des Sezessionskrieges und die Rassenfrage mit den Maßstäben mißt, die dem rührenden, aber wirklichkeitsfernen Milieu Onkel Toms entlehnt worden sind. Rachel Carsons ›Der stumme Frühling‹ hat in ähnlicher Weise Wellen geschlagen. Dieses alarmierende Buch hat die Umweltdiskussion, bis dahin Sache weniger Experten, weltweit belebt und verbreitet und gilt unverändert als Kronzeuge schnell fortschreitender Umweltgefährdung.

In denkbar komprimiertester Form bringt Rachel Carson Inhalt und Tendenz ihres Albert Schweitzer gewidmeten Buches zur Darstellung, indem sie ihm einen Ausspruch Schweitzers voranstellt: »Der Mensch hat die Fähigkeit, vorauszublicken und vorauszusorgen, verloren. Er wird am Ende die Erde zerstören.«

So hoffnungslos düster ist auch das Bild, das sie zeichnet. Die dem Menschen gegebene Macht, die Natur, in der er lebt, zu verändern, hat innerhalb eines Vierteljahrhunderts nicht nur beängstigende Ausmaße, sondern auch ganz neue Formen angenommen. »Der unheimlichste aller Angriffe des Menschen auf die Umwelt ist die Verunreinigung der Luft, Erde, Flüsse und Meer mit gefährlichen, ja tödlichen Stoffen. Dieser Schaden läßt sich größtenteils nicht wiedergutmachen.«[16] Was die synthetischen Erzeugnisse des erfinderischen Menschengeistes in Rachel Carsons Sicht so gefährlich macht, ist, daß der Mensch Generationen brauchen würde, um seinen Organismus diesen Chemikalien anzupassen. Weil er sich berauscht an den scheinbar unbegrenzten Möglichkeiten, die die Technik ihm an die Hand gibt, hat er den Sinn für ein angemessenes Verhältnis von Zweck und Aufwand verloren. Um ein paar unerwünschte Arten von Geschöpfen zu bekämpfen, greift der Mensch zu Methoden, mit denen er nicht nur seine Umwelt vergiftet, sondern auch die eigenen Artgenossen mit Krankheit und Tod bedroht. Aus den für den Krieg ersonnenen Massenvernichtungsmitteln sind die »Elixiere des Todes« entwickelt worden, mit denen die chemische Industrie die Welt überschüttet, ungehindert von der Obrigkeit, die uns mit Halbwahrheiten zu beruhigen sucht. Die Verunreinigung des Oberflächenwassers, d. h. seine Vergiftung mit Chemikalien, hat, nach Rachel Carson, bereits dazu geführt, daß die überwiegende Mehrheit der Weltbevölkerung von Wasserknappheit bedroht wird. Auch die Myriaden von Organismen, die den Boden beleben und ihn fruchtbar machen, werden ausgerottet. Sie behauptet zwar nicht, daß das bereits geschehen sei. Aber immerhin könnte es geschehen. »Ein paar falsche Maßnahmen von seiten des Menschen«, so zitiert sie, »könnten damit enden, daß der Boden nie mehr Früchte trägt und die Gliederfüßler die Herrschaft übernehmen«[17]. Daß die synthetischen Bekämpfungsmittel Krebserreger sind, ist für sie eine ausgemachte Sache. »Wir bewegen uns in einem Meer von Karzinogenen.« Voller Bitterkeit und bissiger Ironie klagt sie an. Nur selten ist sie bereit anzuerkennen, daß die von ihr in starken Farben geschilderten Gefahren auch von denen erkannt worden sind, die verpflichtet wären, ihnen abzuhelfen, und daß tatsächlich auch viel geschehen ist, um Abhilfe zu schaffen.

Was Rachel Carson mit ihrem Buch bezwecken will und in welcher Beleuchtung sie die Welt um sich herum betrachtet, faßt sie wie in einem Brennpunkt in dem einleitenden Kapitel zusammen. Sein Titel heißt bezeichnenderweise ›Ein Zukunftsmärchen‹. Und gerade wenn man, bestürzt über diese Fülle von Anklagen und Schwarzmalerei, das Buch dieser leidenschaftlichen Frau und so sachkundigen Biologin mit Zurückhaltung und Kritik aus der Hand legt, ist es wohl ein Gebot der Objektivität, sie selbst mit ihren eigenen Worten sagen zu lassen, von welcher Vision sie sich leiten ließ, als sie ihr Buch begann.

»Es war einmal eine Stadt im Herzen Amerikas, in der alle Geschöpfe in Harmonie mit ihrer Umwelt zu leben schienen. Die Stadt lag inmitten blühender Farmen mit Kornfeldern, deren Gevierte an ein Schachbrett erinnerten, und mit Obstgärten an den Hängen der Hügel, wo im Frühling Wolken weißer Blüten über die grünen Felder trieben. Im Herbst entfalteten Eiche, Ahorn und Birke eine glühende Farbenpracht, die vor dem Hintergrund aus Nadelbäumen wie flackerndes Feuer leuchtete. Damals kläfften Füchse im Hügelland, und lautlos, halb verhüllt von den Nebeln der Herbstmorgen, zog Rotwild über die Äcker.« Den Großteil des Jahres hätten entlang den Straßen Schneeballsträucher, Lorbeerrosen und Erlen, hohe Farne und wilde Blumen das Auge des Reisenden entzückt. Selbst im Winter seien die Plätze am Wegesrand von eigenartiger

Schönheit gewesen. Zahllose Vögel kämen dorthin, um sich Beeren als Futter zu holen und aus den vertrockneten Blütenköpfchen der Kräuter, die aus dem Schnee ragten, die Samen zu picken. Die Gegend sei geradezu berühmt gewesen wegen ihrer an Zahl und Arten so reichen Vogelwelt, und wenn im Frühling und Herbst Schwärme von Zugvögeln auf der Durchreise einfielen, seien die Leute von weither gekommen, um sie zu beobachten. Andere kamen, um in den Bächen und Flüssen zu fischen, die klar und kühl aus dem Hügelland strömten und da und dort schattige Tümpel bildeten, in denen Forellen standen. So sei es gewesen, seit vor vielen Jahren die ersten Siedler ihre Häuser bauten, Brunnen gruben und Scheunen errichteten. Dann sei überall eine seltsame schleichende Seuche aufgetaucht, und unter ihrem Pesthauch habe sich alles verwandelt. Irgendein böser Zauberbann sei über die Siedlung verhängt worden: Rätselhafte Krankheiten hätten die Kükenscharen dahingerafft; Rinder und Schafe wurden siech und verendeten. Über allem habe der Schatten des Todes gelegen. Die Farmer erzählten von vielen Krankheitsfällen in ihren Familien. In der Stadt standen die Ärzte immer ratloser den neuartigen Leiden gegenüber, die unter ihren Patienten auftraten. Einige Menschen seien plötzlich und unerklärlicherweise gestorben, nicht nur Erwachsene, sondern sogar Kinder, die mitten im Spiel jäh von Übelkeit befallen wurden und binnen weniger Stunden starben.

Auf den Farmen brüteten die Hennen, aber keine Küken schlüpften aus. Die Farmer klagten, sie seien nicht mehr imstande, Schweine aufzuziehen. Jeder Wurf umfaßte nur wenige Junge, und sie lebten höchstens ein paar Tage. Die Apfelbäume entfalteten ihre Blüten, aber keine Bienen summten zwischen ihnen umher, und da sie nicht bestäubt wurden, konnten sich keine Früchte entwickeln. Die einst so anziehenden Landstraßen waren nun von braun und welk gewordenen Pflanzen eingesäumt, als wäre ein Feuer über sie hinweggegangen. Auch hier war alles totenstill, von Lebewesen verlassen. Selbst in den Flüssen regte sich kein Leben mehr. Keine Angler suchten sie auf, denn alle Fische waren zugrunde gegangen.

In den Rinnsteinen, unter den Traufen und zwischen den Schindeln der Dächer zeigten sich noch ein paar Fleckchen eines weißen körnigen Pulvers; es war vor einigen Wochen wie Schnee auf die Dä-

cher und Rasen, auf die Felder und Flüsse gerieselt. Kein böser Zauber, kein feindlicher Überfall hatte in dieser verwüsteten Welt die Wiedergeburt neuen Lebens im Keim erstickt. Das hatten die Menschen selbst getan. Diese Stadt gäbe es in Wirklichkeit nicht, aber ihr Ebenbild könnte sich an tausend Orten in Amerika oder anderswo in der Welt finden. Sie kenne keine Gemeinde, der all das Mißgeschick, das sie beschrieben habe, widerfahren ist. Doch jedes einzelne dieser unheilvollen Geschehnisse habe sich tatsächlich irgendwo zugetragen, und viele wirklich bestehende Gemeinden hätten bereits eine Reihe solcher Unglücksfälle erlitten. Fast unbemerkt sei ein Schreckgespenst aufgetaucht, und diese Tragödie, vorerst nur ein Phantasiegebilde, könnte leicht rauhe Wirklichkeit werden, die wir alle erleben. Was geht hier vor, fragt Rachel Carson, was hat bereits in zahllosen Städten Amerikas die Stimmen des Frühlings zum Schweigen gebracht?
Angesichts dieses apokalyptischen Bildes sieht sich der Herausgeber der deutschen Ausgabe des ›Stummen Frühlings‹, Theo Löbsack, zu gewissen einschränkenden Kommentierungen veranlaßt, die eine leichte Distanzierung enthalten. Sie betreffen vor allem die wirtschaftliche Seite der Verwendung von chemischen Pflanzenschutzmitteln, deren Wirkung auf den Organismus von Menschen und Tieren in der Tat noch weitgehend ungeklärt ist. Löbsack sagt, daß die Landwirte, Obstbauern und Gärtner sicher gern auf sie verzichten würden, wenn es ohne sie ginge. Aber der Zwang zu rationalisieren, fehlende menschliche Arbeitskraft durch Technik zu ersetzen und die Ernten – aus betriebswirtschaftlichen wie aus ernährungspolitischen Gründen – auf das erreichbare Höchstmaß zu steigern, lasse ihnen keine andere Wahl. Wie soll sonst eine wachsende Weltbevölkerung ernährt werden? Dazu zitiert Löbsack den Klagenfurter Biologen E. Reisinger: »Unsere Kulturlandschaft ist nichts Naturgewolltes, sie ist eine künstliche, durch ständige Menschenarbeit stabilisierte Biozönose, für die nun einmal, will man sie weiterhin dem Menschen dienstbar erhalten, andere Regeln als für die unberührte Natur gelten.«
Diesen Gesichtspunkt erkennt Löbsack an. Man dürfe das Kind nicht mit dem Bade ausschütten. Das wisse auch die Biologin Carson. Es sei ihr auch gar nicht darum zu tun, »den chemischen Pflan-

zenschutz völlig aus der Welt zu schaffen«. Es gehe ihr eigentlich um nichts anderes, als dem beängstigenden Ausmaß und dem rapiden Umsichgreifen der Giftspritzungen entgegenzuwirken, »die vielleicht vom krassesten Profitdenken bestimmt sind«. Sie wolle aufmerksam machen auf die Gefährlichkeit der Mittel, »die in der Hand des Laien nicht wiedergutzumachende Verheerungen anrichten«. Sie wolle mit ihrem Buch erreichen, daß der Mißbrauch mit den chemischen Bekämpfungsmitteln aufhört, und deshalb wolle sie die Öffentlichkeit alarmieren.

Mit dieser Feststellung ist der Punkt gekennzeichnet, an dem die Kritik einsetzt. Im Eifer ihrer Beweisführung ist Rachel Carson oder jedenfalls denen, die ihre Thesen auch heute noch verfechten, entgangen, daß eigentlich überall in der Welt das Erforderliche geschehen oder doch eingeleitet worden ist, um die mißbräuchliche Verwendung der inkriminierten chemischen Bekämpfungsmittel zu verhindern – sofern sie nicht überhaupt verboten sind. Die Alarmrufe, auch die Rachel Carsons, haben bewirkt, was sie bewirken sollten, wobei schwer zu erkennen ist, ob die den Gebrauch von chemischen Mitteln in der Landwirtschaft einschränkenden Bestimmungen, wie etwa das Verbot des DDT in der Bundesrepublik, auf die Warnungen Rachel Carsons zurückzuführen sind. Aber damit haben sie ihre Aktualität verloren. Sie sind Historie geworden, mitsamt den Daten und Argumenten, mit denen sie gestützt wurden.

Rachel Carson und ihre Anhänger begründen ihre Forderung nach Verbot der chemischen Bekämpfungsmittel u. a. damit, daß ihre Anwendung das biologische Gleichgewicht störe. Aber diese Argumentation geht fehl, abgesehen davon, daß der Begriff des biologischen Gleichgewichtes mißverständlich ist. Wenn als Gleichgewicht ein Zustand bezeichnet werden soll, in dem einander entgegengerichtete Kräfte sich aufheben, dann muß festgestellt werden, daß die belebte Natur solche Ruhelagen nicht kennt. »Vielmehr ist in jedem Lebensraum eine Vielzahl sich ständig von selbst und in Reaktion auf Außenfaktoren verändernder Fakten beteiligt, die sich untereinander beeinflussen, so daß ein ruhender Zustand niemals eintritt. Wenn hier überhaupt von Gleichgewicht gesprochen werden kann, so handelt es sich um äußerst dynamische Gleichgewichte, oder, wie man es auch genannt hat, um ein Pendeln um einen mittleren Zustand.«[18] Insgesamt wird man sagen können, daß der Pflanzenschutz »eine Konsequenz von Gleichgewichtsänderungen ist, die der Mensch vorgenommen hat und vornehmen mußte, um sich seine Nahrungsgrundlagen zu sichern«[19].

Auch die Tatsache, daß einige chemische Bekämpfungsmittel Giftstoffe im wissenschaftlichen Sinne enthalten, kann ein Verbot ihrer Anwendung nicht begründen. Jeder Mensch nimmt in seiner Nahrung täglich Stoffe in sich auf, die bei einer Überdosierung als Gift wirken. Ebenso kommt es auch im Pflanzenschutz wesentlich auf die Dosierung an, im Sinne der Erkenntnis des Paracelsus, daß allein die Dosis ausschlaggebend ist.

Davon abgesehen macht die chemische Industrie bemerkenswerte Anstrengungen, um eine den Umweltgesichtspunkten Rechnung tragende Flurbereinigung unter den chemischen Bekämpfungsmitteln durchzuführen und Verfahren zu entwickeln, mit denen schädliche Insekten vernichtet, nützliche hingegen nicht betroffen werden. So werden in absehbarer Zeit keine Quecksilberverbindungen im Pflanzenschutz verwendet werden, außer bei der Saatgutbeizung, dort aber so, daß bei bestimmungsgemäßer Verwendung keine gesundheitsgefährdenden Rückstände verbleiben.

Ende 1974 waren die Zulassungsgenehmigungen für etwa 500 Pflanzenschutzmittel abgelaufen. Sie sind nicht erneuert worden, weil die Hersteller sich an einer Verlängerung der Zulassung nicht interessiert zeigten, insbesondere bei Mitteln, deren Wirkstoffe in ihrer Anwendung umstritten waren und inzwischen durch andere, unbedenkliche Präparate ersetzt worden sind[20].

In diesem Zusammenhang sollte auch ein Wort zur Ehrenrettung des DDT, dessen Entdecker immerhin noch 1948 mit dem Nobelpreis für Medizin geehrt wurde, gesagt werden, und zwar deshalb, weil seine Wirkung auf die Existenz von Mensch und Tier übertrieben dargestellt worden ist, zum anderen, weil es als Pflanzenschutzmittel weitgehend durch bessere, weit kurzlebigere Insektizide ersetzt worden ist. In einigen Ländern ist es verboten, auch in unserem Lande, eben weil es durch unbedenkliche Präparate ohne weiteres ersetzt werden kann. Aber ein weltweites Verbot ist allein wegen seiner Bedeutung für die Bekämpfung der Moskitos, d. h.

der Malaria, der Hirnhautentzündung und anderer gefährlicher Tropenkrankheiten weder zu vertreten noch zu erreichen. »Wer sich im brütendheißen Sumpfklima der Tropen gegen Malaria schützen muß, der kümmert sich gar nicht um fragliche DDT-Funde in der Antarktis und um deren zweifelhaften Nachweis in Mengen von millionstel oder milliardstel Gramm in seltenen Wasservögeln und Robben«, so heißt es in einer Informationsschrift des Industrieverbandes Pflanzenschutz- und Schädlingsbekämpfungsmittel e. V.[21]. Aus guten Gründen haben sich Indien, Indonesien, Nepal, die Mongolei, Ceylon, Thailand und Burma gegenüber der Weltgesundheitsorganisation gegen eine generelles Verbot des DDT ausgesprochen. Und die Weltgesundheitsorganisation, die seit 1955 das inkriminierte Präparat im Kampf gegen die Malaria einsetzt, kann darauf verweisen, daß inzwischen rund 80 v. H. der Sanierungsgebiete, darunter alle süd- und osteuropäischen und der Süden der Vereinigten Staaten einschließlich Mexikos, dazu weite west- und nordafrikanische Gebiete malariafrei geworden sind, auch Indien und Australien.

Nach allem, was wir inzwischen über die Eigenschaften der, global gesprochen, Pestizide erfahren haben, können wir davon ausgehen, daß Rachel Carsons Behauptungen und Prognosen zum weitaus größten Teil wissenschaftlich widerlegt und unhaltbar sind. Aber damit ist das Thema noch nicht abgeschlossen. Die Unruhe, die sie und andere hervorgerufen haben, ist keineswegs behoben. Sie sollte die Behörden zu verstärkter Aufmerksamkeit, die Land- und Forstwirte, die mit diesen Mitteln umgehen müssen, zu vermehrtem Verantwortungsbewußtsein und die chemische Industrie zur Fortsetzung ihrer Bemühungen veranlassen, Bekämpfungsstoffe zu entwickeln, die ihren Zweck erfüllen, ohne den Menschen zu gefährden. Um es vereinfachend zu sagen: Mittel, die Schädlinge vernichten, aber z. B. die Bienen am Leben lassen.

Sowenig wir uns Rachel Carsons Beweisführung anschließen können, sosehr müssen wir doch die Absicht anerkennen, von der sie sich hat leiten lassen, der Absicht, aufzurütteln, Alarm zu schlagen. Es mag dahingestellt bleiben, ob, wie ihre Bewunderer behaupten, Nixons berühmt gewordene Botschaft an die Nation tatsächlich erst durch den »Stummen Frühling« ausgelöst worden ist. Sicher ist aber, daß durch ihn unzählige Menschen zum Nachdenken angeregt und zum Handeln veranlaßt worden sind. In einem Maueranschlag im Auditorium der Universität von Kalifornien hat es geheißen: »Ein polemisches Buch hat uns aufgerüttelt zur Besinnung über die Beziehungen des Menschen zu seiner Umwelt.« Dem können wir beipflichten, wenn wir, wie Jamie L. Whitten, »die Tatsachen, aber nicht die Phantasien des ›Silent Spring‹ annehmen«[22]. Wenn auch Rachel Carsons Darstellung kaum geeignet ist, um exakte legislative und administrative Maßnahmen auf ihr aufzubauen, so gebührt ihr doch das Verdienst, ein Fanal gesetzt zu haben. Dafür hat sie das Schicksal aller Pioniere, die ihrer Zeit vorauseilen, in Kauf genommen. Wer Vorkämpfer sein will, muß darauf eingerichtet sein, weit vorn und häufig genug allein zu kämpfen. Wer einer neuen Erkenntnis, einer neuen Art, die Welt zu sehen, einer geistigen Revolution Bahn brechen will, muß bereit sein, den Alleingang zu wagen und der eisigen Luft des Alleinseins standzuhalten, in der Hoffnung, daß eine spätere Generation ihm Recht gibt, ihm vielleicht sogar Dank und Lob zuteil werden läßt. Und ihm muß auch das Recht zugebilligt werden, in seiner Argumentation den Stein weiter zu werfen, als er schließlich zu liegen kommen wird. Außerdem muß ihr zuerkannt werden, daß sie nicht lediglich kritisiert und angeschuldigt hat. Sie hat auch dargelegt, wie man es auch anders machen, wie man die chemischen Bekämpfungsmittel durch biologische ersetzen könnte. Sie erwähnt die Versuche, Insekten durch Duftstoffe, Schall usw. anzulocken, um sie zu vernichten, Schädlinge zu sterilisieren, Mikroben gezielt als Insektizide zu verwenden und vieles mehr. Damit sagt sie nichts Neues, weist auch keine neuen eigenen Wege. Es stört sie auch nicht, daß z. B. die Sterilisierung von tierischen Schädlingen ebenfalls nur durch Masseneinsatz chemischer Mittel möglich gemacht werden kann, und daß man nicht weiß, wie diese auf die menschliche Gesundheit wirken. Sie hält sich nicht mit der Frage auf, ob diese biologischen Methoden ausreichen, um Ernten und Vorräte zu sichern, Epidemien zu bekämpfen usw., und wann sie praxisreif sein werden. Dennoch ist ihr darin beizupflichten, daß Gesundheitsbehörden, Umweltschutz und Industrie diese potentiellen Möglichkeiten nachdrücklicher als bisher verfolgen sollten.

Rachel Carsons Thesen haben keine wesentlich neuen Erkenntnisse gebracht. Sie haben auch der Umweltpolitik keine neuen Wege gewiesen. Sie kann nicht einmal für sich in Anspruch nehmen, daß erst auf Grund ihrer Warnungen die chemische Industrie darangegangen sei, umweltverträgliche Bekämpfungsmittel zu entwickeln. Aber unbestreitbar gebührt ihr das Verdienst, die Probleme der Umweltbedrohung und des Umweltschutzes populär gemacht zu haben. In der Geschichte des Umweltschutzes wird das Jahr 1962, in dem der »Stumme Frühling« erschien, ein Meilenstein bleiben, auch wenn Inhalt und Absicht dieses Warnrufes in großen Teilen widerlegt und gegenstandslos geworden sind.

Jay M. Forrester

Die dem Klub von Rom angehörenden Wissenschaftler haben Rachel Carsons Alarmruf aufgegriffen. Daß sie Grenzen markiert haben, an denen sich das Wachstum der Weltwirtschaft wie der Weltbevölkerung eines früheren oder späteren Tages festfahren könnte, ist ein unbestreitbares Verdienst. Sie haben es unternommen, Rachel Carsons Warnung zu substanzieren durch eine möglichst breit fundierte Beweisführung. Von gewissen Schwerpunkten, wie Bevölkerung, Nahrungsmittelerzeugung, Kapitalinvestitionen, Rohstoffreserven und Beanspruchung des Naturhaushaltes (»Verschmutzung«), ausgehend versuchen sie, ihre Ansichten zu Thesen zu verdichten und diese zu untermauern. Der Schwierigkeiten, die einer schlüssigen und allgemeingültigen Argumentation entgegenstehen, sind sie sich bewußt. Die Gefahr, der publizistischen Wirksamkeit wegen zu übertreiben, haben sie, wie es scheint, bewußt in Kauf genommen. Einen neuen Weg, ihre Meinungen zu entwickeln und überzeugend darzustellen, glauben sie in der Simulationstechnik und dem Elektronenrechner gefunden zu haben, die zur Entscheidungsfindung nicht nur im technischen, sondern auch im politischen und gesellschaftlichen Bereich anwendbar sein müßten. Der Durchbruch der Naturwissenschaften und der Technologie hat, so Eduard Pestel[23], das Leben auf der Erde entscheidend verändert. Damit hätten die Sozialwissenschaften eine wachsende Bedeutung erlangt. Aber in ihnen gebe es noch zu viele gegeneinanderlaufende Strömungen, die zu unnützen Meinungsstreitigkeiten und »Irrwegen« führen. »Hier wird die Erstellung dynamischer Modelle immer wieder dazu beitragen können, komplexe Zusammenhänge rational zu durchschauen, anstatt sie ideologisch zu simplifizieren. Die Systemmodelltechnik wird darüber hinaus in wenigen Jahrzehnten für Politiker und Entscheidungsträger in allen Sparten unseres Lebens ein unentbehrliches Werkzeug werden.«

Ob diese Prophezeiung sich wortwörtlich erfüllen wird, ob es statthaft ist, das flutende Leben in Formeln und Diagrammen einzufangen, und ob etwas Gutes dabei herauskommt, wenn schicksalsträchtige politische Entscheidungen künftig auf starren Denkmodellen aufgebaut werden statt auf Intuition, Weltkenntnis und Lebenserfahrung oder auf einem Pragmatismus, der die Gunst des Augenblicks zu nutzen weiß, mag dahingestellt bleiben; es hat schon einmal eine Generation von Naturwissenschaftlern gegeben, die stolz und apodiktisch verkündete, die Welt mit dem Logos und dem Verstand enträtselt zu haben. Ihr sind große Physiker gefolgt, die es sich aus tiefer Ehrfurcht vor dem mit dem Verstand nicht Erfaßbaren versagten, den Schleier von den letzten Geheimnissen des Lebens fortziehen zu wollen. Diese Bescheidenheit dürfte auch durch die Entwicklung neuer Erkenntnis- und Darstellungsmethoden nicht gegenstandslos geworden sein, erst recht nicht durch den Elektronenrechner.

Einen ersten Versuch, die Umweltprobleme in ihrer Gänze zu erfassen, stellt Forresters Weltmodell dar. Auf einer Konferenz des Klubs von Rom, die im Juni 1970 in Bern stattfand, wurde Forrester angeregt, ein solches Modell nach einem von ihm entwickelten System zu entwerfen. Noch auf dem Rückflug zum Massachusetts Institute of Technology in Cambridge/USA machte er sich ans Werk. In einer später ausgefeilten Zeichnung versuchte er darzustellen, was er sagen wollte. Sein Weltsystem beruht auf dem Prinzip der Regelkreise, d. h. auf der Annahme, daß alle Prozesse innerhalb von rückgekoppelten Regelkreisen ablaufen[24]. Diese Rückkoppelungskreise »bestimmen die Vorgänge in den allereinfachsten ebenso wie in den kompliziertesten Systemen«. Was damit gemeint ist, zeigt er an einem in der Tat alltäglichen Beispiel. »Der Zustand der Müdig-

keit verändert die Länge der Schlafzeit, diese verändert den Grad der Müdigkeit, und dieser neue Zustand der Müdigkeit hat wiederum eine Änderung der Schlafzeit zur Folge. Es existiert ein Regelkreis zwischen Ereignis (Schlaf) und Zustand (Müdigkeit).«
Doch dieses simple Beispiel ist nicht nur geeignet, dem Leser klarzumachen, worauf dieses System beruht und was man – gegebenenfalls – mit seiner Hilfe erkennen kann. Es zeigt auch, daß selbst so einfache Vorgänge sich nicht in allgemeingültige Regeln, in Regelkreise, pressen lassen. Denn jedermann, der in seiner Zeiteinteilung nicht autonom ist, weiß, daß größere Müdigkeit noch längst nicht eine längere Schlafenszeit mit sich bringen muß.

Auf diesen Rückkoppelungskreisen ist Forresters Weltmodell aufgebaut worden. Mit ihnen sollen die Zusammenhänge zwischen den Sektoren, die für Wachstum und Lebensqualität bestimmend sind, dargetan werden. Dabei leuchtet es ohne weiteres ein – und bedarf keiner komplizierten Konstruktionen –, daß Bevölkerungsdichte in eine Beziehung zu setzen ist etwa zum Nahrungsmittelverbrauch oder zur Umweltbeanspruchung. Die entscheidende Frage ist doch nur, wie »Ereignis« und »Zustand« aufeinander wirken und was man den Regelkreisen als verläßliches Ergebnis entnehmen kann.

Das ist leider weit weniger, als die Systeme, Kurven, Schemata auf den ersten Blick versprechen. Viele Fragen bleiben offen. Zwischen Lebensstandard und Bevölkerungsdichte besteht zwar ein Zusammenhang, aber nicht von solch einer zwingenden Automatik, wie Forrester sie annimmt. Der Prima-vista-Annahme, daß größerer Wohlstand höhere Kinderzahlen mit sich bringen müßte, steht entgegen, daß in den hochentwickelten Industrieländern die Dinge genau umgekehrt gelaufen sind. Warum sollte nicht auch in den heute noch unterentwickelten Ländern die Geburtenzahl, auch ohne staatliche Kontrollmaßnahmen, von selbst zurückgehen, sobald Lebensstandard und Wohlstandsmentalität sich ähnlich wie in westlichen Ländern entwickeln. Sicher besteht ein Kausalzusammenhang zwischen Wohlstand und Lebenserwartung. Aber eine Verminderung der Sterberate braucht noch nicht zur Bevölkerungszunahme zu führen; sie kann durch eine gleichlaufende Verminderung der Geburtenzahl ausgeglichen werden.

Ein weiterer Einwand muß sich gegen den behaupteten Zusammenhang zwischen Lebensstandard und Kapitalinvestition richten. »Die Bereitstellung von Kapital«, so Forrester, »hängt von der Bevölkerungszahl und einem Normalwert ab, der angibt, welche Kapitalsumme je Kopf jährlich unter Normalbedingungen für den Lebensstandard bereitgestellt werden kann.«[25] Das soll doch wohl heißen, daß bei gleichbleibendem Einkommen und steigendem Lebensstandard die Sparquote, aus der Kapitalinvestitionen finanziert werden können, kleiner wird. Oder es heißt, daß bei steigendem Einkommen und gleichbleibendem oder sinkendem Lebensstandard ein größerer, nicht in den Konsum fließender Rest entsteht, der über Sparanlagen für Investitionen verfügbar wird. Die Bildung von Investitionskapital hängt jedoch nicht allein von der Relation zwischen Einkommen und Lebensstandard, sondern mindestens ebenso von dem Sparwillen ab, der individuell, aber auch von Land zu Land unterschiedlich entwickelt ist, stärker bei Völkern, die in rauherem Klima leben und einen größeren Teil ihres Einkommens für winterfeste Wohnungen und warme Kleidung verwenden müssen. Außerdem trifft es nicht zu, daß sinkender Lebensstandard – der bei Forrester mit sinkendem Einkommen gleichgesetzt wird – sinkende Kapitalbildung nach sich zieht. Gerade in Zeiten der Rezession, also bei rückläufigem Einkommen, ist zu beobachten – jedenfalls bei Völkern und Bevölkerungsgruppen mit entwickeltem Sparsinn –, daß die Lebenshaltung relativ stärker gesenkt wird als das Einkommen, so daß eine höhere Sparquote entsteht. Oder einfacher ausgedrückt: daß in schlechten Zeiten viele Menschen ihren Konsum stärker einschränken, als es an sich notwendig wäre, nur um mehr sparen zu können. Kapitalschwemme in Zeiten abschwingender Konjunktur ist keine Seltenheit. Ein Überangebot an Geldkapital entsteht, wenn steigende Sparraten mit sinkender Kreditnachfrage zusammentreffen. Die Beziehungen zwischen Lebensstandard und Kapitalinvestition stellen sich jedenfalls in bunter Breite dar. Keinesfalls verlaufen sie in der Gesetzmäßigkeit eines Regelkreises, so bestechend eine solche generalisierende Vorstellung auch sein mag. Der Suggestivwirkung eines exakt gezeichneten Schemas steht in diesem Falle eine ganz anders aussehende Wirklichkeit gegenüber. Und auch an diesem Beispiel läßt sich ablesen, daß Vorgänge, die – wie die Sparneigung – auch im geistig-seelischen Bereich wurzeln, mit mathematischen Methoden nicht erfaßt werden können. Und drittens: ist es wirklich so, wie Forrester meint, daß steigende Bevölkerungszahlen auch einen steigenden Rohstoffverbrauch in sich schließen, und zwar wieder mit der Zwangsläufigkeit einer mathematischen Regel? Der bis zum Raubbau gehende Verbrauch an schwer oder gar nicht ersetzbaren Rohstoffen vollzieht sich, in besorgniserregenden Steigerungsraten, in den modernen Industrieländern, in Ländern also, in denen die Bevölkerung mehr oder weniger stagniert, jedenfalls nicht explodiert. Andererseits kann keine Rede davon sein, daß in Ländern mit progressivem Bevölkerungszuwachs – wie Südostasien, Schwarzafrika oder Brasilien – dieser von einem auch nur annähernd parallel verlaufenden Rohstoffverbrauch begleitet wäre. Messen wir den Rohstoff- am Energieverbrauch, so zeigt sich, daß rund ein Drittel des Gesamtenergieverbrauchs in der Welt auf die Vereinigten Staaten und Kanada entfallen, je ein Fünftel auf Westeuropa und Osteuropa einschließlich der UdSSR, aber ebenfalls nur ein Fünftel auf den Mittleren Osten und alle übrigen Entwicklungsländer[26]. Am Rande sei vermerkt, daß der Energieverbrauch in den USA, entgegen allen Vorausberechnungen und trotz steigenden Bevölkerungszahlungen, in dem Jahrzehnt von 1960 bis 1970 konstant geblieben ist[27]. Auch hier versagt also die der Struktur des Weltmodells zugrundeliegende Systematik. Pestels Kommentar zur Rohstoffreservenberechnung, es sei doch »ziemlich belanglos«, ob die bekannten Rohstofflager noch für 250 oder für 150 Jahre reichen werden[28], spricht jedenfalls nicht für die Beweiskraft dieser Berechnungen.

Noch ein Letztes. Der Begriff Lebensqualität, der in der Bundesrepublik zu einem politischen Postulat geworden ist, wird von Forrester als »umfassender Indikator für die Verhaltensbewertung des Weltsystems«[29] angesehen. Aber gibt es einen Standard oder überhaupt nur eine einigermaßen exakte Begriffsbestimmung für Lebensqualität? Sie wird nach Forrester bestimmt durch Nahrungsmittelangebot, Lebensstandard, Ballungsgrad und Verschmutzungszustand. Lassen wir die vom Einkommen, vom Lebensstandard abhängige Möglichkeit der besseren oder schlechteren Ernährung beiseite – nachdem wir wissen, daß von einer gewissen Sättigungsgrenze an auch die qualifizierte Ernährung nicht mehr adäquat zum Einkommen steigt – und befassen wir uns lediglich mit der Relation der drei anderen Faktoren, so lehrt auch hier die praktische Erfahrung, daß das Schema nicht paßt. Das Ruhrgebiet wie etwa das Rhein-Main-Gebiet sind Ballungsräume mit einem hohen Verschmutzungsgrad. Aber wird damit der Lebensstandard gedrückt für alle Einwohner und für den ganzen Raum? Mitten in den Ballungszentren gibt es Grünflächen und Naherholungsgebiete, Äcker, Wiesen und Wälder, die kaum einen höheren Verschmutzungsgrad aufzuweisen haben als mehr ländliche Gebiete. In einem für den Ortsfremden erstaunlichen Maße liegen sie, in Essen und Dortmund, in Duisburg, in Mülheim wie in Frankfurt, in nächster Nähe der Wohnsiedlungen, auch für Kinder und alte Menschen ohne Mühe und Kosten erreichbar[30]. Und die Arbeiter etwa der Hoechster Farbwerke – nicht nur die Vorstandsmitglieder –, die in den Taunusdörfern oder in Bad Homburg vor der Höhe wohnen, fühlen sich weder in ihrem Lebensstandard noch hinsichtlich ihrer Lebensqualität diskriminiert. Auch das kann als Beweis dafür gelten, daß die tatsächlichen Verhältnisse viel zu vielgestaltig sind, als daß sie sich in ein Schema einpassen ließen[31].

Forrester und seinen Interpreten ist im Grunde nicht wohl angesichts der doch wenig präzisen Resultate des Weltmodells. Sie meinen, daß es durch stärkere Differenzierung verbessert werden könnte, was Pestel und Mesarovic dann ja auch versucht haben. Enttäuschend aber, nach so viel brillantem Aufwand, ist das Fazit, das Forrester selbst zieht. »Man wird zwar erkennen, daß die Umweltverschmutzung die Industrienationen zerstören kann. Das Stillegen von Fabriken, die Einstellung der Düngerproduktion beispielsweise hätten aber die gleiche Wirkung. Die hohe Bevölkerungsdichte ist nur mit Hilfe der Industrialisierung aufrechtzuerhalten. Man kommt schließlich an einen Punkt, an dem die Fortsetzung der Industrieproduktion den Bevölkerungskollaps durch Umweltverschmutzung bedeutet und andererseits die Einstellung der Produktion den Bevölkerungskollaps durch den Ausfall der technischen Hilfsmittel bewirkt, welche notwendig sind, um die Bevölkerung am Leben zu erhalten. In einem derartigen Dilemma ist es am wahrscheinlichsten, daß man nichts tut und hofft, daß die Bedrohung durch Umweltverschmutzung übertrieben eingeschätzt wurde.« Die Folge werde, so fügt Forrester resignierend hinzu, ein weiteres Ansteigen der Verschmutzung sein. Seine achselzuckende Bemerkung ist zudem auch ein beachtenswerter Beitrag zum Problem des Nullwachstums.

Das von Forrester dargestellte Dilemma besteht in der Tat, und zwar nicht allein in der geistigen Auseinandersetzung, sondern in den Fakten selbst. Die Lösung liegt nicht in der Alternative, sondern in der Synthese.

Daß auch die Konstrukteure des Weltmodells die Diskussion über die Umweltprobleme befruchtet haben, steht außer Zweifel. Aber welchen Beitrag können sie leisten, um Lösungen aufzuzeigen und zu realisieren?

Forrester und seine Anhänger haben weit mehr getan, als nur Alarmrufe auszustoßen. Die Konstruktionselemente seines Weltmodells sind saubere Momentaufnahmen. Sie gliedern die anstehenden Probleme übersichtlich und stellen sie in ihren wesentlichen Konturen dar. Aber sind sie auch die angekündigten Entscheidungshilfen? Dem in der Verantwortung Stehenden, dem, der Gesetze machen und ihre Durchführung überwachen muß, geht es weniger um noch dazu umstrittene Meinungen, als vielmehr um handfeste Tatsachen. Er muß die Gesamtheit der Bürger vor Augen haben und sich darum bemühen, zwischen divergierenden Einzelinteressen die der Gesamtheit dienende Lösung herauszufinden. Um es konkret zu sagen: er muß alles tun, was getan werden kann, um die von der Natur abhängigen Lebensbedingungen zu sichern oder wiederherzustellen, aber nicht um den Preis einer wirtschaftlichen Stagnation, die gleichbedeutend wäre mit Rückschritt. Um solche Lösungen, die realisierbar und justitiabel sein müssen, ausfindig zu machen, kann das Weltmodell Forresters wertvolle Anregungen beisteuern, aber auch nicht mehr. Es ist ein sicherlich nützlicher Diskussionsbeitrag, aber kein »Arbeitspapier«. Es liefert keine Hilfen für praktische Entscheidungen.

Dennis Meadows

Jay M. Forresters Mitarbeiter im Massachusetts Institute of Technology (MIT) haben auf der Grundlage seines Weltmodells weitergearbeitet. Der Klub von Rom hat sie zur Publikation der Ergebnisse in allgemein verständlicher Form und zur Fortführung ihrer Arbeiten ermuntert. Das ist geschehen in dem Bericht des Klubs von Rom ›Zur Lage der Menschheit‹, den Dennis Meadows und andere unter dem Titel ›Die Grenzen des Wachstums‹ veröffentlicht haben.

Meadows und seine Mitautoren gehen wie Forrester davon aus, daß jeder Mensch alle seine Probleme mit Hilfe von Modellvorstellungen behandle, also vermittels von Abstraktionen. Sie meinen, daß für jede individuelle Entscheidung, gleichviel auf welcher Ebene, unbewußt Modelle benutzt werden, »die den zukünftigen Gang der Ereignisse nach unserem Wunsch beeinflussen«[32]. Es ist, mit anderen Worten, der Versuch, Erfahrungen aus der Vergangenheit und der Gegenwart in die Zukunft hinein zu verlängern, entweder in einem gleichbleibenden Winkel oder in veränderlichen Kurven, um auf diesem Wege künftige Sachstände zu ermitteln, und zwar vermittels von Hochrechnungen.

Meadows Untersuchungen erstrecken sich auf fünf hauptsächliche Schwerpunktbereiche, die jeweils als für die ganze Welt einheitlich angesehen werden: die schnell fortschreitende Industrialisierung, das Bevölkerungswachstum, die Welternährungslage, der Raubbau von Rohstoffvorkommen und schließlich die Vernichtung der biologischen Lebensbedingungen, also das, was Forrester unter dem Sammelbegriff Verschmutzung behandelt. Diesen Problemen wollen die Verfasser auf den Grund kommen durch die Kombination großer Informationsmengen mit neuartigen Techniken der Systemanalyse und der Datenverarbeitung. Was sie mit diesen Methoden darstellen: Diagramme, Kurven usw. sind Abläufe von einer scheinbar unentrinnbaren Logik. So werden die Ergebnisse auch verstanden, jedenfalls von Pessimisten, die in ihnen die nicht zu widerlegende Bestätigung ihrer eigenen, bis dahin nicht konkretisierten Befürchtungen sehen.

Auf der Basis ihres Weltmodells und mittels ihrer Hochrechnungen kommen Dennis Meadows und seine Mitautoren zu dem summarischen Ergebnis[33], daß die nach ihrer Ansicht sich ankündigende oder bereits angelaufene globale Katastrophe nur noch abgewendet werden könnte, wenn in allen Ländern alle Maßnahmen eingeleitet werden, die notwendig sind, um wenigstens vom Jahre 2000 ab die biologische Gleichgewichtslage wiederherzustellen. Das erscheint ihnen geboten nicht nur in den hochindustrialisierten Ländern, in denen sich Ursachen und Folgewirkungen der Umweltgefährdung besonders massiert haben, sondern gleicherweise auch in allen weniger entwickelten Ländern. Den sofortigen Beginn halten sie deswegen für zwingend geboten, weil mit jeder zeitlichen Verzögerung die anstehenden Probleme sich schnell akkumulieren, und zwar potentiell. In den Schwerpunktbereichen, auf die sich Meadows' Untersuchungen erstrecken, ist nach seiner Auffassung folgendes zu tun:

Durch eine weltweite Geburtenkontrolle muß die Kinderzahl allgemein auf zwei je Familie beschränkt werden – wobei die außerehelichen Kinder außer Betracht bleiben. Diese Geburtenbeschränkung würde dazu führen, daß die Weltbevölkerung sich bis 2100 noch verdoppelt, danach aber konstant bleibt.

Durch Festhalten der industriellen Produktion auf dem Stand von 1975. Das soll u. a. dadurch ermöglicht werden, daß die Konsumgewohnheiten und Konsumentenwünsche umgesteuert werden von Konsumgütern auf Dienstleistungen – also etwa vom eigenen Auto zum Omnibus –, aber auch von materiellen Ansprüchen auf kulturelle. Vermehrte und verbesserte kulturelle Darbietungen sollen die Gesellschaft entschädigen für viele Verzichte, die ihr in ihrer materiellen Lebensgestaltung auferlegt werden müssen.

Durch Einsatz eines Teiles des bisher für industrielle Investitionen bereitgestellten Kapitals für Zwecke einer gesteigerten Nahrungsgütererzeugung – also etwa Bewässerungsanlagen. Außerdem sollte das auf diese Weise freigesetzte Kapital für die Rückgewinnung und Wiederverwendung von Rohstoffen sowie für Herstellungsverfahren verwendet werden, die eine längere Lebensdauer der Verbrauchsgüter gewährleisten. Aber es soll darauf geachtet werden, daß die Bemühungen um eine gesteigerte Lebensmittelproduktion nicht zu einer Überbeanspruchung des Kulturlandes, zu Bodenero-

sion und dgl. führen. Vorrangig sind Maßnahmen zur Verbesserung der Ertragskraft z. B. durch Müllkompostierung.
Während die Mehrzahl der Soziologen, welche sich mit den Problemen der Überbevölkerung befassen, sich damit begnügt, eine gesunde Relation zwischen Weltbevölkerung und Weltnahrungsmittelproduktion herzustellen, möchte Meadows die Grenzen enger gezogen wissen. »Auch wenn die Erde an sich fähig sein sollte«, so sagt er, »eine sehr viel größere und wirtschaftlich noch aktivere Bevölkerung als die heutige zu tragen, so wird das Wachstum von Faktoren wie Völkerfriede und soziale Stabilität, Erziehung und Beschäftigung und stetigem technischen Fortschritt stark beeinflußt.«[34] Diese Faktoren seien zwar nicht exakt zu erfassen. Aber sie seien wirksam. Für ein weiteres Wachstum seien Nahrungsmittel, Rohstoffe und biologisch zuträgliche Umweltbedingungen maßgebend. Aber an ihnen allein könnten die Grenzen doch nicht bestimmt werden. »Auch wenn sie im Überfluß vorhanden sind, kann das Wachstum durch soziale Schwierigkeiten gestoppt werden.« Also ein Unsicherheitsfaktor mehr in der Modellrechnung.
Die Diskussion über die von dem Weltmodell abgeleiteten Konsequenzen wird dadurch erleichtert und versachlicht, daß Meadows selbst seine Aussage relativiert. Er räumt ein, daß es sich um einen ersten Versuch handelt und daß das Modell stark vereinfacht und verbesserungsfähig ist. Noch wichtiger ist, daß er nicht unbedingt auf ein Nullwachstum hinaus will, obgleich seine Argumente wie seine Postulate nur diese Konsequenz haben können. Er hält es für durchaus möglich, sich auf eine Änderung der Wachstumstendenzen zu beschränken und damit einen ökologischen und ökonomischen Gleichgewichtszustand herbeizuführen, »der auch in weiter Zukunft aufrechterhalten werden kann«[35]. Unter Gleichgewicht versteht er, daß erstens Kapital und Bevölkerung zeitlich konstant bleiben, die Geburtenrate soll auf der Höhe der Sterberate gehalten werden, die Kapitalneubildung auf der des Kapitalverschleißes. Zweitens sollen die Zugangs- wie die Abgangsraten – Geburten, Todesfälle, Investitionen und Abnutzungen – auf ein Mindestmaß beschränkt werden. Und drittens: die Größen von Kapital und Bevölkerung und das Verhältnis dieser beiden Größen zueinander sind nicht konstant. Sie können den jeweiligen Wertvorstellungen der

Gesellschaft angepaßt und den sich ergebenden neuen technologischen Möglichkeiten entsprechend abgeändert werden. Meadows legt großen Wert auf die Feststellung, daß »ein Gleichgewichtszustand dieser Art nicht gleichbedeutend ist mit Stagnation«. Er hat allerdings nicht verhindern können, daß andere seine Beweisführung bis zu dieser Schlußfolgerung weiterentwickelt haben.
Das ist ein Standpunkt, über den man, wie gesagt, diskutieren kann, weil er neben den ökologischen auch die ökonomischen Probleme gelten läßt. Allerdings ist schwer vorstellbar, wie alle diese Anpassungsvorgänge gesteuert werden sollen. Weltbevölkerung und Weltwirtschaft stellen riesige Komplexe mit Erscheinungsformen, Entwicklungstendenzen und Gewichtigkeiten dar, die von Land zu Land, von Klimazone zu Klimazone höchst unterschiedlich sind, und zwar als Ergebnis differenzierter historischer Ursprünge. Wie sehen die Instrumente aus, mit denen sie in die ihnen vom Weltmodell zugedachten Größenordnungen eingepaßt werden könnten, und wie stimmen sie überein mit freiheitlich-demokratischen Verfassungen und Ordnungssystemen? Wer soll die Schalthebel bedienen, Diktatoren oder aus freien Wahlen hervorgegangene Regierungen? Hier drängt sich die Vermutung auf – worüber in einem anderen Zusammenhang noch einiges gesagt werden muß –, daß auch hinter Meadows' Gedankengängen eine Systemkritik steckt und daß zu ihrer Verwirklichung die Systemänderung wenn nicht betrieben, so doch vorausgesetzt wird. Meadows kann nicht verhindern, daß andere, die in seine Fußstapfen treten und sich auf ihn berufen, weit hinausgehen über den Punkt, an dem er selbst Halt macht. Er hat Interpreten gefunden, die die Frage, ob das ökologische Gleichgewicht noch gerettet werden kann, viel radikaler beantworten. So meint Edward Heinrich Geyer, Hauptobservator der Sternwarte der Universität Bonn, das sei allenfalls möglich, wenn wir uns von der Vernunft und von der Verantwortung gegenüber den nachfolgenden Generationen leiten lassen und lernen, in gänzlich anderen Kategorien zu denken. Dazu gehört nach Geyers Ansicht, daß in wenigen Jahren oder Jahrzehnten die Zuwachsraten sowohl der Bevölkerung wie der Industrie auf Null gebracht werden. Aber auch er sagt nicht, auf welche Weise das geschehen soll. Gewiß doch nicht allein mit den Mitteln der Aufklärung, z. B. über

Bevölkerungspolitik, die bei der Millionenzahl von Analphabeten in vielen Entwicklungsländern ohnehin von zweifelhaftem Erfolg sein würden, und durch gutes Zureden. Er bezweifelt überdies, daß die in Wohlstandsdenken befangene Menschheit sich zu einer so einschneidenden Wandlung in ihren Gewohnheiten wie ihrer Denkweise aufraffen kann. »Da aber aus Ignoranz, Gewöhnung und Egoismus die Vernunft nicht zum Durchbruch kommen wird, ist meines Erachtens die ökologische Katastrophe für die Menschheit unabwendbar.«[36] Die von ihren technischen Leistungen berauschte, vom Fortschrittswahn besessene Menschheit ist also, nach Geyers Meinung, die doch eigentlich nur Meadows Auffassungen bis zur letzten Konsequenz weiterführt, nicht mehr zu retten. Sie treibt dem Untergang ohne Überlebensaussicht entgegen. Das ist eine Stimme in einem ganzen Chor. Den ›Grenzen des Wachstums‹ ist eine Flut von pessimistischen Betrachtungen gefolgt, die Karl Steinbuch als Kassandraliteratur kennzeichnet. Wir werden uns noch mit ihr zu befassen haben.

Pestel und Mesarovic

Der erste Bericht des Klubs von Rom, Dennis Meadows' ›Grenzen des Wachstums‹, ist fortgeschrieben worden mit dem zweiten Bericht, den Mihailo Mesarovic und Eduard Pestel unter dem Titel ›Menschheit am Wendepunkt‹ der Öffentlichkeit vorgelegt haben.

Wie Meadows stützen auch Mesarovic und Pestel ihre Untersuchungen auf Hochrechnungen. Aber sie tragen dem Einwand Rechnung, daß Meadows' Versuche, zu weltweiten Aspekten zu gelangen, allzu global angelegt seien. Sie haben ihr System sowohl erweitert wie differenziert. Sie haben berücksichtigt, daß z. B. das Bevölkerungsproblem in Südostasien ein anderes Gesicht hat als in Westeuropa und daß das wirtschaftliche Wachstum in Schwarzafrika unter anderen Bedingungen gesehen werden muß als das in Nordamerika oder Japan. Außer den fünf Kategorien, mit denen Meadows sich beschäftigt hat, haben sie die Energiekrise einbezogen, dazu die Kluft zwischen Mensch und Natur – die ja ein Element der geistigen Krise ist – und schließlich das Nord-Süd-Gefälle, das schon Wischnewski unter den Gesichtspunkten der Entwicklungshilfe behandelt hat[37]. Aber die Ergebnisse ihrer auf Teilbereiche bezogenen »Szenarien« sind im Grund doch die gleichen, die Meadows vorgelegt hat.

Auch Mesarovic und Pestel sehen die einzige Möglichkeit, die sich ankündigende Weltkatastrophe zu verhindern, in der alsbaldigen Begrenzung der Bevölkerungszunahme und des Wirtschaftswachstums. Sie erwarten »in den kommenden Jahrzehnten katastrophale Mangelsituationen auf dem Gebiet der Ernährung in vielen Teilen der Welt«[38]. Diesen kann nur begegnet werden, wenn sofort die folgenden Forderungen erfüllt werden:

1. »globale Inangriffnahme des Problems«. Aber auf welcher Grundlage? Nicht einmal im Gemeinsamen Markt ist es, trotz fünfzehnjähriger Bemühungen, möglich gewesen, eine verläßliche Versorgungsbilanz zu erstellen, weil selbst in einigen der doch hochentwickelten Teilnehmerländer die Agrarstatistik nicht genügend aussagefähig ist. Ohne diese Ausgangsbasis ist aber auch, wie ebenfalls am Beispiel der Europäischen Gemeinschaft ersichtlich ist, eine Produktionssteuerung nicht denkbar;

2. »eine wirksame Bevölkerungspolitik, besonders in den vom Hunger bedrohten Regionen«. Aber gerade diese Regionen sind identisch mit Ländern, in denen alle Versuche, sofern sie überhaupt unternommen worden sind, Einfluß auf den Geburtenzuwachs zu nehmen, ohne nennenswerte Ergebnisse geblieben sind. Außerdem ist zu beachten, daß Hungersituationen, die durch Dürreperioden oder Überschwemmungskatastrophen oder auch durch Viehseuchen ausgelöst werden, keineswegs regelmäßig in denselben Gebieten auftreten;

3. »Versorgung der Entwicklungsländer mit Investitions- anstelle von Konsumgütern (ausgenommen Nahrungsmittel)«. Das geschieht bereits überall dort, wo die Prämissen, nämlich allgemeiner Bildungsstand und ein Minimum an Know-how, wenigstens in ersten Anfängen gegeben sind. Die mit Hilfe der Industrienationen geschaffenen Stahlwerke in Indien und Ägypten, die Staudämme in Mozambique, Ägypten und Pakistan, Zuckerfabriken in Indonesien sind einige von Hunderten von Beispielen. Der damit beschrit-

tene Weg muß auch weitergegangen werden, allein schon, um gewerbliche Beschäftigungsmöglichkeiten für die in den neuen Großstädten zusammenströmenden Millionen von ländlicher Überschußbevölkerung zu erschließen. Aber das ist ein Generationenproblem, das nicht in den wenigen angeblich noch verfügbaren Jahren gelöst werden kann, mindestens nicht in dem Umfange und mit den Auswirkungen, die die Männer des Klubs von Rom vor Augen haben. Außerdem bedeutet die Industrialisierung von Entwicklungsländern, die zumeist bisher Agrarländer gewesen sind, eine weitere Beanspruchung nicht ersetzbarer Rohstoffe und Energien, die doch auch von Mesarovic und Pestel als eine Gefahrenquelle erster Ordnung angesehen wird;

4. »eine ausgeglichene Wirtschaftsentwicklung für alle Regionen mit Hilfe globaler industrieller Arbeitsteilung«. Aber wo ist die Autorität, die den Plan einer weltweiten industriellen Kooperation erst einmal erstellt und dann auch in die Tat umsetzt? Welcher Machtinstrumente und welcher Legitimationen will sie sich bedienen, um beispielsweise alte Industrieländer, sagen wir die Schweiz, zu veranlassen, ihre Textilindustrie stillzulegen zugunsten neuer Industrien in den baumwollerzeugenden Ländern? Welche unüberwindlichen Hindernisse ergeben sich sofort, wenn es sich um Industrien handelt, die direkt oder indirekt für die militärische Rüstung tätig sind? Das Beispiel der Europäischen Gemeinschaft für Kohle und Stahl – die einmal im Rahmen einer nicht wiederholbaren politischen Situation geschaffen wurde, um Deutschland an einer Wiederaufrüstung zu hindern – ist ein Sonderfall, der für jede Verallgemeinerung ungeeignet ist. Wer hätte die Japaner daran hindern können, aus der Beengtheit ihrer wirtschaftlichen Lage herauszukommen, indem sie Industrien aufbauten, die es ihnen ermöglichte, eine schnell wachsende Bevölkerung zu beschäftigen und zu ernähren, die aber den alten Industrieländern schwer zu schaffen machen? Es gibt viele Beispiele für internationale wirtschaftliche Zusammenarbeit, nicht nur in der Form der Multikonzerne. Auch die Verlagerung von Verarbeitungsindustrien an die Standorte der Rohstoffe und der Arbeitskräfte gehört dazu. Aber bislang sind diese Formen der grenzüberschreitenden Zusammenarbeit unter kaufmännisch-wirtschaftlichen Gesichtspunkten entwickelt worden, und

nicht unter denen einer vorbeugenden Umweltkrisenplanung, unter kommerziellen und nicht unter humanitären Perspektiven. Sie halten sich, verglichen mit dem Ziel einer weltweiten Arbeitsteilung, bisher in bescheidenen Ausmaßen und vollziehen sich Schritt für Schritt, keineswegs in dem Tempo, das zur Abwendung der ökologischen Katastrophe für notwendig erachtet wird.

Die Autoren des zweiten Berichtes an den Klub von Rom – ›Menschheit am Wendepunkt‹ »– sind sich der Schwierigkeiten und Hemmnisse, die der Verwirklichung ihrer Postulate entgegenstehen, durchaus bewußt. »Wir können dieses Thema nicht abschließen«, sagen Mesarovic und Pestel, »ohne die Dringlichkeit der gegenwärtigen Situation zu betonen. Die ›Lösung‹, wie sie sich aus unseren Analysen ergibt, fordert Veränderungen im nationalen und internationalen Bereich, die nicht ohne Kompromisse unter den vielen verschiedenen Interessengruppen möglich sind. Selbst wenn die Bereitschaft besteht, gemeinsam auf ein solches Ziel hinzuarbeiten, werden diese Kompromisse nur nach langwierigen Verhandlungen realisierbar sein.« Das heißt doch, daß die Autoren selbst nicht an die Realisierbarkeit ihrer Forderungen glauben. Die Ergebnisse solcher Verhandlungen würden auch nach ihrer Ansicht, sofern sie überhaupt je erreicht werden könnten, für den Zweck, dem sie dienen sollen, nämlich die Selbstvernichtung der Menschheit im letzten Augenblick zu verhindern, zu spät kommen. Aber das nehmen die Autoren mit Achselzucken hin. Sie haben ihr Alibi gewahrt, indem sie apodiktische Forderungen formulieren, von denen sie selbst wissen, daß sie nicht zu verwirklichen sind, wenn überhaupt, dann jedenfalls nicht in der ihren Annahmen zugrunde gelegten Galgenfrist. Warum aber werden sie dann in die Welt gesetzt? Ihr einziger Sinn und Nutzeffekt ist demnach nur der, die heute lebenden Menschen einmal mehr darauf hinzuweisen, daß sie sich mit der Umstellung ihrer Verhaltensweisen beeilen müssen, wenn sie Aussicht haben wollen, auch morgen noch zu leben. Die Empfänger dieses Berichtes, Aurelio Peccei und Alexander King, würdigen und werten ihn auch in seiner ganzen Komplexität. Sie sehen, daß die Grenzen des Wachstums nicht allein wirtschaftlicher und sozialer Natur sind, daß sie auch psychologisch-ethische und vor allem viele politische Komponente haben. Daher meinen sie,

»daß vielleicht nur ein neuer Humanismus dem Menschen einen Übergang aus ihrer gegenwärtigen Phase ohne bleibenden Schaden ermöglicht«[39]. Dem wird jeder voll beipflichten können, dem es darum zu tun ist, den kommenden Generationen eine lebenswerte und lebensfähige Welt zu übermachen. Aber auch das ist kein Weg, der sich für Sofortlösungen anbietet. Er ist allenfalls der Weg zu einem Fernziel.

Weltuntergangsstimmung

Gibt es noch Überlebenschancen für die heutige Menschheit? Kann sie noch in zwölfter Stunde gerettet werden, und was muß sie selbst zu ihrer Rettung beitragen? Diese Fragen und eine Fülle von Antworten bewegt eine wachsende Zahl von Wissenschaftlern der verschiedensten Disziplinen, von Politikern und Publizisten. Sie ist der Inhalt einer ganzen, immer mehr in die Breite wachsenden Literatur. Karl Steinbuch bezeichnet sie, wie gesagt, als Kassandraliteratur. John Maddox tut sie ab als die auf Zweckpessimismus gegründete Literatur von Unheilspropheten. »Die Propheten des Weltunterganges sind neuerdings Legion. Früher pflegten in unseren Städten Männer Tafeln herumzutragen, auf denen behauptet wurde: ›Der Weltuntergang ist nahe‹. An ihrer Stelle verkündet heute eine Schar nüchterner Leute, Naturwissenschaftler, Philosophen und Politiker, daß uns noch ganz andere Katastrophen unmittelbar bevorstehen. Die Menschheit, so sagen sie, läuft Gefahr, sich durch Überzüchtung, Vergiftung mit Schmutz, Zerstörung ihrer Werte aufgrund der Manipulation mit Erbanlagen und Zerrüttung ihrer gesellschaftlichen Grundlagen durch übergroßen Wohlstand selbst umzubringen.«[40]

Alle diese Verfechter von Weltuntergangstheorien, ob sie von globalen Modellen oder von verfeinerten Szenarien ausgehen, stimmen darin überein, daß die Weltkatastrophe sich entwickeln könnte aus der sogenannten Bevölkerungsexplosion, aus dem Auseinanderklaffen zwischen Bevölkerungszuwachs und Nahrungsmittelerzeugung, aus dem Raubbau an nicht ersetzbaren Rohstoffen, insbesondere Energieträgern, und schließlich aus der zunehmenden

Umweltverschmutzung, die die natürlichen Lebensbedingungen vernichtet. Alle stützen sich auf bestimmte Faktoren, die sie als absolut gesicherte Tatbestände ansehen, und versuchen, das Bild der Gegenwart mit dem Mittel der Hochrechnung in eine nähere oder fernere Zukunft zu projizieren. Sie weisen erregt darauf hin, daß dieses und jenes sofort geschehen müsse, um die heranrückende Katastrophe noch in allerletzter Minute abzuwenden. Aber ihr Zutrauen in die Fähigkeit des Menschen, dem Schicksal in die Speichen zu greifen, ist gering. Ihre Beweisführung unterstellt mehr oder weniger, daß der moderne Mensch dem schicksalhaften, beinahe naturgesetzmäßigen Ablauf der Ereignisse wehrlos ausgeliefert und daß das technische Ingenium, dem der derzeitige Stand der technischen Zivilisation in den hochentwickelten Industrienationen entsprungen ist, plötzlich zum Stillstand gekommen und nicht imstande sei, Auswege und neue Lösungen zu finden, die eine Synthese zwischen wirtschaftlichem Wachstum und gesunder Umwelt herstellen.

Den Pessimisten ist darin beizupflichten, daß Umweltschutz und Umweltgefährdung sich nicht in Teilproblemen und Teillösungen erschöpfen können, auch darin, daß die Abwendung der nach Abstrich aller panikmachenden Übertreibungen verbleibenden Bedrohung eine Neuorientierung im Denken wie in der Verhaltensweise verlangt. Aber was vordergründig als eine ökologische Krise erscheint, ist für sie auch oder sogar vorwiegend eine politische Krise, die ausgelöst ist aus dem, wie sie meinen, immer deutlicher werdenden Zerfall kapitalistisch-bürgerlicher Strukturen. Aktiver Umweltschutz ist für die Repräsentanten der hier angesprochenen Geistesrichtung immer zugleich auch Systemveränderung, wobei man sich fragen muß, welches ihr primäres Anliegen ist, die Rettung der Umwelt oder der Sturz des kapitalistischen Systems. Diese Frage drängt sich um so mehr auf, als sie, von Ausnahmen abgesehen, den westlichen Industrienationen vorhalten, was sie falsch gemacht haben und was sie anders machen müssen. Die östlichen jedoch sparen sie aus, obgleich sie nicht genug darauf verweisen können, daß Umweltschutz ein weltweites Problem sei und weltweite Lösungen erfordere.

So meint Ossip K. Flechtheim[41], der für eine Politik der permanenten Reform plädiert, daß die heutige Gesellschaft mit ihren entscheidenden Aspekten und Institutionen – Familie, Kirche, Staat, Wirtschaft – »im Westen wie im Osten, im Norden wie im Süden«, einfach nicht unbegrenzt weiterexistieren könne »angesichts der Beschleunigung der Bevölkerungszunahme, der Produktion, der Zerstörung der Umwelt, des Rüstungswettlaufs usw. Dieser labile Zustand mag vielleicht noch einige Jahrzehnte, sicherlich aber nicht Jahrhunderte fortdauern. Eine qualitative Wende ist schon in den siebziger oder achtziger Jahren zu erwarten. Diese kann Entwicklungen einleiten, die nach oben oder auch nach unten führen.« Aber was bedeutet oben oder unten?

Die Entwicklung nach oben könnte nach Flechtheims Ansicht in der Fortführung bereits vorhandener technokratischer Trends und Tendenzen bestehen, aber unter gleichzeitiger und verstärkter Weiterentwicklung »demokratischer, liberaler und sozialistischer, universalistischer und humanitärer Elemente«. Die Spannungen zwischen Ost und West würden ersetzt werden durch ein System positiver Konvergenz. Es würden zwar immer noch Konflikte bestehen. Aber sie würden nicht mehr gewaltsam aufeinanderprallen. Die Unterschiede zwischen reichen und armen Ländern würden abgebaut werden, »und allmählich würde sich auch in der Weltbevölkerung eine Gleichgewichtslage ergeben. Diese Stabilisierung könnte etwa um 2000 erreicht sein«. Von da an würde die Entwicklung in Richtung auf eine liberalsozialistische Weltdemokratie verlaufen. »Auch das wäre noch eine Gesellschaft mit starken sozialen, ökonomischen und politischen Gegensätzen, aber doch bereits auf einer materiell gesicherten, zwar keineswegs üppigen, eher sogar relativ frugalen Basis.« Die Menschheit hätte vielleicht etwas weniger materiellen Komfort, dafür aber mehr materielle Sicherheit. Das Schwergewicht würde sich nach der Seite einer reicheren immateriellen Kultur verschieben. »Erst hiernach wäre in noch weiterer Ferne die Marxsche klassenlose Gesellschaft zu realisieren.« Also: wenn wir den Umweltgefahren entgegentreten wollen, können wir nicht umhin, das politische, wirtschaftliche und gesellschaftliche System der freien westlichen Länder stufenweise abzubauen und zu ersetzen durch Zwangssysteme. Den westlichen Industrienationen wird vorgehalten, daß sie ihren übertriebenen materiellen Wohlstand eines Tages mit der Preisgabe ihrer Überlebensaussichten bezahlen müssen. Aber ist es wirklich so, daß die die Menschheit bedrohende und von ihr selbst heraufbeschworene »Öko-Katastrophe« nur abgewendet werden kann, wenn die Länder der freien Welt die Strukturen einer freiheitlichen Lebensordnung preisgeben?

Die Alternative Flechtheims ist der Weg nach unten. Er bedeutet die Verschärfung des Nord-Süd-Konfliktes, die negative Konvergenz der großen Machtblöcke »unter der Herrschaft gerade der rückständigsten parteipolitischen, bürokratischen, militärischen und anderen Eliten«, einer »sich militärisierenden plutokratisch-technokratischen Gesellschaft, die Rüstung und Raumfahrt für die wenigen forciert, den Massen aber bestenfalls panem et circenses bietet«. Die letzte Perspektive ist das Ende der Menschheit, ihre totale Vernichtung und Zerstörung als Ergebnis verheerender Krisen, »aber auch unter Umständen als Folge totaler Überbevölkerung und Umweltzerstörung. Diese negative Linie verliefe also vom Neocäsarismus über den Totalitarismus und bzw. oder ein neues finsteres Zeitalter mit der Vernichtung der Minderheit oder Mehrheit der Menschheit bis schließlich zum Ende des Homo sapiens.« Die Weltuntergangsapokalypse steht am Ende dieser Art von Weltbetrachtung.

Zwischen diesen beiden Extremen gibt es, wenn wir Flechtheim weiter folgen, einen dritten Weg. Er besteht in permanenten Reformen, die durch gewaltfreie Massenaktionen herbeigeführt werden; ihre erste und wichtigste ist die totale Abrüstung. Diese Reformen bieten große Aussichten, wenn sie sich begrenzte Strukturreformen in einer hochindustrialisierten Gesellschaft zum Ziele setzen. »Hier soll ja nicht die totale Umwälzung erzwungen werden, sondern lediglich die Umstrukturierung zwar wichtiger, aber doch wiederum begrenzter Teilbereiche, wie etwa der Justiz und Bildung, der Gesellschaft und Wirtschaft durchgesetzt werden, während weite Bereiche von Wissenschaft und Technik, ja sogar des Privatlebens, der Verfassung und des Rechtes zunächst durchaus unberührt bleiben.« Das wäre also das Goldene Zeitalter, mit dessen Einleitung die Probleme der Umweltgefährdung, die uns heute bedrücken, sich von selbst lösen. Daß einzelne Bereiche freiheitlicher Lebensform bis auf weiteres nicht erfaßt werden sollen, ist ein schwacher Trost.

Auch für den Wiener Astrophysiker Erich Jantsch ist es ausgemachte Sache, daß die Grenzen der Wachstumsmöglichkeiten bereits erreicht sind. Das wirtschaftliche Wachstum, das Wachstum des materiellen Lebensstandards und der freie Wettbewerb zwischen Einzelpersonen, Unternehmen und Nationen sei zwar etwas Positives. »Und doch ist es zweifellos ein Rezept, das uns ins Verderben stürzt.« Die Wirtschaftssysteme können unmöglich noch weiter expandieren, der Konsum und der Raubbau, den wir mit unseren Bodenschätzen treiben, kann nicht unbegrenzt zunehmen. »Also müssen wir uns hinsetzen und intensiver über alles nachdenken. Und dann wird uns sehr bald klar, daß wir neue Maßstäbe, ja eine völlige Neuorientierung bitter nötig haben.« Wir brauchen ein umfassendes ökologisches Gleichgewicht zwischen Mensch, Gesellschaft, Technik und Natur. Wir müssen zu einer Umwertung aller Werte, zu einer, wie Jantsch es ausdrückt, anthropolitischen Umwertung kommen. Aber merkwürdigerweise addressiert auch er seine Mahnung ausschließlich an die westlichen Industrienationen. Der Westen solle ein paar Schritte rückwärts machen, indem er »den materiellen Lebensstandard der Bevölkerung senkt, den Konsum einschränkt und sich an einer gerechteren Verteilung der Rohstoffe der Erde beteiligt«. Jantsch fügt hinzu, das werde für die westlichen Regierungen ein harter Brocken werden, ein viel schwererer noch für die Menschen im Westen. Er unterläßt eine Erklärung dafür, daß dieses drastische Zurückdrehen der Wachstumsentwicklung und des Lebensstandards auf den Westen beschränkt sein soll und warum allein die westlichen Länder ihre Wachstumsraten senken sollen, obgleich er doch der Meinung ist, daß es sich um globale Probleme handelt und daß die »Wachstumsethik« im Osten sich von der des Westens nicht dem Grund nach, allenfalls in ihrer Wirksamkeit unterscheide[42].

Mit den Verfechtern der Auffassung, daß der Untergang des Ökosystems und damit auch der bestehenden wirtschaftlichen, gesellschaftlichen und politischen Ordnung nahe bevorstehe, müssen wir uns aus mehreren Gründen auseinandersetzen. Ihre Thesen und die von ihnen in ständigen Wiederholungen verwendeten einprägsamen

Wortbilder – Bevölkerungsexplosion, überladenes Raumschiff Erde – beherrschen die Diskussion über Umweltgefährdung und Umweltschutz. Sie selbst versuchen unablässig, die öffentliche Meinung auf ihre Seite zu ziehen und die öffentliche Hand zu entsprechenden Maßnahmen zu drängen. Würde man sie unwidersprochen gewähren lassen, so könnte sich eine Weltuntergangslethargie breitmachen, die den Willen, sachgerechte Auswege zu erschließen, lähmen müßte. Andererseits aber können auch diejenigen, die nicht bereit sind, sich einer Verzweiflungsstimmung zu überlassen, nicht daran vorbeisehen, daß sowohl in den Analysen wie auch in den Prognosen der Pessimisten neben vielen Verzerrungen, Übertreibungen und Irreführungen auch gewisse unbestreitbare Fakten enthalten sind, dazu Schlußfolgerungen, die eine ernsthafte Erörterung verdienen. Der geistigen Auseinandersetzung mit den Verfechtern einer pessimistischen Zukunftsbetrachtung können wir auch deshalb nicht ausweichen, weil wir keinen Anlaß haben, die Ernsthaftigkeit ihres Wollens in Zweifel zu ziehen.

Gegenstimmen

Forresters Weltmodell und die beiden Berichte an den Klub von Rom haben ihre These von den ›Grenzen des Wachstums‹ in den Mittelpunkt einer die ganze Welt erfassenden Diskussion gerückt. Eine nicht mehr übersehbare und ständig zunehmende Zahl von Wissenschaftlern und Publizisten ist in ihre Fußstapfen getreten, hat ihre Theorien aufgegriffen und variiert. John Maddox faßt sie samt und sonders unter dem Begriff der Weltuntergangspropheten zusammen.

Unter denen, die der Weltuntergangsprophetie einen optimistischen Zukunftsglauben entgegenstellen, steht er in der vordersten Linie[43]. Der Legion von Naturwissenschaftlern, Philosophen und Politikern, die verkünden, daß die Selbstvernichtung der Menschheit nahe bevorstehe, tritt er mit scharfen Waffen, mit Ironie, aber auch gründlicher Sachkunde gegenüber. Den »Unheilspropheten der Letzten Tage«, wie er seine Widersacher nennt, und ihrer »Kassandraliteratur« hält er entgegen, nicht nur, daß sie in ihrer Argumentation bis zur Unsachlichkeit übertreiben, sondern auch, daß sie die Abwehrkräfte lähmen und entmutigen, statt sie gegen wirkliche oder vermeintliche Gefahren zu mobilisieren.

Er billigt ihnen zu, daß sie vielschichtige und interessante Fragen aufgeworfen haben, auch, daß sie sich um Auswege bemühen, »aber leider in einer Haltung, die an Zweckpessimismus grenzt. Zu oft wird die Wirklichkeit stark vergröbert oder völlig außer acht gelassen. Ein großer Teil dieser düsteren Vorahnungen über unsere Zukunft dürfte deshalb genau das Gegenteil von dem erreichen, was seine Urheber beabsichtigt hatten. Anstatt die Menschheit aufzuklären, zerstört man damit ihre Fähigkeit, ihren Weiterbestand selbst zu sichern. Dieses Weltuntergangssyndrom steht allen anderen Problemen, die sich die Gesellschaft selbst bereitet hat, an Gefährlichkeit kaum nach.«

Dabei ist er weit davon entfernt zu meinen, unsere Welt sei heil und in guter Ordnung. Er ist sich darüber im klaren, daß die Gesellschaft, in Sonderheit die der großen Industrieländer, vor wichtigen Aufgaben steht, deren Lösung nicht auf die lange Bank geschoben werden darf. Sie muß sich um eine gerechtere Behandlung der Armen und der anderweitig Benachteiligten kümmern, die es inmitten der Wohlstandsgesellschaft nach wie vor gibt. Sie muß sich bemühen, die Lebensverhältnisse vor allem in den Großstädten zu verbessern. Selbst auf den Gebieten der Bildung und der ärztlichen Versorgung bleibt noch vieles zu tun. Die gleichen Aufgaben, nur in vergrößerten Dimensionen, stellen sich in den Entwicklungsländern, in denen die immer dringenderen Probleme einer ausreichenden Ernährung und der Arbeitsbeschaffung für die Bevölkerung unorganisch wachsender Großstädte hinzukommen. Aber das alles spricht dafür, sich nicht einer Verzweiflungsstimmung zu überlassen oder sich den Kopf darüber zu zerbrechen, wie die Welt im Jahre 2100 aussehen könnte – und diese völlig ungeklärten Zukunftsaspekte, fragwürdige Ergebnisse von Hochrechnungen, zum Gegenstand erbitterter Streitgespräche zu machen. Maddox hält den Weltuntergangspropheten vor[44], daß es um ihre Anliegen besser bestellt wäre, wenn sie sich mehr auf Tatsachen als auf Meinungen stützten, wenn ihre Argumente »einen besseren Sinn für geschichtliche Perspektiven, ein Gespür für Wirtschaftsfragen und weniger Gefühlsduselei« aufwiesen.

Wer immer genötigt ist, einer schwungvollen Agitation mit nüchternen Sachargumenten und publikumswirksamen Behauptungen mit der Darlegung des Beweisbaren und Bewiesenen, dazu noch mit dem Hinweis auf die Grenzen des Realisierbaren entgegenwirken zu müssen, befindet sich von vornherein in einer ungünstigen Defensivposition. Vor einer solchen undankbaren und unpopulären Aufgabe stehen diejenigen, die sich sowohl der beiden Seiten gemeinsamen Sache als auch sachgerechten Lösungen verpflichtet fühlen, die die Angstvorstellungen, die Rachel Carsons Alarmruf in den Herzen und den Köpfen unzähliger Menschen hervorgerufen hat, und die dieser Lebensangst entspringenden Therapien auf ein gesundes, wissenschaftlich vertretbares Maß zurückführen wollen. In dieser Rolle befanden und befinden sich diejenigen Wissenschaftler und Praktiker, die darangingen, sich mit dem von Rachel Carson und ihrem geistigen Gefolge geforderten radikalen Verbot aller chemischen Schädlingsbekämpfungsmittel kritisch auseinanderzusetzen. Jamie L. Whitten, Vorsitzender des Haushaltsausschusses für Landwirtschaft im amerikanischen Repräsentantenhaus, ist es vor allem, der Rachel Carson entgegentritt. Sein 1966 erschienenes Buch ›Damit wir leben können‹ ist, wie Dennis Meadows' ›Grenzen des Wachstums‹, ein Bericht, allerdings nicht an ein Gremium von Privatleuten, wie es der Klub von Rom ist, sondern zusammengestellt nach einem offiziellen Kongreßbericht; er führt »Tatsachen über die Auswirkungen von Pestiziden auf die Volksgesundheit, über ihre Anwendung, Gefahren, ihren Beitrag für das Allgemeinwohl« auf, wobei unter Pestiziden alle Verfahren des chemischen Pflanzenschutzes und der chemischen Schädlingsbekämpfung verstanden werden. Sein Buch – oder sein Bericht – ist der erste Versuch, Rachel Carsons Behauptungen anhand von dokumentarischem Material auf ihren Tatsachengehalt zu untersuchen. ›Damit wir leben können‹ ist nach den einleitenden Worten F. Beerens »durchaus keine Darstellung eines Extremisten, der sich schützend vor die Giftverbreitung stellt, sondern das Ergebnis einer ernsten, wissenschaftlich einwandfreien Prüfung der Materie, ein Buch, das die großen Aufgaben des modernen Pflanzenschutzes und der Schädlingsbekämpfung im Dienste der Volksgesundheit realistisch in das rechte Licht rückt, aber auch die aus den Fortschritten auf diesen Gebieten entstandenen Probleme in zutreffender Weise beleuchtet«.

Jamie L. Whitten unternimmt es, in der aufgeregten Atmosphäre, die durch die Publikation des ›Stummen Frühlings‹ ausgelöst wurde und sich zu einer regelrechten Alarmstimmung steigerte, Rachel Carsons Darstellung Punkt für Punkt zu widerlegen. Er weiß, daß er gegen halbe Wahrheiten und vorgefaßte Theorien, gegen eine aufgebrachte öffentliche Meinung, die gefühlsmäßig ihre Position bereits bezogen hat, ankämpfen muß. Er weiß auch, daß er die Meinung einer Minderheit verfechten muß. Als berufenem Agrarpolitiker sind ihm die Erfahrungen nicht erspart geblieben, die jeder machen muß, der es als seine Aufgabe betrachtet, inmitten einer modernen, d. h. großstadtorientierten Industriegesellschaft die ökonomischen und sozialen Interessen der Landwirtschaft zu vertreten, die Lebensrechte einer zahlenmäßig schrumpfenden und mithin für den Parteipolitiker uninteressanter werdenden Bevölkerungsgruppe zu verteidigen. »Die Produzenten von Nahrung und Fasern« – nämlich die Landwirte – »spielen keine prominente Rolle mehr bei den Planungen unserer gewählten Funktionäre«, schreibt er, und er wisse wohl, daß die städtisch orientierte Presse wenig bereit sei, sich mit Problemen der Landwirtschaft zu beschäftigen. Dennoch sei eine gesunde Landwirtschaft nach wie vor ein wichtiges und unentbehrliches Glied der modernen Volkswirtschaft, von dem mehr abhängt als nur eine gesicherte Volksernährung. Daher dürfe man der Landwirtschaft, die mit immer weniger Menschen eine immer höhere Produktionsleistung erbringe, nicht Steine in den Weg legen durch Verbote unentbehrlicher Produktionsmittel, die auf unbewiesenen Behauptungen fußen. »Wenn unsere städtische Bevölkerung kein Verständnis für die landwirtschaftlichen Probleme aufbringt« – also auch nicht für die Notwendigkeit chemischer Hilfsstoffe –, »werden künftige Generationen hungern; unsere Nation wird einen Niedergang erleben wie in der Vergangenheit die Stadtstaaten. Letzten Endes wird der Konsument der Verlierer sein, dem die Landwirtschaft dient.«[45]

Als Whitten daranging, »die Rolle der Pestizide« zu verteidigen – und das sind nach deutschem Sprachgebrauch alle anorganischen Pflanzenschutz- und Schädlingsbekämpfungsmittel –, fiel es ihm nicht ein zu leugnen, daß sie giftig sind und daß sie bei falscher Anwendung die Gesundheit von Menschen und Tieren schädigen können. Aber an vielen Beispielen und immer abgesichert durch gutachtliche Feststellungen namhafter Wissenschaftler legt er dar, daß die bestehenden und laufend verfeinerten Vorschriften über Anwendung und Dosierung völlig ausreichen, um die Gefahren für die menschliche Gesundheit auszuschließen – was allerdings eine laufende und wirksame behördliche Überwachung voraussetzt. Wenn wirklich bei gebrauchsfertigen Nahrungsmitteln Restmengen –

Rückstände – festgestellt worden sind, dann ist das ein Ergebnis der immer mehr verfeinerten Testverfahren. Verbesserte Untersuchungstechniken bedeuten jedoch noch keine vergrößerten Gefahren. »Die Entwicklung dieser vollkommenen Nachweismethoden sollte uns aber nicht irreführen oder uns veranlassen, den Gebrauch von Chemikalien einzuschränken, wo keine Beweise für schädliche Auswirkungen bei richtigem Gebrauch vorliegen«; hinzuzufügen wäre, daß der Gebrauch von wirklich schädlichen Stoffen, für die Nulltoleranzen gelten, überhaupt verboten sind. Whitten zitiert eine Äußerung des Direktors der Abteilung Ernährung der Fakultät für Volksgesundheit der Harvard-Universität, Frederic F. Starc. Einer besorgten Hausfrau, die sich mit Lukrezia Borgia vergleicht, weil sie ihrer Familie mit jeder Mahlzeit Gift auf den Tisch setze, und ihn fragt, ob sie auf dem Wege sei, ihre Familie umzubringen, antwortet der Professor: »Trotz Fehlens von Beweisen haben viele Menschen jetzt den Eindruck, daß Pestizide unsere Nahrungsmittel verunreinigen und schädlich sind, ja wahrscheinlich tödlich wirken. Diese Kluft zwischen Tatsachen und Phantasie muß geschlossen werden, wenn wir nicht wünschen, daß große Schäden daraus entstehen, daß wir Krankheiten und Hungersnot in der Welt Vorschub leisten.«[46] Und er fährt fort: »Sind Pestizide giftig? Selbstverständlich, deshalb sind sie ja wirksam. Sie sind giftig für Insekten, Würmer, Ratten, Unkräuter und andere Schadenseinflüsse, gegen die wir sie anwenden. Im Hinblick auf die strenge gesetzliche Reglementierung und die Toleranzbestimmungen jedoch ist die Gefahr von Pestizidrückständen in der Nahrung für Menschen nahezu nicht existent. Sie sind gefährlich, wenn wir sie sorglos handhaben oder wenn wir sie liegen lassen, wo Kleinkinder mit diesen Dingen spielen können. Sie können volles Vertrauen zu unseren Nahrungsmitteln haben. Sie sind nicht vergiftet, wie einige Nahrungsmittelfanatiker glauben machen wollen. Sie sind nahrhaft, und die Qualität ist viel besser, als dies eine Generation zuvor der Fall war. Eßt und genießt sie.« Voll Zorn und Ironie spricht er von der »verbreiteten Hysterie über landwirtschaftliche Chemikalien, die unter den Türschwellen der amerikanischen Heime durchsickert«. Das ist auch Whittens Meinung. »Der Mensch soll keine Wunder erwarten, soll nicht besorgt sein über unbedeutende Mengen von Spurenelementen, die zu identifizieren ihn seine Erfindungskraft befähigt. Er soll sich eher dafür interessieren, was von Bedeutung ist. Es zählt nicht die Kleinheit der Dimension, die gemessen werden kann, sondern der Effekt.«[47]

Den im wesentlichen eingebildeten Schäden an der Volksgesundheit, den die heute zugelassenen Pestiziden unter extremen Bedingungen allenfalls verursachen könnten, steht ihr kaum meßbarer Nutzen gegenüber. Ohne diese Schädlingsbekämpfungsmittel wäre eine moderne Land- und Forstwirtschaft ebensowenig wie eine gesicherte und hygienische Vorratshaltung wie auch eine Bekämpfung der Seuchen möglich, die noch bis vor wenigen Jahrzehnten Menschen und Tiere dezimiert und beispielsweise die Pontinischen Sümpfe vor den Toren Roms bis in die ersten Dezennien unserers Jahrhunderts unbewohnbar gemacht haben.

Daß die Lebenserwartungen der Menschen in den hochentwickelten Industrienationen gegenüber 1900 um 20 Jahre höher liegt und jährlich um ein weiteres halbes Jahr steigt, ist, wie Whitten darlegt, mindestens zum großen Teil auf den Einsatz der chemischen Schädlingsbekämpfungsmittel zurückzuführen, die es ermöglicht haben, daß wesentlich mehr Nahrungsmittel von erheblich höherer Qualität erzeugt werden, außerdem auf die erfolgreiche Bekämpfung von Krankheiten, die durch Insekten übertragen werden. »Nun, da die Anwendung der unentbehrlichen Pestizide heftig kritisiert wird, ist es an der Zeit, die städtische, auf ihre Gesundheit sehr bedachte Bevölkerung daran zu erinnern, daß wir uns nicht erlauben können, die Hände jener 8 % unserer Bevölkerung zu binden, die uns mit Nahrungsmitteln versorgen, nur weil wir Testmethoden so vervollkommnet haben, daß wir Spuren von Pflanzenschutzstoffen bis in den Bereich von einem Teil Pflanzenschutzstoff zu einer Milliarde Teil Nahrungsmittel nachweisen können.«[48]

Diese Auffassungen Whittens werden bestätigt durch die Erfahrungen, die aus der Bundesrepublik Deutschland vorliegen. In unserem Lande sind gesetzliche Bestimmungen erlassen worden, die auch strengen Anforderungen von seiten des Natur- und Umweltschutzes durchaus gerecht werden. Für die Rückstände von Pflanzenschutzmitteln sind Höchstmengen festgesetzt worden, die weit strenger gefaßt worden sind als entsprechende Regelungen in anderen Ländern. Und was wesentlich wichtiger ist als der Erlaß solcher Bestimmungen: sie werden beachtet. Sorgfältige und breit angelegte Kontrollen haben selbst in den ersten Jahren nach Inkrafttreten der Rückständeverordnung nur ganz geringfügige Überschreitungen festgestellt, und diese in gesundheitlich unbedenklichen Dosierungen. Inzwischen sind solche unerheblichen Reste verschwunden, und jede Gesundheitsschädigung des deutschen Konsumenten wäre ausgeschlossen, wenn in allen Ländern, die pflanzliche Nahrungsgüter – insbesondere Gartenbauerzeugnisse – exportieren, Bestimmungen von der gleichen strengen Observanz bestünden und beachtet würden.

Gute Gesundheit bei vollen Speisekammern, das ist das Ziel neuzeitlicher Ernährungswirtschaft. Es gilt keineswegs nur für die USA, auf deren Boden der Meinungsstreit um die chemischen Bekämpfungsmittel zuerst ausgetragen worden ist und deren Bürger ohnehin zu den bestversorgten und besternährten der Welt gehören. In verstärktem Maße muß es die Landwirtschafts- und Ernährungspolitik der unterentwickelten Länder bestimmen. Die meisten von ihnen sind Agrarländer. Deren wirtschaftliche, gesellschaftliche und letzten Endes politische Stabilität hängt, auf eine kurze Formel gebracht, entscheidend davon ab, daß die Bauern dieser Länder in die Lage versetzt werden, nicht nur sich selbst zu versorgen – was ihnen, von Hungersnöten abgesehen, seit jeher einigermaßen gelungen ist. Darüber hinaus sollen sie nun aber auch die schnell wachsende nicht-landwirtschaftliche Bevölkerung ernähren, die in den aus den Boden schießenden Großstädten zusammenströmt, aber nicht imstande ist, die Devisen zu erwirtschaften, die sie nötig hätte, um importierte Ernährungsgüter zu bezahlen. Ob es nun zu der viel beredeten Bevölkerungsexplosion – über die an anderer Stelle etwas zu sagen ist – kommt oder nicht und wenn ja, in welchen Zeiträumen und Ausmaßen: in jedem Falle muß die Landwirtschaft dieser Länder so weit entwickelt werden, daß sie mehr und für den Markt, mindestens für ihren eigenen produziert. Wie aber soll das geschehen, wenn wir ihnen keine chemischen Düngemittel liefern können, weil diese von einigen in der Durchsetzung ihrer Auffassungen erfolgreichen Gesundheitsaposteln als gesundheitswidrig und als Störung des natürlichen Gleichgewichtes angeprangert werden? Und wie sollen sie ihre Ernten, ihre Herden, ihre Vorräte schützen, wenn wir ihnen keine Mittel an die Hand geben dürfen, mit denen sie sich der Heuschrecken, der Tsetsefliege, der Ratten wehren könnten? Whitten erinnert daran, daß in den Jahren 1845 bis 1849 Irland von einer Hungersnot heimgesucht wurde, daß mehr als eine Million Menschen in diesem europäischen Land buchstäblich verhungerten und daß mehr als 1 $^1/_2$ Millionen das Land, das sie nicht mehr ernähren konnte, fluchtartig verließen, unter ihnen die Vorfahren der Kennedys. Die Ursache dieser plötzlich hereinbrechenden Katastrophe war das Auftreten der bis dahin unbekannten, durch ein Schadinsekt hervorgerufene Kartoffelfäule, die dieses Hauptnahrungsmittel der Iren vernichtete und das Land entvölkerte. Dieser Schädling hat sich auch auf dem Kontinent ausgebreitet. Aber er konnte mit chemischen Mitteln praktisch vertilgt werden. Und in unserem eigenen Lande gab es Ende der zwanziger Jahre genügend tüchtige und weitblickende Bauern, die meinten, mit dem Kartoffelanbau in Deutschland sei es vorbei, weil man mit dem Kartoffelkäfer, dem Coloradokäfer, nicht fertig werde. Bei seinem ersten Auftreten versuchte man, dieses gefährlichen Schädlings Herr zu werden, indem ganze Schulklassen in die Kartoffelfelder geschickt wurden, um Staude für Staude abzusuchen, ein kostspieliges, heute nicht mehr denkbares und letztlich ziemlich wirkungsloses Unterfangen. Aber als die chemische Industrie nach vielen Experimenten das geeignete Gegenmittel entdeckt hatte, war es mit einem Schlage aus – mit dem Käfer wie mit den von ihm heraufbeschworenen Gefahren für einen so wichtigen Teil der Volksernährung.

Was Whitten veranlaßt, gegen Rachel Carson und für eine vernünftige, den bestehenden Erkenntnissen und Vorschriften entsprechende Anwendung chemischer Schädlingsbekämpfungsmittel zu Feld zu ziehen, ist allein die Furcht vor den Folgen der Panik, die der ›Stumme Frühling‹ ausgelöst hat. Er will verhindern, daß die Nahrungsmittelproduktion, von deren fortlaufender Steigerung die Ernährung der Weltbevölkerung abhängt, auf Grund von unbewiesenen Behauptungen und überspitzten, dem Laien leicht eingängigen Thesen, rückwärts läuft. Er weiß, daß er damit einen schweren Gang antritt, und er zögert, weil er Rachel Carson wegen ihrer Leistungen sowohl als Biologin wie als Schriftstellerin Respekt entgegenbringt. Aber »obwohl man sich ungern mit einer Frau von so eindrucksvollen Fähigkeiten, die über eine so glänzende Feder verfügt, in eine Auseinandersetzung einläßt«, scheint es ihm doch angebracht, die Kräfte zu betrachten, die sie zu ihrem Alarmruf veranlaßt haben. Es ist zunächst ihre tiefe Liebe zur Natur, die sie zu Schilderungen von dichterischer Größe befähigt hat, aber auch eine romantische Stimmung, die den idyllischen Stätten ihrer Jugend nachtrauert. In einem Traumdorf, das Rousseausche Züge trägt, in unberührter ländlicher Umgebung möchte sie die »gute alte Zeit« wiedererstehen lassen, wo »das Leben in Harmonie mit der Umwelt zu stehen scheint«.

Whitten ging nicht allein in die Arena. Der Ausschuß des Landwirtschaftsministeriums, dessen Vorsitzender er war, beschloß die Einsetzung einer Kommission, die die insbesondere von Rachel Carson aufgestellten Behauptungen nachprüfen sollte. Zu ihren Untersuchungen zog sie eine große Zahl von Experten aller angesprochenen Fachrichtungen hinzu. Das Ergebnis faßte sie wie folgt zusammen: »Dem Team wurde von Wissenschaftlern und Ärzten erklärt, daß das Buch – der ›Stumme Frühling‹ – oberflächlich wissenschaftlich ist, indem es eine Anzahl unbewiesener wissenschaftlicher Fakten anführt. Es ist jedoch unwissenschaftlich, indem es einerseits unkorrekte Schlüsse aus unzusammenhängenden Tatbeständen zieht und sich andererseits in seinen Folgerungen auf Möglichkeiten stützt, die bis jetzt zu unerprobt sind, um als aktuelle Tatsachen betrachtet werden zu können.«[49] In diesem Untersuchungsresultat findet Whitten seine ablehnende Skepsis bestätigt. Das amerikanische Volk – und darüber hinaus die Weltöffentlichkeit –, alle, die ›Silent Spring‹ so begierig gelesen haben, sollten sich vor Augen halten, daß es keine abgewogene Darstellung über das Problem der chemischen Bekämpfungsmittel beinhaltet. »Man muß wissen, daß Rachel Carsons Schlußfolgerungen von der überwiegenden Mehrheit der zur Beurteilung autorisierten Wissenschaftler und Ärzte nicht bestätigt wurden. Man muß erkennen, daß es sich um eine Polemik und nicht um eine Voraussage handelt.«[50]

Damit könnten auch wir den ›Stummen Frühling‹, was seinen sachlichen Inhalt angeht, getrost beiseite legen, allerdings nur, wenn überall und nicht nur in den hochentwickelten Ländern, die Grundvoraussetzung erfüllt ist, von der auch Whitten und die von ihm zitierten Wissenschaftler ausgehen, nämlich, daß alle vorgeschriebenen Vorsichtsmaßnahmen korrekt beachtet werden.

Daß die Verkündung, die Menschheit treibe dem Untergang durch Selbstvernichtung entgegen, scharfe Reaktionen auslösen würde, war zu erwarten. Solange nicht die Untergangsstimmung Allgemeingut geworden war, mußten sich Gegenstimmen zu Worte melden. Der düstere Pessimismus, den die Anhänger der Katastrophentheorien so wortreich verbreiten, hat zukunftsfrohe und zukunftssichere Gegenargumente geradezu provoziert. Er hat eine heftige wissenschaftliche Kontroverse hervorgerufen. Diese richtet sich zunächst gegen das Schema des Weltmodells, das Jay Forrester dargestellt und das andere übernommen haben, gegen die Methodik der Analyse und, wie könnte es anders sein, gegen die Ergebnisse der Prognosen, dazu gegen eine allzu oberflächliche, unrealistische und häufig auch undurchsichtige Beweisführung. Gegenstand dieser Kritik sind, nächst Rachel Carson, einmal Meadows ›Grenzen des Wachstums‹, sodann Mesarovic-Pestels ›Menschheit am Wendepunkt‹, vor allem wohl, weil sie das größte Aufsehen erregt haben.

Kritische Einwände werden zunächst gegen den Versuch erhoben, die Zukunft mit Computern und Hochrechnungen enträtseln zu wollen. Sie treffen einen wunden Punkt. Denn die Schöpfer des Weltmodells räumen selbst ein, daß es sowohl unvollständig wie besserungsbedürftig sei. In einer selbstkritischen Betrachtung ihrer Arbeit setzen sie sich auseinander mit dem Vorwurf, daß ihr Verfahren zu technokratisch sei, daß sie die Welt und ihre Zukunft allzu statisch betrachten, daß sie nicht genügend berücksichtigen, daß der menschliche Geist nicht stillsteht, daß neue Entwicklungen und Erfindungen heute sich auftuende Schwierigkeiten überwinden werden, so wie es seit eh und je in der Geschichte der Menschheit immer wieder geschehen ist, wenn scheinbar unüberwindliche Hindernisse sich vor ihr auftürmten. Sie müssen sich wehren gegen die Auffassung, daß sie den Menschen, wie ein russischer Wissenschaftler es bezeichnet hat, allzu sehr als eine »biokybernetische Maschine« sehen. Sie müssen sich entgegenhalten lassen, daß sie nur die eine Seite der denkbaren Entwicklungen sehen, nämlich die, die auf eine Weltkatastrophe zutreiben, während sie die Möglichkeit, Gegenkräfte zu mobilisieren – die auch überall in Erscheinung getreten sind –, außer acht lassen. Und das, obgleich die Menschheit doch täglich beweist, daß sie beginnt, die tatsächlichen Gefahren zu begreifen, daß ihr technisches Ingenium nicht aufgehört hat zu wirken, vielmehr im Angesicht der Bedrohung unaufhörlich Entdekkungen und Erfindungen hervorbringt, die einige Jahre früher noch als Phantasiegebilde angesehen worden wären.

Gegen die Aussagekraft von Prognosen, die auf Hochrechnungen beruhen, wendet sich Heinrich Niehaus[51]. Ist es überhaupt, mit einem Anspruch auf wissenschaftliche Gültigkeit, möglich und angängig, auf Grund von heutigen Zustandsgrößen und von Veränderungsraten, die mit Hochrechnungen ermittelt werden, ein einigermaßen verläßliches Bild darüber zu gewinnen, wie gewisse Fakten sich zu bestimmten, in weiter Zukunft liegenden Zeitpunkten darstellen werden? Heinrich Niehaus bezweifelt das. Die Weiterführung bekannter Entwicklungslinien über die nächsten zehn Jahre hinaus ist nach seiner Ansicht Spekulation. »Auf einem solchen Terrain bewegen sich Wissenschaftler nur ungern, weil sie aus Erfahrung wissen, wie unsicher Ausblicke in die Zukunft sind, wenn der Zeitraum mehr als zehn Jahre umfaßt.« Deshalb kann er die ›Grenzen des Wachstums‹ und die vielen Diskussionen, die sie ausgelöst haben, nicht recht ernst nehmen. Für ihn sind sie etwas, »was man als intellektuelles Höhengewitter bezeichnen könnte«. Unter diesen Umständen, meint er, sei es schon ein Glück, wenn ab und zu einmal ein Blitz komme, der die Landschaft erhellt. Einen eigenen Beitrag zur Aufhellung der düsteren Umweltszenerie leistet Niehaus, indem er sich mit den Annahmen über die Grenzen des wirtschaftlichen Wachstums auseinandersetzt. Das Weltmodell, auf das sich die Autoren der beiden Berichte an den Klub von Rom stützen, geht davon aus, daß die sozialen Größen wie die Einkommensverteilung, die Einstellung zur Familiengröße – eine Umschreibung für die angenommene Zunahme der Weltbevölkerung –, der Bedarf an materiellen Gütern, Dienstleistungen und Nahrungsmitteln sich so weiterentwickeln werden wie in den letzten Jahrzehnten, also in der Form exponentiellen Wachstums. Wenn das aber geschieht, dann wäre, so Meadows und seine Gefolgsleute, ein Zusammenbruch des Weltsystems nicht mehr zu vermeiden. Auch hier werden die Dinge in die Zwangsjacke eines mathematisch berechenbaren Ablaufs gepreßt. Niehaus hält ein exponentielles Wachstum über einen längeren Zeitraum überhaupt für unmöglich. Er belegt seine Ansicht mit dem geläufigen Beispiel der Zinseszinsrechnung, die dem geduldigen Sparer nach hundert Jahren goldene Berge in Aussicht stellt – sofern sich in diesen Jahren nichts ereignet, was die ganze schöne Rechnung über den Haufen wirft. Nach Niehaus bedarf es weder eines Computers noch anderer komplizierter Rechnungen, um festzustellen, daß viele Wachstumsraten, die uns in einer Epoche länger anhaltenden wirtschaftlichen Aufschwungs als selbstverständlich erscheinen, nicht über hundert Jahre durchgehalten werden können. Er verweist auf die Wertschöpfung je Kopf der Erwerbstätigen. Sie ist, in der Zeit der Hochkonjunktur, in der Bundesrepublik jährlich um rund 4 v. H. gestiegen. Würde sich dieser Wachstumsvorgang mit der gleichen Steigerungsrate von Jahr zu Jahr fortsetzen, so würde sich bereits nach fünfzig Jahren ein Multiplikator von 719 ergeben. Die Wertschöpfung würde sich demnach auf mehr als 116 400 DM belaufen; 1970 betrug sie rund 16 000 DM. Nach hundert Jahren würde sie auf mehr als 832 000 DM angestiegen sein. »Diese Zahlen führen, soweit sie über die nächsten fünfzig Jahre hinausgehen, ins Märchenreich. Das wird noch besonders deutlich, wenn wir sie mit den Daten aus dem letzten Jahrhundert vergleichen. In den hundert Jahren von 1870 bis 1970 nahm die Wertschöpfung pro Erwerbstätigen in der Bundesrepublik, in Kaufkraft von 1913, etwa auf das Siebenfache zu. Das entspricht einer Wachstumsrate von durchschnittlich 2 v. H. Bei einem Wachstum von 4 v. H., wie wir es in den letzten Jahren erlebt haben, würde sich die Versiebenfachung schon in den nächsten fünfzig Jahren ergeben und schon einen unwahrscheinlichen Wert erreichen. Aber ein Anwachsen auf das 50fache in hundert Jahren bis 2070 ist in realen ökonomischen Größen nicht mehr vorstellbar. . . . Damit haben wir unser Problem unter Einschluß aller kritischen Bemerkungen auf die Frage eingeengt, welche Kräfte in den nächsten fünfzig Jahren die Wachstumsstruktur in den entwickelten Industrieländern drosseln werden.«[52]

Wachstumshemmungen werden eintreten allein schon durch Produktionskostensteigerungen. Sie entstehen einmal durch die von seiten des Umweltschutzes zu erwartenden, zum Teil bereits erfolgten Auflagen, die der Reinhaltung der Luft und des Wassers, der Lärmbekämpfung usw. dienen sollen. Die Verursachungskosten würden weitgehend vom Endverbraucher getragen werden müssen. Sie reduzieren sein Einkommen, dämpfen die Nachfrage und verlangsamen das wirtschaftliche Wachstum, sofern sie nicht durch Rationalisierungsmaßnahmen oder durch Anhebung der Realeinkommen aufgefangen werden können. Bei manchen, knapper werdenden Rohstoffen wird der Rückgriff auf bisher unrentable Vorkommen erhöhte Herstellungskosten verursachen. Dazu kommt, daß bei manchen Industrieprodukten, aber auch im Wohnungs- und Straßenbau der durch Kriegs- und Nachkriegszeit aufgestaute Nachholbedarf inzwischen gedeckt und ein natürlicher Sättigungsgrad erreicht worden ist. Auch von daher ergibt sich eine Abschwächung der Nachfrage und damit des wirtschaftlichen Wachstums. In der gleichen Richtung wirken die durch das Erdölembargo ausgelösten stark erhöhten Energiegewinnungskosten. Diese und andere Faktoren, Elemente einer wahrscheinlich weltweiten Konjunkturwende, sind sämtlich in den mathematischen Reihen des Weltmodells nicht berücksichtigt worden, eben weil sie sozusagen regelwidrig, unvorhersehbar, um nicht zu sagen schicksalhaft und daher mit dem Computer nicht erfaßbar sind. Sie lassen aber erkennen, daß der Ablauf der Dinge, schon wenige Jahre nach der so viel verheißenden Konstruktion des Weltmodells, ein wesentlich anderer ist, als die diesen zugrundeliegenden Annahmen. Die immanenten Kräfte der Geschichte wirken über die Gegenwart hinaus. Sie entziehen sich dem technisch noch so vollkommenen Versuch, die Zukunft zu entschleiern. Selbst mit den Mitteln der Elektronik kann der Mensch nicht über hundert Jahre voraussehen. Auch im Atomzeitalter sind Kräfte am Werk, die mit dem Verstand nicht registriert und reguliert werden können. Sie sorgen von selbst dafür, daß die Bäume nicht in den Himmel wachsen. Wenn aber die Grenzen des Wachstums viel früher fühlbar werden und ganz woanders liegen, als die Konstrukteure des Weltmodells unterstellt haben, ist dann, so fragt Niehaus, »die kopernikanische Wendung in der Verhaltensweise der Bevölkerung nötig, die der Klub von Rom für erforderlich hält, muß staatlicher Zwang ausgeübt werden oder sind in der Wirtschaft selbst Gegenkräfte vorhanden?« Mit anderen Worten: lösen sich nicht manche Probleme von selbst? Aber ebenso gewiß ist es, daß manche andere nicht ohne die ordnende Hand des Gesetzgebers und ohne wachsame öffentliche Meinung zu lösen sind – worüber an anderer Stelle noch zu sprechen ist.

Hier haben wir einen ersten wesentlichen Anhaltspunkt für die sich rührende Kritik an Forresters Weltmodell. Die mathematischen Reihen, auf denen die Schlußfolgerungen der »Untergangspropheten« aufgebaut sind, mögen noch so überzeugend wirken: sie stimmen nicht, weil sie die lebendige Wirklichkeit nicht erfassen und nicht erfassen können. In der Praxis des Alltags verlaufen sie ganz anders, weil eben, nach Niehaus, immer etwas nicht Eingeplantes dazwischen kommt: bei der Zinseszinsrechnung Inflationen und Wirtschaftskrisen und bei der sogenannten Bevölkerungsexplosion Seuchen und Kriege – und Naturkatastrophen, die auch in einer friedlichen Welt nicht auszuschließen sind –, aber auch der technische Fortschritt, der, soweit er den Massenwohlstand hebt, ganz von selbst zum Rückgang der Geburtenzahlen führt. Die Wachstumskurven werden also auch ohne unser Zutun oder aus Gründen, die in das Weltmodell nicht eingegangen sind, einen anderen Verlauf nehmen als den, der uns der Katastrophe entgegentreiben soll. Sie werden sich abflachen, vielleicht sogar abfallen oder sich umkehren, bevor sie das kritische Stadium erreicht haben.

Die gleichen Einwände müssen auch gegenüber der Annahme geltend gemacht werden, daß die Weltbevölkerung ebenfalls in sprunghaften »exponentiellen« Steigerungsraten zunehme und daß das vielzitierte Raumschiff Erde, sofern es nicht gelinge, die Kinderzahl weltweit auf zwei pro Familie zu beschränken, spätestens in fünfzig Jahren unbewohnbar werde, weil die dann auf ihr lebenden Menschen nicht mehr ernährt werden könnten. Ein Unterschied gegenüber den Prognosen über das wirtschaftliche Wachstum liegt allenfalls darin, daß sie hinsichtlich der angeblich drohenden Bevölkerungsexplosion noch prononcierter sind, jedenfalls in der extremen Diktion der Ehrlichs. Außerdem werden bei diesen Voraussagen die Zweifel an dem Aussagewert von Hochrechnungen noch

dadurch verstärkt, daß bei der Beurteilung von Verhaltensweisen, die in der Intimsphäre liegen, wie Geburtenbeschränkung und Geburtenkontrolle, noch weit mehr unwägbare, emotionell-seelische, auch religiöse Faktoren eine entscheidende Rolle spielen, Faktoren, die sich einer exakten datenmäßigen Erfassung noch mehr entziehen als diejenigen, die das Wachstum der Wirtschaft beeinflussen.
Für Niehaus sind die Verkünder einer das Gefüge der Welt sprengenden Bevölkerungszunahme allein schon durch den Vergleich mit Malthus widerlegt, den sie selbst immer wieder als Kronzeugen für ihre Thesen in Anspruch nehmen. Robert Malthus, »ein englischer Geistlicher, der aus Hobby Nationalökonomie betrieb«, sei dadurch berühmt geworden, daß er behauptete, die Bevölkerung wachse exponentiell und die Nahrungsmittelproduktion nur linear. Aber seine Annahme stimme nicht. Die Bevölkerung sei, insgesamt gesehen, nicht schneller gewachsen als die Erzeugung von Lebensmitteln, eben weil auch hier »immer etwas dazwischengekommen ist«[53]. Maddox wird auch im Hinblick auf das Bevölkerungsproblem wesentlich deutlicher. Er hält den »Unheilsaposteln« unverantwortliche Übertreibungen vor. Die Schuld an der weitverbreiteten, panikartigen Angst vor den Folgen eines unkontrollierten Bevölkerungswachstum schiebt er den zu stark vereinfachenden Voraussagen zu. Insbesondere setzt er sich mit Ehrlich, seinen Prognosen und den von ihm vorgeschlagenen Abhilfemaßnahmen auseinander. Diese haben in der Tat mit demokratischen Begriffen von der Freiheit des Individuums nichts mehr zu tun und könnten allenfalls in Diktaturen stalinistischer Prägung verwirklicht werden, obgleich sie bisher nicht einmal in kommunistisch-absolutistischen Herrschaftsbereichen aufgegriffen worden sind. Maddox hakt ein bei Ehrlichs Behauptung – die sich auch in pessimistischen Hochrechnungen der Vereinten Nationen findet –, daß sich die Fruchtbarkeit der Frauen im gebärfähigen Alter bis zur Jahrhundertwende nicht ändern werde. Dem hält er entgegen, daß in Westeuropa die Fruchtbarkeitsquote laufend abgenommen habe und daß sich auch in den Entwicklungsländern deutliche Anzeichen einer rückläufigen Entwicklung bemerkbar gemacht haben. Außerdem wendet er sich mit Heftigkeit dagegen, daß man sich im Westen den Kopf über die Bevölkerungsprobleme »der Völker in den anderen Erdteilen«

in einer Weise zerbreche, die, mit aufdringlichen und taktlosen Ratschlägen, diesen wie »herablassender Neokolonialismus« vorkommen müsse. Wir sollten und könnten es diesen Völkern getrost überlassen, diese ihre Probleme, für die sie allein verantwortlich sind, selbst zu lösen.

Wie sieht es denn in den Entwicklungsländern Südostasiens, Schwarzafrikas und Südamerikas aus, in denen die Bevölkerung, nach mehr oder minder unbestimmten Schätzungen, die nicht vorhandene Volkszählungen ersetzen müssen, immer noch schnell wächst? Dank einer wesentlich verbesserten Gesundheitsfürsorge und einer erfolgreichen Bekämpfung der epidemischen Krankheiten ist in den meisten dieser Länder die Sterblichkeit gesunken, und zwar vergleichsweise schneller, als vor hundert Jahren in den heutigen Industrieländern[54]. Dennoch sieht Maddox deutliche Anzeichen für eine Verlangsamung des Bevölkerungswachstums, die schließlich zur demographischen Stabilität führen werde. Die Ursache liegt in dem Wettlauf zwischen dem Rückgang der Sterblichkeit und dem schnelleren Rückgang der Geburtenhäufigkeit. Das gilt für die westlichen Länder. Diese Tendenz wird aber auch auf die Länder übergreifen, die heute noch als Entwicklungsländer gelten, selbst wenn eine fortschreitende Bekämpfung der Kindersterblichkeit für einige Zeit noch einen Bevölkerungszugang bewirken wird. Sollte sich dieser Trend bestätigen, so würde daraus, laut Maddox, zu schließen sein, daß die Voraussetzungen über die zu erwartenden Bevölkerungszahlen viel zu hoch angesetzt sind.

Für diese Ansicht, mit der er gegen den Strom der herrschenden Meinung schwimmt, kann Maddox gewichtige Belege anführen. »In vielen Entwicklungsländern zeigt sich bereits heute deutlich die Abnahme der Fruchtbarkeit, die zur Vollendung des demographischen Übergangs notwendig ist. Es besteht immer eine zeitliche Verzögerung zwischen sinkender Sterbeziffer und Fruchtbarkeit. Aber offenbar scheint der Prozeß um so schneller abzulaufen, je später er einsetzt.« Er weist darauf hin, daß die Fruchtbarkeit besonders deutlich in der Sowjetunion abnimmt. Hier ist die jährliche Geburtenziffer in den letzten 70 Jahren in jedem Jahrzehnt um etwa 4,7 je 1000 Geburten gesunken. In vielen Entwicklungsländern scheine die Geburtenziffer noch schneller zurückzugehen. Seit der

Mitte der fünfziger Jahre habe sie beispielsweise in Taiwan, Hongkong, Singapur, auf vielen karibischen Inseln und auch in Albanien sehr stark abgenommen. In Singapur habe sich die jährliche Geburtenziffer von 4,7 v. H. Ende der vierziger Jahre auf 2,2 v. H. in 1969 vermindert, in Puerto Rico von über 40 v. H. Anfang der dreißiger Jahre auf 2,4 v. H. in 1969, und seitdem sei sie weiter zurückgegangen. »Natürlich ist diese Entwicklung noch nicht abgeschlossen, aber die Statistik bewegt sich schnell in der richtigen Richtung.« Diese Auffassung stützt er auf eine Zusammenstellung statistischer Daten der Vereinten Nationen, die erkennen läßt, daß in einer ganzen Reihe von ausgewählten Ländern Asiens, Afrikas und Amerikas die Geburtenziffern gegenüber Höchstwerten zu Beginn der sechziger Jahre stagnieren oder zurückgehen, offenbar ein Zeichen dafür, daß sie ihr Maximum überschritten haben und sich nunmehr dem Zustand demographischer Ausgeglichenheit nähern.

Maddox wirft die Frage auf, ob man die Geschwindigkeit des Bevölkerungswachstums in den Entwicklungsländern der medizinischen Forschung zur Last legen müsse, etwa weil sie die Säuglingssterblichkeit mit allzu durchschlagendem Erfolg bekämpft habe. Diese Frage klingt, gelinde gesagt, paradox. Dabei wußte er noch nicht, daß Mesarovic-Pestel diesen absurden Vorwurf tatsächlich erhoben haben. Sie halten der Medizin vor, daß sie ihre mühselig erworbenen Kenntnisse dazu mißbrauche, »in die natürlichen Prozesse einzugreifen« –, indem sie Kranke heilt und die Sterblichkeitsquote senkt. Das aber bedeutet in Mesarovic'-Pestels Begriff von Humanitas ein Aufreißen »der Kluft zwischen Fertilität und Mortalität« mit der Folge der Bevölkerungsexplosion, »die, wenn sie nicht eingedämmt wird, zum Kollaps der Menschheit führen muß. Damit würden alle medizinischen Bemühungen, die ja in erster Linie Leben bewahren sollten, schließlich wieder zunichte gemacht. Was aber nützt es, einen Menschen von einer Krankheit zu heilen, wenn man nachher nur noch zusehen kann, wie er verhungert.«[55] In schlichtem Deutsch kann das doch nur heißen, daß die Ärzte jedenfalls in den Entwicklungsländern ihre Bemühungen lieber einstellen sollten, damit möglichst viele Menschen – Säuglinge und Alte – sterben und so die Statistik, die Bevölkerungsbilanz, wieder ins Gleichgewicht gebracht wird. Eine Aufforderung zur Euthanasie? Das Ethos des hippokratischen Eides wäre damit einer Hochrechnung von zweifelhaftem Wert zum Opfer gebracht. Die »Propheten des Unheils«, meint Maddox, »wären gut beraten, wenn sie die Gründe zu verstehen suchten, weshalb die Fruchtbarkeit im Verlauf der demographischen Änderung unweigerlich abzusinken scheint«. Das sei weniger auf Enthaltsamkeit zurückzuführen, wie Malthus sie predigt, auch nicht in erster Linie auf empfängnisverhütende Mittel. Vor allem ist es ein verändertes Sozialverhalten, das, wenn auch nicht von heute auf morgen, Geburt und Tod ins Gleichgewicht bringt. Bevölkerungskontrolle muß jedenfalls in einer freiheitlichen Welt Sache privater Entscheidungen bleiben, was insbesondere Paul und Anne Ehrlich entgegenzuhalten wäre, die einen Katalog von staatlichen Zwangsmaßnahmen anbieten. Offenbar funktioniert die Geburtenkontrolle auch auf individueller Basis: die Auflösung der Großfamilien, das Wohnen auf beengtem Raum, die Erkenntnis, daß große Familien weit schwerer zu versorgen sind als ein Vier-Personen-Haushalt, tragen dazu bei. Auch Bildungseinflüsse spielen eine wichtige Rolle. In einigen Entwicklungsländern zeigt sich deutlich, daß Menschen mit Schul- oder Universitätsbildung bestrebt sind, ihre Familien klein zu halten. Vor allem aber drückt das Wohlstandsdenken auf die Geburtenziffern. Wer es zu einer gewissen Wohlhabenheit gebracht hat, hegt den Wunsch, daß seinen Kindern die gleichen Erleichterungen und Annehmlichkeiten zuteil werden. Das setzt in der Regel voraus, daß die Zahl derer, die sich in das Familieneinkommen teilen müssen, klein gehalten wird. Zahlreiche Beispiele aus den Entwicklungsländern beweisen, daß die wohlhabenderen Familien zumeist auch die kleineren sind. Ein schnelleres Anwachsen des Bruttosozialproduktes hat durchweg eine Verlangsamung des Bevölkerungswachstums zur Folge, womit noch nichts über die Lage der großen Massen von armen Leuten und deren Verhalten zur Familienplanung gesagt ist. Die Katastrophenliteratur nimmt diese Tatsache wohl deshalb nicht zur Kenntnis, weil sie einerseits an der Vision der Bevölkerungsexplosion festhält, andererseits aber den Kollaps an die Wand malt, der der Menschheit droht, wenn auch in den jungen Ländern die Industrialisierung und Verstädterung fortschreiten.

Damit ist eine viel weiter führende Frage angeschnitten. Besteht denn überhaupt eine zwingende Notwendigkeit, das demographische Gleichgewicht mit staatlichen Mitteln und noch dazu kurzfristig herbeizuführen, Geburts- und Sterberaten in ein ausgewogenes Verhältnis zu bringen, das zudem jeden Augenblick durch unvorhersehbare und unvermeidbare Naturereignisse erschüttert werden kann? Und welcher Art sind diese vermeintlichen Zwänge? Ergeben sie sich aus der Nahrungsmittelproduktion, der angeblich drohenden Rohstoffverknappung oder aus der Umweltverschmutzung oder gar aus der Summe dieser Faktoren? Bedeutet es wirklich die von den Unheilsverkündern angekündigte Katastrophe, so fragt auch Maddox[56], wenn die Weltbevölkerung bis zum Ende des Jahrhunderts auf sieben Milliarden ansteigt? Dabei sind diese sieben Milliarden sehr hoch gegriffen, höher als die Beobachtungen der Vereinten Nationen, die für das Jahr 2000 drei Schätzungen vorgelegt haben. Nur die hohe kommt auf knapp sieben Milliarden, die mittlere auf rund 6,1 Milliarden und die niedrige auf rund 5,4 Milliarden[57].

Die im August 1974 in Bukarest veranstaltete Weltbevölkerungskonferenz der Vereinten Nationen, die bis dahin die Zunahme der Weltbevölkerung ebenfalls als bedrohlich angesehen haben, hat sich mit diesen Fragen beschäftigt. Sie hat sensationelle Ergebnisse erbracht. Die Volksrepublik China, die Sowjetunion, fast alle übrigen Ostblockstaaten, aber auch eine ganze Anzahl nicht-kommunistischer Länder haben mit Nachdruck die Auffassung vertreten, daß es für sie ein Bevölkerungsproblem nicht gebe. Die Chinesen haben der Weltorganisation sogar den Einblick in die Bevölkerungssituation ihres Landes verwehrt mit der Begründung, das sei eine Angelegenheit ihrer Souveränität. Alle diese Länder haben die Auffassung bekundet, das eigentliche Problem der Bevölkerungsentwicklung liege nicht in deren Zunahme, sondern in der bestehenden Ordnung der internationalen ökonomischen Beziehungen, d. h. in dem Ungleichgewicht von Reichtum und Armut. Im übrigen würden sie mit diesen Dingen allein fertig. Es klang sogar die kameralistische Auffassung durch, daß eine große und wachsende Bevölkerung ein wertvolles nationales Gut sei, eine Prämisse für wachsenden Wohlstand. Die chinesische Delegation, die jeden Versuch, souveränen Staaten Maßnahmen mit dem Ziel einer Verminderung der Weltbevölkerung aufzwingen zu wollen, als eine unzulässige Einmischung in deren innere Angelegenheiten bezeichnete, wies darauf hin, daß der Erfindungsreichtum der Massen, sich schöpferisch zu entwickeln, ständig zugenommen habe. Die »Bevölkerungsexplosion« sei eine kapitalistische Erfindung. Die Chinesen waren es auch, die auf den Zusammenhang zwischen Bevölkerungszahl und Agrarerzeugung eingingen. Seit 1950, so verkündeten sie voller Stolz, habe sich die Bevölkerung ihres Landes um nahezu 60 v. H. vermehrt, nämlich von ungefähr 500 auf z. Z. nahezu 800 Millionen; in dem gleichen Zeitraum seien aber die Getreideernten mehr als verdoppelt worden. Im Jahresdurchschnitt habe die Bevölkerung um ungefähr 2 v. H., die Getreideproduktion um 4 v. H. zugenommen.

Daß diese Ergebnisse unter rigorosem Einsatz der Zwangsmittel eines totalitären Regimes erzielt wurden – und wahrscheinlich nur auf diese Weise erzielt werden konnten – wirft die Frage auf, ob sie im Rahmen einer freiheitlichen Staats- und Gesellschaftsordnung mit ähnlicher Wirksamkeit erreicht werden könnten; an anderer Stelle werden wir auf sie zurückkommen. Hier können wir uns nur darauf beschränken, die Fakten zu registrieren. Sie sprechen für sich und erschüttern die Auffassung, daß die Annahme einer kaum abwendbaren Weltkatastrophe als Folge von Überbevölkerung auf wissenschaftlich unhaltbaren Erkenntnissen beruht.

Über die Methode, Schrecknisse an die Wand zu malen, urteilt John Maddox mit der ihm eigenen Deutlichkeit. Er nennt sie schlicht einen »faulen Trick«, z. B. wenn Paul Ehrlich, nachdem er den Weltuntergang durch den Bevölkerungskollaps angekündigt hat, erklärt, er sei eigentlich ganz froh, daß seine düsteren Voraussagen nicht einträfen, weil dann die Menschheit doch wenigstens am Leben geblieben sei. Die Rechtfertigung für dieses Verfahren heiße, so Maddox, man müsse übertreiben, um die Leute aufmerksam zu machen und überhaupt etwas zu erreichen. »Aber der Mensch wird durch Wiederholung eher abgestumpft, und der Weltbewegung kann trotz allem, was sie bisher erreicht hat, die Gefolgschaft gerade dann versagt werden, wenn sie besonders notwendig gebraucht wird – lediglich, weil man die Holzhammermethode leid ist.«[58]

Bevölkerungsexplosion?

Wie für Rachel Carson die Pestizide, so ist es für Paul und Anne Ehrlich das Bevölkerungswachstum, das die Weltkatastrophe nahezu zwangsläufig auslösen wird[59]. Das progressive Anwachsen der Weltbevölkerung ist für sie das zentrale Problem unter allen umweltgefährdenden Faktoren, wobei die Umweltverschmutzung – Luft, Wasser, Boden – und der Abbau nicht ersetzbarer Rohstoffe in einem unmittelbaren, und zwar addierenden Zusammenhang mit der Bevölkerungszunahme gesehen wird.

Wenn wir die Antwort auf die Frage suchen, ob und auf welche Weise die wachsende Bevölkerung eines Landes oder einer Region ausreichend ernährt werden kann, genügt es nicht, Bevölkerungswachstum und Nahrungsgütererzeugung miteinander zu vergleichen. Die Nahrungsgüterversorgung hängt nicht allein von der Größe und der Güte der verfügbaren landwirtschaftlichen Nutzfläche, den Bodenreserven und der Kapazität der jeweiligen Landwirtschaft ab. Sie kann auch herbeigeführt werden durch Steigerung der industriellen Produktion, die eine Ausfuhr von Industriegütern als Gegenleistung gegen die Einfuhr von Agrarerzeugnissen ermöglicht. Ein hervorstechendes Beispiel für dieses Verfahren, den Nahrungsgüterbedarf einer wachsenden Bevölkerung bei steigenden Lebenshaltungsansprüchen und ohne wesentliche landwirtschaftliche Produktionsreserven im eigenen Lande zu decken, ist Japan. Im Zweiten Weltkrieg hat Japan versucht, seine Ernährungsbasis durch Vorstoß in die fruchtbaren Zonen Südostasiens zu erweitern und zu sichern. Der Versuch ist gescheitert. Mit dem Kriegsausgang wurden die Japaner auf ihre Inseln zurückgeworfen. Aber dennoch und

trotz schnell wachsender Bevölkerungszahl sind sie nicht verhungert. Sie haben ihre Industrieproduktion in einer geradezu sich überstürzenden Entwicklung gesteigert, haben einen hohen Qualitätsstand erreicht und damit einen breiten Einbruch auch in die westlichen Märkte vollzogen. Sie haben sich auf diesem Wege die Devisen beschafft, die sie zur Einfuhr ihres zusätzlichen Nahrungsbedarfes benötigen und die ihnen vor dem Kriege, bei einer weniger entwickelten Industrieproduktion, fehlten. Dieser Ausweg ist selbstverständlich nur gangbar, wenn und solange in anderen Regionen ausfuhrfähige Überschüsse produziert werden.
Auch die Ehrlichs bedienen sich des Bildes von dem »Raumschiff Erde«, um deutlich zu machen, daß die Hilfsmittel unseres Planeten, z. B. was Nahrungsmittelproduktion, Energieträger und industrielle Rohstoffe angeht, begrenzt sind und damit auch seine Aufnahmefähigkeit für eine ins Unbegrenzte wachsende Weltbevölkerung. Die Katastrophe, der Kollaps, tritt ein, sobald die Bevölkerungszunahme an die »Grenzen des Erdballs« stoßen wird. Dieser Punkt läßt sich, wie sie meinen, mehr oder weniger exakt vorausbestimmen, und zwar wiederum mittels Hochrechnungen. Mit vielen Tabellen und Statistiken, unter Berücksichtigung auch des regional unterschiedlichen Altersaufbaues, der Geburten- und Sterblichkeitsziffern, der räumlichen Verteilung, der Verstädterung werden die Wachstumsraten errechnet. Es werden auch die möglichen retardierenden Momente: Kriege, Seuchen, Naturkatastrophen in Betracht gezogen. Wir begegnen wieder der Rechnung, daß zur Zeit von Christi Geburt die Weltbevölkerung sich auf 200 bis 300 Millionen belaufen hat, daß sie bis 1850 im wesentlichen linear gestiegen ist und daß etwa seit 1930 die Steigerung in großen Sprüngen vor sich geht und weiter so verlaufen wird. Die Verfasser verzichten auf eigene Berechnungen für in der Zukunft liegende Zeitpunkte und verweisen statt dessen auf die in mehreren Varianten vorliegenden Berechnungen der Vereinten Nationen. Und während sie auf der einen Seite die katastrophalen Folgen dieser Entwicklung in dunklen Farben malen, beklagen sie auf der anderen Seite die mannigfachen Gefahren, denen die Weltbevölkerung durch zahlreiche Folgeerscheinungen des Umweltmißbrauchs ausgesetzt ist: durch Luftverschmutzung, Bleiverseuchung, Klimaveränderung, Anhäu-

fung von toxischen Rückständen, durch Strahlungsschäden und chemische Mutagene und vieles mehr. Daß die akkumulierenden Umweltgefährdungen die – bedauerliche, bedenkliche und schließlich unerträgliche – Kehrseite des technischen Fortschritts sind und daß dieser die Erde bewohnbarer, das Leben leichter gemacht, die Lebensmöglichkeiten vervielfacht und eine große Zahl der die Menschheit bedrohenden Gefahren ausgeschaltet hat, unterbricht die pessimistische Betrachtung der Autoren nur für einen Gedankenblitz: »Während der letzten Jahrhunderte hat der Mensch . . . die Welt, in der er lebt und von der sein Leben abhängt, in vieler Hinsicht bewohnbarer . . . gemacht.«[60] Das räumen sie ein. Aber beherrschend bleibt die Auffassung, daß das Leben insgesamt gesehen eben doch gefährlicher geworden sei.
Gibt es einen Weg, der an der heraufziehenden Katastrophe noch im letzten Augenblick vorbeiführt? Kann die Bevölkerungslawine in der angeblich nur noch verfügbaren kurzen Frist gestoppt werden? Wie kann das geschehen? Und wie kann der verhängnisvolle Kreislauf zwischen zunehmendem Bevölkerungswachtsum und zunehmender Umweltgefährdung unterbrochen werden, wenn auch eine begrenzte Weltbevölkerung auf fortlaufende Steigerung der Agrarerzeugung, auf steigende Angebote an Konsumgütern, Produktionsmitteln, Arbeitsplätzen, kurz auf eine wachsende – statt auf Null reduzierte – Industrialisierung angewiesen ist?
Die Wende kann und muß nach Ansicht dieser Apologeten einer Weltkatastrophe infolge Überbevölkerung durch eine weltweite Bevölkerungs- und Geburtenkontrolle herbeigeführt werden, durch gezielte Familienplanung, die die eheliche Kinderzahl auf zwei beschränkt – wohlverstanden weltweit und möglichst ab sofort. Mit beinahe ärztlicher Akribie werden die in aller Welt gebräuchlichen Methoden der Empfängnisverhütung dargestellt und auf ihre Anwendbarkeit untersucht, dazu alle weiteren, die zur Geburtenbeschränkung angewendet werden können. Sterilisation und Abtreibung werden ausführlich behandelt, und zwar allein unter den für die Autoren maßgebenden Gesichtspunkten, ob und wie sie dazu beitragen können, dem Anwachsen der Weltbevölkerung entgegenzuwirken; rechtliche und moralische Überlegungen werden beiseitegeschoben. Es wird berichtet, welche Organisationen sich

mit diesen Problemen befassen, in welchen Ländern, mit oder ohne staatliche Mitwirkung, Maßnahmen der Geburtenkontrolle bzw. Familienplanung angelaufen sind, und in welchen anderen gar nichts geschieht, auf wieviel zustimmendes Interesse die Beratungsstellen auch unter primitiven Völkern stoßen. Aber wie steht es mit den positiven Ergebnissen? Sie sind enttäuschend und bleiben weit hinter den Erwartungen zurück, die sich aufgrund von Befragungsaktionen gebildet haben. Einer auf eine Zwei-Kinder-Ehe abgestellten Familienplanung stehen in vielen Ländern unterschiedlicher Kulturstufen weltanschauliche, nicht nur religiöse Bedenken entgegen, daneben aber auch materielle. In ländlich-bäuerlichen Bereichen – und die Mehrzahl der Entwicklungsländer mit drängenden Bevölkerungsproblemen sind ja immer noch Agrarländer – wird eine große Zahl von Kindern, die künftige Familienarbeitskräfte darstellen, immer noch als Reichtum und nicht als drückende Last, um deren Erleichterung man sich bemühen müßte, empfunden. Diese Einstellung zum Kindersegen, die von den Autoren als atavistisch empfunden wird, ist nicht nur im privaten Bereich anzutreffen. Sie beherrscht auch das Denken vieler Regierungen, und zwar gerade von solchen Ländern, von denen man auf den ersten Blick annehmen sollte, daß ihnen ein weiterer Bevölkerungszuwachs nur Sorgen bereiten könnte. China führt eine gezielte Familienplanung mit Erfolg durch, aber offenbar mit anderen Zielsetzungen, als sie den westlichen Bevölkerungspolitkern, den Weltuntergangspropheten, vorschweben.

Die von den Ehrlichs vorgeschlagenen Maßnahmen zur Bevölkerungskontrolle sehen drei aufeinanderfolgende Stufen vor[61]. Zunächst soll es mit der Familienplanung versucht werden, die »ein Höchstmaß an Entscheidungsfreiheit« darstellt, indem sie jedem Paar die Möglichkeit läßt, Zahl und zeitlichen Abstand der Geburten selbst zu regeln. Aber dieser auf Aufklärung, Beratung, Freiwilligkeit beruhende Weg hat sich als unergiebig erwiesen. Zur Überraschung der Familienplaner hat sich herausgestellt, daß in den meisten Völkern, auch primitiven, ziemlich feste Vorstellungen über den wünschenswerten Familienstand bestehen und die Kenntnis über die Möglichkeiten der Geburtenbeschränkung offenbar völlig ausreichen, um die erwünschte Kinderzahl innezuhalten. »Unter-

suchungen in einer Reihe von Ländern mit unterschiedlichem Entwicklungsniveau und verschiedener Bevölkerungsdichte zeigen, daß die Menschen gewöhnlich die Kinderzahl haben, die den von ihnen angegebenen Idealvorstellungen entspricht«[62], einerlei, ob diese bevölkerungspolitischen Gesichtspunkte, d. h. der für erforderlich gehaltenen Reduzierung der Weltbevölkerung entsprechen.
Wenn aber der Weg der Freiwilligkeit, der Familienplanung versagt, dann heißt das noch nicht, daß die Planung damit aufgegeben werden müßte. Dann muß man eben auf die Maßnahmen der zweiten Stufe zurückgreifen. Sie sehen die »Anwendung sozial-ökonomischer Druckmittel« vor[63]. Es ist ein erstaunliches Arsenal, was uns hier vorgeführt wird. Alles, was in zivilisierten Staatswesen bisher im Sinne einer aktiven Familienpolitik unternommen worden ist, muß entweder gestrichen oder mit genau umgekehrten Vorzeichen versehen werden. Es darf keine steuerlichen Begünstigungen für Eheschließungen mehr geben, ebensowenig Kinderermäßigungen oder Kinderzulagen. Kinderlose Spätehen sollen prämiiert werden. Unterstützungen und Arbeitserleichterungen für Wöchnerinnen sind ebenfalls systemwidrig, weil sie Anreize zum Kinderkriegen enthalten. Eine Steuergesetzgebung, die Eheschließungen und Geburten fördert, »fußt auf einer Bevölkerungspolitik, die nicht mehr gerechtfertigt ist. Die Steuergesetze sollten darauf ausgerichtet werden, alleinstehende Menschen, berufstätige Frauen und kleine Familien zu begünstigen. Vielleicht könnten sie sogar große Familien zusätzlich belasten.« Fortfallen muß auch »der auf beide Geschlechter ausgeübte gesellschaftliche Druck, der sie veranlaßt zu heiraten und Kinder in die Welt zu setzen«. Wenn man sich aber daran macht, solche nicht mehr zeitgemäße bürgerliche Anschauungen auszurotten, dann muß man folgerichtig auch darum bemüht sein, die Zahl der unehelichen Kinder nicht ins Kraut schießen zu lassen. »Während eine freie und lockere Bindung der Geschlechter geduldet werden könnte, wäre dem Gebären unehelicher Kinder energisch entgegenzuwirken. Eine der Möglichkeiten, dieser Absicht Nachdruck zu verleihen, wäre die Verpflichtung der Mütter, alle unehelichen Babys zur Adoption anzubieten.«[64]

Wenn nach all diesen bevölkerungspolitischen, von Ökologen aufgestellten Rezepturen, die mit Menschenwürde und Menschenrechten längst nichts mehr gemein haben, noch die geringsten Zweifel daran bestehen könnten, daß die Verfasser und die vielen von ihnen zitierten Kronzeugen sich in eine Utopie des Termitenstaates verrannt haben, dann dürften sie zu beheben sein durch den Hinweis auf die dritte Stufe der vorgeschlagenen Maßnahmen. Sie werden schlicht und einfach unter Zwangssterilisation subsumiert. Dabei gibt es die Wahl zwischen verschiedenen Methoden. In Indien habe man, so erfahren wir, ernsthaft überlegt, alle Väter von drei oder mehr Kindern zu sterilisieren. Das habe sich als unmöglich erwiesen, nicht nur aus moralischen Gründen, sondern vor allem weil nicht genügend Ärzte zur Verfügung standen. Dieser Engpaß könnte vielleicht behoben werden, indem die Industrienationen solche Sterilisierungsteams bereitstellten. Denn aufgeschoben ist nicht aufgehoben. Die Ehrlichs halten es für wahrscheinlich, »daß die indische Regierung früher oder später auf derartige Zwangsmittel werde zurückgreifen müssen«. Dabei wäre der einfachere Weg wohl der, die Frauen zu sterilisieren, zum mindesten »in den Ländern, in denen die meisten Kinder in Kliniken zur Welt kommen«. Die Zwangssterilisation würde demnach Teil der Nachbehandlung bei der Geburtshilfe sein. In der Skala ähnlicher Maßnahmen, die sämtlich weder mit Humanität noch mit persönlicher Freiheit und Menschenwürde etwas zu tun haben, wird auch die Beimengung sterilisierender Substanzen in den Grundnahrungsmitteln oder zum Trinkwasser empfohlen.

Die hinter solchen Vorschlägen stehende Geisteshaltung kann nicht ausreichend damit erklärt oder gar gerechtfertigt werden, daß ihren Verfechtern der Blick für die Angemessenheit von Zweck und Aufwand verlorengegangen ist. Offenbar liegt es auch außerhalb ihres Weltbildes, daß Ehe und Familie, vom Schicksalhaften abgesehen, in erster Linie dem persönlich-freiheitlichen Bereich und der individuellen Intimsphäre zugehören und nicht der Omnipotenz eines allgegenwärtigen Zwangsstaates, noch dazu eines Staatswesens, wie es selbst im kommunistischen Machtbereich bisher ohne historisches Beispiel ist. Um so verwunderlicher ist es, daß die Autoren sich überhaupt noch aufhalten mit dem Versuch, ihre Vorschläge gegen verfassungsrechtliche Einwände abzusichern. »Manche Leute – unter ihnen hochgeachtete Parlamentarier, Richter und Anwälte – neigen zu der Ansicht, Kinder zu haben sei ein fundamentales, unveräußerliches Recht. Doch weder die Unabhängigkeitserklärung (der Vereinigten Staaten) noch die Verfassung erwähnt ein ›Recht auf Fortpflanzung‹, noch ist von einem solchen Recht in der Charta der Vereinten Nationen die Rede. Tatsächlich gibt es überhaupt keine Grundlage für einen unverletzlichen Status des ›Rechts auf Kinder‹. Rechtstheoretisch gesehen ist dieses sogenannte Recht eigentlich nur ein Privileg. Daher ist nicht einzusehen, warum wir seine Ausübung nicht regeln sollten. Auch ist das Privileg, Kinder zu haben, nicht so persönlich, daß seine Regelung nicht vom Staat vorgenommen werden könnte. Die Zahl der Kinder, die eine Frau gebären darf, sollte nicht allein ihre Privatangelegenheit sein, sondern als eine Sache von höchstem öffentlichen Interesse angesehen werden.«[65] Wenn das Gesetz einer Frau vorschreibe, daß sie nicht mehr als einen Ehemann haben dürfe, warum sollte es ihr nicht auch vorschreiben können, daß sie nicht mehr als zwei Kinder gebären dürfe?

Die Ehrlichs haben erkannt, daß es sehr lange dauern würde, bis die politischen Führer, die Sozialökonomen, die staatlichen Planungsausschüsse – soweit solche überhaupt vorhanden sind – die Notwendigkeit solcher Maßnahmen, wie sie sie vertreten, begriffen hätten. Wenn bislang das Nötige nicht geschehen sei, dann nur deshalb nicht, weil diese Maßnahmen »als zu gewaltsam und einschränkend empfunden werden. In den Vereinigten Staaten seien sie gescheitert an dem Zusammenspiel reaktionärer Kräfte. Das militärisch-industrielle Machtkartell in seiner allzu menschlichen Mischung aus Dummheit und Habgier« habe unverändert eine hohe Geburtenrate und eine zahlenmäßig starke Bevölkerung als Faktor der Stärke und Prosperität angesehen. Ihnen haben sich die Bosse der Babynahrungsindustrie zugesellt, »die bereits große Sorgen mit der wachsenden Nitralvergiftung ihrer Produkte hatten«. Mehlkonzerne befürchteten einen Rückgang der Nachfrage insgesamt und prophezeiten ein Absinken jenes Heiligsten aller Heiligtümer, des Bruttosozialproduktes. Und die Militärs entdeckten in der wachsenden Krise des Komplexes Bevölkerungszuwachs–Ernährung–Umwelt eine ernsthafte Bedrohung für ihren sorgfältig gepflegten kalten Krieg. Am Ende gewannen selbstverständlich die wirtschaftlichen Argumente die Oberhand, und das »unveräußerliche Recht jedes amerikanischen Ehepaares, die Größe seiner Familie selbst zu bestimmen« – ein Recht, das ad hoc in den frühen siebziger Jahren erfunden worden war –, wurde nicht aufs Spiel gesetzt[69]. Dieser Polemik hätte es allerdings kaum bedurft. Das Gesetz über Geburtenkontrolle, das der Kongreß 1974 verabschiedete, ist offenbar auch trotz der so mächtigen Gegner zustande gekommen. Von ihm behauptet aber Ehrlich sogleich, die Regierung habe es nur durchsetzen können, weil die wachsende Armee der Fürsorgeempfänger dem Volke die Notwendigkeit der Familienplanung deutlich genug vor Augen geführt habe. Im übrigen bestehe der Kern des Gesetzes aus einer Reihe von Maßnahmen, mit denen die amerikanische Regierung den Entwicklungsländern die Notwendigkeit einer gezielten Familienplanung habe einhämmern wollen. Demnach sollten amerikanische Hilfeleistungen an Entwicklungsländer an die Bedingung einer nach amerikanischen Vorstellungen wirksamen Geburtenkontrolle gebunden werden. Das wäre ja eines der Mittel sanften Zwanges gewesen, für das Ehrlich sich an anderer Stelle so leidenschaftlich eingesetzt hat. Sobald aber seine eigene Regierung die von ihm propagierten Wege beschreitet, verkehrt seine Reaktion sich ins Gegenteil. Er freut sich über die heftige Ablehnung, auf die dieses Gesetz bei den Entwicklungsländern gestoßen ist, und registriert mit Genugtuung, daß der indische Botschafter bei den Vereinten Nationen das Image der Vereinigten Staaten dadurch für alle Zeiten zerstört habe, daß er ihnen vorhielt, die Hunde der amerikanischen Familien erhielten im Durchschnitt mehr tierisches Protein pro Woche als der Durchschnittsinder pro Monat, und dieses Protein hätten die Amerikaner den eiweißbedürftigen Peruanern noch dazu gestohlen, indem sie deren Fischgründe ausbeuten.

Es wäre überflüssig, sich mit diesen Auseinandersetzungen zu befassen, wenn sie nichts anderes wären als Phantasien von Außenseitern. Aber beide Ehrlichs wollen als Wissenschaftler ernstgenommen werden. Was sie sagen, ist ein Programm. Sie stehen auch keineswegs allein.

Auch Mesarovic und Pestel bezweifeln, daß die Probleme der vermeintlich drohenden Überbevölkerung und, mit ihnen eng verbunden, die der Welternährung im Rahmen und mit den Möglichkeiten der bestehenden politischen und gesellschaftlichen Ordnungssysteme gelöst werden können. Sie halten die Schaffung eines neuen Weltwirtschaftssystems für dringend geboten. Es soll bewirken, daß Arbeit und Kapital unter Berücksichtigung der regionalen Gegebenheiten möglichst effektiv, d. h. mittels einer globalen Steuerung eingesetzt werden. Ebenso soll über die Rohstoffquellen zentral verfügt werden. »Ein solches System« – so sagen sie – »dürfte nicht engstirnig nationalen Interessen ausgeliefert sein. Es könnte nicht ohne langfristig angelegte, für alle verbindliche weltwirtschaftliche Vereinbarungen entstehen und existieren.«[67] Sie sagen nicht, auf welche Weise und zu welchem Zeitpunkt solche Vereinbarungen, die für die gesamte Menschheit, für alle Nationen und Regierungen verbindlich sein müßten, zustande kommen könnten. Vereinbarungen, die doch nicht mehr und nicht weniger bedeuten als die Übertragung aller Regierungs- und Gesetzgebungskompetenz an eine einstweilen imaginäre Weltzentralinstanz. Sie sagen auch nicht, was in der Zwischenzeit geschehen kann und wer die Länder mit ganz unterschiedlichen politischen Verfassungen überreden oder zwingen könnte, darauf zu verzichten, ihre ebenfalls weit differierenden Angelegenheiten in eigener Zuständigkeit zu regeln. Wenn wir zudem noch erfahren, daß es eine der Aufgaben dieser globalen Steuerungsstelle sein soll, die Industrieländer von ihren »aufwendigen Ernährungsgewohnheiten« abzubringen, damit mehr Nahrungsgüter für die »armen und unterentwickelten Länder frei werden«, dann sehen wir, daß wir es hier mit nichts anderem zu tun haben, als mit einer Neuauflage von Thomas Morus ›Utopie‹.

Aber selbst wenn man derartige utopische Vorstellungen außer Betracht läßt, stellt sich doch die Frage, welche Ziele mit der auf Wachstumsbegrenzung gerichteten Bevölkerungspolitik verfolgt werden sollen. Können wir unsere Zukunft sichern, wenn wir den Dingen ihren Lauf lassen, oder müssen wir einem Bevölkerungswachstum, das unsere Existenz bedroht, mit welchen Mitteln auch immer, entgegentreten?

Seitdem der Klub von Rom Malthus und seine pessimistischen Irrlehren wiederentdeckt hat, kreist die Diskussion um die Frage, ob diese oder jene Zuwachsrate im Hinblick auf begrenzte Rohstoffreserven, nachhinkende Nahrungsgüterproduktion, zunehmende Verschmutzung und wachsende Industrialisierung eben noch erträglich ist oder nicht. In diesen Rahmen versucht man, unser Denken einzupressen. Die auf Prognosen aufgebauten Steigerungskurven der Weltbevölkerung werden als Axiom hingestellt. Jede Abweichung nach oben wird mit Besorgnis, jeder Ausschlag nach unten mit Erleichterung registriert. Alles scheint darauf anzukommen, überall in der Welt den natürlichen Bevölkerungszugang zu begrenzen und, statt weiteren Wachstums, das Gleichgewicht zwischen Geburt und Tod herbeizuführen.

Auf der anderen Seite sehen wir, daß in kommunistisch regierten Ländern, aber auch z. B. in Mexiko, die Bevölkerungszunahme als eine Quelle des Reichtums, im biologischen wie im kameralistischen Sinne, angesehen wird.

Gibt es überhaupt ein für alle gültiges und von allen anerkanntes Ziel einer weltweiten Bevölkerungspolitik? Für Paul und Anne Ehrlich ist das keine Frage. Da dirigistische, um nicht zu sagen Zwangsmethoden für sie nichts Erschreckendes haben, vertreten sie die Auffassung, die Bevölkerungsdichte müßte nach einer Skala, die zwischen Ballungs- und menschenleeren Räumen alle Möglichkeiten offen läßt, eingerichtet werden, und zwar durch ein »Welt-Verwaltungsorgan«, auf das sich alle Regierungen einigen. Diesem wird die Aufgabe zugewiesen, »angemessene Bevölkerungsbewegungen zu begünstigen, in ähnlicher Weise, wie die Regierungen die ihnen erwünschten wirtschaftlichen Entwicklungen zu regulieren suchen«. Mit anderen Worten, der Umfang der menschlichen Bevölkerung müßte unter wissenschaftlich fundierte Kontrolle gebracht werden[68]. Diese Regulierung der Weltbevölkerung könnte nach ihrer Auffassung so perfektionistisch gehandhabt werden, daß sie optimal den sich ändernden »Bedürfnissen der Menschheit« angepaßt wird. »Ein Ehepaar wird dann nicht einfach so viele Kinder haben, wie es sich wünscht, sondern so viele, wie es das zukünftige Wohl der Allgemeinheit und auch die sozialen und materiellen Umweltfaktoren es zulassen«, wobei eine Behörde bestimmt, wo die Grenzen des Wohlergehens und mithin der Kinderzahl liegen sollen. Das wäre eine Familienplanung, die ausschließlich nach den öffentlichen Interessen, so wie das jeweilige Regime diese ansieht, orientiert ist, ein Zwangssystem, das die persönlich-private Sphäre ausschaltet. Auch nach Ansicht der Ehrlichs muß das Maximum der Bevölkerungsentwicklung – die schon mehr eine Gestaltung ist – durch die Notwendigkeit bestimmt werden, die »mißlichen Folgen der Überbevölkerung zu vermeiden«. Das Ziel ist jedenfalls klar. Es ist die höhere Lebensqualität, die nicht erreicht werden kann, wenn man »das Beste für die meisten« will. »Je größer die Gesamtzahl der Menschen, desto weniger von ihnen werden jederzeit wie die Könige leben können«, womit auch ohne den leisesten Versuch eines Beweises behauptet wird, daß steigende Bevölkerungszahlen einen ebenfalls steigenden Wohlstand in jedem Falle ausschließen.

Wir haben erfahren, daß Länder mit besonders hohen Zuwachsraten sich in keiner Weise den Kopf darüber zerbrechen, wie sie eine schnell wachsende Bevölkerung ernähren und beschäftigen könnten. Andererseits sehen wir, daß Länder, deren Bevölkerungsentwicklung von pessimistischen Demographen als Musterbeispiele für heraufziehende Katastrophen hingestellt werden, ihre Bevölkerungspolitik nach dem Verhalten der westlichen Industrienationen bestimmen.

Beides trifft für Indien und Pakistan zu, für Länder also, in denen auch nach vorsichtigen Voraussagen die Schere zwischen Bevölkerungswachstum und Agrarproduktion immer weiter auseinanderklaffen müßte. Selbst der zu abgewogenen realistischen Urteilen neigende Fritz Baade hat für Indien eine Prognose erstellt, die schon nach wenigen Jahren von Grund auf revidiert werden mußte, und zwar nicht, weil sie Rechenfehler enthalten hätte, sondern weil energische Maßnahmen der indischen Regierung, darunter auch solche, die westlichen Auffassungen von persönlicher Freiheit und Menschenwürde kaum entsprechen dürften, in einer nicht erwarteten kurzen Frist zu positiven Ergebnissen geführt haben. Die Schere beginnt sich zu schließen.

Noch 1964 hat Baade die Lage Indiens, gekennzeichnet durch das, wie er meinte, sich ständig vergrößernde Mißverhältnis zwischen Bevölkerungsvermehrung und Nahrungsgütererzeugung, als geradezu hoffnungslos angesehen, nicht weil etwa keine Produktionsre-

serven mehr vorhanden, sondern weil sie nach seiner Ansicht nur lässig genutzt seien. Er hält es für ausgemacht, daß die Bevölkerung »zweifellos wesentlich rascher als die Nahrungsgüterproduktion« wächst. Die Volkszählung 1961 sei für alle, die sich mit den Problemen Indiens beschäftigen, ein Alarmzeichen gewesen[69]. Es beständen keine Anzeichen, die hoffen ließen, daß die Bevölkerungsexplosion sich in absehbarer Zeit durch Absinken der Geburtenrate abschwächen werde. Der Bevölkerungszuwachs sei sogar beschleunigt weitergegangen. Die Steigerungsrate müsse nunmehr mit 2,5 v. H. jährlich angesetzt werden. Doch diese Prognose hat sich alsbald als falsch nach beiden Richtungen erwiesen. Die auf wirksame Geburtenkontrolle gerichtete Bevölkerungspolitik der indischen Regierung hat handfeste Erfolge gezeitigt. Ebenso haben die Anstrengungen, die unternommen wurden, um die Erträge der indischen Landwirtschaft zu heben, bemerkenswerte Früchte getragen. Die Ergebnisse stellen Baades Vorhersagen auf den Kopf. Das Wachstum der indischen Bevölkerung hat sich deutlich verlangsamt. In den letzten drei Jahren ist sie um knapp 1,9 v. H., statt wie angenommen um 2,5 v. H., gestiegen, die Nahrungsgütererzeugung jedoch um 4 v. H. In Pakistan hat sich eine parallele Entwicklung vollzogen. Hier hat die Bevölkerung nur noch um 1,4 v. H. zugenommen.
Auch Mesarovic und Pestel haben sich, um ihre These vom drohenden Bevölkerungskollaps zu stützen, vorzugsweise mit den Verhältnissen in Südostasien beschäftigt. Sie wollen darstellen, welche unheilvollen Folgen eintreten müßten, wenn die auf die Herstellung des Gleichgewichts zwischen Geburten und Sterbefällen gerichtete »drastische Bevölkerungspolitik« nicht sofort, sondern erst 1990 in Angriff genommen würde. Zunächst untersuchen sie, wieweit die Agrarproduktion unter optimalen Bedingungen angehoben werden kann, wobei sie unterstellen, daß bis 1980 alle überhaupt bebaubaren Böden in Benutzung genommen sein werden. Eine weitere Prämisse besteht darin, daß 1990 die auf eine gleichgewichtige Fruchtbarkeitsrate abgestellte Politik einsetzt und dieses Ziel nach 15 Jahren erreicht, dann aber, also etwa um 2005, die »Region« Südostasien in ihrer Ernährung ganz auf ihre eigenen Erzeugnisse angewiesen sein wird. Die Ergebnisse ihrer Computeranalysen zei-

gen auf, daß »der Druck der Nahrungsmittelkrisen in Südasien weit davon entfernt ist, nachzulassen. Im Gegenteil, nachdem er schon heute fast unerträgliche Ausmaße angenommen hat, droht er sich in kaum vorstellbarer Weise weiter zu verstärken.«[70] Ihr Computer errechnet ein Eiweißdefizit von 50 Millionen Tonnen. Die Kosten für die Einfuhr einer solchen Fehlmenge würden unerschwinglich sein; sie würden ein Drittel des gesamten Bruttosozialproduktes der Region ausmachen. Dazu müßten weitere 500 Millionen Tonnen Getreide eingeführt werden, und das würde eine Transportleistung erforderlich machen, die ebenfalls nicht darzustellen sei. Und weil diese Importmengen weder bezahlt noch transportiert werden können, muß die Region auf sie verzichten; das aber bedeutet den Massentod. »Der Tod von über einer halben Milliarde Kinder könnte verhindert werden, wenn die oben beschriebene Bevölkerungspolitik schon heute in Angriff genommen würde.«

Die Technik, mit der dieses apokalyptische Bild erstellt worden ist, ist höchst einfach. Eine einmal sich irgendwo ergebende Quote für die Bevölkerungszunahmen wird als eine sozusagen von Gott gewollte und jedenfalls unabänderliche Dauereinrichtung angenommen. Mit diesem Vervielfältigungsfaktor wird der Bevölkerungsstand zu jedem beliebigen, weit in der Zukunft liegenden Zeitpunkt errechnet, der dann ebenfalls ein unerschütterliches Faktum ist. Der so entstandenen Kurve einer expansiven Bevölkerungsentwicklung wird die Kurve der Agrarproduktion gegenübergestellt. Es wird zwar eingeräumt, daß diese ebenfalls gesteigert werden kann. Aber die Steigerungsrate ist wesentlich geringer als die der Bevölkerungszunahme. Es entsteht eine immer breitere Lücke, und sie ist die sinnfällige Darstellung des millionenfachen Hungertodes. Ihr kann die Region nur entgehen, wenn über drastische Maßnahmen das Bevölkerungswachstum mit der Sterberate in Übereinstimmung gebracht wird. Einem »tragischen Szenario« wird die aus der Luft gegriffene Annahme unterlegt, daß die – ebenso willkürlich errechnete – Fehlmenge an Nahrungsmitteln auch durch Einfuhren aus Überschußregionen nicht gedeckt werden kann, einerlei aus welchen Gründen. Die »Region« ist also hinsichtlich ihrer Ernährung ganz auf sich selbst angewiesen, und das besagt, daß das Nahrungsdefizit immer größer wird. »Das Ergebnis ist eine gewaltige Hungerkatastrophe, die in den frühen achtziger Jahren beginnen und um das Jahr 2010 ihren Höhepunkt erreichen würde. Die Sterbeziffer wäre dann etwa doppelt so hoch wie die sonst für Südostasien normale.«[71] Der Hunger würde die Überbevölkerung um etwa eine Milliarde Menschen reduzieren. Die Kurve fällt. Aber sie steigt sogleich wieder. Denn die Summen der Todesfälle allein in der Altersgruppe der Kinder bis zum fünfzehnten Lebensjahr würde im Jahre 2025 auf etwa 500 Millionen angewachsen sein. Die Autoren meinen, daß dann, durch diese über Jahrzehnte erstreckende Hungerkatastrophe, das Bevölkerungsgleichgewicht erreicht werden könnte.

Aber ist der womöglich mit extremen Mitteln herbeigeführte Ausgleich zwischen Werden und Vergehen wirklich das Ziel, auf das die Menschheit ihre Anstrengungen richten muß, wenn sie überleben will? Wir wissen, daß viele volkreiche Länder dieses Gleichgewicht gar nicht wollen, weil sie es nicht brauchen, weil sie sich zutrauen, auch eine wachsende Bevölkerung ernähren und beschäftigen zu können, weil sie in einer wachsenden Einwohnerzahl eine Quelle nationalen Wohlstandes sehen. Ist es nicht viel wichtiger, den Ausgleich zwischen Bevölkerungswachstum und Nahrungsmittelerzeugung durch optimale Rationalisierung und Intensivierung der Landwirtschaft herbeizuführen? Das nächstfolgende Ziel müßte es dann sein, eine ausgewogene volkswirtschaftliche Leistungsbilanz für jedes selbständige Land zu erstellen und die Zahlungsbilanzen ins Gleichgewicht zu bringen, so daß jedes Land aus eigenen Überschüssen die Einfuhr der ihm fehlenden Güter finanzieren kann. Aber dieses Ziel kann nicht von heute auf morgen verwirklicht werden. Es ist auch nicht vorrangig, solange noch andere Länder – die Geberländer der Entwicklungspolitik – bereit und imstande sind, die Debetsalden der Entwicklungsländer auszugleichen, entweder durch Kapitalhilfen oder durch Kredite.

Gewiß sollten die Regierungen der Länder, in denen ein krasses Ungleichgewicht zwischen ihrem gesamtwirtschaftlichen Leistungsvermögen und einer ungehemmt überquellenden Bevölkerung besteht, in ihren Bemühen fortfahren, die Geburten mit den ihnen jeweils zu Gebote stehenden, angemessenen Mitteln unter Kontrolle zu bringen – oder überhaupt erst einmal einen Anfang mit einer aktiven Bevölkerungspolitik zu machen. Aber es sollte auch anerkannt werden, daß zahlreiche Länder, darunter auch solche, von denen es am wenigsten erwartet wurde, bemerkenswerte Ergebnisse in ihrem Bemühen erzielen konnten, das Bevölkerungswachstum in den Griff zu bekommen. Man kann durchaus unterstellen, daß diese Länder auf dem einmal beschrittenen Wege weitergehen und daß andere ihnen folgen werden.

Die pessimistischen Bevölkerungspolitiker, mit denen wir uns auseinandersetzen, haben ihre Vorhersagen kommenden Unheils konditional eingeschränkt: die Katastrophe wird, wie sie meinen, über die Menschheit hereinbrechen, wenn nicht dies und jenes bis spätestens dann und dann passiert. Aber inzwischen ist an vielen Stellen und mit sichtbaren Erfolgen vieles von dem geschehen, was sie als Voraussetzung für eine gerade noch mögliche Rettung herausgestellt haben, wobei die auch für andere Bereiche der Umweltpolitik bedeutsame Frage, ob und wieweit die getroffenen Maßnahmen in einem Kausalzusammenhang mit den Warnrufen der Pessimisten stehen, zunächst nur angedeutet werden soll. Das grausige Bild der weltweiten Bevölkerungsexplosion stimmt mit der gewandelten und sich weiter wandelnden Wirklichkeit nicht mehr überein. Sie sollten es von der Wand nehmen, nachdem es seine aufrüttelnde Wirkung getan hat.

Immer wieder sind es die Verhältnisse in Indien, an denen die Auswirkungen der behaupteten sogenannten Bevölkerungsexplosion und die Unvermeidbarkeit einer Welthungerkatastrophe aufgezeigt werden. Vor allem am Beispiel dieses volkreichen Subkontinents entzündet sich auch die Kontroverse zwischen den Unheilsverkündern, die einer des anderen Argumente und Materialien ins Feld führen, und der einstweilen noch kleinen Zahl derer, die es wagen, sich ihnen und ihren fast schon populär gewordenen Ansichten entgegenzustellen. Auf dem Schauplatz Indiens treffen auch Paul Ehrlich und Colin Clark aufeinander. Ihre Kontroverse ist exemplarisch für die grundsätzliche Auseinandersetzung mit den Unheilspropheten, die Clark als Bangemacher bezeichnet.

Das Kernstück in Ehrlichs Beweisführung ist die Behauptung, daß in jedem Jahre die Nahrungsproduktion in den Entwicklungsländern gegenüber dem »sprießenden Bevölkerungswachstum« zurückfalle[72]. Das ist eine unbewiesene Behauptung und offensichtlich nur dazu bestimmt, eine einmal aufgestellte These, einerlei wie, zu untermauern. Die Wirklichkeit sieht ganz anders aus. In fast allen diesen Ländern hat die Nahrungsmittelerzeugung schneller zugenommen als die Bevölkerung; sie lag 1970 pro Kopf um 6 v. H. höher als 1950. So unpräzise Ehrlichs Angaben über die Weltagrarproduktion sind, so glaubt er doch genau zu wissen, daß in Indien jährlich 5 Millionen Kinder sterben, und das nicht an Seuchen oder infolge mangelhafter ärztlicher Betreuung, sondern an Hunger und Unterernährung. Den Beweis für diese Behauptung entnimmt er einer populären Zeitschrift. Für 1971 kündigt er an, daß 10 bis 20 Millionen Inder in diesem Jahr verhungern werden. Dieses Jahr ist längst ins Land gegangen, ohne daß es zu einer Hungerkatastrophe, noch dazu in dem vorhergesagten Ausmaß, gekommen wäre. Ehrlichs so präzise Prophezeiung hat sich ebensowenig erfüllt wie jene andere, daß bis 1975 die Welterträge der Hochseefischerei auf die Hälfte zurückgehen würden. Das Gegenteil ist eingetreten. Gerade in dem Wirtschaftsjahr 1970/1971 hat Indien eine Rekordernte an Getreide einbringen können. Sie belief sich auf fast 108 Millionen Tonnen, gegenüber einer Vorschätzung von 105 und einem Bedarf an 94 Millionen Tonnen. Die Regierung konnte Vorräte in Höhe von einem Zehntel des Jahresbedarfs zurücklegen, wobei sich überraschenderweise herausstellte, daß es an Lagerraum fehlt, um diesen unerwarteten Segen unterzubringen. Diese Ergebnisse einer erfolgreichen grünen Revolution haben die indische Regierung in die Lage versetzt, das Abkommen mit den Vereinigten Staaten, aufgrund dessen seit Jahren die meisten Nahrungsimporte abgewickelt wurden, aufzukündigen. Aber das alles sieht Ehrlich nicht. Die Daten, auf die er sich stützt, reichen nur bis 1966. Alles was später geschehen ist, vor allem die nun zutage tretenden Erfolge der grünen Revolution, die er als eine unrealistische Träumerei abtut[73], schiebt er einfach beiseite. Hätte er 1971, als er sein Buch über die Bevölkerungsexplosion veröffentlichte, die Informationen zur Kenntnis genommen, die damals zur Verfügung standen und einen deutlichen Wandel gerade in den indischen Verhältnissen ankündigten, so wäre, wie Clark ihm vorhält, sein »ganzes Gebäude zusammengefallen«[74].

Die oberflächliche, um nicht zu sagen tendenzielle Art, mit der Ehrlich seine Thesen zu stützen sucht, ruft ärgerliche Reaktionen bei Clark hervor. Er wirft Ehrlich vor, daß er beiseite lasse, was nicht auf seiner vorweggenommenen Linie liegt. Nicht viel anders verhält es sich aber auch mit dem Klub von Rom. Seine – falsche – Beurteilung der Welternährungssituation geht nicht nur darauf zurück, daß er alle Möglichkeiten für eine Steigerung der Produktionsleistung, durch Erschließung neuer Anbauflächen, durch Verbesserung der Anbaumethoden, durch Hochleistungssaatgut und intensive Düngung, durch Be- und Entwässerungsanlagen einfach negiert. Sie enthält außerdem einen schwerwiegenden tatsächlichen Irrtum. Wie Ehrlich von gewissen vorgefaßten Meinungen ausgeht und an ihnen festhält, nachdem sie längst widerlegt sind, so auch Meadows mit seinem ersten Bericht, den ›Grenzen des Wachstums‹. Er hat seine pessimistische Betrachtung über das unheilvolle Auseinanderklaffen des Bevölkerungswachstums und der Weltnahrungsgüterproduktion auf der Annahme aufgebaut, daß zur Ernährung eines Menschen eine landwirtschaftliche Nutzfläche von 4000 Quadratmetern erforderlich sei. Indem er die Weltbevölkerung einschließlich der jeweiligen dynamischen Wachstumsraten mit diesen in ihrer Ertragsfähigkeit, wie er unterstellt, konstant bleibenden 4000 qm multipliziert oder umgekehrt, indem er die Weltagrarfläche durch diese 4000 qm dividiert, kommt er zu dem Resultat, daß zu einem bestimmten Zeitpunkt die gesamte landwirtschaftliche Nutzfläche der Welt, die selbstverständlich auch als eine für alle Zeiten unveränderliche Größe behandelt wird, nicht mehr ausreicht, um die schnell größer gewordene Weltbevölkerung zu ernähren. Mit diesem Verfahren kann er genau berechnen, wieviel Menschen das »Raumschiff Erde« im äußersten Falle zu tragen vermag. Und damit ist denn auch bewiesen, was zu beweisen war.

Aber gegen diese Rechnung ist vieles einzuwenden. Sie beruht, wie das ganze Forrestersche Weltmodell und alles, was auch die beiden Berichte an den Klub von Rom auf ihm aufgebaut haben, auf der durch tägliche Erfahrung über den Haufen geworfenen Annahme, daß zwar einerseits die Weltbevölkerung, der Rohstoffverbrauch, der Nahrungsgüterverbrauch, die Industrialisierung und die Umweltverschmutzung in bestimmten, genau berechneten und wie ein Naturgesetz festliegenden Steigerungsraten progressiv anwachsen, daß demgegenüber aber die verfügbaren Reserven allenfalls eine lineare Steigerung erfahren, überwiegend gar keine, und daß die menschliche Erfindungsgabe plötzlich und endgültig der absoluten Sterilität anheimgefallen ist.

Abgesehen von diesem allgemeinen und grundsätzlichen Einwand gegen die Methodik beider Berichte ist aber auch der Multiplikator bzw. Devisor schlicht und einfach gesagt falsch. Sie sind verdoppelt und sind in dieser sachlich unhaltbaren Höhe beibehalten worden. Tatsächlich werden für die Ernährung und Bekleidung nicht eines jeden Erdbewohners, sondern eines Amerikaners, eines Menschen also mit dem höchsten Lebensstandard, nur 2000 qm benötigt, und zwar für die Erzeugung von Bodenfrüchten, Viehprodukten und Textilfasern. Das ist der gegenwärtige durchschnittliche Produktionsstand in gut geführten landwirtschaftlichen Betrieben, und nichts spricht dagegen, daß er nicht noch gesteigert werden könnte.

Die Rechnung ist also bereits im Ansatz falsch, um mindestens das Doppelte zu hoch bzw. zu niedrig, und dieser Grundfehler zieht sich durch alle diese so apodiktisch wirkenden Szenarien, die die Schere zwischen Bevölkerungswachstum und Agrarproduktion darstellen sollen. Das kommt davon, meint Colin Clark, wenn man dem Computer blindlings glaubt und das, was er auswirft, als Heilswahrheiten hinnimmt. Den Computerfachleuten könne das nicht passieren. Sie wissen, daß, wenn man Dreck hineintut, eben doch nur Dreck herauskommen kann[75].

In seiner Kritik am Klub von Rom findet Clark einen gewichten Bundesgenossen im ›Economist‹. Unter dem 11. März 1972 heißt es dort, daß in den letzten 25 Jahren viele Leute versucht haben vorauszusagen, welche Engpässe das wirtschaftliche Wachstum begrenzen könnten. Sie haben sich geirrt. »Zu jener Zeit wurden Engpässe in Nahrungsmitteln und Rohmaterialien erwartet; aber seitdem hat die Welt diese in geradezu peinlichem Überfluß produziert, und ihre Preise sind – im Verhältnis zu den Preisen der industriellen Güter – beträchtlich gefallen.«[76] Auf die sich aufdrängende Frage, warum die Verfechter der Engpaßtheorien sich nicht korrigiert haben, als sie bemerken mußten, daß die Wirklichkeit ganz anders aussah, weiß der ›Economist‹ eine einleuchtende Antwort: sie wollten nicht zugeben, daß sie sich geirrt hatten, und deshalb suchten sie Anlehnung bei Leuten, die dasselbe behaupteten wie sie. Aber damit wird der Schaden, den ihre theoretischen und faktischen Irrtümer anrichten, um nichts geringer. Das gilt besonders von dem Bericht des Klubs von Rom, der sich mit den Grenzen des Wachstums befaßt und die Forderung erhebt, »daß nicht nur dem gesamten Bevölkerungswachstum, sondern auch den Kapitalinvestitionen Einhalt geboten werden solle und daß die stabilisierte Weltbevölkerung auf der Hälfte des Niveaus leben sollte, auf dem heutzutage die amerikanische Bevölkerung lebt«.

»Dieser Report«, so der ›Economist‹, »repräsentiert den Gipfel an altmodischem Unsinn, denn das Team des Massachusetts Institute of Technology hat seinem Computer viel liebe, aber längst gestorbene Vermutungen eingefüttert.«[77] Dem ist vom Standpunkt inzwischen weiterentwickelter Erkenntnisse wohl kaum etwas hinzuzufügen.

Die Männer des Klubs von Rom nehmen für sich in Anspruch, daß sie auf drohende Gefahren aufmerksam gemacht und die Menschheit, die bis dahin ihren Wohlstand oder ihre Armut gedankenlos hingenommen hatte, fünf Minuten vor Zwölf alarmiert haben. Das trifft zu hinsichtlich des Umgangs mit der Umwelt, der Umweltverschmutzung mit allem, was darunter heute verstanden wird. Aber gilt das auch von ihren Behauptungen über eine angeblich heraufziehende Bevölkerungsexplosion in Verbindung mit einer Welternährungskatastrophe? Wir haben gesehen, daß gerade dieser Teil ihrer Thesen auf nicht haltbaren Theorien, auf falschen Kombinationen und bestenfalls auf längst überholten Fakten aufgebaut ist. Wir haben ferner erfahren, daß eine ganze Anzahl von Völkern sich auch dann nicht als gefährdet betrachtet, wenn die Behauptungen über ein rapides Anwachsen auch ihrer eigenen Bevölkerung zuträfen – weil sie sich zutrauen, immer mehr Menschen sowohl beschäftigen wie ernähren zu können. Wir haben davon Kenntnis genommen, daß andere Völker, solche der Dritten und der Vierten Welt, die ihre Bevölkerungsentwicklung als problematisch empfinden, mehr oder minder erfolgreich mit der Familienplanung begonnen haben. Und schließlich wissen wir, daß in den hochentwickelten Industrieländern die Bevölkerungszunahme, als Folge der Wohlstandsentwicklung, verlangsamt und überhaupt zum Stillstand gekommen ist. Wer ist dann noch gefährdet und wozu der Großalarm?

Auch Colin Clark vertritt die Auffassung, daß Menschenreichtum nicht immer und überall ein Anlaß zu Sorgen und ein Grund für Gegenmaßnahmen zu sein braucht. Er rechnet damit, daß in Asien, Afrika und Lateinamerika das Wachstum der Bevölkerung noch etwa 100 Jahre lang anhalten wird. Aber das ist für ihn kein Anlaß zu Sorgen. Er ist sich dessen sicher, daß »Wirtschaftsquellen der Welt . . . völlig ausreichen, um ihren Nahrungs- und materiellen Bedarf zu decken. Ihr Bevölkerungswachstum wird die Länder nicht ärmer, sondern im Gegenteil wohlhabender machen und wahrscheinlich sogar ihren intellektuellen, kulturellen und politischen Fortschritt beschleunigen.«[78]

Schon heute wird erkennbar, daß die Bevölkerungspolitik der westlichen Industriestaaten von anderen Daten ausgehen und sich nach anderen Zielpunkten orientieren muß, als die, von denen der Klub von Rom ausgeht. Können sie einen relativen und schließlich absoluten Bevölkerungsrückgang als erstrebenswert ansehen? Wollen sie ihren technisch-zivilisatorischen Leistungsstand nur mit Fremdarbeitern aufrechthalten? Wer soll die Pyramide der wachsenden Sozialleistungen in späteren Jahren tragen, wenn der Unterbau der nachwachsenden Generationen immer schmaler wird? Können sie bei schwindenden Bevölkerungszahlen ihren Wissensstand weiterentwickeln? Und ist nicht auch heute noch Volkskraft identisch mit Verteidigungskraft? Für sie ist der Alarmruf überflüssig, und sie würden sich gefährden, wenn sie ihm folgen wollten.

Tun wir dem Klub von Rom oder den Verfassern des zweiten Berichtes Unrecht, wenn wir sie identifizieren mit den Thesen und Postulaten, die Forrester in seinem ›Weltmodell‹ und Meadows in den ›Grenzen des Wachstums‹ entwickelt haben? Können wir es Pestel und Mesarovic abnehmen, wenn sie sich bemühen, sich von ihren geistigen Vorläufern und deren zahlreichen Mitläufern zu distanzieren? Fraglos haben sie am Prinzip des Weltmodells festgehalten. Sie haben es zwar unterteilt in Regionen, die, anders als das

Weltmodell, jeweils ein geschlosseneres Bild in ihren sozialen und wirtschaftlichen Strukturen bieten. In diesen »Szenarien« verfahren sie aber nach den gleichen Methoden wie Meadows. Sie bemühen sich, den momentanen Zustand möglichst exakt zu ermitteln und von dieser Ausgangslage her über Hochrechnungen den zu einem bestimmten künftigen Zeitpunkt zu erwartenden Status festzulegen. Sie müssen sich also, wie Meadows, den Einwand gefallen lassen, daß bei diesem auf mathematischen Gesetzmäßigkeiten beruhenden Verfahren u. a. die im menschlich-irrationalen Bereich liegenden Faktoren außer Ansatz bleiben und damit den Aussagewert der Hochrechnungsergebnisse in Frage stellen.

Mesarovic und Pestel stellen ihre Art, die Welt zu betrachten, der Weltanschauung der Forresterschüler gegenüber, um darzutun, welche Auswirkungen die Modellstruktur auf die Prognosen der Zukunftsentwicklung hat. Nach Forrester und Meadows kann die Welt als ein einförmiges, homogenes System angesehen werden. Dieses System wird irgendwann um die Mitte des nächsten Jahrhunderts zusammenbrechen, wenn sich in den von ihnen untersuchten Schwerpunktbereichen: Bevölkerungswachstum, Rohstoffverbrauch, Nahrungsmittelerzeugung, Umweltverschmutzung, Schadstoffverbreitung, die bisherigen Trends fortsetzen. Der Zusammenbruch kann nur vermieden werden, wenn das Wirtschaftswachstum möglichst ab sofort verlangsamt wird, und zwar so durchgreifend, daß »der Gleichgewichtszustand des Null-Wachstums in relativ kurzer Zeit, jedenfalls noch innerhalb des nächsten kritischen Jahrhunderts erreicht wird«[79].

Diesen Thesen ihrer Vorläufer, die ihnen zu weit gehen, stellen sie die ihrigen gegenüber. »Die Welt kann realistisch nur als ein System miteinander agierender Regionen betrachtet werden, deren Kulturen, Traditionen, politische und wirtschaftliche Entwicklungen unterschiedlich sind.« Eine homogenisierende Betrachtungsweise – wie die, die Forresters Weltmodell zugrunde liegt – halten sie für »wenig aussagekräftig, ja irreführend«. Deswegen glauben sie nicht an einen allgemeinen Weltkollaps – wie Forrester ihn als Folge der Bevölkerungsexplosion und der Umweltverschmutzung erwartet; statt dessen rechnen sie mit regionalen Zusammenbrüchen, die sich aus unterschiedlichen Gründen und mit unterschiedlichen Erscheinungsformen einstellen werden, auch zu verschiedenen Zeiten, teilweise auch bereits lange vor der Mitte des nächsten Jahrhunderts. Sie treten regional auf. Aber letzten Endes werden sie auch weltweite Folgen haben, weil die nach geographischen Kriterien festgelegten Regionen doch nicht isoliert nebeneinanderstehen, sondern durch viele Zusammenhänge und Wechselwirkungen miteinander verzahnt sind. Deswegen haben Maßnahmen zur Abwendung des Kollaps nur dann einen Sinn, wenn sie global und mit denselben Zielsetzungen erfolgen. Keine Region hat Aussicht, ihre Probleme durch isoliertes Vorgehen zu lösen. Die gesamte Menschheit muß sich zu gemeinsamem Handeln aufraffen. Eine völlige Stagnation des Wachstums – bis zum Null-Wachstum – erscheint nicht erforderlich. Sofern das Notwendige rechtzeitig genug geschieht, ist ein regional unterschiedliches Wachstum, das den wirtschaftlichen und sozialen Gegebenheiten der einzelnen Regionen angepaßt ist, durchaus denkbar. Es ist zugleich die Voraussetzung für die Bewältigung der Weltkrise. »Undifferenzierter Wildwuchs – in den Wachstumsraten – wird die Folge regionaler Katastrophen nur beschleunigen.«[80] Doch zu einem organischen Wachstum wird das Weltsystem nur gelangen, wenn die zwischenstaatlichen Beziehungen neu konstruiert werden, außerdem eine drastische Neuorientierung in den Wert- und Zielvorstellungen der Menschen stattfindet.

Auch Mesarovic und Pestel sehen den letzten Ursprung der Krisen, die in dieser oder jener speziellen Erscheinungsform – Umwelt, Energie – hier und dort aufflackern –, in einer geistigen Krise. »Der Fortschritt in den letzten drei Jahrhunderten wurde bisher danach bewertet, in welchem Maße der Mensch über die Natur triumphieren konnte. Wir haben uns so an diese Erfolgsserie gewöhnt, daß wir die Herrschaft des Menschen über die Natur als selbstverständlich hinnehmen und weitere Siege in dieser Auseinandersetzung nur noch als eine Frage der Zeit ansehen.«[81] Aber – und das ist der Ansatzpunkt einer geistigen Neuorientierung – die Menschheit kann sich nicht damit beruhigen, daß sie auch frühere Krisen überstanden und überwunden hat, und daß sich schließlich auch diesmal alles, was sich jetzt so bedrohlich ansieht, mehr oder weniger von selbst zurechtlaufen wird.

Hier stehen wir vor dem inneren Kern der die Umweltdiskussion beherrschenden Frage, ob die Menschheit dem früheren oder späteren Untergang mehr oder minder zwangsläufig entgegentreibt oder ob sie überleben wird – und was sie selbst tun und unterlassen muß, um die Aussicht des Überlebens nicht zu verspielen.

... denn sie sollen satt werden

Die sprunghafte Zunahme der Weltbevölkerung und insbesondere die Konzentration wachsender Volksmassen in Riesenstädten wirft zahlreiche, noch ungelöste Fragen auf, solche des Städtebaus, des Verkehrswesens, der Sozialhygiene, der Verbrechensbekämpfung u. a. Doch im Hinblick auf die sogenannte Bevölkerungsexplosion als zentrale Position der Umweltbedrohung steht im Vordergrund das Problem, ob und auf welchem Stand eine weiter wachsende Menschenzahl ernährt werden kann. Der kausale Zusammenhang zwischen Bevölkerung und Ernährung ist es, der uns unter umweltpolitischen Aspekten beschäftigt. Wird eine immer weiter wachsende Bevölkerung auf dieser endlichen Erde sich noch ernähren können? Wird die Weltbevölkerung schneller zunehmen als die Welternährung nachzufolgen vermag? Und wird die Menschheit am Hunger zugrunde gehen, weil die Kurven, in denen beide Entwicklungen sich darstellen, immer weiter auseinanderklaffen? Das ist eine uns alle angehende Frage. Für die Philosophie des Unterganges ist sie ein Axiom. Ist es Phantasie oder Realität?
Niemand wird bestreiten, daß es Hunger in der Welt gibt als ständige oder als hin und wieder auftretende Erscheinung. Und es ist nicht anzunehmen, daß es mittels ökonomischer oder caritativer Maßnahmen in absehbarer Zeit gelingen könnte, die uralte Menschengeißel Hunger aus der Welt zu schaffen. Aber es gibt auch einen potentiellen Hunger, nämlich dann, wenn die Annahmen über ein wachsendes Mißverhältnis zwischen Bevölkerungsexpansion und Nahrungsmittelproduktion sich als zutreffend erweisen sollten.

Für Dennis Meadows ist das eine ausgemachte Sache. Seine These, daß es immer schwieriger werden wird, eine zunehmende Weltbevölkerung ausreichend zu ernähren, baut er auf Berechnungen über den Umfang der insgesamt zur Verfügung stehenden landwirtschaftlichen Nutzfläche auf. Seine Rechnung ist einfach. Es gibt auf der Erde etwa 3,2 Milliarden Hektar, die landwirtschaftlich genutzt werden könnten. Rund die Hälfte dieser Fläche wird bereits genutzt. Will oder muß man auch die zweite Hälfte mobilisieren – durch Rodungen, Be- oder Entwässerung –, so erfordert das einen Kostenaufwand von etwa 1050 Dollar je Hektar in unbesiedelten Gebieten – was eine minimale Investition wäre, wenn allein damit die Welt vor dem Verhungern bewahrt werden könnte. Bei dem gegenwärtigen Produktionsstand benötigt nach Meadows der Mensch 0,4 ha Nutzfläche für seine Ernährung. Der Landbedarf wächst also mit der Bevölkerung. Unter der für Meadows offenbar selbstverständlichen Voraussetzung, daß die Weltbevölkerung »sich entsprechend der gegenwärtigen Wachstumsrate weiter vermehrt«[82], kommt er auf einen »hochgerechneten« Bedarf an Kulturland, der sich im Jahre 2050 auf nahezu 5 Milliarden Hektar belaufen würde. Aber das ist noch nicht alles. Zu gleicher Zeit nimmt, wie er meint, das gegenwärtig genutzte Kulturland ab. Die Linien der tatsächlichen und der benötigten Nutzflächen laufen gegeneinander, und zwar deshalb, »weil jede zusätzliche Person auf der Erde eine bestimmte Landfläche . . . zum Leben benötigt, um zu wohnen, als Straßenfläche, um den Abfall zu beseitigen«. Auch dafür hat Meadows eine genaue Berechnung zur Hand. Dieser Bedarf beläuft sich auf 0,08 ha je Kopf, wobei auch hier unterstellt wird, daß das Bevölkerungswachstum nach der Hochrechnung vor sich geht. Und es versteht sich von selbst, daß alle Siedlungen und Straßen überall in der Welt auf landwirtschaftlich genutztem Kulturland errichtet werden. Allerdings räumt Meadwos ein, daß »die menschliche Gesellschaft bei weiter anhaltendem Wachstum nicht schlagartig vor den katastrophalen Zustand gestellt sein wird, nicht mehr genügend Land für die Bevölkerung auftreiben zu können«. Aber Krisensymptome, die auf diesen Zustand hindeuten, werden sich schon vorher bemerkbar machen. Die Lebensmittelpreise werden steigen. Die armen Leute werden sich mit minderwertiger Nahrung begnü-

gen müssen. Dadurch sinkt der Bedarf an Kulturland. Trotzdem müssen zehn oder zwanzig Millionen Menschen jährlich verhungern oder sterben an Folgen der Unterernährung.
Besonders diese Rechnung über die Mindestfläche, die zur Ernährung eines Menschen benötigt wird – ein zentraler Punkt in der Beweisführung des Klubs von Rom über das auseinanderklaffende Mißverhältnis zwischen Bevölkerungszunahme und Nahrungsgütererzeugung –, ist es, die Colin Clark so in Harnisch bringt. In einem Vortrag vor der Arbeitsgemeinschaft christlicher Unternehmer in Köln am 14. Mai 1975 hat er die Thesen des Klubs von Rom schlichtweg als lächerlich bezeichnet. Auch für ihn bedeutet, wie wir gesehen haben, ein Mehr an Bevölkerung immer noch ein Mehr an Volksvermögen, zumal mit Sicherheit davon ausgegangen werden könne, daß die Lebensmittelerzeugung dem Bevölkerungszuwachs immer um einige Schritte voraus sein werde[83].
Auch die Rechnung, die Fritz Baade, ein Land- und Ernährungswissenschaftler von unbestrittener Autorität, aufstellt, sieht ganz anders aus als die von Meadows. Ihre wichtigsten Faktoren sind die mögliche Ausdehnung der landwirtschaftlichen Nutzfläche, die auch Meadows, allerdings in einem bescheidenerem Rahmen, ins Auge faßt, dann aber vor allem die mögliche Steigerung der Hektarerträge, die durch intensivere Bodenbearbeitung, ausgedehnte Bewässerung, verbesserte Pflanzenernährung in Verbindung mit hochwertigem Saatgut und durch gezielte Schädlingsbekämpfung erzielt werden kann. Die in den Weltmeeren enthaltenen Nahrungsreserven läßt Baade außer Betracht.
Anders als Meadows geht Baade nicht von einer Mindestfläche aus, die für die Ernährung eines Menschen erforderlich ist, weil die Flächenerträge von Land zu Land außerordentlich verschieden sind und auch bei allgemeiner Verbesserung der Landbautechnik in den zur Zeit noch rückständigen Ländern auf absehbare Frist verschieden bleiben werden. Baade legt den in Getreidewerten ausgedrückten Nahrungsbedarf des normal ernährten Menschen zugrunde. Er setzt ihn mit 0,5 t je Kopf und Jahr ein, die Menge, die gegenwärtig in der Bundesrepublik für die Volksernährung zur Verfügung steht; in den Vereinigten Staaten, mit dem wohl besternährten Volk der Welt und vergleichsweise verschwenderischen Konsumgewohnhei-

ten, beläuft sie sich auf 0,8 t. Er unterstellt ferner, daß die derzeitige landwirtschaftliche Nutzfläche in der Welt – 3,3 Milliarden Hektar Acker-, Garten- und Plantagenfläche und 2,4 Milliarden Hektar Wiesen und Weiden – durch Umbruch von Weideland und Neukulturen auf 4 Milliarden Hektar Acker- und 2 Milliarden Hektar Grün- bzw. Weideland gesteigert werden könnte. Ebenso hoch bewertet er die Möglichkeit, einen Teil der tropischen Wälder und Dschungel in Ackerland zu verwandeln. Als Beispiel verweist er darauf, daß auf Java innerhalb von dreißig Jahren die Reisanbaufläche von 2,1 auf 3,4 Millionen Hektar ausgeweitet werden konnte, und zwar fast ausschließlich durch Kultivierung von Urwäldern. Dabei hat er aber wohl übersehen, daß die Rodung der tropischen Regenwälder in großem Stil folgenschwere Störungen des Großklimas nach sich ziehen könnte. Hinzu kommt, daß die Möglichkeiten, die Kulturlandfläche zu Lasten von Wüsten, Urwäldern und Feuchtgebieten auszudehnen, auch dann mit Zurückhaltung betrachtet werden muß, wenn die technischen und die wirtschaftlichen Voraussetzungen an sich gegeben sind. Auch Fritz Baade hat solche Vorbehalte angemeldet. Er hat erkannt, daß Wüsten, selbst wenn sie in früheren Zeiten fruchtbares Land gewesen sind, nicht einfach durch reichliche Bewässerung in Kulturland zurückverwandelt werden können: Außerdem muß in Rechnung gestellt werden, daß die Menschen den sogenannten technischen Fortschritt nicht mehr unbesehen hinnehmen und als absoluten Wert einschätzen, vielmehr – worüber später mehr gesagt werden soll – voller Skepsis seine Kehrseite zu erkennen suchen.
Während Meadows zwar ebenfalls von einer gewissen Ausdehnung der nutzbaren Flächen ausgeht, jedoch die Ernteerträge als eine im wesentlichen unveränderliche, statische Größe betrachtet, erwartet Baade besonders viel von der Steigerung der Hektarerträge. Dabei stützt er sich ausschließlich auf die klassischen Methoden der Ertragsverbesserung und läßt wichtige und realistische Möglichkeiten außer Ansatz, wie z. B. die Herbeiführung von ertragsteigernden Mutationen bei Kulturpflanzen durch Anwendung von Iosotopen, durch den Einsatz von atomarer Energie bei der Bodenbearbeitung – Kultivierungen, Terrassierungen, große Erdbewegungen, Umleitung von Flußläufen usw. – und ebenso alle synthetischen Verfah-

ren der Nahrungsgütererzeugung – Gewinnung von Kohlehydraten, Fetten und Eiweiß. Um so mehr erhofft er von einer rationellen Bodenbearbeitung und von intensiver Düngung, wobei er der Zuführung von Stickstoff besondere Bedeutung beimißt. Die Beschaffung der nötigen Mengen an Handelsdünger ist für ihn kein Problem mehr, auch für Entwicklungsländer nicht, sofern sie nur über Wasserkraft verfügen, die die Gewinnung von Stickstoff im hydro-elektrischen Verfahren ermöglicht. Des weiteren können die Hektarerträge durch Verwendung von hochwertigem Saatgut wesentlich gesteigert werden, vor allem aber durch ausgedehnte, technisch richtig angelegte Bewässerungssysteme, die Wüsten- und Steppengebiete auch für eine ertragreiche Ackerwirtschaft erschließen können.

Baade hat ausgerechnet, daß von den schätzungsweise 160 Millionen Hektar bewässerten Flächen rund 136 Millionen Hektar in hochentwickelten Ländern liegen und daß nur knapp 5 v. H. der jährlich anfallenden Regenmenge für landwirtschaftliche Bewässerungsvorhaben nutzbar gemacht werden. Daraus zieht er den Schluß, daß in vielen unterentwickelten Ländern noch riesige Produktionsreserven liegen, die in relativ kurzer Zeit erschlossen werden können, wenn die Regierungen und die Bauern dieser Länder dazu gebracht werden können, die großen Ströme zu bändigen, d. h. die alljährlich auftretenden Hochwasserkatastrophen zu verhindern, und ihr Wasser für ein richtig angelegtes Bewässerungssystem zu erfassen. Er vergleicht den Nil mit dem Euphrat, Ägypten mit dem Irak, beides Länder, die in der Urzeit zu den fruchtbarsten Gebieten der damals bekannten Welt zählten. Im Zweistromland ist die Bewässerungstechnik der Babylonier und Assyrer verfallen und in Vergessenheit geraten, in Ägypten ist sie erhalten geblieben und weiterentwickelt worden, mit dem Resultat, daß auf den versalzten Böden des Zweistromlandes nur jedes zweite Jahr bestellt und geerntet werden kann, am Nil jedoch zweimal im Jahr, mit Ernteerträgen, die das Dreifache der im Irak erreichten ausmachen. Der Nutzeffekt des Nilwassers ist zweimal so groß wie zur Zeit der des Euphratwassers. Aber das ist kein Zustand, der nicht in einer für die Welternährungslage relevanten Frist geändert werden könnte[84].

In ähnlichem Umfange können Produktionsreserven mobilisiert

werden durch intensive Düngung, die dem Boden die Nährstoffe zurückgibt, die die Pflanzen ihnen entziehen. Dies gilt insbesondere für die Länder, in denen nicht einmal der wenige anfallende Stallmist zur Düngung verwendet wird. Wir haben in beiden Weltkriegen erlebt, wie die Erträge selbst einer hochleistungsfähigen Landwirtschaft schlagartig absanken, als die üblichen Stickstoffgaben nicht mehr verabreicht werden konnten, aber in wenigen Jahren schon die Vorkriegsergebnisse um die Hälfte überstiegen, als die Stickstoffdüngung um die gleiche Menge gesteigert werden konnte. Dieser enge Zusammenhang zwischen Hektarerträgen und Pflanzenernährung ist eine allgemeine Erscheinung. Eine Studie der Organisation für Ernährung und Landwirtschaft der Vereinten Nationen zeigt diese Relation am Beispiel der Reiserträge in Taiwan. Sie beliefen sich auf 2600 kg je ha bei einer Stickstoff-Kali-Düngung von 120 kg je ha, sanken in den ersten Nachkriegsjahren auf 1800 kg bei 20 kg Dünger und stiegen auf 3000 kg, als eine Düngergabe von 160 kg ermöglicht werden konnte[85].

Baade kommentiert diese Feststellung so: »Zwei Erkenntnisse können wir als absolut gesichert buchen. Erstens, wir können Pflanzenernährung in jedem erforderlichen Umfang und höchstwahrscheinlich, mindestens was den Stickstoff angeht, zu sinkenden Produktionskosten herstellen. Zweitens, wir können mit ausreichender Ernährung der Pflanzen Erträge erzielen, die einen entscheidenden Sieg über den Hunger gewährleisten.«[86]

Um diese Möglichkeiten ausschöpfen zu können, ist es allerdings notwendig, die Bauern gerade in den rückständigen Gebieten mit den entsprechenden Kenntnissen auszustatten. Baade sieht einen Zusammenhang nicht nur zwischen Hektarerträgen und Pflanzenernährung, sondern ebenfalls zwischen dem Verbrauch an Pflanzennährstoffen und dem Bildungsniveau. Der Düngerverbrauch – und demgemäß die Ertragsleistung – ist dort am geringsten, wo die meisten Bauern noch Analphabeten sind. »In Japan«, so Baades Beobachtungen, »betragen die Reiserträge mehr als 40 Doppelzentner je Hektar.« Der japanische Verbrauch an Handelsdünger übertrifft mit 100 kg Reinstickstoff je Hektar den Höchstverbrauch in europäischen Ländern, und das Analphabetentum ist in Japan fast völlig ausgerottet. In China betrugen vor wenigen Jahren die Reiserträge etwa die Hälfte der japanischen. Der Handelsdüngerverbrauch war bescheiden. Die Hälfte der Bevölkerung waren Analphabeten. In Indien, Indonesien und Burma liegen die Reiserträge bei einem Viertel der japanischen. Der Handelsdüngerverbrauch ist fast gleich Null, und auf den Dörfern sind etwa 80 v. H. der Erwachsenen des Lesens und Schreibens unkundig.«[87] Was die Verwendung von hochwertigem Saatgut und die daraus resultierende Ertragsteigerung angeht, wird man wohl den gleichen Zusammenhang unterstellen dürfen.

Paradebeispiele für Fritz Baades These, daß eine zielbewußte Agrarpolitik, insbesondere wenn sie durch eine korrespondierende Bildungspolitik ergänzt wird, durchaus in der Lage ist, den von der Natur stiefmütterlich behandelten Ländern zum Wohlstand zu verhelfen, das Gespenst des Hungers zu bannen und auch eine expandierende Bevölkerung auskömmlich zu ernähren, sind Griechenland, Spanien und Mexiko.

Griechenland hat im Zweiten Weltkrieg eine regelrechte Hungersnot durchmachen müssen. Die Erträge der Landwirtschaft sanken auf 60 v. H., die der für das Land besonders wichtigen Fischerei auf 25 v. H. des Vorkriegsstandes. Am Ende des Krieges und des Bürgerkrieges bestand allein bei Weizen ein Zuschußbedarf von 1 Million Tonnen. Auslandshilfen und eigene Anstrengungen haben in erstaunlich kurzer Zeit einen tiefgreifenden Wandel herbeigeführt. Die Weizenproduktion konnte innerhalb eines Jahrzehnts nahezu verdoppelt werden. Die Hektarerträge erreichten allerdings mit 15 Doppelzentnern nur knapp die Hälfte der in Mitteleuropa erzielten Ernten. Hier liegen also noch bedeutende Produktionsreserven. Die Erzeugung von Baumwolle konnte verdreifacht, die von Obst und Gemüse vervierfacht werden. Damit leistete die Landwirtschaft einen wichtigen Beitrag nicht nur zur Ernährung der eigenen Bevölkerung, die von Auslandsbezügen unabhängig wurde, sondern auch zur Verbesserung der Rohstoffversorgung der Industrie, und zum Ausgleich der Außenhandelsbilanz. Diese auch für die Gesamtwirtschaft des Landes so bedeutungsvollen Erfolge wurden erreicht durch konsequente Ausschöpfung der von Fritz Baade immer wieder hervorgehobenen agrarkulturtechnischen Möglichkeiten: durch Verwendung leistungsfähigeren Saatgutes, durch bessere

Bodenbearbeitung, durch planmäßige Schädlingsbekämpfung sowie durch vermehrte Düngung, nicht zuletzt aber durch großzügige Bewässerungsmaßnahmen; die bewässerte Fläche wurde in knapp fünfzehn Jahren von 340 000 Hektar auf rund 800 000 Hektar erweitert. Ihren stark angestiegenen Stickstoffbedarf können die Griechen inzwischen durch eigene Erzeugung decken. Der Mineraldüngerverbrauch ist seit Kriegsende auf das Vierfache gestiegen. »Damit hat Griechenland von demjenigen Instrument tatkräftig Gebrauch gemacht, das wie kein anderes geeignet ist, als Bundesgenosse im Weltkampf gegen den Hunger zu dienen.«[88] Baade errechnet die Steigerung des realen landwirtschaftlichen Produktionsvolumens der griechischen Landwirtschaft auf rund 240 v. H. innerhalb von 15 Jahren. Mit weiterem Ansteigen kann gerechnet werden. Für unsere Betrachtung wesentlich ist die Tatsache, daß die Nahrungsgütererzeugung in diesem Lande, das vor 25 Jahren noch als Entwicklungsland galt, offensichtlich weit schneller wächst als die Bevölkerungszahl.
Ein weiteres Land, das den Kampf gegen den Hunger in einer für alle Kenner der Verhältnisse überraschenden Weise gewonnen hat, ist Spanien, und zwar durch das Zusammenwirken von Auslandshilfen und Eigenleistungen. Die letzteren bestehen in der Ausdehnung der landwirtschaftlichen Nutzfläche und in der Steigerung der Flächenerträge. So konnte die Maiserzeugung innerhalb von zehn Jahren verdoppelt, die Weizenernte um die Hälfte gesteigert werden. Die Mittel, mit denen diese Ergebnisse erzielt wurden, sind die gleichen wie in Griechenland: verbesserte Bodenbearbeitung, intensive Düngung und Schädlingsbekämpfung, ertragreiches Saatgut. Aber auch in Spanien hat der rationelle Ausbau der Bewässerung den entscheidenden Anteil an der Steigerung der Ertragskraft der Landwirtschaft, die auch hier wesentlich zur Verbesserung der volkswirtschaftlichen Gesamtleistung beigetragen hat. Spanien hat mehr als 200 Staudämme gebaut, die neben der Elektrizitätsgewinnung in erster Linie für die Zwecke der Landwirtschaft bestimmt sind. Besonders fortschrittliche Methoden wurden in der Bewässerungstechnik entwickelt. Baade spricht von einer »integralen« Bewässerung, d. h. einer solchen, bei der alle Faktoren zum richtigen Zusammenklang gebracht worden sind und nicht nur die jahreszeit-

lichen Schwankungen in der Wasserführung der Flüsse ausgeglichen werden, sondern auch die zwischen trockenen und regenreichen Jahren. Auch hier sind die Möglichkeiten zur Steigerung der landwirtschaftlichen Produktion noch keineswegs erschöpft.
Um die Behauptung zu erhärten, daß auch eine wachsende Weltbevölkerung ausreichend ernährt werden kann, sofern nur alle Anstrengungen unternommen werden, um die sich anbietenden Möglichkeiten wahrzunehmen, ist die Entwicklung der Landwirtschaft und von ihr ausgehend der Gesamtwirtschaft in Mexiko besonders eindrucksvoll und beweiskräftig. Sie ist es vor allem deshalb, weil Mexiko als ein Musterbeispiel für eine Bevölkerungsexplosion gelten kann. Während in Griechenland und in Spanien der jährliche Bevölkerungszuwachs bei etwa 1 v. H. liegt und es daher verhältnismäßig leicht war, die Nahrungsmittelerzeugung schneller ansteigen zu lassen als die Bevölkerungszahl, hat sich die Bevölkerung Mexikos innerhalb des Menschenalters von 1930 bis 1960 mehr als verdoppelt. Die Gründe für dieses expansive Wachstum sind die gleichen, die heute in fast allen Entwicklungsländern anzutreffen sind: bei einer etwa gleichbleibend hohen Geburtenrate – 43 je 1000 – ist die Sterberate, besonders die Kindersterblichkeit, infolge zunehmend verbesserter hygienischer Bedingungen rapide und fortlaufend gesunken. Die Erträge der Landwirtschaft konnten mit diesem Wachstum zunächst nicht Schritt halten. Noch Anfang der fünfziger Jahre mußte ein erheblicher Teil des Weizenbedarfs eingeführt werden. Aber das hat sich von Grund auf geändert. In knapp 20 Jahren ist aus einem Einfuhr- ein Ausfuhrland geworden. Diese Wandlung beruht sowohl auf einer noch anhaltenden Ausdehnung der landwirtschaftlichen Nutzfläche als auf einer erheblichen Steigerung der Hektarerträge, die wiederum durch verbessertes Saatgut, reichliche Düngung, planmäßige Schädlingsbekämpfung und intensive Bewässerung erreicht wurde. In Mexiko kamen noch hinzu die günstigen Auswirkungen einer bereits mit der Revolution von 1910 eingeleiteten Bodenreform, die vor allem deswegen zur Ertragssteigerung erheblich beitrug, weil sie begleitet war von einer umfassenden Ausgestaltung des ländlichen Bildungswesens und der landwirtschaftlichen Berufsausbildung.
Die physischen wie die geistigen Voraussetzungen für eine weitere

Steigerung der landwirtschaftlichen Produktivität sind offenbar gegeben. Sie liegen einmal in dem auch von den Nachbarländern anerkannten hohen Leistungsniveau der mexikanischen Bauern, sodann in den großen Reserven an noch nicht erschlossenen kulturfähigen Ländereien. Es wird angenommen, daß die schon jetzt beachtlichen Hektarerträge noch verdoppelt werden können. Das bebaute Land, das noch 1950 mit 14,6 Millionen Hektar geschätzt worden war, dürfte nach heutigen Erkenntnissen sich auf etwa 20 Millionen Hektar belaufen, wovon erst rund 11 Millionen Hektar bislang in Benutzung genommen worden sind. Das ist fast das Doppelte der 1950 genutzten Kulturfläche. Für die mexikanische Regierung besteht mithin kein Anlaß, sich Sorgen darüber zu machen, ob und wie eine weiter wachsende Bevölkerung ernährt werden könnte, oder Maßnahmen zur Geburtenkontrolle zu ergreifen. Die Aussicht, daß sich die 1930 rund 35 Millionen starke Bevölkerung bis zum Ende der siebziger Jahre verdoppeln könnte, wird offenbar mit Fassung hingenommen. Daß die Steigerung der Agrarproduktion Mexiko nicht nur zu einem Agrarexportland gemacht und, mehr noch, zu einer für lateinamerikanische Verhältnisse ungewöhnlichen wirtschaftlichen und politischen Stabilität beigetragen hat, sei am Rande vermerkt.

Wenn Fritz Baade so großen Wert darauf legt, die beispielhaften landwirtschaftlichen Leistungen dieser drei Länder herauszustellen, die sich in wenigen Jahrzehnten und unter ungünstigen natürlichen und gesamtwirtschaftlichen Voraussetzungen eine gesunde Ernährungsbasis geschaffen haben, dann heißt das keineswegs, daß er damit alle Welternährungsprobleme bereits als gelöst betrachten würde. Der innere Zusammenhang zwischen Weltbevölkerung und Welternährung steht ihm ständig vor Augen und ist das eigentliche Leitmotiv der drei Werke, die sich mit der Frage befassen, wie eine in diesen oder jenen Raten wachsende Bevölkerung vor dem Hunger bewahrt werden könnte. Gründliche Kenntnisse der Verhältnisse in den wichtigsten Entwicklungsländern bewahren ihn auch vor dem Trugschluß, daß das, was in Griechenland, Spanien und Mexiko, immerhin in jahrzehntelangen Anstrengungen, möglich gemacht worden ist, ohne weiteres und in kürzerer Zeit auf andere landwirtschaftlich rückständige und von Hungerkatastrophen bedrohte Länder wie etwa Pakistan oder Bangladesch übertragen werden könnte. Er ist sich darüber im klaren, daß es viel Zeit und Geduld erfordern wird, bis in diesen – und anderen ähnlich strukturierten Ländern – die geistigen, technischen, administrativen und fiskalischen Voraussetzungen für eine mit der Bevölkerungszunahme Schritt haltende Agrarproduktion geschaffen sein werden. Aber er sieht doch Wege, die für alle gangbar sind und früher oder später zum Ziele führen müßten, wenn sie nur ernsthaft beschritten werden. Er erkennt auch den Wettlauf zwischen Menschen und Brot, allerdings ohne von vornherein davon auszugehen, daß der Hunger ihn gewinnen wird. Das Gegenteil hält er für gesichert, einmal, weil er davon überzeugt ist, daß die Weltnahrungsmittelerzeugung innerhalb der zur Verfügung stehenden Frist auf den notwendigen Stand gebracht werden kann, zum anderen, weil er nicht an die unheilverkündenden Prognosen der pessimistischen Demographen glaubt. Seine Arbeiten sind eine leidenschaftliche Absage an Malthus, den Kronzeugen des Klubs von Rom.

Malthus hat um die Wende des 18. zum 19. Jahrhundert geschrieben[89], ein Mensch, der in einem überbevölkerten Lande geboren werde, sei überflüssig in der Gesellschaft; es gäbe für ihn »kein Gedeck an dem großen Gastmahl der Natur«. Baade bezeichnet diese Ansicht schlicht als eine Irrlehre[90], und zwar im Hinblick auf die Entwicklung in Großbritannien selbst. »Als Malthus die . . . pessimistischen Worte schrieb, hatten England und Wales eine Bevölkerung von 8,9 Millionen Menschen, und der jährliche Bevölkerungszuwachs, der ihm so große Sorge machte, betrug knapp 130 000 Menschen. Einhundert Jahre später war die Bevölkerung auf 33,9 Millionen, der jährliche Bevölkerungszuwachs auf 350 000 Menschen angewachsen. Aber es gab immer noch für jeden in diesem »übervölkerten« England geborenen Menschen ein »Gedeck an dem großen Gastmahl der Natur«, und dieses Gedeck war unvergleichlich viel reichlicher als das der Engländer im Jahre 1803. Der Engländer des Jahres 1903 hatte viermal soviel Zucker, dreimal soviel Fett und zweimal soviel Fleisch wie der Engländer zur Zeit von Malthus. Vor allem aber hatte sich die Ernährung derjenigen Schichten der Bevölkerung ganz besonders stark verbessert, deren »ungezügelter« Bevölkerungszuwachs das Hauptärgernis für

Malthus gewesen war, nämlich der großen Masse der Arbeiter. Der Tisch des englischen Arbeiters im Jahre 1903 war buchstäblich ein »Gedeck an dem großen Gastmahl der Natur«. Alle Klimazonen der Erde trugen dazu bei, diesen Tisch reichlich mit Speisen und Genußmitteln zu versehen: mit Brot aus kanadischem Weizen, mit Butter aus Neuseeland, mit Frühstücksspeck und Eiern aus Dänemark, mit Tee aus Indien, Zucker aus Kuba und mit Früchten aus der ganzen Welt. Und diese Lieferungen an Großbritannien waren möglich, ohne daß die Bevölkerung der exportierenden Gebiete schlechter als vorher ernährt wurde; im Gegenteil, die Menschen, die diese Überschüsse produzierten, aßen selbst zum mindesten etwas besser als hundert Jahre zuvor.«[91]

Für die hochentwickelten europäischen Industrieländer wie für bisherige Agrarländer, die zunehmend in die Industrialisierung hineinwachsen, ist die Umkehrung des Malthus'schen Gesetzes längst erwiesen. Spätestens in der Periode zwischen den beiden Weltkriegen ist der Bevölkerungszuwachs hinter der Nahrungsmittelproduktion zurückgeblieben. Die landwirtschaftliche Erzeugung ist laufend gesteigert worden. Gleichzeitig ist in einer gegenläufigen Entwicklung das Bevölkerungswachstum zurückgegangen, und zwar eindeutig als Folge zunehmenden Wohlstandes auch in den breiten Massen der modernen Industriegesellschaft. So sind in fast allen europäischen Ländern die Bevölkerungszahlen infolge des Rückgangs der Geburtenhäufigkeit hinter den Vorausberechnungen zurückgeblieben; in einigen Ländern sind sie bereits leicht rückläufig.

Ebenso nachdrücklich wie gegen die durch den Gang der Ereignisse längst widerlegten These von Malthus wendet sich Fritz Baade gegen die Annahme, daß die landwirtschaftliche Erzeugung jedenfalls in den hochentwickelten Ländern einen Höchststand erreicht habe, der nicht mehr wesentlich gesteigert werden könne. Er sieht überall in der Welt noch beträchtliche Produktionsreserven, und er glaubt an eine ökonomische Gesetzmäßigkeit, die zunächst in Europa, schließlich aber auch in allen anderen Ländern eine fortlaufende Produktionssteigerung in der Landwirtschaft geradezu herbeizwingt. Seine Auffassungen legt er in acht »Grunderkenntnissen« dar[92].

Die erste und wichtigste besagt, daß die Ernährungsgrundlage der europäischen Wirtschaft nicht gleich bleibt, sondern sich ständig entwickelt und erweitert, und zwar dynamisch und mit großer Kraft. Das sie bewegende Element ist das vitale Interesse der Bauern an unausgesetzter Produktionssteigerung, ohne die sie die wachsenden Kosten für die Technisierung ihrer Betriebe nicht aufbringen können. Diese Produktionssteigerung, die die Kaufkraft der Bauern erhöht, liegt auch im Interesse der städtischen Industriearbeiter, die sich von einer rationell betriebenen Landwirtschaft billigere und bessere Nahrungsgüter versprechen, und sodann wegen der Wechselwirkungen zwischen einer mechanisierten Landwirtschaft und der sie beliefernden Industrie. Zur Steigerung der Erzeugung bedarf es nicht einmal einer Vergrößerung der Anbaufläche. Was die landwirtschaftliche Nutzfläche angeht, hat Europa keinen Raummangel. Eine Überbevölkerung, die aus den von ihr bewohnten Gebieten nicht ernährt werden könnte, besteht nach Baade nicht. Fortschritte der Landbautechnik und der Tierhaltung ermöglichen es, die Produktion auch einer wachsenden Nachfrage anzupassen, was bei gleichbleibenden oder absinkenden Bevölkerungszahlen keine Schwierigkeiten bedeutet. – Daß in der Europäischen Gemeinschaft fortlaufend die Agrarerzeugung den eigenen Bedarf übersteigt und nicht Mangel, sondern Überfluß das beherrschende Problem des gemeinsamen Agrarmarktes darstellt, bestätigt die Richtigkeit dieser Aussage. – In Europa muß eine Agrarpolitik betrieben werden, die nicht ihr Ziel darin sieht, möglichst viele Menschen auf dem Lande und in der Landwirtschaft festzuhalten, etwa in der Form der Siedlung im klassischen Sinne. Die Landwirtschaft muß konsequent nach ökonomischen Grundsätzen betrieben werden. Möglichst wenige Menschen müssen ein Höchstmaß an Produktion erzielen. Der auf dem Lande anfallende Bevölkerungsüberschuß muß in nicht-landwirtschaftlichen Berufen untergebracht werden – eine These, die in den meisten Entwicklungsländern kaum in dieser Konsequenz praktiziert werden kann. Es ist auch durchaus denkbar, daß man in manchen Ländern den entgegengesetzten Weg gehen muß, nämlich den Zustrom wurzellosen Landproletariats in die aus dem Boden schießenden Riesenstädte abfangen, indem man Landarbeitern und Kleinbauern zu eigenen Betrieben von hinreichender Größe verhilft, z. B. über großangelegte Bodenreformmaßnahmen, wie sie im Iran erfolgreich durchgeführt worden sind.

Baades Thesen treffen aber auch für die westlichen Länder nur mit Einschränkungen zu. So ist die der Landwirtschaft immer wieder vorgehaltene Empfehlung, sie müsse im Zuge der Rationalisierung immer noch mehr Arbeitskräfte freisetzen, die in lohnendere industrielle Beschäftigungen abwandern könnten, in dem Augenblick gegenstandslos geworden, als die Rezession und mit ihr Arbeitslosigkeit und Kurzarbeit besonders im Bereich der Industrie einsetzte.

Wollten wir Fritz Baade einen Platz zuweisen in der durch den Klub von Rom und andere ausgelösten Diskussion über das Problem der Welternährung, über die Frage, ob die Welt einer Hungerkatastrophe entgegentreibt, so wäre es der eines gedämpften Optimisten. Er kennt die am meisten vom Hunger bedrohten Länder wahrscheinlich gründlicher als manche der Autoren von Explosionsprognosen und weiß, daß Berge von Unkenntnis, Uneinsichtigkeit und Indolenz versetzt werden müssen, ehe die Ernährung einer wachsenden und vielleicht auch anspruchsvoller werdenden Bevölkerung langfristig gesichert ist. Aber sein Glaube an den Selbstbehauptungswillen auch der gefährdeten Völker und ihrer Regierungen ist groß genug, um diese Berge zu versetzen. In dieser seiner Zuversicht stützt er sich auf John F. Kennedy, der als Präsident der Vereinigten Staaten von Amerika bei der Eröffnung des Welternährungskongresses der Vereinten Nationen 1963 gesagt hat, der Kampf gegen den Hunger in der Welt sei »ein wirklicher Befreiungskrieg der Menschheit. Es gibt auf der Erde keinen Kampf, der wichtiger und ehrenvoller ist als dieser.« Nach Kennedy besitzen wir die »Fähigkeit, die Mittel und die Kapazität, den Hunger in der Welt verschwinden zu lassen. Was wir brauchen, ist nur der feste Wille. Der Kampf kann gewonnen werden, und er muß gewonnen werden, wenn nicht im nächsten Jahrzehnt, so zumindest noch zu Lebzeiten der gegenwärtigen Generation.«[93]

Mit welchem Erfolg auch solche Länder, deren Agrarwirtschaft als rückständig gilt, bemüht sind, ihre Nahrungsmittelerzeugung mit dem Bevölkerungswachstum in Einklang zu bringen, zeigt die nachstehende Tabelle, die auf Berechnungen der Food and Agriculture Organisation der Vereinten Nationen und des Bundesministeriums für Ernährung, Landwirtschaft und Forsten beruht:

Entwicklung von Nahrungsmittelerzeugung und Bevölkerung in ausgew. Ländern

	Steigerung der Nahrungsmittelerzeugung		Bevölkerungszunahme	
	Prozent 1971–73 gegen 1961–65		Prozent 1972 gegen 1961–65	
	insges.	jährlich	insges.	jährlich
Libyen	+ 40,0	+ 3,8	+ 36,8	+ 3,5
Republik Korea	+ 32,2	+ 3,2	+ 25,3	+ 2,5
Mexiko	+ 39,7	+ 3,8	+ 36, 1	+ 3,5
Venezuela	+ 52,3	+ 4,8	+ 33,3	+ 3,2
Brasilien	+ 43,7	+ 4,1	+ 29,2	+ 2,9
Thailand	+ 33,0	+ 3,2	+ 33,4	+ 3,3
Zypern	+ 78,7	+ 6,7	+ 8,2	+ 0,9
VAR	+ 33,0	+ 3,2	+ 28,3	+ 2,8
Ceylon	+ 15,0	+ 1,6	+ 24,2	+ 2,4
Äthiopien	+ 24,3	+ 2,4	+ 19,4	+ 2,0
Iran	+ 37,7	+ 3,6	+ 28,6	+ 2,8
Burma	+ 9,7	+ 1,0	+ 22,4	+ 2,3
Tunesien	+ 43,3	+ 4,1	+ 25,8	+ 2,6
Pakistan	+ 49,3	+ 4,6	+ 31,1	+ 3,1
Indien	+ 22,7	+ 2,3	+ 21,2	+ 2,2

Quelle: FAO

Sie zeigt, daß in allen aufgeführten Ländern, mit Ausnahme von Burma und in etwa noch von Thailand, die gesteckten Ziele bereits 1972 erreicht worden waren.

Selbst in Indien ist eine überraschende Wandlung zum Positiven eingetreten, überraschend deswegen, weil die Verhältnisse in diesem volkreichen Subkontinent als Musterbeispiel für die hoffnungslose Diskrepanz zwischen Bevölkerungswachstum und Ernährungssicherung und im übrigen als prototypisch für ganz Südasien angesehen wurden. Auch Fritz Baade, so zuversichtlich er die Entwicklung der Welternährungslage betrachtete, beurteilte die Lage in Indien mit deutlicher Skepsis. Er traute der indischen Verwaltung nicht zu, die Bevölkerungslawine zum Stehen zu bringen, noch hielt er sie für fähig, die Nahrungsgütererzeugung einer wachsenden Bevölkerung anzupassen. Noch für 1964 stellte er ein Nahrungsdefizit fest.

Gute Voraussetzungen – Nutzbarmachung der Wasserkräfte, verbessertes Saatgut, gesteigerte Düngergaben –, diese Faktoren, die in anderen Ländern so bemerkenswerte Ergebnisse gebracht haben, seien nicht ausreichend genutzt worden. In drei Fünfjahresplänen sind nach seiner damaligen Ansicht nicht einmal die sehr niedrig angesetzten Ziele erreicht worden, zum großen Teil aus Gründen, die Baades Unmut erregen: eine ungesunde Agrarstruktur, der Kastengeist, der es Eigentümern landwirtschaftlicher Betriebe, sofern sie bestimmten Kasten angehören, verbietet, körperliche Arbeit zu verrichten, die 80 Millionen heiligen Kühe, die weder gemolken noch geschlachtet werden und den übrigen 200 Millionen Nutztieren das ohnehin knappe Futter wegfressen, die Dorfgemeinschaftsprogramme mit Vorhaben, die für die Steigerung der Flächenerträge nutzlos sind usw. Für Baade steht es noch im Jahre 1964 fest, daß die indische Bevölkerung nach wie vor wesentlich rascher wächst als die Nahrungsmittelproduktion. Anderslautende Berichte indischer Stellen hält er für irreführend[94].

Aber in diesem Falle ist es Fritz Baade, der sich irrte. Es ist zwar richtig, daß in dem Jahrfünft von 1960 bis 1965 die landwirtschaftliche Produktion nicht nur nicht gesteigert werden konnte, sondern im ganzen gesehen sogar noch rückläufig war. Außer den erwähnten Ursachen lag das vor allem daran, daß für das Wirksamwerden des Agrarprogramms, das doch eine tiefgreifende Revolutionierung der Landwirtschaft und der Agrarverfassung bedeutet, eine längere Anlaufzeit benötigt wurde als vorgesehen war. Aber es ist nicht zu verkennen, daß ein erster entscheidender Durchbruch gelungen ist. Die Landwirtschaftspolitik der indischen Regierung ist seither grundlegend umgestellt worden. »Man hat eingesehen, daß eine expansive Landwirtschaft für das allgemeine wirtschaftliche Wachstum von vitalem Interesse ist und mit Hilfe moderner Techniken die Agrarproduktion viel rascher gesteigert werden kann, als man bislang angenommen hatte.«[95] Es wurde ein neues Intensivierungsprogramm mit deutlichen Prioritäten aufgestellt, das Bewässerungsanlagen, Verwendung ertragreicheren Saatgutes, ausreichende Düngung, Pflanzenschutz, kurz alle die Maßnahmen vorsah, welche unter vergleichsweise ähnlichen Bedingungen in anderen Ländern zu so beachtlichen Erfolgen geführt hatten. Jedenfalls gelang es, bereits am Anfang des vierten Fünfjahresplanes 1967/68 eine Rekordernte einzubringen, die mit 95 Millionen Tonnen Getreide um 20 Millionen Tonnen über der des Vorjahres lag. Dabei mögen besonders günstige Witterungsverhältnisse mitgespielt haben. In erster Linie ist sie aber der Einführung des mexikanischen Kurzstrohweizens, des sogenannten Wunderweizens, und einer ebenso überlegenen Reissorte, dem philippinischen Ivri-Reis, zu danken. Damit dürfte die Gefahr des Verhungerns weiter Bevölkerungsteile, die gerade für Indien vorausgesagt worden war, gebannt sein. »Die letzten Ernteergebnisse lassen darauf schließen, daß für die indische Landwirtschaft eine künftige jährliche Zuwachsrate der Getreideproduktion von 4 v. H. angenommen werden kann. Eine solche Steigerung läge erheblich über der Zuwachsrate der Bevölkerung und wäre imstande, den Hunger zu überwinden. So hoch oder etwas höher müßte allerdings auch der jährliche Zuwachs sein, um auch die mit steigendem Einkommen zunehmende Nachfrage der Bevölkerung zu befriedigen.«[96]

Indien, das Land, in dem sich die Probleme wohl am meisten komprimiert hatten, ist kein Einzelfall und kein Zufall geblieben. Auch in den meisten anderen Entwicklungsländern haben sich die Hände und die Hirne geregt. Als Kennedy und Baade sich im Jahre 1963 so optimistisch über den Ausgang des Wettlaufs zwischen Bevölkerung und Ernährung äußerten, wußten sie nicht, daß bereits wenige Jahre später zumindest die Vorentscheidung gefallen sein würde. Während noch 1953 die Nahrungsmittelerzeugung weltweit unter der Kurve der Bevölkerungszunahme lag und diese erst ab 1955 leicht zu übersteigen begann, trat die entscheidende Wende etwa um das Jahr 1966 ein. Von da an stieg die Nahrungsproduktion steil an und lag mit 145 zu 130 Punkten (1953 = 100) deutlich über dem Bevölkerungswachstum, und zwar auch in Asien – ohne China, das nach den Erklärungen seiner Delegation auf der Bukarester Weltbevölkerungskonferenz keine Übervölkerungsprobleme kennt –, Lateinamerika und Afrika. Für Europa, die UdSSR, Nordamerika

und Spanien liegt die Relation bei 145 : 125[97].
Nach Berechnungen der FAO weist die Welt-Nahrungsmittelproduktion in 1975 eine Steigerungsrate von 2,7 v. H. aus. Das entspricht der Entwicklung seit 1961. In den Entwicklungsländern beläuft sich der Produktionsanstieg jedoch auf 5,3 v. H. gegenüber dem Vorjahr, weil hier die Getreide- und Reisernten besonders günstig ausgefallen sind[98].
Einen trostreichen Ausblick gewähren auch die letzten, im Dezember 1973 veröffentlichten Zahlen des amerikanischen Landwirtschaftsministeriums. Sie zeigen, daß innerhalb der letzten zwanzig Jahre der Nahrungsverbrauch in der Welt um 20 v. H. zugenommen hat. Zwar ist die Zunahme nicht gleichmäßig erfolgt. In den Industrieländern beläuft er sich auf durchschnittlich 30 v. H. Aber in den armen Ländern ergibt sich auch noch eine Steigerung um 10 v. H. Das bedeutet eine weltweite, wenn auch länderweise ungleiche Steigerung der Nahrungsmittelerzeugung. In den entwickelten Ländern liegt sie mit reichlich 130 v. H. gegenüber 1955 um mehr als 20 v. H. über dem Bevölkerungszuwachs, der sich um 110 v. H. bewegt. Aber auch in den Entwicklungsländern verlaufen Nahrungsmittelproduktion und Bevölkerungszuwachs, mit einer Steigerung auf jeweils etwa 130 v. H., innerhalb dieses Zeitraumes bereits parallel. Im Weltdurchschnitt ist die Nahrungsmittelerzeugung jährlich um 2,7 bis 3 v. H. gestiegen. Sie liegt höher als die Zuwachsraten der Bevölkerung. Die Hungersnöte, die in den letzten Jahren aufgetreten sind und die Weltöffentlichkeit alarmiert haben, beruhen in erster Linie auf lokalen Mißernten, die zumeist witterungsbedingt sind[99], vielleicht auch ihre Ursache in nachhaltigen Klimaveränderungen haben.
Die Produktionsleistung der Landwirtschaft wird anders als die der gewerblichen Wirtschaft von naturbedingten Unsicherheitsfaktoren beeinflußt. Der Ausfall der Ernte hängt in hohem Maße vom Wetter ab, und dieses wiederum von Klimaschwankungen, wie jene, die die Hungerkatastrophe in den Sahelländern hervorgerufen haben. Auch die neuen sibirischen Weizenanbaugebiete, die die Russen mit so großen Erwartungen in Kultur genommen haben, liefern keine sicheren Erträge. Durch derartige Ausfälle und Rückschläge kann die im allgemeinen ansteigende Kurve der Weltnah-

rungsgüterproduktion jahreszeitlich bedingte Einbuchtungen erfahren. Sie sind jedoch keineswegs ein Anlaß, in ihnen die ersten Anzeichen einer weltweiten Hungerkatastrophe zu sehen. Wie elastisch die Weltgetreidemärkte sind und wie schnell die Produktionsreserven – auch wenn die Lagervorräte der klassischen Überschußländer durch Notkäufe des Ostblocks fast restlos geräumt sind – aufgefüllt werden, zeigt der Weizenmarkt in den Jahren von 1972 bis 1974. Im Jahre 1974 hatte die Sowjetunion einen Ausfall von etwa einem Viertel der Normalernte, die sich auf rund 185 Millionen Tonnen beläuft oder jedenfalls nach Plan belaufen soll. Er mußte durch Einfuhren insbesondere aus den Vereinigten Staaten und Kanada ausgeglichen werden. Da gleichzeitig auch andere Länder, z. B. China, unter Mißernten zu leiden hatten, entstand eine stoßartige Nachfrage. Aus den Vorratsbeständen konnte sie gerade eben gedeckt werden. In den USA und in Kanada waren die Böden in den Lagerhäusern leergefegt. Aber die Marktwirtschaft funktionierte geradezu automatisch. Die steigenden Preise lösten sofort einen Anreiz zur Ausweitung der Produktion aus. Von einem Jahr zum anderen haben die USA ihre Weizenanbaufläche von 19,1 Millionen Hektar auf 21,8, Kanada von 5,6 auf 10 und Australien von 7,4 auf 9 Millionen Hektar steigern können, insgesamt um rund ein Viertel. Die Ernten stiegen in diesen Ländern gleichzeitig um 12, 18 und 77 Prozent. Von einer weltweiten Ernährungskrise, deren Gespenst bereits umging, konnte keine Rede mehr sein[100].
Unter dem Eindruck der Ernteausfälle und der Zukäufe des Ostblocks im Jahre 1972 hat selbst die Welternährungsorganisation der Vereinten Nationen (FAO) düstere Betrachtungen angestellt. »Die Frage, ob Millionen Menschen ernährt werden können oder Hunger leiden müssen, hängt buchstäblich vom Ergebnis der Ernten 1973 ab.«[101] Dabei hat sie allerdings wohl nur die Entwicklungsländer im Auge gehabt. Denn die Welternten steigen seit Kriegsende in ununterbrochener Folge, die kaum von unwesentlichen Schwankungen unterbrochen worden ist. In 25 Jahren haben sie sich, von 524 auf 1015 Millionen Tonnen, nahezu verdoppelt. Dabei ist allerdings bemerkenswert, daß die russischen Ernteerträge, die sich innerhalb dieses Zeitraums ebenfalls fast verdoppelt haben, weit unsicherer sind. Die Ernte 1974 lag um rund ein Viertel unter der des

Vorjahres und die Ernte 1975 nochmal um ein Drittel unter der von 1974. So erklären sich auch die hohen Getreideimporte, die sich im Wirtschaftsjahr 1972/73 auf 21,6 und im Wirtschaftsjahr 1973/74 auf 10,3 Millionen Tonnen beliefen.

Die größten Nahrungsreserven liegen, mehr als in der Kultivierung oder Rekultivierung von nutzbaren Flächen, in der Steigerung der Flächenerträge. Um sie zu mobilisieren, ist es vor allem erforderlich, die etwa 800 Millionen kleinbäuerlichen Betriebe an eine rationelle, zum Markt orientierte Wirtschaftsweise heranzuführen, wobei dem Aufbau eines leistungsfähigen Genossenschaftswesens eine hohe Bedeutung zukommt. Japan ist diesen Weg gegangen mit überzeugendem Erfolg. Nach einer Bodenreform wurden Getreideernten von 6700 kg je Hektar erzielt, gegenüber 1270 kg in Afrika, 1750 kg in Asien – außer China und Rußland – und 2000 kg in Lateinamerika. Auch der Abstand zwischen den sowjetrussischen Ernten und den im freien Europa erzielten – 4500 kg Weizen zu knapp 1500 kg – spricht dafür, daß die Welternährungslage durch Rationalisierungsmaßnahmen noch bedeutend verbessert werden kann[102].

Welcher Anlaß besteht danach noch für die Behauptung, die Welt treibe dem Hungertod entgegen? Allenfalls die Annahme, daß die Landwirtschaft, wenn ihr die zu einer modernen Wirtschaftsweise benötigten Betriebsmittel und Energien nicht mehr zur Verfügung gestellt werden könnten, sofort auf den Stand etwa von 1850 absinken würde und dann höchstens 1,5 Milliarden Menschen ernähren könnte[103]. Aber diese Annahme basiert auf der nicht bewiesenen Behauptung, daß die Rohstoff- und Energievorräte der Erde zu einem errechenbaren Zeitpunkt erschöpft sein werden.

Der Kampf gegen den Weltfeind Hunger ist noch nicht endgültig entschieden. Er wird uns noch lange in Atem halten. Aber bereits sein bisheriger Verlauf läßt erkennen, daß er schon halb gewonnen ist, wenn er nur erst einmal richtig begonnen wird, in der Erkenntnis des Ernstes der Lage und mit dem Einsatz aller zu Gebote stehenden Mittel und Energien.

Engpaß Rohstoffe?

In der Sicht Dennis Meadows ist der Raubbau an nicht regenerierbaren Rohstoffen, der mit anhaltender industrieller Expansion und steigender Bevölkerung noch weiter zunehmen wird, einer der fünf Gefahrenpunkte, an denen sich entscheiden wird, ob die Menschheit noch Überlebensaussichten hat, und einer der Gründe dafür, daß sie den Grenzen wirtschaftlichen Wachstums in einem immer mehr sich beschleunigendem Tempo entgegentreibt. Pessimistische und optimistische Betrachtungen stehen hier wie hinsichtlich des Bevölkerungswachstums einander schroff gegenüber. Meadows und seine Anhänger glauben berechnen zu können, wann es mit den wichtigsten industriellen Rohstoffen unweigerlich zu Ende ist. Ihre Gegner sehen viele Auswege. Auch in diesem Falle werden, bei noch so reichem Informationsmaterial, exakte Berechnungen, die von jedermann anerkannt werden müßten, nicht möglich sein. Die Antwort auch auf diese Frage ist mehr von Intuition und Mentalität bestimmt als von präzisen, mathematischen Daten.
Das Weltmodell, auf das sich sowohl ›Die Grenzen des Wachstums‹ wie ›Die Menschheit am Wendepunkt‹ stützen, geht aus von fünf Tatbeständen, die weltweit wirken. Es sind: die in immer schnellerem Tempo sich vollziehende Industrialisierung, das rapide Bevölkerungswachstum, die Unterernährung großer Massen der Weltbevölkerung, die Ausbeutung der Rohstoffreserven und schließlich die Zerstörung des Lebensraumes, d. h. alles das, was in der amerikanischen Literatur unter dem Sammelbegriff der Verschmutzung verstanden wird. Zwischen diesen Erscheinungen bestehen vielfältige Wechselwirkungen. Der Zentralpunkt der Katastrophentheo-

rie und der auslösende Faktor sind aber die sogenannte Bevölkerungsexplosion; sie wird mit Einschluß der Steigerungsraten, mit denen sie sich vollziehen soll, als feststehende Tatsache angesehen.
Demnach sieht die Katastrophentheorie einen Kausalzusammenhang auch zwischen Bevölkerungswachstum und Rohstoffverbrauch, der mit Raubbau an nicht ersetzbaren Rohstoffen gleichgesetzt wird. Je mehr Menschen, desto mehr Verschleiß an Rohstoffen und desto schneller auch von dieser Seite her der sich ankündigende Zusammenbruch des Weltsystems.
Das überzeugendste Anschauungsmaterial liefert den Anhängern dieser Theorie die Erdölkrise, die offenbar gerade zur rechten Zeit auf den Plan getreten ist. Sie zieht den Vorhang weg vor Entwicklungen, die sich, unbemerkt von einer gedankenlos in den Tag hinein lebenden Industriegesellschaft, seit langem angebahnt haben, und enthüllt nun auch diese Szenerie in ihrer ganzen Ausweglosigkeit, so meinen sie.
An dem von ihnen in den Vordergrund gerückten Beispiel des Erdöls stellen Mesarovic und Pestel dar, wohin wir treiben, wenn die Rohstoffe, auf denen die industrielle Produktion wesentlich beruht, immer knapper werden. Sie halten den Industrieländern vor, daß sie »einen ungesund niedrigen Rohölpreis«[104], vor allem bei ihren Importen aus dem Mittleren Osten, als einen durch politische und wirtschaftliche Machtpositionen gestützten Dauerzustand angesehen und sich vom Rohöl abhängig gemacht haben »wie der Rauschgiftsüchtige vom Heroin«. Niemand unter den Verantwortlichen in den großen Industrienationen habe an die Möglichkeit einer Talfahrt auch nur entfernt gedacht. Dieser Leichtsinn erkläre es auch, daß alle Technologien, mit denen das Erdöl ersetzt werden könnte, gröblich vernachlässigt wurden, und zwar lediglich wegen des Kostengefälles. »Die Förderung und der Verbrauch von Erdöl wurden allein von den unmittelbaren Produktionskosten bestimmt, ohne Rücksicht darauf, daß somit die Erdölreserven schon in wenigen Jahrzehnten erschöpft sein würden, und ohne zu bedenken, daß für das, was wir im Bruchteil einer Sekunde häufig völlig sinnlos verbrennen, die Natur einen Hunderte Millionen von Jahren währenden Syntheseprozeß benötigte.«

Mit Tabellen und Schaubildern werden diese Thesen belegt. Sie lassen erkennen, daß am 1. Januar 1973 die Welterdölreserven, soweit sie bis dahin festgestellt worden waren, sich auf 90 Milliarden Tonnen beliefen. Unter Zugrundelegung des Jahresverbrauchs aus 1972, etwa 2,5 Milliarden Tonnen, würden diese Vorräte noch für 37 Jahre reichen. Aber das ist ein statisches Datum. Um der Wirklichkeit zu entsprechen, muß eine jährliche Verbrauchssteigerung einkalkuliert werden. Sie wird global mit 5 v. H. eingesetzt. Damit aber wird die Reichweite sogleich auf 21 Jahre begrenzt. Zwar räumen die Autoren dieser Rechnung ein, daß mit der Entdeckung bisher unbekannter Erdölfelder gerechnet werden könne. Aber, und damit entwerten sie sogleich die hier sich eröffnenden Möglichkeiten, die Kosten für die Erschließung dieser neuen Lagerstätten – in Alaska und unter dem Meeresboden – werden »unerhört bleiben«. Hinzu kommen die Kosten für die Abwendung »der enormen Risiken für die Umwelt, die gerade bei diesen Erschließungsvorhaben erwirtschaftet werden müssen. Außerdem, so behaupten sie, werde die Nutzbarmachung neuer Erdölfelder in einem wesentlich langsameren Tempo als bisher vor sich gehen. Indem sie von den knappen Mengen auf die hohen Kosten überspringen, lassen sie außer Betracht, daß, wenn und solange die erdölexportierenden Länder an der Politik des Embargos und der Kontingentierung, jedenfalls der hohen Preise festhalten, der Preis für das Erdöl aus neu zu erschließenden Vorkommen nicht gemessen werden kann an den nach ihrer Ansicht künstlich gedrückten bisherigen Preisen; er muß sich orientieren an derzeitigen Preisen bzw. an den Kosten, die für die Nutzbarmachung anderer, substitutioneller Energiequellen aufgewendet werden müssen. Diese sind allerdings beträchtlich und erfordern selbst bei lange anhaltender Mangellage sorgfältige gesamtwirtschaftliche Überlegungen. Die Kapitalkosten für verflüssigte Kohle sind mit dem mehrfachen der für Rohöl aufzuwendenden angesetzt worden.

Ganz anders sieht es mit den Weltvorräten an Steinkohle und Braunkohle aus. Nach den Berechnungen der Weltenergiekonferenz 1968 würden die Reserven in den heute bekannten Lagerstätten und unter Zugrundelegung einer dynamischen Verbrauchsrate noch für 180 Jahre ausreichen. In diesem Zusammenhang können

Mesarovic und Pestel sich die gewiß berechtigte Anmerkung nicht versagen, daß die osteuropäischen und zentralasiatischen Länder, die, statt sich durch das billige Erdöl verlocken zu lassen, an der landeseigenen Kohle als primärer Energiequelle festgehalten haben und den Umstellungsproblemen entgangen sind, mit denen die westlichen Industrieländer sich heute unvermittelt auseinandersetzen müssen. »Ob aus Mangel an Devisen oder aus weiser Voraussicht, möge dahingestellt bleiben.«[105]

Aber welche Alternative – außer der Kohle – haben sie anzubieten, wenn sie schon so fest davon überzeugt sind, daß es mit dem Erdöl und dem Erdgas in wenigen Jahren zu Ende sein wird? Den Optimismus derer, die da glauben, daß in etwa 25 Jahren die durch Kernspaltung gewonnene elektrische Energie etwa 30 v. H. des dann vorliegenden Gesamtbedarfs der Industrieregionen decken, also die Mengen erbringen würde, die dem gesamten heutigen Bedarf entsprechen, vermögen sie nicht zu teilen. Ebensowenig können sie sich mit dem Aspekt befreunden, daß in weiteren 25 Jahren, also etwa um 2025, eine Kombination von Schnellen Brütern und gasgekühlten Hochtemperatur-Reaktoren mit der gegenwärtig noch in den Kinderschuhen steckenden Wasserstoff-Technologie »nicht nur den gesamten Energiebedarf decken und sogar die Aufgabe der flüssigen Brennstoffe im Transportwesen mit übernehmen« könnte[106]. Auch in diesem Falle sind es wieder die Kosten, die ihnen als eine unübersteigbare Schwelle erscheinen. Sie schließen sich einer Rechnung an, nach der die Kosten allein für den Ersatz ausgedienter Reaktoren, bei der unterstellten Zunahme der Weltbevölkerung und des Energieverbrauchs rd. 2000 Milliarden Dollar nach dem Wert von 1963, d. h. 60 v. H. des Welt-Bruttosozialproduktes, erfordern würden, in der Tat eine phantastische Rechnung. Dazu kommen die bekannten Einwände hinsichtlich der Sicherheit des Betriebes und des Transportes, der nicht ausreichende Schutz gegen Diebstahl, Sabotage, Gewaltakte.

Was bleibt dann aber, wenn auch die Atomkraft kein idealer und auch kein ausreichender Lückenbüßer für das teure und knappe und überdies in absehbarer Zeit ganz ausfallende Erdöl ist? Die Resignation, der Verzicht auf jegliches weiteres technisch-industrielles Wachstum? Dabei wird die Frage offengelassen, ob und wie wenigstens der bisher erreichte Status der technischen Zivilisation aufrechterhalten werden kann. Als Alternative bleibt – Gegenstand einer mittelfristigen Strategie – die Verflüssigung und Vergasung der Kohle und auf längere Frist die Aktivierung der Sonnenenergie. Wie bereits Meadows so empfehlen auch Mesarovic/Pestel der Menschheit, den Ersatz für den Ausfall so vieler Annehmlichkeiten und Erleichterungen in einer stärkeren Hinwendung zu humanen und kulturellen Bereichen zu suchen, ein Rat, den Niehaus dahin glossiert, daß wir, wenn wir uns um weiteren technischen Fortschritt nicht mehr bemühen können und müssen, um so eifriger ins Theater gehen werden; er unterläßt es zu fragen, wie die Kosten für intensivere Kulturleistungen erarbeitet werden sollen[107]. »Wenn der Mensch ohne Wachstum« – so sagen die Autoren –, »ohne dauernde Veränderung nicht leben kann, sollte er sich dann nicht besser der Entwicklung seiner wahrhaft humanen Eigenschaften zuwenden? Sollten wir nicht endlich aufhören, zunehmend unser ganzes Streben auf immer mehr materiellen Gewinn und Besitz zu richten? Wenn zum Beispiel heute noch viele meinen, die jährliche reale Zunahme des totalen Bruttosozialproduktes der Welt müsse mindestens 5 Prozent betragen, scheinen sie dabei zu vergessen, daß dies bei konsequenter Durchführung bis zum Ende des nächsten Jahrhunderts eine 500fache Steigerung herbeiführt.«[108] Mit Niehaus sind sie der Meinung, daß ein derartiges Wachstum weder zu kontrollieren noch zu organisieren ist. Dem ist zuzustimmen. Es widerspricht auch aller historischen Erfahrung, daß solche Wachstumsraten über längere Zeiträume beibehalten werden können. »Wenn wir aber einsehen, daß es so nicht weitergehen kann, die Zeit reif ist für Veränderungen, dann müssen diese von den besitzenden Regionen ausgehen. Sie sollten ein erstes Zeichen dadurch setzen, daß sie dem Anwachsen ihres Energieverbrauchs Einhalt gebieten.« Staatlich angeordnete Verbrauchsregulierungen, Sonntagsfahrverbote, Geschwindigkeitsbeschränkungen und ähnliche Maßnahmen wären sicher ein gangbarer Weg, um einen Zusammenbruch der Energieversorgung wenn nicht zu verhindern, so doch hinauszuschieben. In diesem Sinne mag man es bedauern, daß der Schreckschuß des Erdölembargos so schnell verhallt ist und die unter dem ersten Schock eingeleiteten Sparmaßnahmen sogleich wieder aufgegeben wurden, als der Erdölmarkt sich wieder normalisierte. Mehr und Dauerhafteres ist jedoch zu erhoffen von Entdeckungen und Erfindungen, die beispielsweise das Erdöl als Antriebsmittel für Kraftfahrzeuge durch andere Antriebsarten ersetzen würden. Und diese an die menschliche Erfindungsgabe adressierte Hoffnung gewinnt an Wahrscheinlichkeit, je stärker der Druck und die Zwangslage wird, in die ein neues Erdölembargo die Industrieländer versetzen müßte.

Die Menschheit des Atomzeitalters lebt nicht allein vom Erdöl. Aber in dem zweiten Bericht an den Klub von Rom nimmt es eine Mittelpunktstellung ein, weil die sogenannte Erdölkrise eine sich anbahnende weltweite Energiekrise erst ins helle Licht gerückt hat. Weil der Leichtsinn im Umgang mit dem Erdöl besonders drastisch zutage getreten ist und weil bei diesem Rohstoff die Begrenztheit der Reserven eindrucksvoll sichtbar gemacht werden kann, wird die Erdölbilanz als typisches Beispiel für das Tauziehen auch um andere Rohstoffe dargestellt, die für die Aufrechterhaltung der industriellen Produktion von Bedeutung sind.

Doch einerlei, an welchem Beispiel die vom Rohstoff her gegebenen Grenzen zunächst des industriellen und danach des Wachstums überhaupt aufgezeigt werden: der Einwand gegen die Beweiskraft von Hochrechnungen auch in der Darstellung der »Szenarien« bleibt bestehen. Ihre eigentliche Fehlerquelle besteht darin, daß seine Autoren die Ausgangslage als feststehend annehmen und auf ihr zumeist exponentielle Steigerungsraten aufbauen. Die Sollseite dieser Bilanz, der Bedarf und der Verbrauch, sind flexibel dargestellt worden, die Habenseite, die vorhandenen Vorräte bzw. die Produktion, jedoch konstant. Oder anders ausgedrückt: die bekannten Reserven der heute für bestimmte industrielle Zwecke verwendeten Rohstoffe werden als feststehende und unveränderliche Größen eingesetzt, der Bedarf jedoch als eine veränderliche, d. h. schnell wachsende. Daß sie durch Neuaufschlüsse oder neue Verfahren ein ganz anderes Aussehen erhalten können, wird zwar gelegentlich am Rande angedeutet, bleibt aber in der Darstellung der Verlaufskurven unberücksichtigt. Der Verbrauch wird auf Grund von Erfahrungswerten oder von Berechnungen dargestellt und aus dieser Rechnung wird dann abgeleitet, wann die jeweiligen

Rohstoffreserven abgebucht sein werden. Eine solche Methode steht zu der Wirklichkeit in einem auf den ersten Blick erkennbaren Widerspruch. Wir erleben täglich, daß neue, bis dahin unbekannte Rohstoffvorkommen entdeckt werden in den weiten Erdräumen, die geologisch noch nicht erschlossen sind, aber auch in Gebieten, deren Lagerstätten seit Jahrhunderten und, wie man meinte, erschöpfend bekannt waren: die Uranvorkommen im Sächsischen Erzgebirge, das Erdgas in Holland und im Emsland, dessen einziger Bodenschatz bis vor wenigen Jahren der Torf gewesen war, das Erdöl im Nordseeschelf – um nur einige und besonders naheliegende Beispiele aus vielen anderen hervorzuheben, machen deutlich, wie unsicher jede auf statischen Daten aufgebaute Rechnung ist.

Dazu kommt, daß neue und verbesserte Erschließungstechniken den Aufschluß von Lagerstätten ermöglichen, die bisher nicht zu erreichen waren. Im niedersächsischen Erdölgebiet hielt man in den zwanziger Jahren die Vorräte für erschöpft, solange man nicht tiefer als bis 600 m bohren konnte. Als man mit größeren Geräten auf 1200 m, 1800 m und bald auf mehr als 3000 m kam, stellte man fest, daß ein Horizont unter dem anderen lag und daß große Vorkommen erschlossen werden konnten in einem Gebiet, das man als ausgebeutet angesehen hatte. Die Erdölvorkommen der Nordsee, die möglicherweise für die Versorgung der westeuropäischen Industrieländer von entscheidender Bedeutung sein werden, sind ohne empirische Hinweise auf Grund planmäßiger seismographischer Explorationen entdeckt worden. Dazu sehen wir überall Substitutionsprozesse im Gang. Sie werden ausgelöst entweder durch steigende Abbaukosten – größere Tiefen, nachlassende Ausbeute, geringere Erze – oder durch neue Erfindungen, die die bisher verwendeten Rohstoffe überflüssig machen. Seit knapp 100 Jahren werden Fahrzeuge auf dem Lande, auf dem Wasser, in der Luft mit Erdölderivaten angetrieben. Wer wollte behaupten, daß wir nach 50 Jahren immer noch auf die gleichen Antriebsarten angewiesen sind? Im Hochmittelalter standen Unheilspropheten auf, die den wirtschaftlichen Zusammenbruch der damaligen Kulturländer ankündigten, weil die Holzvorräte der Welt zu Ende gingen. Gewiß haben die Menschen jener Zeit einen verheerenden, oft bis heute nachwirkenden Raubbau an den ihnen erreichbaren Wäldern getrieben und ha-

ben Umweltschäden angerichtet, die nach Jahrhunderten noch nicht überwunden sind. Sie haben vor allem die Länder rund um das Mittelmeer schwer und nachhaltig getroffen. Aber selbst in diesen Ländern, bewohnt von Menschen, deren Verhältnis zu Baum und Wald höchst oberflächlich und utilitaristisch ist, hat man begriffen, was geordnete Waldbestände sowohl für das Klima und die Landeskultur wie für die Gewinnung des Rohstoffes Holz bedeuten. Und ihre Sorgen um die Reichweite des Rohstoffes verflüchtigten sich, als sie lernten, ihre Schiffe aus Eisen zu bauen und ihre Schmelz- und Hüttenwerke mit Kohle zu betreiben. Mit der Papier- und Zellstoffindustrie ist ein neuer Großverbraucher auf dem Holzmarkt aufgetreten. Dennoch kann von Holzknappheit keine Rede sein, obgleich die Reserven, die in der Wiedergewinnung von Papier aus Abfällen liegen, im Zeitalter der »Wegwerfgesellschaft« bislang nur zum Teil genutzt wurden. Als Baumaterial ist Holz weitgehend durch andere Baustoffe, insbesondere Eisen und Zement, zurückgedrängt worden. Auch das ist ein Zeichen dafür, wie elastisch die Technik auf veränderte Kostensituationen und wie erfindungsreich der menschliche Geist auf Mangel und Verknappung reagiert und Ersatzlösungen sucht und findet, sobald es darauf ankommt.
Das gilt in gleicher Weise auch von vielen anderen Rohstoffen, deren alsbaldige Erschöpfung infolge Raubbaus oder gedankenloser Verschwendung vorausgesagt wird. Einmal sind die noch unerschlossenen Vorkommen wahrscheinlich ergiebiger als bisher vermutet wird. Zum anderen werden immer noch neue Lagerstätten entdeckt, obgleich damit das Rohstoffproblem nur erleichtert, aber nicht gelöst wird. Wichtiger ist, daß der Einfallsreichtum und die Erfindungsgabe der Menschen des elektronischen Zeitalters auch künftig auf dem Plan bleiben. »Die Hilfsquellen scheinen reichhaltiger zu sein, als wir annehmen«, sagte Maddox in seinem unbeirrten Optimismus. Er belegt ihn am Beispiel des Aluminiums, gegenwärtig einer der wichtigsten Rohstoffe. Unter den metallischen Rohstoffen ist der Verbrauch an Aluminium am stärksten gestiegen. Von neun zu neun Jahren hat er sich verdoppelt. In dem Jahrfünft von 1964 bis 1969 hat die Verbrauchssteigerung 54 v. H. betragen. Das ist die höchste Verbrauchssteigerungsrate bei allen industriellen Rohstoffen. Der Weltverbrauch betrug mehr

als 9 Millionen Tonnen. Demgegenüber wurden die Weltvorräte an Aluminiumerz Anfang der sechziger Jahre auf 1,6 Milliarden Tonnen geschätzt, ein sehr beruhigender Aspekt auch angesichts einer sich fortsetzenden Verbrauchssteigerung. Aber bereits nach wenigen Jahren erwies es sich, daß diese Schätzung wesentlich zu niedrig war. Die nachgewiesenen Weltvorkommen wurden nunmehr mit 3,6 Milliarden Tonnen ermittelt. Noch wichtiger war es, daß die Metallurgie neue Verfahren zur Reindarstellung des Aluminiums entwickeln konnte. Bis dahin konnten nur chemisch reine Bauxite für die Aluminiumschmelze verwendet werden. »Heute ist es möglich, Aluminium aus Erzen zu gewinnen, die man in den dreißiger Jahren noch als Abfall betrachtet hätte.«[109] Mit diesem Verfahren erhöhen sich die verfügbaren Weltvorräte um weitere 5 Milliarden Tonnen. Diese reichen, selbst wenn die Verbrauchssteigerung sich fortsetzen würde, nicht für 180, sondern für 750 Jahre. Hinzu kommt, daß in diesem Falle die Grenzkosten mit der Erschließung geringwertiger Erze nicht steigen. Vielmehr sieht es so aus, »daß die Kosten der Aluminiumgewinnung aus Erzen aller Güteklassen durch die Entwicklung eines Direkt-Extraktionsverfahrens, durch das eine Zwischenstufe wegfällt, noch einmal gesenkt werden«[110]. Jedenfalls ist der Preis für Aluminium trotz steigender Nachfrage tendenziell gesunken. Außerdem ist, entgegen allen Erwartungen auch der Aluminiumindustrie selbst, die gegenwärtige Produktion auf einem nachgebenden Markt nicht mehr unterzubringen, was die Stillegung zahlreicher Hütten und Verarbeitungsbetriebe zur Folge hat. Auch von dieser Seite stellt sich das Aluminiumproblem plötzlich von einer ganz neuen Seite dar.

Am Beispiel Aluminium werden drei Fakten deutlich gemacht, die in den Prognosen des Weltmodells nicht oder nicht ausreichend erfaßt werden, aber geeignet sind, sie in überraschender Weise zu widerlegen. Die Ergebnisse der Lagerstättenforschung sind keine endgültigen; sie können durch neue Entdeckungen jederzeit erweitert oder überhaupt von Grund auf umgestoßen werden. Die mit Hochrechnungen ermittelten Verbrauchsraten sind unzuverlässig; sie können durch neue Verfahren oder durch Verwendung anderer Wirkstoffe jederzeit verändert werden. Durch die Entwicklung neuer Produktionsverfahren kann die Versorgungslage in unvorhergesehener Weise entlastet werden. Jeder dieser drei Faktoren enthält Unsicherheitsmomente, die immer nur dazu führen können, vermutete und bedrohliche Engpässe aufzulockern oder überhaupt verschwinden zu lassen. Die Dehnbarkeit der physikalischen Wachstumsgrenzen zeigt sich auch bei Eisen und Stahl. Die Befürchtungen, daß eine andauernde Verbrauchssteigerung zur Erschöpfung der Erzvorräte in einer errechenbaren Frist führen müsse, sind ähnlich wie beim Aluminium gegenstandslos geworden einmal durch die Entdeckung bis dahin unbekannter Vorkommen an besonders hochwertigen Erzen, zum anderen, weil die Technik in einem offenbar wachsenden Umfange auf andere, ebenso geeignete Materialien ausgewichen ist.

Zusammenfassend können wir, ohne uns einem leichtfertigen Optimismus hinzugeben, John Maddox folgen, wenn er resümiert: »Immer deutlicher ist zu erkennen, wie unsinnig die Vorstellung ist, einige Werkstoffe spielten im modernen Leben eine so wichtige Rolle, daß ohne sie die Zivilisation zusammenbräche. Auf der Liste solcher Produkte stehen natürlich vorkommende Substanzen wie Helium, Kupfer und Chrom. In Wirklichkeit sind all diese Stoffe jedoch nur Mittel zu einem speziellen Zweck. Chrom braucht man zur Edelstahlherstellung, aber wer wollte behaupten, daß Tafelbestecke oder Behälter für die chemische Industrie nur aus Edelstahl sein dürfen? Die letzten Jahre haben nur zu klar gezeigt, daß andere Werkstoffe, etwa synthetische Chemikalien, denselben Zweck, vielleicht etwas teurer und weniger bequem, erfüllen können. Die Ziele der modernen Industrie lassen sich normalerweise durch den Einsatz von Alternativstoffen auf verschiedenen Wegen erreichen.«[111]

Die Autoren der Klub-von-Rom-Berichte tun sich viel darauf zugute, daß es ihnen, wie sie es darstellen, gelungen sei, den Zeitpunkt exakt festzulegen, an dem die wichtigsten industriellen Rohstoffe infolge Raubbaus erschöpft seien; er markiert die unüberschreitbare Grenze eines weiteren wirtschaftlichen Wachstums. Die Methode, die sie dieser Hochrechnung zugrunde legen, besteht, wie wir gesehen haben, darin, daß einem exponentiell bis ins Unendliche wachsenden Verbrauch »endliche«, nicht vermehrbare Bestände gegenübergestellt werden, Bodenschätze, die die Erde, wie es poetisch ausgedrückt wird, in Jahrmillionen angesammelt hat und die nun innerhalb von wenigen Menschenaltern vertan werden. Nach diesem Verfahren haben die Vereinten Nationen 1949 eine Versorgungsbilanz aufgestellt, und der Klub von Rom hat diese 1973 übernommen, überprüft und fortgeschrieben. Die Einzelheiten ergeben sich aus der nachstehenden Tabelle. Sie zeigt, daß nach der Prognose von 1949 es schon heute, 1976, auf der ganzen Erde kein Kupfer, kein Quecksilber, kein Nickel und kein Zink mehr geben würde. Die Berechnung des Klubs von Rom, die 24 Jahre später angesetzt worden ist – immerhin zu einem Zeitpunkt, an dem die Vorhersagen der Vereinten Nationen bereits durch die tatsächlichen Abläufe widerlegt waren –, schiebt die Reichweite zwar um einige Jahre hinaus, kommt aber im Prinzip zu dem gleichen Ergebnis. In einer Spanne zwischen 13 und 93 Jahren, beginnend 1985 mit den

Metall-Reserven der Welt, Schätzungen und Vorkommen

	Welt-Reserven (in Millionen Tonnen)		Zeitpunkt der Erschöpfung der Reserven[1] nach den Voraus-schätzungen von 1949	Schätzungen des Club of Rome: Erschöpfungs-dauer der Reserven bei erwartetem Konsumzuwachs in Jahren	Gesamtvorkommen bis in 1,5 km Tiefe der Erdkruste[2] als n-faches der Reservenschätzung von 1973
	Vereinte Nationen 1949	Club of Rome 1973			
Aluminium	800	1 200	1996	31	45 000 000
Kupfer	100	310	1975	21	150 000
Eisen	76 000	110 000	2205	93	300 000
Blei	40	91	1968	21	120 000
Quecksilber		1,1		13	300 000
Nickel		66		53	800 000
Zinn	6	44	1985	15	5 900 000
Zink	70	110	1971	18	790 000

[1] Tatsächliche Ausbeutung 1943–65; für die nachfolgenden Jahre wurde die Ausbeutung von 1965 zugrunde gelegt.

[2] Nur kontinentale Erdkruste. Entnommen aus: Encyclopaedia Britannica 1973 – Beitrag Geochemie.

Quelle: Anscombe/Berglav/Clark, Globale Gesellschaft und Zivilisation. Lindenthal-Institut-Colloquium. Köln 1975

Weltvorräten an Quecksilber, werden die gesamten Reserven dieser Rohstoffe restlos aufgebraucht sein, und das ist dann das Ende. Ein völlig anderes Bild ergibt sich aus den Berechnungen, die Colin Clark in der letzten Spalte der Tabelle anstellt[112].

»Betrachtet man die geologischen Schätzungen über das, was in den oberen $1\,^1/_2$ km der Erdoberfläche verfügbar ist – wohlgemerkt spreche ich nur vom Festland und habe keine Erschließung des Meeresbodens einbezogen –, so sind die verfügbaren Bodenschätze an den Schätzungen des Klubs von Rom gemessen einige hunderttausend- und in einigen Fällen millionenmal größer als dort vermutet.«[113]

Wozu also der Alarm? Wir können die Prognosen wie die aus ihnen abgeleiteten Folgerungen wohl mit ruhigem Gewissen als erledigt abtun.

So sieht man offenbar selbst innerhalb des Klubs von Rom die Dinge an. Jedenfalls berichtet Colin Clark, dem wir die Verantwortung für diesen Bericht überlassen dürfen, der Vorsitzende des Klubs von Rom, Aurelio Peccei, sei 1973 nach Australien gekommen »und erzählte uns freudig, daß er sich von seinem Buch ›Die Grenzen des Wachstums‹ distanziere. Nachdem er die Welt in solchem Umfang fehlinformiert . . . hat, stimmt er mir nun zu und sagt, das Buch sei wertlos«. Das wäre allerdings ein groteskes Ergebnis einer Prophetie, die der Welt ein neues Gesicht geben sollte.

Ein klassisches und in den Schlußfolgerungen höchst aktuelles Beispiel dafür, daß unter dem Zwang äußerer Ereignisse Entwicklungen ausgelöst werden, die die Versorgungslage bei einem lebenswichtigen Rohstoff in ganz unerwarteter Weise verändern, auch alle Prognosen über den Haufen werfen, bieten die beiden für die Pflanzenernährung wichtigsten Rohstoffe Kali und Stickstoff. Vor dem Ersten Weltkrieg hatte das Deutsche Reich ein Weltmonopol in der Gewinnung von Kalidüngesalzen. Die gesamte Produktion, die mit der Weltproduktion gleichzusetzen war, belief sich auf 1,2 Millionen Tonnen. Mit dem Versailler Frieden wurde das deutsche Monopol gebrochen, weil die elsässischen Kalibergwerke an Frankreich fielen, vor allem aber dadurch, daß in zahlreichen anderen Ländern Kalivorkommen entdeckt wurden, so in den Vereinigten Staaten, dem heute größten Kaliproduzenten, in Kanada und Spanien. Die Weltversorgungslage bekam dadurch ein ganz anderes Gesicht. Die jährliche Gesamtproduktion stieg auf das Fünffache und gestattet es, den Nährstoff Kali auch in solchen Ländern einzusetzen, deren pflanzliche Agrarerzeugung bis dahin weit unter dem Durchschnitt lag.

Während beim Kali der Versorgungsengpaß durch Erschließung von bislang unbekannten Vorkommen überwunden wurde, geschah das gleiche beim Stickstoff durch die Erfindung umwälzender technischer Herstellungsverfahren. Bis zum Ersten Weltkrieg beschränkte sich die Gewinnung des Stickstoffes, d. h. von Guano oder Chile-Salpeter, auf den Abbau des in Jahrtausenden an der pazifischen Küste Südamerikas aufgehäuften Vogelmistes. Bei steigendem Verbrauch war die Erschöpfung dieser Ablagerungen leicht zu errechnen. Um die Jahrhundertwende befaßten sich also die Ernährungswissenschaftler der Welt mit der Frage, wie die landwirtschaftliche Produktion auf dem in den hochentwickelten Agrarländern erreichten Stand gehalten werden könnte, wenn demnächst der natürliche Stickstoff nicht mehr verfügbar sein würde. Auf der Tagung der British Association for the Advancement of Science im Jahre 1898 erklärte deren Präsident, Sir William Crookes, die noch unerschlossenen Reserven an leicht kultivierbaren, fruchtbaren Böden würden in etwa 30 Jahren zur Neige und die Welt einer Hungerkatastrophe entgegengehen, wenn es nicht gelänge, die Produktion von Stickstoff gewaltig zu steigern, und zwar auf technisch-industriellem Wege. Damals war die Möglichkeit, Stickstoff aus der Luft zu gewinnen, in Laboratoriumsversuchen bereits erwiesen. Aber das Verfahren war noch nicht über das Stadium von Großversuchen hinausgekommen. Es hatte auch niemand rechte Eile, die erheblichen Investitionen für eine industrielle Großproduktion vorzunehmen. Eine Zwangslage, die zu raschem Handeln nötigte, trat erst mit Beginn des Krieges ein, jedenfalls für Deutschland. Die Zufuhren von natürlichem Salpeter waren mit der britischen Blokkade abgeschnitten. Damit fehlte der Stickstoff, den die Landwirtschaft gebraucht hätte und ohne den die landwirtschaftliche Erzeugung nicht auf der erreichten Höhe gehalten werden konnte. Er fehlte aber vor allem bei der Sprengstoffherstellung. Das war Grund genug, die inzwischen fabrikationsreif gewordene Erfindung von

Haber und Bosch industriell zu nutzen. Es entstanden die Großanlagen für die Gewinnung von synthetischem Stickstoff in Leuna und Oppau. Deren Produktion konnte nach Beendigung des Krieges voll für landwirtschaftliche Zwecke eingesetzt werden. Sie belief sich auf das Vierfache der Menge, die die deutsche Landwirtschaft vor dem Kriege verbraucht hatte, und das zu Preisen, die unter dem für Natursalpeter lagen. Inzwischen sind neue Herstellungsverfahren entwickelt worden, die die Produktionskosten weiter gesenkt, die Produktion erheblich ausgeweitet und, was unter dem Gesichtspunkt der Welternährungslage besonders bedeutungsvoll ist, die Stickstoffgewinnung auch solchen Ländern ermöglicht haben, die bislang auf Einfuhren angewiesen waren. Der Grundstoff bei der synthetischen Stickstoffgewinnung ist Ammoniak. Er setzt sich zusammen aus Luft, die überall in unbegrenzten Mengen vorhanden ist, und der dreifachen Menge Wasserstoff, der im klassischen Verfahren aus Braunkohle, Steinkohle und Erdgas gewonnen wird. Seitdem es gelungen ist, Wasserstoff auch auf elektrolythischem Wege zu gewinnen, kann Ammoniak auch in Ländern erzeugt werden, denen Anlagen zur Elektro-Hydrolyse zur Verfügung stehen, z. B. Norwegen, aber auch in zahlreichen Entwicklungsländern, sobald sie im Besitz von Staudämmen und konzentrierter Wasserkraft sind. »Wenn wir den Kampf gegen den Hunger gewinnen«, sagt Fritz Baade[114], »wird man bei einem Rückblick auf das Jahr 2000 feststellen, daß zu diesem Siege zwei Ereignisse entscheidend beigetragen haben«, die Entdeckung der Gesetze der Pflanzennahrung durch Justus von Liebig und die Erfindungen zur Herstellung von Kalkstickstoff durch Adolf Frank und der Stickstoffsynthese durch Haber und Bosch. Diese Erkenntnisse der Agrikulturchemie und die rapide Entwicklung unserer Möglichkeiten, solche Pflanzennährstoffe außerhalb der Landwirtschaft, das heißt in Fabriken und Bergwerken, in großer Menge zu gewinnen, haben uns die Voraussetzung für eine der größten Revolutionen in der Geschichte der menschlichen Ernährung geliefert. Alle Fortschritte in der Technik der Nahrungsproduktion hatten bis dahin in der natürlichen Fruchtbarkeit des Bodens eine nicht überschreitbare Grenze. Der Mensch konnte nicht mehr tun, als den Boden durch gute Bearbeitung, nötigenfalls auch durch Bewässerung, durch Verwendung hochwertigen Saatgutes und durch »Rückerstattung« eines Teiles der ihm durch die Ernten entzogenen Nährstoffe in Gestalt von Stallmist zur bestmöglichen Entfaltung seiner natürlichen Fruchtbarkeit zu bringen. Seit den Entdeckungen der Agrikulturchemie ist das grundsätzlich anders geworden. Wir können nicht nur die Bodenfruchtbarkeit in vollem Umfange erhalten, wir können völlig unfruchtbare Böden durch Zufuhr von Pflanzennährstoffen zum Hervorbringen reicher Ernten fähig machen.

Fritz Baade ist während eines langen und überaus erfolgreichen Forscherlebens nicht losgekommen von der Frage, ob die Nahrungserzeugung mit dem Bevölkerungswachstum Schritt halten könne. Er hat sie nicht nur als Wissenschaftler gesehen und immer wieder aufgegriffen. Mit seiner weitverzweigten Tätigkeit als Gutachter und Berater von Regierungen und der land- und ernährungswirtschaftlichen Organisation der Vereinten Nationen, der FAO, hat er auch Teil an den Entscheidungen und praktischen Maßnahmen, die zur Verbesserung der Welternährungslage eingeleitet wurden. Seine Auffassungen über die Welternährungslage stellen sich durchaus nicht als eine von Anfang an feststehende und durchlaufende gerade Linie dar. Unter dem Eindruck neuer Beobachtungen und Erfahrungen hat er sie wenigstens zweimal revidiert. Seine ursprüngliche Meinung war, daß die Erde Raum für alle habe und den auch von ihm erwarteten Zuwachs der Weltbevölkerung ohne Schwierigkeiten ernähren könne, wenn man nur die Kulturländereien des Altertums, des Zweistromlandes, die Kornkammern des antiken Roms in Nordafrika, wieder zur früheren Fruchtbarkeit erwecken könnte. Er meinte, das sei ohne weiteres möglich, wenn die Bewässerungsfrage großzügig angefaßt und gelöst werde. Später erkannte er, daß es damit allein nicht getan sei, daß die Bewässerung der Trockengebiete vielmehr zu deren Versalzung führen werde. Die Wiedererschließung dieser Gebiete setze eine gründliche Ausbildung der Bauern voraus, die erst mit den Methoden einer sorgfältigen Bodenbearbeitung vertraut gemacht werden müßten. Zu seiner ursprünglichen, optimistischen Auffassung kehrte er zurück nach dem Studium der großen Erfolge, die insbesondere in Mexiko mit der Bewässerung durch Dränagen – in betonierten Gräben, die bei uns als unnötige Verschandelung der Landschaft angesehen werden –, statt durch Oberflächenberieselung, durch hochwertiges Saatgut und durch intensive, auf Bodenuntersuchungen fundierte Mineraldüngung erreicht werden konnten.

Fritz Baade hat immer klar gesehen, daß die natürlichen Düngemittel nirgendwo in der Welt ausreichen, um dem Boden die Nährstoffe wieder zuzuführen, die die landwirtschaftliche Nutzung ihm entzieht, vor allem nicht in den Ländern, in denen der Stallmist das fehlende Brennholz ersetzen muß und daher als Dünger ausfällt. Die Verketzerung der Düngung durch – ebenfalls natürliche – Mineralstoffe, die heute unter Berufung auf Umweltschutz und naturgemäße Lebensweise betrieben wird, hätte er gewiß als paradox empfunden. Denn es heißt doch, zwei in ganz verschiedene Richtungen davonlaufende Hasen auf einmal jagen zu wollen, wenn man einerseits befürchtet, eine rapide wachsende Weltbevölkerung nicht sattmachen zu können, und eine heraufziehende Hungerkatastrophe an die Wand malt, andererseits aber Maßnahmen gegen die Anwendung von Düngesalzen und Verbote fordert, die die Nahrungsgütererzeugung sowohl vermindern wie verteuern.

Das Problem der Rohstoffvorräte und der Rohstoffversorgung wollen wir nicht bagatellisieren. Die Frage, ob insbesondere die großen Industrienationen jederzeit, in jeder denkbaren Situation jede von ihnen gewünschte Menge von industriellen Rohstoffen selbst haben oder erhalten werden, läßt sich schon deswegen nicht mit einem eindeutigen Ja beantworten, weil sie jeden Augenblick eine nicht kalkulierbare politische Akzentuierung erfahren kann, wie wir es beim Erdöl erlebt haben. Es läßt sich auch die Möglichkeit nicht ausschließen, daß bei diesem oder jenem Rohstoff, weil Produzenten und Konsumenten gedankenlos drauflos gewirtschaftet haben, ein womöglich weltweiter Engpaß auftreten kann. Doch im ganzen und grundsätzlich gesehen spricht jegliche wirtschaftliche Erfahrung dagegen, daß die moderne Industriewirtschaft in eine ausweglose Lage geraten könnte, weil dieser oder jener Rohstoff nicht mehr zur Verfügung steht – was ja nicht übergangslos von einem Tag zum anderen eintreten kann – oder doch jedenfalls knapp und teuer wird. Es wird dann immer noch Zeit genug bleiben, um Ersatzlösungen ausfindig zu machen und Alternativen zu entwickeln. Bei keinem der Grundstoffe, auf die die Industrie heute angewiesen ist, zeichnet sich eine Situation ab, die eines Tages dem industriellen Wachstum ein zwingendes Halt gebieten könnte, weil der befürchtete Raubbau an Bodenschätzen – das Erdöl bedarf einer gesonderten Betrachtung – eine unüberwindliche Grenze gesetzt hätte. Auch diesen Gefahrenherd, einen der fünf des Weltmodells, können wir mit Ruhe und ohne einer Weltuntergangsstimmung anheimzufallen betrachten – sofern die Menschheit, insbesondere die der großen Industrieländer, die denkbaren Schwierigkeiten wachsam beobachtet und ihnen rechtzeitig entgegenwirkt.

Wer behauptet, daß die Menschheit sich mit der zunehmenden Verknappung und der baldigen Erschöpfung der wichtigsten industriellen Rohstoffe befassen müsse, kann dieses Problem nur im Weltmaßstab sehen. Er muß nach weltweiten Lösungen suchen, und es ist kein Wunder, daß ihm sogleich eine weltweite Erfassung, Verteilung und Kontrolle vor Augen steht. So gibt es also auch einen Weltrohstoffplan, den des niederländischen Nationalökonomen Jan Timbergen, der eine zentrale Verteilung der Rohstoffe vorsieht. Aber dieser Plan läßt die Frage offen, welche Autorität hinter diesem Plan stehen und ihn realisieren könnte. »Kontrolle braucht Macht. Wer soll diese Macht ausüben? Wer soll die Verteilung, die Quoten diktieren?«[115] Es wird dabei bleiben, daß die Rohstoffe Gegenstand harten Wettbewerbs sind, der auf den Märkten ausgetragen und wahrscheinlich durch Kartelle und Monopole der Rohstoffländer eine erhebliche Verschärfung erfahren wird.

Wenn weder staatlicher Zwang noch Angstpsychosen die Menschheit zu einem sparsameren Umgang mit nicht ersetzbaren Rohstoffen anhalten können, dann werden es steigende Preise tun. »Die Seelenmassage der Psychologen, Futurologen, Soziologen und Politologen hat wohl die Angst geschürt, aber keine Änderung der Verschwendung bewirkt.« Aber »wir brauchen Umweltschutz. Und wir wollen auch wieder saubere Flüsse, blauen Himmel, mehr Ruhe – und die vielstrapazierte Qualität des Lebens. Das alles kostet seinen Preis. Wir müssen in Zukunft einen größeren Teil unseres Einkommens dafür verwenden, um die Schäden der Zivilisation zu beseitigen. So müssen wir die Kosten des frühen Wachstums tragen und mehr Geld für Rohstoffe ausgeben, die unser künftiges Wachstum ermöglichen.«[116]

Niemand wird behaupten wollen, daß die Versorgung mit den für die heutige industrielle Technik benötigten Rohstoffen für alle Zeiten oder auch nur für eine längere Zukunft gesichert sei. Das Verhältnis zwischen den zur Zeit bekannten Vorkommen einerseits und möglicherweise weiter steigenden Verbrauchsraten andererseits ist einer der Anlässe zu der Frage, welchen Grad wirtschaftlichen Wachstums wir uns noch leisten können. Aber es bietet keine Veranlassung zu akuten Besorgnissen und erst recht nicht zu einer Katastrophenstimmung. Viele der hier in Rede stehenden Rohstoffe können entbehrt oder ersetzt werden. Andere können untereinander ausgetauscht werden. Und für alle dürfte der Ausspruch des Erdölgeologen Wallaco E. Pratt gelten: »Wo Energie letzten Endes zu finden ist, sind in letzter Konsequenz unsere Gehirne!«[117]

Sind die Weltmeere ausgebeutet?

In den Bilanzen der Ernährungswirtschaftler spielen die Nahrungsreserven, die in den Meeren noch erschlossen werden können, insbesondere die bisher kaum in Angriff genommenen riesigen Fischbestände der südlichen Polarmeere, eine erhebliche Rolle. Ihre Nutzbarmachung hängt nicht zuletzt von einer Verfeinerung der Methoden zum Auffinden der Fischreviere ab, außerdem von einer Intensivierung der technischen Fangverfahren.

Aber die Auffassung darüber, ob und in welchem Umfange maritime Nahrungsreserven erschlossen werden können, gehen weit auseinander. Während Sir Alister Hardy davon überzeugt ist, daß noch »reichere Ernten aus den Tiefen der Meere«[118] erwartet werden können, und zwar u. a. durch neue biologische Aufzuchtkulturen, die allerdings eine internationale Zusammenarbeit voraussetzen, melden sich auch gewichtige Gegenstimmen.

Einer der Wortführer völlig entgegengesetzter Auffassungen ist Paul Ehrlich. In einer 1969 verfaßten und auf das Jahr 1985 bezogenen Zukunftsvision zeichnet er ein düsteres Bild von den verödeten Meeren[119]. Kapitalistische Profitgier habe die ehemals reichen Fischgründe nicht nur in der Nordsee, sondern auch entlang der südamerikanischen Pazifikküste bis zur Erschöpfung ausgebeutet, nachdem der Fischfang in der Ostsee wegen der Verseuchung dieses flachen Gewässers durch die Abwässer der Anliegerstaaten ohnehin endgültig zum Erliegen gekommen sei. Die seit langem gesicherte Erkenntnis der Meeresbiologie, daß die Fische in großen Mengen dort stehen, wo das kalte Wasser der Nordmeere auf das vom Golfstrom erwärmte trifft, schiebt er einfach beiseite. Das jedoch ist der

Hauptgrund dafür, daß die ehemals reichen Fischgründe vor der Haustür der europäischen Verbraucherländer, die Doggerbank und die Lofoten für den Großfischfang unergiebig geworden sind. Die Fische stehen nun weit oben im Norden, um Island, vor Spitzbergen und Jan Mayen. Dort aber sind sie unerreichbar geworden für die Kutter und kleinen Logger, die in vergangenen Tagen die traditionellen europäischen Fangplätze befischt haben, wie ja auch in der norwegischen Literatur die Lofotfischer längst zur Saga geworden sind. Und Gorch Focks Finkenwerder Landsleute sind größtenteils an Land gegangen, jedoch nicht, weil die Fischgründe erschöpft sind. Die großen Entfernungen, die jetzt hin und zurück überwunden werden müssen, haben die bis dahin üblichen Trawler von 350 bis 600 t Wasserverdrängung unwirtschaftlich gemacht und haben die auch bis dahin schon kapitalstarken Hochseefischereien gezwungen, unter erheblichem Investitionsaufwand zum Einsatz von großen Fang- und Fabrikschiffen überzugehen. Diese sind durchaus nicht eine Erfindung kapitalistischer Ausbeutermethoden, sondern einfach die unvermeidliche Konsequenz aus der meeresbiologisch relevanten Tatsache, daß es dem Golfstrom eingefallen ist, seine Richtung zu ändern, was im übrigen auch dazu geführt hat, daß die lange gesuchte West-Ost-Passage um Sibirien herum in den Stillen Ozean, zu Nordenskiölds Tagen eine seemännische Leistung ersten Ranges, heute routinemäßig befahren wird. Auch daß die Sardellenschwärme an der peruanischen Küste, die die Grundlage für die Fischmehlindustrie in Callao abgeben, zeitweilig ausbleiben, muß in Ehrlichs Darstellung als Beweis für kapitalistische Ausbeutermethoden herhalten, obgleich auch hier die wirkliche Ursache, nämlich eine Richtungsänderung des normalerweise an der Küste entlang streichenden Humboldtstromes, allen Fachleuten, insbesondere den einheimischen, wohlbekannt ist. Die peruanische Regierung reagierte sofort mit dem Verbot der industriellen Fischerei, mit der Folge, daß die Weltfischmehlproduktion um knapp 10 v. H. zurückging, mit der weiteren Folge, daß die Preise beträchtlich stiegen und die Futtermittelindustrie sich bemühte, auf Sojamehl, ein Konkurrenzerzeugnis zum Fischmehl, umzusteuern. Das ereignete sich 1973. Inzwischen, bis 1975, haben sich die Plankton- und damit die Anchovisbestände wieder normalisiert, und die Regierung Perus hat, ebenso wie die anderer Fischmehl exportierender Länder, die Ausfuhr wieder freigegeben, nachdem sie, um »kapitalistischen« Marktmanipulationen vorzubeugen, die Fischmehlindustrie mitsamt der von den bis dahin rund 100 Privatunternehmen unterhaltenen Fangflotten verstaatlicht hat. Es ist auch nicht so, daß die »kapitalistischen« Länder die Fischbestände Perus ausbeuteten. An den Importen peruanischen Fischmehls sind auch zahlreiche Ostblockländer erheblich beteiligt. Während die Bundesrepublik 1975 rund 170 000 Tonnen Fischmehl aus Peru bezog, importierte die Deutsche Demokratische Republik allein 100 000 Tonnen. Wichtige Abnehmer sind außerdem die Sowjetunion, Polen, Rumänien, Bulgarien, Jugoslawien und Kuba. »Osteuropa ist in Peru fast ständig im Markt.«[120] Die Suche nach geheimnisvollen, jedenfalls aber katastrophalen öko-biologischen Ursachen für das Ausbleiben der Anchovisschwärme hat sich als unnötige Aufregung erwiesen; die Sardellen sind wieder da.

Paul Ehrlich, Professor für Biologie und Ökologie an der Stanford-Universität, wird von seinen Anhängern als »einer der führenden Ökologen der Welt«[121] gefeiert. Er fühlt sich legitimiert, Authentisches über die Welternährungslage auszusagen. Aber von Colin Clark muß er sich vorhalten lassen, daß er die Veröffentlichung des Food Research Institute seiner eigenen Universität, »das vielleicht beste wissenschaftliche Institut, das sich mit den Ernährungsproblemen der Welt befaßt«, offenbar nicht kennt, sie jedenfalls in seinen eigenen Publikationen nicht erwähnt[122].

Ehrlich hat 1968 prophezeit, daß die Welterträge der Fischerei – infolge Raubbaus und einer andauernden Verseuchung der Meere mit chemischen Giftstoffen – bis 1977 auf jährlich 30 Millionen Tonnen sinken werden; 1969 beliefen sie sich auf rund 63 Millionen Tonnen. Aber die angekündigte Katastrophe trat auch in diesem Falle nicht ein. Im Jahre 1970 stiegen die Fänge auf 69,3 Millionen Tonnen. Abgesehen von geringen saisonal bedingten Schwankungen sind die Fischereierträge seit 1948, d. h. nachdem die kriegsbedingten Unterbrechungen der Hochseefischerei behoben waren, laufend gestiegen, im Jahresdurchschnitt um 5,9 v. H., also schneller als die Zunahme der Weltbevölkerung.

Auch die Argumente, mit denen Paul Ehrlich und andere ihren

Weltuntergangspessimismus zu belegen suchen, spektakuläre Beispiele der angeblich hoffnungslosen Verseuchung der Flüsse, Seen und Meere fallen mehr und mehr in sich zusammen, teils weil sie in grotesken Übertreibungen dargestellt sind, zum anderen, weil inzwischen das Nötige und Mögliche zur Wiederherstellung der öko-biologischen Funktionen der Gewässer getan worden ist.
Zum Eriesee, mit dem wir uns an anderer Stelle befassen, sagt Ehrlich, niemand, der noch bei rechten Sinnen sei, würde heute noch Fisch aus dem Eriesee essen. Clark hält ihm entgegen, daß er es dennoch getan hat, ohne negative Folgen. Und am Beispiel der Industriestadt Pittsburgh, die wegen ihrer Luft- und Wasserverschmutzung berüchtigt gewesen sei, legt er dar, daß es heute eine Musterstadt geworden ist, dank der durchgreifenden Maßnahmen, zu denen sich der Gouverneur des Staates Michigan, die Stadtverwaltung und die Industriellen zusammengefunden haben.
Jede Art von Umweltverschmutzung, insbesondere auch die des Wassers, kann, so meint Colin Clark, behoben werden, wenn die entgegenstehenden politischen Schwierigkeiten überwunden sind, wenn Unternehmer und Steuerzahler bereit sind, die dafür erforderlichen großen Summen aufzubringen, und wenn die verantwortlichen Behörden bereit sind, unpopuläre Maßnahmen vor der Öffentlichkeit zu vertreten und durchzusetzen.

Kernenergie und Umweltbelastung

Auch für die Bundesrepublik ist das Ausweichen auf andere Energieträger die zwingende Alternative zur Ölkrise 1973 und zu einer jederzeit möglichen Wiederholung des Embargos. Die Bemühungen, die die Bundesregierung in dieser Richtung unternommen hat, sind niedergelegt worden in dem im September 1973 aufgestellten und Anfang 1975 überprüften Energieprogramm.

Die Wirtschaft der Bundesrepublik wie die aller anderen großen Industrienationen hatte sich innerhalb einer Frist von knapp zwanzig Jahren mehr und mehr auf Erdöl als Energiequelle eingestellt, in der Annahme, daß Öl ständig in unbegrenzten Mengen und billiger als Kohle und Wasserkraft zur Verfügung stehen werde. Zur Sicherung einer geregelten Versorgung erschien die privatwirtschaftliche Beteiligung an Erschließungsgesellschaften als völlig ausreichend. Daß die Tätigkeit dieser Gesellschaften mit marktbeherrschendem Einfluß von den erdölproduzierenden Ländern als eine abgewandelte Form des Kolonialismus angesehen werden könnte, wurde ebensowenig beachtet wie die politische Instabilität der Mehrzahl dieser Länder.

Unter dem Anreiz der niedrigen Produktionskosten wurden die einheimischen Energieträger, insbesondere die Steinkohle, so vernachlässigt, daß eine große Zahl von Zechen, die soeben auch mit Einsatz großer öffentlicher Mittel modernisiert worden waren, stillgelegt werden mußten. Die jetzt erforderlich gewordene Rückbesinnung auf die im eigenen Lande vorhandenen Möglichkeiten – die in gleicher Weise auch für eine auf Versorgungssicherheit bedachte Agrarpolitik gilt – zwingt zu einem schmerzlichen Prozeß des Umdenkens. Die optimistischen, in krassem Widerspruch zur Weltlage entwickelten Thesen des Neoliberalismus von internationaler Arbeitsteilung und weltweitem marktwirtschaftlichem Güteraustausch sind jedenfalls in diesem wichtigen Versorgungsbereich eindrucksvoll widerlegt worden. Die Wiederingangsetzung der eigenen Versorgungsquellen wie die Erschließung neuer Energieträger braucht jedoch Zeit und verursacht erhebliche Kosten.

Die Notwendigkeit einer grundlegenden Umstellung auf neue – oder bislang vernachlässigte – Energieträger wird von den in erster Linie betroffenen Industriestaaten offenbar erkannt und ernstgenommen. Ersatzüberlegungen und -maßnahmen sind auf breiter Front angelaufen. Allen anderen voran haben die Vereinigten Staaten die Folgewirkungen der Energiekrise analysiert. Sie sind dargestellt in einer Studie der International Research and Technology Corporation in Arlington[123]. Ihre Ergebnisse sind wie folgt zusammengefaßt worden:

Das aus arabischen Ländern importierte Erdöl war zwei Jahrzehnte die Energiequelle, deren Ergiebigkeit schnellstens gesteigert werden konnte, und zwar gleichlaufend mit dem weltweiten Energieverbrauch mit einer jährlichen Steigerungsrate von 5 v. H. Die Erdölquellen dieser Länder wurden bis vor kurzem von den internationalen Ölgesellschaften kontrolliert, die die Rohölpreise unter Druck hielten. Mit dem Zusammenschluß der erdölexportierenden Länder ist ein Gegenkartell entstanden, das den Verbraucherländern nunmehr die Preise diktiert. Sie werden alles daransetzen, die Preise hochzuhalten. Das wird zu einer stagnierenden oder absinkenden Verbrauchstendenz führen. Ein Ersatz aus anderen Energiequellen kann kurzfristig nicht mobilisiert werden. Bei steigenden Preisen bleibt zunächst nur der Weg der Verbrauchsbeschränkung. Solche sofort wirksamen Einschränkungen können in vielen nichtlebenswichtigen privaten Bereichen erfolgen, vor allem beim Kraftfahrzeug- und Flugzeugverkehr, durch Umsteuerung von Lastwagentransporten auf Schienen- oder Schiffsverkehr, bei Haus- und Büroheizung und dergleichen. Auf längere Sicht können Einsparungen erzielt werden durch Entwicklung von weniger energieaufwendigen industriellen Produktionsverfahren, durch Wiederaufarbeitung von Grundstoffen mit Einschluß von Abfällen, durch rationellere Bauweisen, durch die die Wärmeverluste verringert werden, durch Umlenkung des Individualverkehrs auf öffentliche Verkehrsmittel, durch Verbesserung des z. Z. nur bei etwa 5 v. H. liegenden Wirkungsgrades, mit dem Energie in Haushaltsdienstleistungen umgesetzt wird. Diese und viele ähnlich mögliche Spareffekte ergeben sich von selbst aus der Verteuerung der aus Erdöl oder aus substituierenden Quellen gewonnenen Energie, andere bedürfen mindestens ergänzender staatlicher Maßnahmen, z. B. durch Verbote, prohibitive Besteuerung und ähnliche. Alle Länder, die in den wahrscheinlich niemals wiederkehrenden Zeiten niedriger Erdölpreise ihre industrielle Produktion, ihre Verkehrseinrichtungen und eine Unzahl von Dienstleistungen im öffentlichen wie im privaten Bereich auf Erdölbasis betrieben haben, werden, bevor andere Energiequellen in einem ins Gewicht fallenden Umfang zu fließen beginnen, eine etwa zehnjährige Durststrecke durchlaufen müssen. Sie kann ohne empfindliche Umstellungen und Beschränkungen des öffentlichen wie des privaten Verbrauchs nicht überwunden werden, immer vorausgesetzt, daß die Versorgungskrise anhält oder wieder auflebt. Aber die technische wie auch die wirtschaftliche Realisierbarkeit von mindestens sieben neuen Energiequellen ist gesichert. Dabei sind heute vieldiskutierte Probleme wie die Nutzung der in der Wärme der Erdkruste vorhandenen Energie, die Energiegewinnung aus der Windkraft und dem Gezeitenhub außer Betracht geblieben, weil sie in absehbarer Zeit nicht befriedigend und wenn überhaupt nur über einen unwirtschaftlichen Kostenaufwand gelöst werden könnten. Bessere Erfolgsaussichten bietet die Ausnützung der Sonnenwärme auch in Ländern der gemäßigten Zonen, allerdings nur für einen beschränkten Bereich. Die wesentlichen Reserven an konzentrierter Energie bestehen in der Stein- und der Braunkohle, im Erdgas und in bisher nicht erschlossenen Vorkommen an Erdöl – z. B. unter dem Meeresboden –, an Ölschiefer und Teersand, an ungenutzter Wasserkraft und vor allem an Erzen für die Kernspaltung. Alle diese Quellen reichen nach Ansicht der Gutachter aus, »um einen großen Bruchteil der wahrscheinlichen, weltweiten Energienachfrage bis weit in das 21. Jahrhundert zu sichern«. Vorsorglich wird darauf hingewiesen, daß die Bemühungen um eine auf andere Energieträger gestützte Versorgung mindestens für mehrere Jahrzehnte in starken Gegensatz zu den Bestrebungen des Umweltschutzes geraten werden, »bis neue, im wesentlichen verschmutzungsfreie, sichere Energiequellen entwickelt sind«. Dieser Vorbehalt ist wohl auch so zu verstehen, daß nach Auffassung der Gutachter die Sicherheitsvorkehrungen bei der Gewinnung von Atomenergie noch nicht befriedigen. Bei der Entwicklung neuer Energieträger werden die Kosten für den Umweltschutz »wahrscheinlich eine wesentliche Rolle spielen, wenn zu entscheiden ist, welche der Primärenergiequellen im großen Maßstab entwickelt werden sollen. Beträchtliche Forschungsanstrengungen werden notwendig sein, um Umweltschutzkriterien zu erstellen, die für eine langfristige Entwicklung jeder der Primärenergiequellen akzeptabel sind.« Für die Bundesrepublik wie für alle Industrieländer stellt sich die Lage nicht wesentlich anders dar. Auch hier sind es Sicherheitsprobleme, die noch der Lösung bedürfen.

Das Energieprogramm der Bundesregierung

Dieses Programm ist erstellt worden zu einer Zeit, als niemand an die Möglichkeit von Versorgungsschwierigkeiten, Erdölembargos und einschneidenden Preiserhöhungen dachte. Es mußte überarbeitet werden, nachdem, wenige Monate nach Veröffentlichung des Konzeptes, die Erdölkrise die Landschaft von Grund auf verändert hatte. Das ist geschehen nach dem Bericht einer Projektgruppe »Umwelt und Energie«, den das Bundesministerium des Innern am 15. November 1974 vorgelegt hat[124], und mit der vom Bundesministerium für Wirtschaft veranlaßten Ersten Fortschreibung des Energieprogramms der Bundesregierung[125].
Die Bundesregierung verfolgt das Ziel, »den Einsatz der Energieträger durch marktwirtschaftliche Faktoren bestimmen zu lassen«. Ob und in welcher Richtung sie außerdem Zwangsmaßnahmen erwägt und bereithält, geht aus dem Bericht der Projektgruppe nicht hervor. Sie werden sich, spätestens nach Wirksamwerden einer neuerlichen Einfuhrsperre, kaum vermeiden lassen. Daß der Effekt z. B. von Sonntagsfahrverboten auch durch gutes Zureden oder durch sanften Steuerdruck erreicht werden könnte, ist nicht anzu-

nehmen, selbst wenn man berücksichtigt, mit welcher erstaunlichen Gefaßtheit und Disziplin die vermeintlich so verwöhnten Bundesbürger die Einschränkungen hingenommen haben, die die Erdölkrise ihnen gewissermaßen über Nacht abverlangt hat.

In ihrem Energieprogramm bekennt die Bundesregierung sich ausdrücklich zum grundsätzlichen Gleichrang von Energieversorgung und Umweltschutz, räumt jedoch der Sicherung der menschlichen Gesundheit den unbedingten Vorrang ein. Sie sieht »die Zielkonflikte zwischen Sicherung der Energieversorgung einerseits und dem Schutz der Umwelt andererseits nicht als unlösbare Aufgabe, sondern stellt fest, daß das Erfordernis einer höheren und ausreichenden Versorgung mit Energie mit den Anforderungen des Umweltschutzes in Einklang gebracht werden kann«. Sie ist sich klar darüber, daß die so plötzlich aufgetretene Verknappung neue schwierige Probleme aufwirft. Im Energieverbrauch wird gespart werden müssen, sowohl durch bessere Ausnutzung vorhandener als auch durch Entwicklung alternativer Energiequellen. »Sparsame Verwendung von Energie bedeutet meist auch Schonung der Umwelt. Insgesamt muß eine im Hinblick auf den Verbrauch optimale Struktur des Energiegebotes unter gleichzeitiger Lösung der Umweltprobleme angestrebt werden.« Durchgreifende Maßnahmen, mit denen Einsparungen im Energieverbrauch hätten erzielt werden können, sind bisher nicht ergriffen worden.

Besonders was den wohl unvermeidlichen Ausbau der Kernenergiegewinnung angeht, ist die Bundesregierung offensichtlich darum bemüht, Energieversorgung und Umweltschutz aus der »Entweder-oder«-Situation fortwährender Konfrontation herauszulösen und in ein beiden Seiten förderliches »Sowohl-als-auch«-Verhältnis zu verwandeln. Einerseits erkennt sie an, daß verstärkte Bemühungen notwendig sind, um die Belastung der Umwelt und Schäden an den natürlichen Lebensgrundlagen der Gesellschaft zu vermeiden. Andererseits sieht sie den engen Zusammenhang zwischen ausreichender Energieversorgung und der Sicherung der Arbeitsplätze sowie der notwendigen Steigerung der volkswirtschaftlichen Produktivität, anders gesagt, eines auch künftig unentbehrlichen wirtschaftlichen Wachstums. »Energiebedarfsprognosen«, so heißt es im Regierungsprogramm, »müssen im Lichte der umweltpolitischen Ziele, aber auch im Lichte der Entwicklung der Energiemärkte überprüft werden.« Mit diesem Zugeständnis wird die Tür für eine für den Umweltschutz besonders wichtige Diskussion darüber eröffnet, ob zur Sicherung eines in seiner Größenordnung wie in seinen Steigerungsraten noch nicht feststehenden Energiebedarfs wirklich die vierzig bis fünfzig Atomkraftwerke benötigt werden, an denen auch der fortgeschriebene Energieversorgungsplan festhält, oder ob mindestens ein Teil von ihnen durch andere Lösungen ersetzt werden kann, wobei der Abwärmenutzung, aber auch der Sonnenenergie, offensichtlich eine besondere Bedeutung zuzumessen ist. Ein abgestufter Plan wird erwogen.

Wesentlich ist auch das Anerkenntnis der Bundesregierung, daß beim Bau von Raffinerien, Kraftwerken und besonders Anlagen der Kernenergiewirtschaft die Auswahl geeigneter Standorte und eine alle Gesichtspunkte erfassende Durchführung der Genehmigungsverfahren von entscheidender Wichtigkeit ist. »Um die Aspekte des Umweltschutzes bei der Auswahl von Standorten miteinander zu harmonisieren, sollen langfristig angelegte Planungen durchgeführt werden. Sie sollten dazu beitragen, durch eine Vorklärung des Standortes das spätere Genehmigungsverfahren durch Vorprüfung wichtiger umweltschutzpolitischer Gesichtspunkte zu verkürzen. Durch das Bundes-Immissionsschutzgesetz und seine Durchführungsvorschriften wird der notwendige Umweltschutz auch bei der Energieerzeugung und -umwandlung sichergestellt. Darüber hinaus wird dem Gewässerschutz durch die Vorschriften des Wasserhaushaltsgesetzes und durch den Entwurf eines vierten Gesetzes zur Änderung des Wasserhaushaltsgesetzes Rechnung getragen. Der erforderliche Schutz vor den Gefahren bei der Energienutzung wird durch das Atomgesetz gewährleistet, das der ständig wachsenden Bedeutung der Kernenergie entsprechend fortentwickelt werden soll.« Der Umweltschutz müsse immer den Vorrang haben, wenn die Gesundheit der Bevölkerung oder ihrer Lebensgrundlagen gefährdet sei.

Diese Absichtserklärungen der Bundesregierung wirken aus der Sicht des Umweltschutzes beruhigend. Damit müßte ja nun alles in guter Ordnung sein. Aber dem ist nicht so. Die Praxis sieht anders aus. Die Bundesregierung stellt den Energieversorgungsplan auf.

Aber die Energiewirtschaft bestimmt, wieviel Kraftwerke in welcher Zeit gebaut werden sollen. Auch die Entscheidung über die Standorte liegt nicht beim Bund, sondern bei den Ländern, praktisch jedoch bei den Stromversorgungs- und Mineralölgesellschaften, die die Kernkraftwerke bauen und betreiben wollen. Daß diese sich bei ihren Planungen weniger von Rücksichten auf das allgemeine Wohl und insbesondere auf die Anliegen des Umweltschutzes, als vielmehr von wirtschaftlichen Überlegungen leiten lassen, bedarf wohl keiner speziellen Beweisführung, selbst wenn gegenüber der Öffentlichkeit das Gegenteil versichert wird. Auch bei den Ländern dürften – oft recht ehrgeizige – Pläne für die Weiterentwicklung ihrer Wirtschaft letzten Endes ausschlaggebend sein, dazu bei den Kommunen und Kommunalverbänden der Blick auf die – raumordnungsfeindliche – Gewerbeertragssteuer. Allerdings hat sich die Bundesregierung im atomrechtlichen Genehmigungs- und Aufsichtsverfahren für Kernkraftwerke und andere kerntechnische Anlagen die Rechts- und Zweckmäßigkeitsaufsicht vorbehalten. Damit dürfte gewährleistet sein, daß bundeseinheitlich nach den gleichen Gesichtspunkten verfahren wird. Die Klagen von Gemeinden, Bürgerinitiativen und vielen Einzelpersonen, daß die vorgeschriebene Anhörung der Betroffenen eine Farce sei und erst erfolge, wenn die Planungen hinter verschlossenen Türen längst fertiggestellt seien, sind zu zahlreich und zu präzise, als daß sie sämtlich aus der Luft gegriffen sein sollten.
Woher entstehen der ständig sich wiederholende Ärger um die Standorte neuer Kernkraftwerke, die Bauplatzbesetzungen, die erregten Demonstrationen? Etwa, weil die Umweltschützer nur die Verunstaltung der Landschaft und die Gesundheitsgefährdung der in ihr lebenden Menschen und Tiere und auf der anderen Seite die Ingenieure und Kaufleute nur ihre Technik und den erzielbaren Gewinn sehen? Warum finden sie sich nicht auf einer gemeinsamen Plattform, auf der sich die Auffassungen und Interessen beider Seiten vereinigen lassen? Offenbar doch wohl, weil die Umweltschützer die mit der Erzeugung und Verwendung von Kernenergie verbundenen Gefahren in angstvoll übersteigerten Konturen sehen und die Energieplaner noch nicht daran gewöhnt sind, daß neben ihren technisch-ökonomischen Perspektiven auch die technisch-

biologischen einer sauberen Umwelt Anspruch auf angemessene Berücksichtigung haben. Wahrscheinlich hätten viele Ärgernisse und Mißverständnisse, auch wirtschaftliche Einbußen infolge von Verzögerungen beim Kraftwerkebau vermieden werden können, wenn eine breit angelegte Aufklärung rechtzeitig erfolgt wäre.

Im Umweltbrief Nr. 9 des Bundesministeriums des Innern[127] heißt es, es sei ein Ziel der Umweltpolitik, umweltfreundliche Brennstoffe sinnvoll einzusetzen. Umweltschutz und Energiebedarfsdekkung würden nur dann den modernen wirtschafts- und gesellschaftspolitischen Anforderungen entsprechen können, »wenn sie beide auf ein gemeinsames Ziel ausgerichtet sind und wenn nicht ein Ziel auf Kosten des anderen durchgesetzt wird. Umweltschutz tut ebenso not wie die Deckung des Energiebedarfes.« Durch die Lösung des einen Problems sollte nicht ein anderes verschärft und erschwert werden.

Das ist ein klarer und einleuchtender Standpunkt, der beiden Seiten gerecht wird und außerdem der Zwangslage entspricht, in der unsere Wirtschaft wie die aller anderen Industrieländer und dazu alle Energieverbraucher sich spätestens seit der Erdölkrise befinden. Aber er muß nach beiden Seiten hin durchgesetzt werden. Es darf nicht bei schönen Worten und überzeugenden Manifestationen bleiben. Er muß sich niederschlagen in zwingenden Vorschriften, deren Nichtbeachtung den Verlust der Konzession zur Folge hätte. Die Diskussion über Kernkraftwerke könnte entschärft werden, wenn anerkannte und überregionale Umweltorganisationen am Genehmigungsverfahren frühzeitig beteiligt werden.

Ebenso wichtig ist es aber, der Bevölkerung in rückhaltloser Offenheit zu sagen, was sie ohnehin, doch häufig mit panikerregenden Übertreibungen erfährt, nämlich daß weder der Bau noch der Betrieb von Atomkraftwerken, noch der Transport von spaltbarem Material, noch die Beseitigung des Atommülls heute bereits alle Sicherheitsanforderungen erfüllen. Die Redensart, es könne ein Starfighter auf ein Kernkraftwerk fallen, ohne eine Katastrophe auszulösen, ist allzu oberflächlich, um begründete Besorgnisse zerstreuen zu können.

Im März 1975 erfuhr die Weltöffentlichkeit durch einen Sprecher der Tennessee Valley Authority, daß das damals größte Kernkraftwerk der Welt in Browns Ferry vorläufig stillgelegt werden mußte, weil ein Ingenieur mit einer offenen Kerze nach einem Leitungsschaden suchte, dadurch einen Brand verursachte, der das automatische Sicherheitssystem lahmlegte und um ein Haar eine Katastrophe nicht absehbaren Ausmaßes ausgelöst hätte. Wie soll eine solche amtliche Nachricht auf den einfachen Bürger wirken, für den sich das Wort Atom ohnehin mit den Schrecknissen von Hiroshima oder Schlimmerem assoziiert, wenn er in seiner Meinungsbildung auf Gerüchte oder Schönfärbereien angewiesen ist und nicht weiß, daß die deutsche Sicherheitstechnik einen solchen Vorgang verhindert hätte? Dabei hat er doch bei der Erdölkrise und angesichts drohender Arbeitslosigkeit ein überraschend hohes Maß an Standfestigkeit gezeigt und unter Beweis gestellt, daß er durchaus fähig und willens ist, sich auch mit schlechten Situationen abzufinden. Er erwartet nur, daß man ihm reinen Wein einschenkt und ihm offen sagt, wie er dran ist. Würde man dem mündigen Bürger die Alternative so klar und so begründet vor Augen führen, wie die Einsichtigen und Verantwortlichen sie sehen müssen, und ihn wählen lassen zwischen dem Risiko einer immerwährenden Erpressung, mit der Folge wirtschaftlicher Verelendung, oder den gewiß noch nicht behobenen atomaren Gefahren, so würde er sich höchstwahrscheinlich für das letztere entscheiden, daran allerdings die Erwartung knüpfen, daß die Regierung alles daransetzt, um die heute noch bestehenden Gefahrenherde so schnell und so gründlich wie möglich auszumerzen. Die Interparlamentarische Arbeitsgemeinschaft, die ebenfalls im März 1975 sich mit dieser Frage beschäftigt hat, ist zu dem Ergebnis gekommen, daß die Lagerung von spaltbarem Material, die Abfallbeseitigung, die Wiederaufbereitung gebrauchten Materials, die Überprüfung veralteter Kernkraftwerke und die vermehrte Messung umweltrelevanter Daten in der Nähe von Kernkraftwerken zu den Sicherheitsproblemen gehören, die einer vordringlichen Lösung bedürfen. An ihr wird mit Nachdruck gearbeitet.

In dieser Richtung ist mindestens in der Vergangenheit nicht genug getan worden. Und das ist einer der Hauptgründe für die Kontroverse, die die öffentliche Meinung in dieser so lebenswichtigen Frage in zwei streitende Lager spalten. Die Bundesregierung hat offenbar eingesehen, daß hier eine Informationslücke klafft und wie sie sich ausgewirkt hat, nämlich in einem weit verbreiteten Vertrauensschwund. In seinem Rechenschaftsbericht »Sicherheit kerntechnischer Einrichtungen und Strahlenschutz« räumt der Bundesinnenminister ein, daß die Entwicklung der vergangenen Monate – um die Jahreswende 1974/75 – zunehmenden Widerstand der Bevölkerung gegen die Kernenergie und eine wachsende Neigung der Verwaltungsgerichte, Klagen auf aufschiebende Wirkung von Genehmigungsbescheiden stattzugeben, habe erkennen lassen. Darin zeige sich, »wie sehr es in der Bevölkerung an nötigem Vertrauen zur Kernenergie und Zutrauen zur Behörde bei der Wahrnehmung der Schutzinteressen der Öffentlichkeit vor den Gefahren der Kernenergie mangelt«. In einem allgemein-verständlich gehaltenen Taschenbuch hat der Bundesminister für Forschung und Technologie Nutzen und Risiken der Kernenergietechnik dargelegt und die Fakten aufgeführt, die bei der Gewinnung und dem Einsatz von Kernenergie von Bedeutung sind. Er hält diese Technologie für so sicher erprobt, daß »die Vorteile ihres wirtschaftlichen Einsatzes die verbleibenden Risiken deutlich überwiegen«[127]. Die Risiken sollen »auf das menschlich vertretbare Maß« beschränkt werden. Aber die gesetzlichen Maßnahmen setzen voraus, daß die Bevölkerung bereit ist, »die vorsichtige und verantwortungsbewußte Verwendung der Kernenergie zu akzeptieren«. Die Bundesregierung hält fest an der Auffassung, daß der Einsatz der Kernenergie aus Gründen der »Daseinsvorsorge« unerläßlich ist. Das aber soll dem Bürger nunmehr deutlich und offen gesagt werden. Zugleich betont sie, daß der Schutz und die Sicherheit der Bevölkerung den energiewirtschaftlichen Bedürfnissen voranzustehen habe. Aber darin sieht sie keine Schwierigkeiten mehr, »nachdem die friedliche Nutzung der Kernenergie kein grundsätzliches Problem der sicherheitstechnischen Machbarkeit mehr enthält«[128]. Die Bundesregierung geht davon aus, daß eine reibungslose Energieversorgung mindestens für eine längere Übergangszeit keine Selbstverständlichkeit sein wird. Sie nimmt die Erklärungen der erdölexportierenden Länder ernst, daß sie, schon um ihre Reserven zu schonen, das Angebot knapp und die Preise hoch halten werden. Das Risiko neuer Krisen und Angebotsstörungen stellt sie in ihre Rechnung ein. Alle Anstrengungen, auf andere Energieträger auszuweichen, werden erst mittelfristig zu fühlbaren Entlastungen führen. Bis dahin wird eine hohe Einfuhrabhängigkeit bestehen bleiben. Die damit gegebene Zwangslage wird verschärft durch die Belastungen, die die Zahlungsbilanz durch die drastisch erhöhten Rohölpreise erfahren hat. Sie beläuft sich auf schätzungsweise 18 bis 20 Milliarden DM jährlich, vorausgesetzt, daß die erdölexportierenden Länder ihre derzeitige Preispolitik über längere Zeiträume durchhalten. Da die Zahlungsbilanz in den letzten Jahren, trotz hoher Außenhandelsüberschüsse, nur knapp im Gleichgewicht gehalten werden konnte, gehen die vermehrten Aufwendungen für Rohölimporte auf die Dauer zu Lasten der Gold- und Devisenreserven der Bundesbank; sie würden die Überschüsse der Hochkonjunkturzeit in wenigen Jahren völlig aufzehren.

Diese Zwangslage ist Anlaß genug zu beschleunigtem Handeln. Der hohe Rohölpreis enthält zwei Faktoren, die entlastend wirken können. Er regt zur Sparsamkeit an und verlangsamt, auch ohne regulierende staatliche Eingriffe, die Energienachfrage. Zum anderen rückt er die Ausnutzung oder den Rückgriff auf andere Energieträger in greifbare Nähe, die in den Zeiten des billigen Rohöls aus Kostengründen vernachlässigt worden sind, z. B. Steinkohle und die Kohleverflüssigung.

Allerdings hält die Bundesregierung, um nur ja nicht in den Verdacht einer auf Autarkie gerichteten Wirtschaftspolitik zu geraten, sogleich eine Hintertür offen. In der ersten Fortschreibung ihres Energieberichtes weist sie darauf hin, daß die deutsche Steinkohle im internationalen Kostenvergleich benachteiligt ist, weil ungünstige geologische Bedingungen höhere Förderkosten mit sich bringen. Zwar deckten die durch die Rohölsituation nach oben gegangenen Preise ungefähr die relativ hohen Gestehungskosten. Aber der strukturelle Wettbewerbsnachteil gegenüber wirtschaftlicheren ausländischen Revieren werde dadurch nicht behoben. »Die Kohlepolitik kann daher ein erneutes Öffnen der Schere zwischen Erlösen und Kosten zu Lasten der einheimischen Steinkohleproduktion nicht außer Betracht lassen. Es gilt, ein vernünftiges Verhältnis zwischen dem Erfordernis einer sicheren Energieversorgung, der Größe des deutschen Steinkohlebergbaus und den damit verbundenen volkswirtschaftlichen und finanzwirtschaftlichen Vor- und Nachteilen zu finden.«[129] Damit wird doch wohl die Möglichkeit bereits angedeutet, daß sichere, innerhalb der eigenen Grenzen liegende Reserven zugunsten unsicherer Auslandsbezüge abermals preisgegeben werden könnten, oder anders gesagt, daß wir zum zweiten Male Zechen stillegen und Bergarbeiter umschulen werden, wenn einmal wieder niedrigere Erdölpreise winken, oder wenn Energieträger erschlossen werden, die die fossilen Brennstoffe auf die Dauer entbehrlich machen.

Immerhin sieht der berichtigte Energieplan vor, daß die Steinkohleförderung, die vor der Erdölkrise mit 83 Millionen Tonnen für 1978 eingesetzt worden war, angesichts der veränderten Situation auf 95 Millionen Tonnen bereits im laufenden Kohlenwirtschaftsjahr heraufgezogen wird. Für 1980 wird angenommen, daß die Elektrizitätswirtschaft 35 Mio. t abnimmt, die Eisen- und Stahlindustrie – mit Kostenvorbehalten – 25 Mio. t. Weitere 11 Mio. t sind für die übrige Industrie und für Hausbrand vorgesehen, aber 18 Mio. t für den Export, der für erforderlich gehalten wird, um frühere Verlustgeschäfte auszugleichen. Die Möglichkeit, aus Gründen der nationalen Sicherheit den Kohlenpreis durch Subventionen attraktiver zu machen, sind offenbar nicht in Erwägung gezogen worden. Dagegen sollen Investitionen im Braunkohlebergbau steuerlich begünstigt werden. Sie dienen vor allem der Aufschließung neuer großer Vorkommen. Die Braunkohle ist nach der Steinkohle und dem Erdgas der wichtigste in der Bundesrepublik geförderte fossile Brennstoff, zugleich auch der billigste. Mehr als vier Fünftel der Fördermenge werden für die Elektrizitätsgewinnung verwendet.

Aber auch ein intensivierter Rückgriff auf die traditionellen Energieträger reicht bei weitem nicht aus, um die energiepolitische Handlungsfreiheit zurückzugewinnen. Auf einen großflächigen Ausbau der Kernkrafterzeugung glaubt die Bundesregierung nicht verzichten zu können. Mit diesem Programm soll die Kernkraftwerksleistung, die 1974 bei 2300 Megawatt lag und nur rund 4 v. H. des Energiebedarfs der Bundesrepublik deckte, bis 1980 auf 18 000 MW und bis 1985 auf 40 000 MW gesteigert werden. Einen weiteren Ausbau bis 50 000 MW hält die Bundesregierung für wünschenswert, um allen Eventualitäten in der Verbrauchsentwicklung gewachsen zu sein. Nach dieser Ausbaustufe würde eine Bedarfsdeckung durch Kernenergie in Höhe von 45 v. H. gegeben sein. Die Planungen der Energiewirtschaft bleiben allerdings deutlich hinter dieser Bedarfsrechnung zurück.

Um dieses weitgespannte Ziel zu erreichen, würden große Anstrengungen aller Beteiligten erforderlich werden. Insbesondere kommt es nach Ansicht der Bundesregierung darauf an, die Planungs- und Bauzeiten zu verkürzen. Das setzt u. a. voraus, daß die Industrie standardisierte Anlagen anbieten kann. Eine zügigere Durchführung der Genehmigungs- und Aufsichtsverfahren bedingt die Heranbildung entsprechender Fachkräfte. Zusätzliche organisatorische Maßnahmen sind nötig, um bei den Genehmigungsverfahren auch die Sicherheitsgesichtspunkte gebührend zu berücksichtigen. Die Verbesserung der Sicherheitstechnik soll sich vor allem auf Unfälle, Sabotageakte u. dgl. erstrecken. Die sicherheitstechnischen Anforderungen sollen vereinheitlicht und auch für die Öffentlichkeit übersehbar – und das heißt hoffentlich auch verständlicher – gemacht werden. Unbegründeten Befürchtungen soll durch breitere Aufklärung entgegengewirkt werden.

Ausdrücklich wird betont, daß »auch unter den veränderten energiewirtschaftlichen Daten« die Bundesregierung an der Absicht festhält, dem Schutz und der Sicherheit der Bevölkerung die absolute Priorität zuzuerkennen. Schon jetzt könne ein so hoher Sicherheitsstandard gewährleistet werden, daß sich der Bau weiterer Atomkraftwerke entsprechend den energiepolitischen Bedürfnissen verantworten läßt. Auch künftig würden nur solche Anlagen genehmigt werden, bei denen nach den Erkenntnissen der wissenschaftlichen Forschung und den einschlägigen Erfahrungen im In- und Ausland keine Gefährdung der Bevölkerung besteht.

Diese und viele gleichlautende Erklärungen haben die Diskussion über die friedliche Nutzung der Kernenergie und deren Ausmaß nicht wesentlich beruhigt oder abgeschwächt. Die Kernenergiegegner halten ihre Einwendungen aufrecht, die recht unterschiedlichen Motiven entspringen, wie auch die Standpunkte der Ablehnenden stark differieren. Einmal sind es die »emotional motivierten Eiferer«, die sich als Sachwalter demokratischer Bürgerrechte fühlen und von der Richtigkeit ihrer Sache und ihrer Auffassungen so überzeugt sind, daß sie von noch so fundierten Gegenargumenten kaum noch erreicht werden. Sie werden vorgeschoben von »politisch motivierten Extremisten, die im Hintergrund zu bleiben suchen, den Solidarisierungseffekt einer populären Agitation nutzen und letzten Endes den Kampf gegen die Kernenergie als Hebel zum Sturz der gefaßten bürgerlichen Gesellschaft benutzen« möchten. Und schließlich die Nachdenklichen, deren Einwände, vor allem auf dem Gebiet der Sicherheit, Fragen sind, die aus echtem Verantwortungsbewußtsein gestellt werden[130].

Die Bundesregierung betont auch anläßlich der Fortschreibung ihres Energieprogramms, daß eine sichere und ausreichende Energieversorgung und der Schutz der Umwelt gleichrangige Ziele ihrer Politik seien. Aber sie hat selbst Bedenken, ob solche programmatischen Erklärungen genügen. Sie erwägt daher, gesetzlich fundierte Entscheidungskriterien zu erarbeiten, die für Regelungen im Einzelfall eine Leitlinie abgeben könnten. Auf diesem Wege sollen die Standortkriterien und die Genehmigungsverfahren vereinheitlicht werden.

Energie ist sowohl teurer wie knapper geworden. Ein neues Energiebewußtsein, das mehr durch Information als durch Zwangsmaßnahmen geweckt werden sollte, kann dazu verhelfen, Energieverluste zu verringern, kann auch zum sparsamen Umgang mit der Energie erziehen. Beachtenswerte Anfänge, und zwar allein durch Änderung des Verbraucherverhaltens, sind gemacht worden. Die Zuwachsraten beim Energieverbrauch sind hinter früheren Schätzungen deutlich zurückgeblieben.

Das ist aber der Punkt, um den sich die Diskussion über das Atomenergieprogramm hauptsächlich drehen wird. Brauchen wir die für eine Erzeugung von 50 000 MW vorgesehenen Kraftwerke, wenn der Verbrauch sich abflacht, und gibt es andere, bisher nicht einkalkulierte Lösungen, die mindestens einen Teil der programmierten Anlagen überflüssig machen könnten? Nicht die Atomkraftwerke als solche werden in Frage gestellt; aber es wird bezweifelt, ob sie in dem vorgesehenen Umfang noch erforderlich sind, wenn die Nachfrage auf die Dauer schwächer wird.

Diese Frage und etwa sich anbietende Ersatzlösungen sind Gegenstand mehrerer Untersuchungen und Denkschriften, die der Ar-

beitskreis »Technischer und biologischer Umweltschutz des Deutschen Naturschutzringes« mit bemerkenswerter Sachkunde und Objektivität erarbeitet und den zuständigen Bundesressorts vorgelegt hat. Der Arbeitskreis wendet sich zunächst gegen die Energiebedarfsprognose der Bundesregierung, der eine Verbrauchssteigerungsrate von 7 v. H. trotz des inzwischen eingetretenen Verbrauchsrückganges zugrunde liegt. Diese ist offensichtlich zu hoch angesetzt. Die Energiestudie der OECD kommt auf einen Bedarfszuwachs, der nur etwa die Hälfte ausmacht. In diesem Rahmen sollte auch die Kapazitätsausweitung liegen.
Nach Angaben des Deutschen Atomforums waren um die Jahreswende 1974/75 24 Kernreaktoren in Betrieb, im Bau oder in Auftrag gegeben mit einer Gesamtleistung von rund 15 000 MW. Weitere sieben sind geplant, aber noch nicht in Auftrag gegeben. Durch sie würde die Gesamtleistung auf etwas mehr als 23 000 MW steigen. Es sind aber noch weitere neun Werke in der Planung, und bis 1985 sollen 40 Reaktoren in Betrieb sein mit einer Gesamtleistung von 40 000–50 000 MW. Der Anstoß zu dieser verbreiterten Planung hat die Ölkrise gegeben. Sie hat auch der breiten Öffentlichkeit vor Augen geführt, daß eine Energieversorgung, die weitgehend auf importiertem Erdöl basiert, unsicher geworden ist. Auch die Bundesregierung muß alle Anstrengungen machen, um Unabhängigkeit und Handlungsfreiheit zurückzugewinnen. Die Versorgungslücke muß durch alsbaldige Mobilisierung anderer Energieträger geschlossen werden unter Inkaufnahme hoher Entwicklungs- und Investitionskosten und noch nicht behobener Risiken. Aber selbst diese prekäre Lage, die der Arbeitskreis würdigt, rechtfertigt nicht eine Planung, die weit über die Grenzen des unbedingt Erforderlichen hinausgeht. Woher und warum diese Hektik? Der Arbeitskreis sieht einen wesentlichen Grund darin, daß die Hersteller von Atomreaktoren und die Elektrizitätsgesellschaften, die sie betreiben, gemeinsam der Bundesregierung eine Bedarfsberechnung aufmachen, die über das Ziel hinausschießt. »Es stehen hier« – so der Arbeitskreis – »massive Wirtschaftsinteressen gegen unabdingbare Sicherheitsforderungen.«
Bei der Aufzeichnung der Risikofaktoren weist der Arbeitskreis auf die bislang nicht hinreichend gewerteten Gefahren hin, die durch

Raub und Diebstahl von Kernmaterial entstehen könnten, sowie auf Anschläge von Terrorgruppen, außerdem auf noch offene Fragen des Versicherungsschutzes. Solche und ähnliche Gefahrenmomente könnten vorübergehend außer acht gelassen werden, wenn und soweit es darum geht, wirkliche Versorgungslücken auszufüllen. Sie bekommen aber ihr volles Gewicht, wenn es sich um Anlagen handelt, die für absehbare Zeit, vielleicht für immer über den Bedarfsdeckungsrahmen hinausgehen. Der Arbeitskreis hält es durchaus für möglich, daß selbst die Energiebedarfsprognose der OECD, obgleich sie bereits um die Hälfte niedriger ist als die der Bundesregierung, durch die weitere Entwicklung noch unterlaufen werden könnte, nämlich dann, wenn sich die derzeitige Wirtschaftskrise zu einer langanhaltenden weltweiten Rezession gestalten sollte. Sie würde auf die deutsche Wirtschaft, vor allem auf die Exportwirtschaft durchschlagen. Die bisherigen Wachstumsraten von jährlich fünf und mehr Prozent hätten sich ohnehin nicht über längere Zeiträume durchhalten lassen. Müßten wir uns auf ein wirtschaftliches Wachstum von 0 bis 2 v. H. einrichten, so würde sich auch der zusätzliche Energiebedarf in diesem Rahmen halten.
Die Verbrauchsprognosen, von denen die Bundesregierung unverändert ausgeht, bedürfen mithin einer gründlichen Überprüfung auch im Hinblick auf sich abzeichnende Fehlinvestitionen großen Ausmaßes. Die Baukosten für die geplanten Kernkraftwerke belaufen sich auf rund 60 Milliarden DM. Die gleiche Summe würde für Folgeeinrichtungen aufgewendet werden müssen. Abgesehen davon, daß die Wirtschaft vor Fehlleistungen solchen Ausmaßes bewahrt werden sollte, würden Kapazitäten entstehen, die mit einiger Wahrscheinlichkeit nicht voll ausgelastet werden. Der teilweise Leerlauf müßte zu unerwünschten, das Volkseinkommen, den privaten Verbrauch und die Wettbewerbsfähigkeit der deutschen Wirtschaft belastenden Strompreiserhöhungen führen.
Indem diese höchst aktuellen Fragen aufgeworfen werden, wird die Bundesregierung vor eine schwere Entscheidung gestellt. Soll sie, weil sie energiewirtschaftlich sichergehen will und wahrscheinlich auch unter der Perspektive der Arbeitsbeschaffung, weiterhin den Argumenten der Energiewirtschaft folgen, die möglichst viele Kraftwerke bauen und betreiben will – und den entscheidungsbe-

fugten Bundesländern, die sich dabei regionale Wachstumsvorteile ausrechnen –, oder soll sie ein eingeschränktes Kernenergieprogramm unter teilweiser Heranziehung anderer Energieträger durchziehen und gleichzeitig die ohnehin sich ausbreitende Bereitschaft, Energie zu sparen, durch nachdrückliche amtliche Maßnahmen fördern? Einsparungen bedeuten Einschränkungen im privaten Bereich, im Verkehr, in der Wirtschaft, vielleicht sogar Schrumpfungsvorgänge. Aber sind sie, wenn es in erster Linie darum geht, für die nächsten zehn oder fünfzehn Jahre über die Runden zu kommen, nicht leichter zu tragen als gigantische Fehlinvestitionen, verbunden mit noch nicht behobenen Umweltbelastungen?

Die Alternative, auf die der Arbeitskreis des Deutschen Naturschutzringes hinweist, ist die wirtschaftliche Nutzung der Abwärme. Weil wir bislang nicht zu sparen brauchten, leisten wir uns den Luxus, riesige Mengen von Wärme in die Luft zu jagen. Die Wasserdampfwolken über den Kühltürmen der Kraftwerke können geradezu als Symbol einer Überfluß- und Wegwerfwirtschaft gelten. Ihre Marktmacht erlaubte es den Elektrizitätsgesellschaften bislang, auf die Nutzung dieser Energiemengen zu verzichten. Jetzt ist das Problem erkannt und aufgegriffen worden, wenn auch um einige Jahre zu spät. Die Bundesregierung fördert die wissenschaftliche und technische Klärung der noch offenen Fragen. Sie hat auch diesen bisher nicht beachteten Energieträger in ihre Planung einbezogen. Erste Großversuche sind angelaufen. Das sollte ein Grund mehr sein, das Atomenergieprogramm erneut zu überprüfen und auf die Maße zurückzuschrauben, die sich ergeben, wenn einerseits alle Einsparungsmöglichkeiten entschlossen wahrgenommen, andererseits alle sich anbietenden Alternativen zur Atomkraft ausgenutzt werden.

In Beantwortung einer Großen Anfrage von Abgeordneten der Bundestagsfraktionen der SPD und der FDP hat die Bundesregierung die Vor- und Nachteile von Kernenergieanlagen erneut gegeneinander abgewogen. Sie hat ihre Auffassung bekräftigt, daß auch bei Berücksichtigung realisierbarer Substitutionsmöglichkeiten auf die Nutzung der Kernenergie aus Gründen der Versorgungssicherheit und zwecks Verminderung eines Versorgungsrisikos nicht verzichtet werden kann. Sie hat sich erneut zu dem Grundsatz bekannt, daß der Schutz der Bevölkerung vor Gefahren, die zwar inzwischen stark reduziert worden und praktisch kaum größer sind als Gefahrenquellen bei anderen industriellen Anlagen, den Vorrang hat vor energiewirtschaftlichen Bedürfnissen. Aber die sicherheitstechnischen und ökologischen Probleme seien so weit geklärt, daß »eine Nutzung dieser Energieform . . . sinnvoll und mit dem Schutz der Bevölkerung . . . vereinbar ist«[131].

Das Problem, wie die Bevölkerung und die Umwelt gegen Strahlungsschäden geschützt werden können, beschäftigt die Bundesregierung seit dem Inkrafttreten des Gesetzes über die friedliche Nutzung der Atomenergie im Jahre 1959. Ihre Vorstellungen über die erforderlichen sicherheitstechnischen Maßnahmen entsprechen dem damaligen Wissensstand. Seitdem ist sie unablässig bemüht gewesen, neue Erkenntnisse zu gewinnen und zur Anwendung zu bringen. Die ständig wiederholte Versicherung, daß sie entschlossen ist, im Widerstreit zwischen wirtschaftlichen und finanziellen Erwägungen einerseits und dem Schutzgedanken andererseits zugunsten des letzteren zu entscheiden, kann nicht in Zweifel gezogen werden, ebensowenig wie ihre Bemühungen, den Rahmen der Sicherheitsanordnungen so eng wie möglich zu halten. Die Neufassung der Strahlenschutzverordnung, die das Bundeskabinett am 2. Juni 1976 in Verbindung mit einer Verordnung verabschiedet hat, die die Versicherungspflicht nach dem Atomgesetz zum Gegenstand hat, bekräftigt diese Absichten, wobei naturgemäß die etwaigen Langzeitfolgen des Umgangs mit Strahlen überhaupt, z. B. denkbare genetische, nicht einbezogen sein können, wenn sie noch nicht wissenschaftlich erkennbar geworden sind.

Im übrigen müssen wir feststellen, daß die Kernenergiedebatte mit einer in der Sache begründeten Gesetzmäßigkeit hin zum Problem des wirtschaftlichen Wachstums führt. Die Gegner der Atomenergienutzung wissen, daß z. Z. noch der überwiegende Teil des Stromverbrauchs aus der Verbrennung von Erdöl gewonnen wird. Sie wissen, daß dieser Anteil auch bei abgeschwächten Zuwachsraten beim Stromverbrauch ungefähr gleich bleiben wird. Ebenso wissen sie, daß das Erdöl, abgesehen von einem eventuellen neuen Embargo, nicht für unbegrenzte Zeit in beliebigen Mengen zur Verfügung stehen wird. Und schließlich ist ihnen bekannt, daß Energie aus Wasserkraft, Sonnenwärme und Abwärmenutzung die Lücke nur teilweise und nicht von heute auf morgen schließen kann. Wenn sie also den Bau von Atomkraftwerken verhindern oder z. B. durch Ausschöpfung aller im Genehmigungsverfahren liegenden rechtlichen Einwendungen verschleppen, so zielen sie damit auf eine Drosselung des wirtschaftlichen Wachstums ab, mit allen den einschneidenden Folgen, die sich daraus für den Staat, die Gesellschaft, die Wirtschaft wie für den einzelnen Bürger ergeben müssen. Verlauf und Tendenz mancher Kernenergiediskussionen legen die Vermutung nahe, daß es ihnen weniger um die noch ungelösten Sicherheitsprobleme zu tun ist, als vielmehr um die mittelbaren Wirkungen für die Weiterentwicklung atomarer Technologien und für weiteres wirtschaftliches Wachstum, das als ein spezifisches Merkmal der kapitalistischen Wirtschafts- und Gesellschaftsordnung angesehen wird.

»Recycling«

Recycling ist ein neues Wort für eine uralte Sache. Übersetzen wir es mit Lumpensammeln oder, einen Grad feiner, mit Altmaterialhandel, so treffen wir die eine Hälfte der Bedeutung dieses Wortes, nämlich das Einsammeln. Die andere umfaßt die gewerbliche Wiederverwertung. Auch sie hat es seit eh und je gegeben. Schon vor Jahrhunderten sind »Haderlumpen« wieder zu Stoffen oder Papier verarbeitet worden.

Was eine aufpolierte Bezeichnung für einen alten Wirtschaftsprozeß rechtfertigt, ist die dahinterstehende geänderte Verhaltensweise der Industriegesellschaft, die von einem weitergreifenden Gesinnungswandel ausgeht. Die Rückbesinnung auf den Wert auch von Altmaterialien und auf die Möglichkeiten, sie nutzbar zu machen, bezeichnet das Ende der Wegwerf-Gesellschaft. Diese ist ihrerseits ein Synonym für gedankenloses oder übermütiges Verhalten einer saturierten Wohlstandsgesellschaft, die sich auf einen sparsamen Umgang mit ihren Konsumgütern nicht mehr angewiesen fühlt, und andererseits zu einem nicht geringen Teil für unsolides Geschäftsgebaren von Herstellern, welche die auch für langfristigen Gebrauch bestimmten Erzeugnisse so kurzlebig ausstatten, oder so modisch gestalten, daß sie alsbald gegen neue ausgewechselt werden müssen.

Die Aufbereitung von Abfallstoffen zum Zweck der Wiederverwendung wird zusehends interessanter und wirtschaftlich bedeutungsvoll aus zwei Gründen. Sie erleichtert die vielschichtigen Probleme der Müllbeseitigung, Verbrennung oder Deponie, und sie lockert die Bilanz der nicht oder nur schwer regenerierbaren Roh-

stoffe auf. Sie ist eine Wendemarke in der Verhaltensweise der Konsumenten. Die Einwegflasche als Symbol des Wegwerfens hat ihren Siegeszug angetreten, als die menschliche Arbeitskraft immer teurer wurde, die Rohstoffe billig und scheinbar unbegrenzt verfügbar waren. Inzwischen sind zwar Arbeitskräfte nach wie vor teuer, wenn auch nicht mehr so knapp, dafür aber sind die Rohstoffe viel teurer und zeitweilig ebenfalls knapp geworden. Die Hinwendung zur Verwertungsgesellschaft, die Rückbesinnung darauf, daß Flaschen und Zeitungspapier einen Wert darstellen, beruht mithin nicht auf einem plötzlichen Gesinnungswandel der Konsumenten oder gar der Produzenten, sondern auch auf unvermutet aufgetretenen harten ökonomischen Tatsachen[132], die im Gefolge der Erdölkrise über Nacht sichtbar geworden sind. Unter dem Druck des Mangels lernen wir wieder, was wir vergessen hatten, nämlich daß im Zuge natürlicher Kreisläufe jeder Abfall noch einen Gebrauchswert hat und daß praktisch jedes Abfallprodukt wiederverwertet werden kann. Die Wiederverwertung lohnt sich auch, nämlich dann, wenn die dafür aufzuwendenden Kosten niedriger sind als die Kosten für ihre Beseitigung und die für neue Rohstoffe – eine Rechnung, die für immer mehr Abfallprodukte aufgeht.
Das Anwachsen der Müllberge, die zunehmenden Schwierigkeiten, den Haushaltsmüll auf legale Weise loszuwerden, und auf seiten der Produzenten der steigende Kostendruck führen von selbst dazu herauszufinden, daß die meisten Abfallstoffe letzten Endes Rohstoffe sind. Ihr Einsammeln und ihre Wiederaufbereitung werden interessant von dem Punkt, an dem die dafür aufzuwendenden Kosten geringer sind als die der Beseitigung des Mülls. Viele Industrien haben diese Möglichkeit wahrgenommen, die in einer Zeit anhaltender Verteuerung und Verknappung von Rohstoffen neue wirtschaftliche Perspektiven eröffnet, und sind mit bemerkenswerter Intensität daran gegangen, Techniken zu entwickeln, die eine rationelle Verwertung von Abfallstoffen ermöglichen. Autowracks, alle Arten von Altmetallen, Autoreifen, Flaschen und vieles andere, was vor kurzem noch als lästiger Abfall angesehen wurde, hat eine neue Aktualität erfahren. Die Glasindustrie rechnet damit, in absehbarer Zeit 30 v. H. und mehr Altglas durch Einschmelzen wieder nutzbar machen zu können. Die Einsatzquote für Altpapier, die besonders

bei der Herstellung von Verpackungsmaterial von Bedeutung ist, liegt in der Bundesrepublik höher als in allen anderen Industrieländern. Sie betrug schon 1970, als auch die Papierindustrie noch aus dem Vollen wirtschaften konnte, nahezu 50 v. H. Eine ähnliche Höhe erreichte sie auch in Großbritannien, Japan, den Niederlanden, Frankreich, Dänemark und der Schweiz. Die Recycling-Quote lag in der Bundesrepublik bei 31,4 v. H., im Durchschnitt der wichtigen Industrieländer bei 25 v. H.[133] Für viele andere Gebiete ließen sich ähnliche Beispiele anführen[134]. Sie lassen sämtlich erkennen, daß es kaum einen Abfallstoff gibt, der sich nicht auf die eine oder andere Weise wiederverwenden ließe. Entscheidend ist die Kostenrelation, einmal zum natürlichen Rohstoff, zum anderen zu den Kosten der Müllbeseitigung. Die volkswirtschaftliche Gesamtbelastung für eine den Erfordernissen des Umweltschutzes Rechnung tragende Müllbeseitigung ist nach dem Abfallwirtschaftsprogramm der Bundesregierung mit 2,0 Mrd. DM innerhalb der nächsten 15 Jahre allein für den Abtransport, die sachgemäße Deponierung oder die Verbrennung von Abfallstoffen geschätzt worden, wobei die letztere wiederum bedenkliche Umweltbelastungen mit sich bringen kann. Danach erscheint es gewiß lohnend, Verfahren für eine Wiederverwendung zu entwickeln.

Doch eine umfassende Abfallbeseitigung setzt nicht nur ein wirtschaftliches Interesse der Industrie voraus. Sie erfordert auch eine spezialisierte Organisation der Erfassung bereits beim Haushaltsmüll. Solange industriell verwertbare Altstoffe mit verderblichen Küchenabfällen zusammengetan werden, wird eine Sammlung der in den Haushalten anfallenden Altmaterialien kaum möglich sein. Hier bleibt noch manches zu tun in Zusammenarbeit der kommunalen Müllbeseitigung mit dem Altwarenhandel. Bisher liegen in dieser Richtung nur vereinzelte Anläufe vor, ergänzt durch freiwillige, aber nicht regelmäßig wiederholte Sammelaktionen, die keine Dauerlösung sein können.

»Was zwingt mehr zur Sparsamkeit als die Knappheit der Mittel? Die hohen Preise für Rohstoffe und Energie werden uns neue Konsumgewohnheiten diktieren. Sie werden Unternehmer und Haushalte zum Umdenken zwingen und die Wegwerfgesellschaft wieder in eine Verwertungsgesellschaft umformen. Wir werden uns in der

Zukunft sehr genau überlegen, Rohstoffe sinnlos zu verschleudern. Wenn Holz z. B. so teuer wird, daß es sich wieder lohnt, ein altes Möbelstück zu reparieren, dann werden die Konsumenten eben nicht mehr hemmungslos neue Möbel kaufen. Und die sparsam gewordenen Käufer werden auch die Produzenten zwingen, wieder dauerhaftere Waren auf den Markt zu bringen.«[135]

Relativ einfach könnte der erhebliche Anfall von Altpapier in den Haushalten organisiert werden, sofern auf der Seite der Papierindustrie und des Altmaterialhandels das nötige und gleichbleibende Interesse vorhanden ist. Eine Zeitlang schien es auch, als ob die Industrie daran interessiert sei, diese sicher sehr ergiebige Quelle zu erschließen, nämlich als sie befürchtete, daß Papierholz immer knapper und immer teurer werden würde. Der Altpapierhandel war plötzlich wieder bereit, den Haushalten die sich aufstapelnden alten Zeitungen regelmäßig abzunehmen, sehr zur Freude auch für zahllose Schulkinder, die sich von dem Altpapiersammeln eine willkommene Aufbesserung ihres Taschengeldes versprachen. Aber ebenso plötzlich wurde es für die Industrie wieder uninteressant, sich um die Erfassung auch dieser kleinen Mengen zu kümmern.

Sie kam nämlich auf die Idee, die Holzstatistiken zu überprüfen, und gelangte zu dem Ergebnis, daß namentlich in den nicht-staatlichen Wäldern weit mehr schlagreifes Holz vorhanden sei, als die Berechnungen ausgewiesen hatten. Die Versorgung zu kostendekkenden Preisen erschien demnach auch für längere Zeit gesichert, so daß man auf die Erfassung der im einzelnen kleinen Mengen aus den Haushaltungen glaubte verzichten zu können, sehr zum Kummer der Amateursammler wie der Hausfrauen, die nun wieder Mühe haben, den alltäglichen Anfall an Altpapier loszuwerden. Diese Rückwendung mag einleuchtende privatwirtschaftliche Gründe haben. Unter den Gesichtspunkten des Umweltschutzes ist sie zu bedauern, weil sie dazu beiträgt, die Müllberge weiter anwachsen zu lassen. Und volkswirtschaftlich gesehen bedeutet sie, daß verwertbare Rohstoffe als Abfall vergeudet werden.

Nicht nur an diesem Beispiel ist abzulesen, wie schnell der Holzmarkt und die holzverarbeitende Wirtschaft auf Preisveränderungen reagierten. Holz gehört zu den Rohstoffen, die nicht in unbegrenzten Mengen zur Verfügung stehen. Sparsamkeit bei seiner

Verwendung ist weltweit geboten. Eine fühlbare Verknappung trat schon in den ersten Nachkriegsjahren auf, als der zwischenstaatliche Güteraustausch noch nicht wieder in Gang gekommen und Holz – aus kriegsbedingten Gründen – auch in den traditionellen Exportländern knapp geworden war. Der Konsum paßte sich sofort an. Im Hausbau wie in der Möbelfabrikation wurde das bis dahin als unentbehrlich geltende Holz schnell und vielfach nicht nur vorübergehend durch andere Werkstoffe oder durch Substitute aus Holzabfällen, wie Faserplatten, ersetzt. Im Großschiffbau, der jahrhundertelang einer der wichtigsten Bedarfsträger gewesen war, ist das Holz so gut wie völlig verschwunden. Auf der »United States«, dem seinerzeit größten Passagierschiff der Welt, gab es nur zwei hölzerne Gegenstände, den Konzertflügel und einen Hackklotz in der Kombüse. Dafür ist der Bedarf für andere Zwecke, vor allem für die Papierherstellung, rapide gestiegen. Aber wird diese Konsumtendenz anhalten? Längst sind die Papiersäcke für Mehl, Zucker, Zement durch Tanktransporte ersetzt, die Getreidesäcke durch den Mähdrescher überflüssig geworden, die Papiertüte durch die Plastiktasche ersetzt worden, die wahrscheinlich schon bald einem umweltfreundlicheren Verpackungsmaterial Platz machen muß. Weder die Waldwirtschaft noch die holzverarbeitenden Industrien können sich auf lange Dauer auf feste Absatzmärkte einrichten, und es kann durchaus passieren, daß Holz, das eben noch zu den Engpaß-Rohstoffen gezählt wurde, morgen oder übermorgen im Überfluß vorhanden ist, wozu die noch nicht ausgeschöpften technischen und organisatorischen Möglichkeiten wichtige Beiträge leisten können. Wahrscheinlich wird uns mehr als der Rohstoffmangel die Geldknappheit zwingen, sparsam zu wirtschaften und jeden Gegenstand dreimal umzudrehen, bevor wir ihn in den Müll werfen.

So wird das Problem der Wiederverwendung von Stoffen, die in Zeiten des Überflusses als Müll behandelt wurden, in wachsendem Maße auch von der Industrie gesehen. Ein Gradmesser für die zunehmende Bereitschaft – oder manchmal schon zwingende Notwendigkeit –, Abfallstoffe aufzubereiten, ist die Einrichtung von Abfallbörsen bei allen Industrie- und Handelskammern des Bundesgebietes.

Diese 1974 geschaffene Einrichtung, die inzwischen auch auf das benachbarte Ausland auszustrahlen beginnt, trägt der Tatsache Rechnung, daß die Beseitigung der steigenden Müllawinen immer schwieriger wird, die industriellen Rohstoffe teurer und die Forderungen des Umweltschutzes auf umweltfreundliche Abfallbeseitigung dringender werden, die rohstoffverarbeitende Industrie also stärker als bisher daran interessiert ist, Abfallstoffe wiederaufzubereiten. Damit soll zugleich auch einer sich abzeichnenden Verknappung schwer ersetzbarer Rohstoffe entgegengewirkt werden. Die Börsen sollen Kontakte herstellen zwischen Stellen, bei denen Abfälle anfallen, die sie selbst nicht wieder verwerten können, also in den Müll geben müssen, und anderen, die bereit und imstande sind, gebrauchte Rohstoffe wieder einzusetzen, aber selbst keine oder nicht ausreichende haben. »Alle Gewerbetreibenden, aber auch Kommunen, Bundesbetriebe, Bahn und Post können ... unter Angabe der Stoffbezeichnung, Zusammensetzung, Menge, Transportmöglichkeit und Anfallstelle ihre Produktionsrückstände anmelden oder nach Stoffen nachfragen, von denen sie glauben, daß sie einer Wiederverwendung zugeführt werden können.«[137] Anmeldungen und Nachfragen werden von den Industrie- und Handelskammern veröffentlicht. Die kommerzielle Abwicklung ist Sache der interessierten Unternehmen auf der Angebots- und Nachfrageseite.

Die Erfolge dieser Börsen können sich sehen lassen. Schon im ersten Jahre sind weit über 3000 Anfragen und Angebote gesammelt und weitergegeben worden. Unter den angebotenen bzw. nachgefragten Stoffen nehmen Chemikalien und Kunststoffe den breitesten Raum ein, gefolgt von Metallen und Papier. Aber auch Glas, Textilien, Holz, Gummi und Leder werden gesucht oder angeboten. Bemerkenswert ist, daß die Nachfragen die Angebote bei weitem überwiegen, besonders bei den problematischen Kunststoffen. Erfolgskontrollen der Abfallbörsen haben ergeben, daß ein Drittel der von ihnen vermittelten Stoffe wiederverwendet worden sind. Sie lassen weiter erkennen, daß allein unter technisch-verfahrensmäßigen Gesichtspunkten der Umfang der Rückflüsse weit größer sein könnte, wenn der Druck von der Kostenseite her sich verstärken würde.

Die Direktkontakte zwischen Anbietern und Abnehmern ergänzen das, was der Altmaterialienhandel von jeher getan hat. Sie beleben auch die Konkurrenz. Danach bleiben auch bei diesem Verfahren wichtige Anliegen und Möglichkeiten offen.
Abgesehen von der industriellen Wiederverwertung ist die vielleicht sinnvollste Art der Abfallbeseitigung die Müllkompostierung als Ersatz für die kostspielige und nicht immer umweltfreundliche Müllverbrennung. Sie führt wertvolle Nährstoffe in den Naturkreislauf zurück. Abnehmer für den Müllkompost im großen könnte die Landwirtschaft sein, die auf diesem Wege einen Teil der chemischen Düngemittel durch natürliche Nährstoffe ersetzen könnte. Dem steht aber einstweilen noch entgegen, daß der Müllkompost u. a. Glassplitter in erheblichen Mengen enthält. Dieses Hindernis müßte beseitigt werden durch eine selektive Erfassung des Haushaltsmülls, die Flaschen und Blechdosen aussondert. Dieser – unter Umständen besonders bedeutungsvolle – Teilbereich des Recycling-Problems bedarf in erster Linie einer organisatorischen Lösung. Er zeigt, daß wir erst am Anfang einer umfassenden und gezielten Beseitigung von Abfallstoffen zum Zweck der Wiederverwendung stehen.

Der Mensch und die Technik

Überleben oder untergehen? Treibt die Menschheit, allen anderen voran die Bevölkerung der großen Industrienationen, früher oder später dem Untergang unaufhaltsam entgegen, den sie selbst durch leichtfertigen Umgang mit den zu ihrer Existenz erforderlichen Naturgütern heraufbeschworen hat? Oder hat sie noch Aussicht, am Leben zu bleiben und auch für kommende Generationen die naturgegebenen Daseinsvoraussetzungen zu erhalten? Kann sie den Naturhaushalt weiter so wie bisher belasten und überbelasten? Oder was kann und muß sie tun, um drohenden Verhängnissen, einerlei, wie dicht sie vor der Tür stehen, gerade noch rechtzeitig zu entgehen? Sind die heranrückenden Gefahren so groß und so aktuell, daß sie nur durch eine radikale Umkehr im Denken und Handeln gebannt werden können? Gibt es einen Mittelweg, der es gestattet, einerseits den von der Technik geschaffenen Zivilisationsstand der führenden Industrieländer beizubehalten und organisch weiterzuentwickeln, andererseits das Gleichgewicht des Naturhaushaltes wiederherzustellen? Gibt es im Atomzeitalter eine umweltfreundliche Technik und ein weiteres, wenn vielleicht auch verlangsamtes wirtschaftliches Wachstum? Gelingt es, eine echte und dauerhafte Partnerschaft zwischen dem Menschen des elektronischen Zeitalters und der Natur herzustellen oder wiederherzustellen? Das sind die Fragen, die im Zentrum der Umweltkrise stehen; um sie dreht sich die hin und her wogende Diskussion über Umweltgefährdung und Umweltschutz. Ihr Kern ist die Frage nach den Überlebensaussichten.

»Die Entwicklung von Technik und Wirtschaft«, so der Bundeskanzler Willy Brandt in einer Ansprache zum offiziellen Abschluß des Europäischen Naturschutzjahres 1970, »hat uns wachsenden Wohlstand und hohen Lebensstandard gebracht, aber neben diesen Segnungen auch Nachteile beschert. Als Folge der fortschreitenden Technik und Zivilisation sind wir heute einer immer akuter werdenden Bedrohung des Menschen und seines Lebensraumes ausgesetzt. In den Industrieländern – nicht zuletzt auch in der Bundesrepublik Deutschland – ist eine ernste Verschlechterung der natürlichen Umweltbedingungen eingetreten. Unsere Lebensgrundlagen sind in Gefahr geraten.«[138]

Was ist Umwelt, worin besteht sie, was umfaßt sie? Das Wort Umwelt ist in unserem Sprachgebrauch ebenso neu wie der Begriff in unseren Denkvorstellungen. Wort und Begriff verwenden wir für Problembereiche, die sämtlich und ausschließlich die von der Natur gegebenen Umweltfaktoren zum Inhalt haben. Wenn wir von der Gefährdung unserer Umwelt sprechen, dann meinen wir die Verschmutzung von Luft, Boden und Wasser, in einem weiter gefaßten Sinne auch noch die Lärmbelästigung. Zur Umwelt im biologischen Sinne gehören außerdem die geographisch-physikalischen Gegebenheiten unserer Umgebung: Gebirge, Ebenen, Flüsse, die Bodennutzung, der Anteil der Wälder, des Grünlandes, der Feuchtgebiete, die Pflanzen- und die Tiergesellschaft, die Bodenschätze, auch das Klima, kurz: alle Bestandteile der Natur, die durch menschliche Eingriffe verändert werden können. In der Terminologie des Klubs von Rom werden schließlich, jedenfalls in den Darstellungen, die die Begrenzungen des Wirtschaftswachstums aufzeigen sollen, auch noch die sogenannte Bevölkerungsexplosion und der Raubbau an den nicht ersetzbaren Rohstoffen einbezogen. Mithin werden unter Umweltpolitik die Maßnahmen verstanden, die vom Gesetzgeber, der Verwaltung, der Wirtschaft und der Gesellschaft angewendet werden oder angewendet werden sollten, um diesen Gefahren entgegenzuwirken oder die bereits entstandenen Schäden zu beheben. Andere Gefahrenmomente, die die Existenz der Menschheit in Frage stellen könnten, wie Kriege und Naturkatastrophen, sind in diese Darstellung der Umweltpolitik nicht einbezogen.

Doch diese Terminologie und ebenso die aus ihr hergeleiteten Folgemaßnahmen sind unpräzise. Deutlicher ist der Begriff des technischen Umweltschutzes. Er umfaßt »alle Bereiche, in denen die Umwelt mit technischen Mitteln oder Methoden vor Nachteilen und Schäden bewahrt wird, wie zum Beispiel Luftreinhaltung, Abfall- oder Müllbeseitigung, Abwässerklärung, Lärmbekämpfung«. Das ist klar und für jedermann verständlich. Weniger eindeutig ist das, was unter Ökologie zu verstehen ist. Sie ist eine Teildisziplin der Biologie und bezeichnet die Beziehungen eines Lebewesens zu seiner natürlichen Umgebung, seiner Umwelt, und zwar zu allen anderen Lebewesen, Tieren und Pflanzen, aber selbst zu anorganischen Stoffen und, was in der Verbindung von Umwelt- und Naturschutz bedeutsam ist, auch der Landschaft, in der sich sein Leben vollzieht. Dennoch bleiben die Begriffe des biologischen Umweltschutzes, anders als der leicht faßbare des technischen, unscharf. Sie »eignen sich«, so Wolfgang Haber, »hervorragend für klangvolle Umwelterklärungen. Sie sind ebenso progressiv (Schaffung der Landschaft von morgen) wie konservativ (Erhaltung der letzten Orchideen), ebenso präzise (Naturschutz) wie vage (Landschaftspflege). Eine terminologische Bereinigung wäre ebenso wünschenswert wie vermutlich erfolglos, da der Gebrauch der Begriffe in der Umgangssprache, in gesetzlichen Bestimmungen und innerhalb der Wissenschaft zugleich so eingespielt, so verflochten und so verwirrend ist, daß der Vergleich mit einem gordischen Knoten naheliegt. Wenn nicht ein phantasievoller Geist mit der Erfindung einer neuen Begriffsserie diesen Knoten durchhaut, dann wird es auch weiterhin Auseinandersetzungen und Mißverständnisse darüber geben, ob Landespflege, Landeskultur, Landschaftsordnung oder Landschaftspflege den biologischen Umweltschutz angemessen kennzeichnet, ob Schutz Entwicklung ausschließt oder umgekehrt oder welche menschliche Aktivität umweltfreundlich ist oder nicht.«[139]

Die Klärung der Begriffe wird auch dadurch nicht erleichtert, daß innerhalb der Bundesregierung die Zuständigkeiten für den Umweltschutz in dem Sinne, wie er nunmehr von der Öffentlichkeit verstanden wird, auf mindestens vier Bundesministerien verteilt sind: der Bundesminister des Inneren ist zuständig für Umweltschutz im technischen Sinne, der Bundesminister für Ernährung,

Landwirtschaft und Forsten für Naturschutz und Landschaftspflege, der Bundesminister für Raumordnung, Bauwesen und Städtebau für die Umweltfragen, die in seinen Bereich fallen, der Bundesminister für Jugend, Familie und Gesundheit für die die Volksgesundheit berührenden Fragen des biologischen Umweltschutzes, dazu noch der Bundesminister für Forschung und Technologie für die zahlreichen technischen Probleme, die noch der wissenschaftlichen Klärung bedürfen. Nicht eindeutig aufgeteilt sind die wichtigen Fragen der biologischen Teilbereiche. Dazu kommt erschwerend hinzu, daß die Bundesländer die Zuständigkeit für Naturschutz und Landschaftspflege für sich in Anspruch nehmen. Aus sachfremden Erwägungen ist auseinandergeteilt worden, was nur als ein in sich zusammenhängendes Ganzes gesehen und behandelt werden kann.

Die auf technische und biologische Bereiche eingeschränkten Begriffsbestimmungen des Umweltschutzes sind außerdem auch zu eng. Sie umfassen nur einige Sektoren der Welt, die uns umgibt, in der wir uns einrichten müssen. Diese Welt besteht nicht nur aus naturgegebenen Fakten. Sie ist auch geformt von weit zurückreichenden geschichtlichen Abläufen, die die Formen des Gemeinschaftslebens, die politischen Ordnungen, die Staats- und Gemeindeverfassung bestimmen. Zur Umwelt gehören Wesensmerkmale des Volkscharakters, die ebenfalls historisch bedingt sein können, mehr aber noch von den jeweiligen Lebensbedingungen geprägt sind und umgekehrt auch auf die innere und äußere Beziehung zur Umwelt zurückstrahlen. Diese Wechselwirkungen werden, um nur ein Beispiel zu nennen, deutlich an dem höchst unterschiedlichen Verhältnis menschlicher Gemeinschaften zum Wald und zum Bauen. Daß in Mittel- und Nordeuropa weite Teile der Erdoberfläche von Wäldern bedeckt und die Länder rund um das Mittelmeer kahl geschlagen sind, hat seine Ursache nicht nur in unterschiedlichen materiellen Bedürfnissen ihrer Bewohner. Hier wie dort mußten die Menschen, um Ackerland und Siedlungsraum zu gewinnen, Wälder roden. Sie brauchten Holz für den Bau und die Beheizung ihrer Häuser, im Norden weit mehr als im Süden. Sie brauchten Holz, um Schiffe zu bauen, und für unzählige handwerkliche Verrichtungen. Aber die einen nutzten ihre Wälder, während die anderen sie ausbeuteten. Im Norden blieben die Wälder erhalten, als Bestandteil einer vielgestaltigen Landschaft, als Wasserreservoir, als Klimafaktor, während im Süden an die Stelle der einstigen Wälder verkarstete, kahle, wasserlose Gebirge und trockene Steppen traten. Die Nordländer, die für ihre täglichen Bedürfnisse das Holz noch weit dringender als die Südländer brauchten, empfanden eine im transzendentalen Bereich wurzelnde Ehrfurcht vor der Majestät eines mächtigen Baumes und vor der Erhabenheit der schweigenden Wälder, während von den Leuten im Süden Baum und Wald – ebenso wie Tier und Pflanze – lediglich nach ihrem Gebrauchswert eingeschätzt und geachtet wurden. Diese so diametral entgegengesetzte Geisteshaltung war und ist es, die das Verhältnis zur Umwelt bestimmte und das Gesicht der Umwelt gestaltete – und trotz der Anstrengung einsichtig gewordener Regierung bis auf den heutigen Tag gestaltet.

Bestandteil der Umwelt ist auch die Wirtschaft, ihre äußere Gestalt wie die Gesinnung der in ihr Tätigen. Auch in einer primitiven Agrarlandschaft können die Eingriffe in den Naturhaushalt von sehr einschneidender Wirkung sein. Die anatolischen Bauern, die jahrhundertelang senkrecht zum Hange pflügten, haben Erosionsschäden verursacht, deren Beseitigung Jahrzehnte erfordert und voraussetzt, daß entsprechende Kenntnisse sich durchsetzen. Ähnliche Wirkungen können von Waldverwüstungen ausgehen. Die Kanalisierung von Flußläufen, der Bau von Staudämmen verändern nicht nur das Gesicht einer Landschaft. Sie durchschneiden vielleicht auch ökologische Wirkungszusammenhänge. Das Umpflügen der Prärien, die Umwandlung von Grasland und Weiden in riesige Weizensteppen hat nicht nur das Klima des amerikanischen Mittelwestens verändert. Hier liegt auch der Grund für das Auftreten verheerender, früher unbekannter Sandstürme. Das besagt, daß auch eine organische, landwirtschaftliche Nutzung der Landschaft schwerwiegende Eingriffe in den Naturhaushalt und nachhaltige Umweltveränderungen mit sich bringen kann. Das gleiche gilt von den Folgewirkungen einer übermäßigen und unzeitgemäßen Anwendung chemischer Schädlingsbekämpfungsmittel. Im ganzen jedoch kann man sagen, daß bei ordnungsmäßigem Betrieb – ein Begriff, den wir auch im Bundesnaturschutzgesetz antreffen –, d. h.

unter Verzicht auf Raubbaumethoden, die Landwirtschaft das Gleichgewicht des Naturhaushaltes weniger als andere Zweige menschlicher Erwerbstätigkeit stört und daß die Pflege der Kulturlandschaft ein unentbehrliches Nebenergebnis ist.

Ganz anders sind die Auswirkungen der Industriewirtschaft auf ihre Umgebung, besonders in den dichten industriellen Ballungsräumen. Der Lärm von Greifbaggern, Rangierbahnhöfen und Flughäfen, die Abgase des innerstädtischen Kraftfahrzeugverkehrs, von Erdölraffinerien und Zellstoffabriken, die Staubimmissionen von Zementfabriken, die Abwässer von Waschmittelherstellern können die ökologische Gleichgewichtslage verschieben, ebenso wie die Dunstglocke über den massierten Industriezentren das Klima und die Sonneneinstrahlung beeinflußt. Darüber hinaus treffen sie aber die Menschen in den großen Städten und in den Industriegebieten viel unmittelbarer und massierter, als die von der Agrarwirtschaft ausgehenden Umweltbelastungen die Bewohner der dünn besiedelten Agrarregionen.

In den industriellen Zentren wie in den dichten Wohnsiedlungen komprimieren sich die Probleme der Umweltgefährdung. Fast alle Vorgänge und Erscheinungen, die eine aufgeschreckte Wohlstandsgesellschaft veranlassen müssen, ihre und ihrer Kinder Zukunft mit Sorge zu betrachten, stehen in direktem und ursächlichem Zusammenhang mit der modernen Technik. Was immer uns bewegt, wenn wir uns mit der Welt um uns herum befassen: Bevölkerungswachstum, Ernährungssicherung, Rohstoffverknappung und alles, was wir unter Verschmutzung im weitesten Sinne verstehen, hat seine frühen Wurzeln bereits in den Anfängen des mechanischen Zeitalters, hat aber eine bedrohliche, sich überschlagende Entwicklung, die die Menschheit zum Aufhorchen gebracht hat, erst mit dem Beginn der elektronischen Ära erfahren; seitdem existiert auch der Begriff und das Wort Umwelt, die beide immer und sofort im Sinne von Gefährdung verwendet werden.

Die Frage, ob die Gesellschaft der Atomzeit die Fähigkeit aufbringen wird, sich und ihren Nachkommen eine Umwelt zu erhalten, in der sie leben und, wenn die Bedrohung so ernst ist, wie sie von besorgten Pessimisten dargestellt wird, überleben können, ist somit zum eigentlichen Angelpunkt der Umweltdiskussion geworden.

Das kann aber nichts anderes heißen, als daß wir unser Verhältnis zur Technik und damit zum wirtschaftlichen Wachstum von Grund auf überdenken müssen.
Zwischen Vergötterung und Verteufelung liegt der Standort, von dem aus die Menschen einer skeptischen Generation die moderne Technik betrachten. Die uneingeschränkte Zustimmung und Bewunderung, mit der ihre fortschrittsbegeisterten Großväter den mit der Erfindung der Dampfmaschine eingeleiteten Siegeszug der Industrialisierung begleiteten, ist verrauscht. Zweifel und Mißtrauen sind an ihre Stelle getreten. Die Kehrseiten der ersten industriellen Revolution, die Auflösung ständischer Strukturen, die Entwurzelung von Arbeitermassen, die bis heute nicht überwundenen sozialen Schäden, die die Ära des Frühkapitalismus hinterlassen hat, sind deutlicher als in den Zeiten der ersten Erfolgseuphorie sichtbar geworden. Als Revolution wird diese erste Welle der Industrialisierung nicht nur deshalb empfunden, weil sie die handwerkliche Fertigung weitgehend durch die maschinelle ersetzte, sondern mehr noch wegen ihrer gesellschaftlichen Begleiterscheinungen. Aus selbständigen Handwerksmeistern wurden unselbständige Lohnempfänger, abhängig von fremden unternehmerischen Entscheidungen. Die ständischen Strukturen, die geschlossene Hauswirtschaft und die Einheit von Betrieb und Haushalt lösten sich auf. Damit ging auch das Gefühl der Geborgenheit im Familienverband verloren. An seine Stelle trat der Weg in die kalte, unpersönliche Fremde, in den erbarmungslosen Konkurrenzkampf. In den schnell aus dem Boden wachsenden neuen Industriezentren von abstoßender Häßlichkeit strömten wurzellos gewordene Arbeitermassen aus allen Richtungen zusammen. Für die sozialen Kehrseiten der Industrialisierung hatten die nur von Gewinnstreben vorwärtsgetriebenen Generationen der industriellen Frühzeit und der Gründerjahre noch keinen Blick. Der Begriff der sozialen Verantwortung entwikkelte sich bezeichnenderweise zuerst in der staatlichen Sphäre und auch erst dann, als lange nachwirkende Schäden bereits entstanden waren. Aus der gemächlichen Idylle des Biedermeiers erhob sich eine ganz andere, laute, geschäftige, rastlose, von Ruß und Rauch geschwärzte Arbeitswelt. Die elitäre Geistigkeit der Menschen der Goethezeit wurde abgelöst durch die robuste, gegenwartsbezogene

Intelligenz der Techniker und Erfinder, die Bildungselemente des Klassizismus durch die Naturwissenschaften, die Humanitas der Gesinnung durch die Brutalität des frühen Kapitalismus. Im Aufstand der Weber gegen die Maschine sehen wir einen der letzten Versuche, eine Entwicklung aufzuhalten, die mit aller Gewalt alle Bereiche nicht nur des Erwerbslebens erfassen und durchdringen sollte.

Technischer Fortschritt, immer neue naturwissenschaftliche Erkenntnisse, die vermeintlich erreichte Lösung der letzten Welträtsel, bedeuteten für das Zeitalter des Liberalismus zugleich ständig steigendes wirtschaftliches Wachstum und zunehmenden Wohlstand. Die Unterschiede zwischen reich und arm wurden zwar nicht geringer als in der Zeit des Feudalismus, aber auch nicht größer. Es ging nur eine Verlagerung wirtschaftlicher Macht auf das neu entstehende Großbürgertum vor sich. Der Tüchtige, der die Zeichen der Zeit richtig verstand, hatte auch ohne ererbtes Vermögen größere Aussichten, zu Besitz und Ansehen zu gelangen als je zuvor. Die arbeitsparende Kraft der Maschine kam im Laufe der Zeit auch dem Arbeiter zugute. Immer größere Produktionsleistungen konnten mit einem immer geringeren Aufwand an manueller Arbeit erbracht werden. Das Leben wurde leichter und angenehmer auch für den kleinen Mann. Kein Wunder, daß eine von der Technik genährte und auf die Technik gerichtete Fortschrittsgläubigkeit das Denken, dazu auch das wirtschaftliche, gesellschaftliche und politische Handeln der Bürger der Industrienationen bis in unsere Tage hinein bestimmte.

Es ist der Versuch gemacht worden, zwischen der sogenannten ersten industriellen Revolution, die das 19. Jahrhundert umfaßte und etwa bis in die Mitte des 20. Jahrhunderts hineinreichte, und der ihr nachfolgenden zweiten eine deutliche Zäsur zu machen, die knapp zweihundert Jahre technisch-industriellen Geschehens einzuteilen in ein Zeitalter der mechanischen Technik und der modernen elektronischen Technik. Der Einschnitt, der sowohl als ein technologischer wie als ein geistiger verstanden werden soll, liegt etwa beim Beginn der ersten Raumfahrtunternehmen. Ob diese Unterteilung durch die Daten der Geschichte der Technik überzeugend gedeckt wird, mag dahingestellt bleiben; wie man auch darüber streiten kann, ob das Zeitalter der Elektronik und der von ihr beherrschten Technologie erst mit der Raumfahrt oder bereits mit Edison und Marconi begonnen hat. Wesentlich ist in diesem Zusammenhang, daß sie Wandlungsprozesse ausgelöst hat, die viel mehr umfassen und viel tiefer greifen als alle ähnlichen Vorgänge in der Geschichte der Menschheit und außerdem sich in einem atemberaubenden Tempo weiterentwickeln. Aber liegt dieser Wandel wirklich außerhalb aller Kontinuität der technisch-zivilisatorischen Entwicklung, und ist er so tief, daß die Zukunft, der wir entgegengehen, keine Fortsetzung der Vergangenheit ist, aus der wir herkommen? Margaret Mead[140] hat die Menschen der heute älteren Generation und ihre Situation angesichts der neuen Technik verglichen mit Einwanderern, die als Flüchtlinge oder als Gescheiterte in ein neues Land kommen, beladen mit den Traditionen, Gewohnheiten und Erfahrungen ihrer alten Heimat und ohne im geringsten zu wissen, welche Anforderungen die neue Umgebung an sie stellen wird und was sie an neuen Erkenntnissen und Fähigkeiten brauchen, um Fuß fassen und bestehen zu können. Anders als sie können sich die Jungen, die unbelastet und ungebunden den neuen Lebensumständen entgegengehen, orientieren und sich neue Wegweiser errichten. Aber die führen sie in Bereiche, die den Älteren verschlossen bleiben müssen. Diese seien unter einem Himmel aufgewachsen, über den noch niemals ein Satellit gerast sei. Ihre Vorstellung von der Gegenwart habe sich auf die Sinneseindrücke beschränkt, die sie mit Auge und Ohr erfassen konnten, oder auf das, was sie von anderen gelernt haben. Ihre Zukunftskonzeption sei davon bestimmt worden, daß auch Wandel und Fortschritt auf einer von der Vergangenheit her gezogenen Linie verlaufen. Ganz anders die junge Generation. »Diese jungen Menschen sind in dieser Zeit zu Hause. Sie wundern sich nicht über Satelliten an ihrem Himmel. Sie haben in einer Zeit gelebt, in der kein Krieg die Menschheit mit totaler Vernichtung bedrohte. Und anders als ihre Eltern und Großeltern haben sie einen aufgeschlossenen Sinn für die Fakten, die unseren Planeten bald unbewohnbar machen werden.« Leider sagt uns Margaret Mead nichts darüber, ob diese jungen Menschen, die sich in der dreidimensionalen Welt des elektronischen Zeitalters so leicht zurechtfinden und so selbstverständlich bewegen, auch die Kraft und die Einsicht und die technischen Fähigkeiten aufbringen, die nötig sind, um eine möglicherweise heranrückende Weltkatastrophe zu bannen. Aber wissen die Jungen wirklich den Weg zu neuen Ufern, können wir ihnen zutrauen, daß sie ihn finden werden, solange es noch Zeit ist? Gibt es wirklich eine unüberwindbare Kluft zwischen dem Weltbild der Alten und der Jungen, einen abgrundtiefen Graben, an dessen einen Ufer die Alten, die »Einwanderer« in eine neue Zeit, hoffnungslos zurückblicken, während vom anderen Ufer aus die Jungen, Zeitnahen, sich aufmachen, die Zukunft zu gestalten? Oder ist es nicht vielmehr so, daß die Generationen sich wieder aufeinander zubewegen, auf der Plattform einer ihnen gemeinsamen Skepsis gegenüber dem technisch Machbaren? Treffen sie sich nicht in der zunächst im Unterbewußtsein sich anbahnenden Erkenntnis, daß nicht alles Heil vom technischen Fortschritt zu erwarten ist? Die Vehemenz, mit der der technologische Optimismus, der noch bis vor zehn Jahren den Erdball in eine bessere Welt zu verwandeln versprach, umgeschlagen ist in einen technologischen Pessimismus, scheint Abwehrmechanismen gegen eine Zukunft in Gang zu setzen, die nicht mehr zuerst als Möglichkeit, sondern als Bedrohung empfunden wird[141].

Sind es nicht gerade die Satelliten an dem ihnen gemeinsamen Himmel, die die Menschen ohne Unterschied der Generationen nachdenklich gestimmt und die ersten Ansätze einer Umkehr eingeleitet haben? In einer von sich überstürzenden Sensationen erfüllten Zeit sind die Mondlandungen schnell zu Serienerlebnissen geworden. Die Menschheit hat diese Höchstleistung technischen Ingeniums zur Kenntnis genommen. An die Stelle der Bewunderung ist die Ernüchterung getreten, die Überlegung, ob Aufwand und Ertrag dieser Unternehmen in einem erträglichen Verhältnis stehen. Selbst die größte Wirtschaftsmacht der Erde hat ihre materiellen Grenzen erkennen müssen. Die ernüchternde Frage nach dem Preis und nach der Angemessenheit des Preises ist laut geworden. Lohnt es sich, viele Milliarden in die Befriedigung ehrgeiziger, dem nationalen Prestige dienende Pläne im Weltraum zu investieren, wenn auf der Erde, weil dafür kein Geld mehr da ist, so vieles liegenbleiben muß, was zur Beseitigung eklatanter Not- und Mißstände dringend getan werden müßte? Es gibt gewichtige Stimmen, die, 16 Jahre nach den ersten spektakulären Anfängen, den Höhepunkt oder das Ende des Raumfahrtzeitalters, jedenfalls in den USA, kommen sehen, weil es die finanziellen, materiellen und personellen Kräfte selbst dieses reichsten und mächtigsten Landes der westlichen Welt überfordert. »Die Wucht sozialer und gesellschaftlicher Dringlichkeiten«, sagt Kurt Biedenkopf[142], »hatte sich gegen das Fortschrittspathos durchgesetzt.« Was diese Epoche der Menschheit hinterlassen hat, ist mehr als die Erfüllung eines uralten Traumes und mehr als die Teilnahme an phantastischen abenteuerlichen Ereignissen. »Geblieben sind Nachrichtensatelliten, Beobachtungsstationen, Weltraumsonden und ein erdnahes Himmelslaboratorium. Gewonnen wurden atemberaubende Einsichten in die technologischen Möglichkeiten, neue Erkenntnisse über die schöpferischen und organisatorischen Fähigkeiten des technologischen Zeitalters, vor allem aber das Wissen um Grenzen, an die vor zwanzig Jahren noch niemand gedacht hatte.«[143]

Wird sich das Zeitalter der Elektronik und der Raumfahrt darstellen in einem immer rasanteren Fortschreiten von einer sensationellen technischen Neuerung zur anderen? Oder leitet es eine Epoche der Rückbesinnung zu immateriellen Lebenswerten ein, zu einer Auffassung vom Glück, dessen Erfüllung relativ unabhängig ist von dem, was die Technik zu bieten hat? »Da der Mensch – als konkretes Geschöpf – konkrete Heimat braucht, muß man kein Prophet sein, um vorauszusagen, daß die Stunde des Weltraums die Stunde des Gartens heraufführen wird. Das Häuschen zwischen Blumenbeeten, der Wohnort, die Landschaft als engere, das Vaterland als weitere Heimat werden möglicherweise eine Renaissance erfahren. Es erscheint nicht gewagt, für Philosophie, Literatur, bildende Kunst eine Art von menschlicher SOS-Reaktion anzukündigen.«[144]

Wenn wir wirklich am Ende des Raumfahrtzeitalters stehen und eine Art von Götterdämmerung der Technologie heraufziehen sehen, dann möge die Überbeanspruchung der materiellen und physischen und nicht zuletzt auch der fiskalischen Möglichkeiten den äußeren Anstoß gegeben haben. Wenn dieser Zeitpunkt aber auch eine Wende in unserem Verhältnis zur Technik, eine Krise des Fortschrittsglaubens darstellt, dann besonders deshalb, weil die dunklen

Kehrseiten der Technik, die uns mit einer scheinbar unaufhaltsamen, vor nichts haltmachenden Fortentwicklung geblendet hat, schlagartig sich enthüllt haben. Die Rechnung für die vielen schönen Geschenke, die die zweite Industrialisierungswelle uns beschert hat und die wir so selbstverständlich hingenommen haben, wird uns präsentiert: eine zersiedelte Landschaft, seelenlose Wohnblöcke, verpestete Luft, vergiftetes Wasser, verseuchter Boden, Lärm und Unrast, zwar einen nie dagewesenen Wohlstand – der womöglich keinen Bestand hat –, aber nicht das Glück und die Zufriedenheit, nach denen wir suchen. Was wir an sogenannter Lebensqualität auf der einen Seite gewonnen haben, müssen wir auf der anderen preisgeben. Daß die Erde eine kleine Kugel im grenzenlosen Weltall ist, haben wir seit Jahrhunderten gewußt. Aber ihre Endlichkeit ist uns eigentlich erst deutlich geworden, als wir sie aus der Sicht der Satelliten gesehen haben. Erst vom Gipfelpunkt des elektronischen Zeitalters haben wir die Einsicht in seine natürlichen Begrenzungen gewonnen.
Die Fülle an Gütern und Genüssen, die wir der modernen Technik und den Naturwissenschaften zu danken haben, geht weit über alle Erfahrungen und Erwartungen hinaus. Aber sie hat die Menschen in den reichen Industrieländern nicht glücklicher gemacht. Sie hat nur immer neue Wünsche und Begehrlichkeiten geweckt und hat eine Atmosphäre des satten Genießens geschaffen. Steigenden materiellen Ansprüchen steht eine sinkende Bereitschaft zu eigener Leistung gegenüber. Die Strukturen, die die Gemeinschaft bis zum Ende des Zweiten Weltkrieges getragen haben: Staat, Familie, Religionsgemeinschaften, sind einem schnell fortschreitenden Erosionsprozeß ausgesetzt. Materielles und seelisches Wohlergehen haben nicht miteinander Schritt gehalten. Zwischen äußerem Wohlstand und einer erschreckenden geistigen Verarmung ist eine tiefe Spannung aufgeklafft. Funk und Fernsehen haben bewirkt, daß alle Menschen in allen Erdteilen zur selben Minute dasselbe erleben können. Aber sie haben sie einander nicht näher gebracht. Daß die Naturwissenschaften offenbar imstande sind, jede Aufgabe zu lösen, die sie sich selbst oder die die Gesellschaft ihnen stellt, einschließlich der Möglichkeit, die menschlichen Erbanlagen zu manipulieren und die Homunkulus-Idee, den Menschen aus der Retorte

zu erschaffen, zu verwirklichen, hat auch bei fortschrittsbejahenden und weltoffenen Menschen eher Abscheu und Ablehnung als Bewunderung ausgelöst. Auch das ist ein deutliches Zeichen für die sich anbahnende Skepsis in der Beurteilung technisch-wissenschaftlicher Leistungen. Die Auffassung gewinnt an Boden, daß eben nicht alles, was machbar ist, auch gemacht werden sollte. Die Technik sollte der Menschheit dienen, aber sie schickt sich an, sie zu beherrschen. Wo alles in immer schnellerem Fluß ist, gibt es keine verläßlichen Festpunkte mehr. Die Umwertung aller Werte, die die Willensphilosophie des 19. Jahrhunderts beschäftigt hat[145], ist in unseren Tagen Wirklichkeit geworden, weniger in der Form, daß neue Werte an die Stelle von alten und überlebten traten, als vielmehr darin, daß alte und gestern noch festgefügte Wertvorstellungen ausgehöhlt, neue und bessere aber nicht angeboten werden. Diese Sinnentleerung ist es, die die Menschen unsicher und ratlos machen. Die Wegweiser stimmen nicht mehr.

In der ideologischen Auseinandersetzung um ein neues Menschenbild, in dem sich ausbreitenden Gefühl des Bedrohtseins, in dem dynamischen Wandel, der sich rings um uns her vollzieht, erscheint uns auch der wissenschaftliche und technologische Fortschritt in einem neuen Lichte. Wir beginnen an seinem Sinn zu zweifeln und sehen seine Auswirkungen auf den Menschen, die von ihm ausgehenden Zwänge und in ihrem Gefolge die von den technischen Möglichkeiten ausgehende wachsende militärische Bedrohung auch für die Ordnung und das Fortbestehen einer freiheitlichen Gesellschaft, plötzlich mit kritischen Augen[146].

Was sich hier und dort andeutet, sind Symptome einer tiefgreifenden Sinneswandlung, einer geistigen Krise. Sie wird verschärft und beschleunigt durch die weltweite Wirtschaftskrise, die sich aus der ebenfalls weltweiten Inflation, dem Mißverhältnis zwischen Güterproduktion und Geldumlauf, entwickelt hat. Während die Grenzen des Wachstums bis dahin unter den Gesichtspunkten der gefährdeten Umwelt aufgezeigt worden waren – von Wissenschaftlern und Publizisten, die sich schwer taten, ihre pessimistischen Aspekte einer in ungetrübtem Wohlstandsdenken befangenen Gesellschaft einzuhämmern – treten sie nun, für jedermann sichtbar und fühlbar, von der ökonomischen Seite zutage. Ob diese ökonomische Krise eine vorübergehende Erscheinung ist, die früher oder später durch einen neuen Konjunkturaufschwung abgelöst werden kann, vermag niemand mit Gewißheit zu sagen. Sicher dürfte sein, daß Wachstumsraten von fünf oder mehr Prozent weder von der Seite der Rohstoffe noch von der Nachfrage auf die Dauer durchgehalten werden können, ebensowenig wie eine Bevölkerungsexplosion mit den gleichen Steigerungsraten. Der Mythos einer unbegrenzt nach oben verlaufenden Wohlstandsentwicklung wäre auch ohne eine Krise früher oder später zusammengebrochen. Dennoch werden die Regierungen aller von der Rezession betroffenen Industrienationen alle Anstrengungen machen, um einen neuen Konjunkturaufschwung einzuleiten. In ihrem Erscheinungsbild zeitigen die ökologische und die ökonomische Krise das gleiche Ergebnis: sie machen deutlich, daß der industriell-technischen Entwicklung materielle Grenzen gesetzt sind, die zwar nicht in allen Einzelheiten festliegen, aber eine übereinstimmende Grundtendenz aufweisen. Doch die Folgerungen, die aus ihnen gezogen werden, sind gegenläufig. Unter den Erfordernissen des Umweltschutzes müßte das Tempo der Güterproduktion wenn nicht abgestoppt, so doch verlangsamt werden. Unter denen der Wirtschaftskrise und der Massenarbeitslosigkeit wird man sich nach Kräften bemühen, das wirtschaftliche Wachstum wieder zu beschleunigen. Im Konflikt zwischen Umweltschutz und Arbeitsplatzsicherung, der vielerorts zutage tritt, liegt es nahe, daß vordergründigen Maßnahmen, die der Beseitigung der Arbeitslosigkeit dienen sollen, eine Priorität eingeräumt wird gegenüber dem langfristig angelegten des Umweltschutzes. Das bedeutet, daß noch so berechtigte Anliegen mindestens zeitweilig in den zweiten Rang geraten. Hinzu kommt, daß die Ertragslage in fast allen in diesem Zusammenhang relevanten Industriebranchen sich verschlechtert hat und vermutlich auch nach einer wirtschaftlichen Erholung enger bleiben wird als in den Zeiten der Hochkonjunktur. Die Erstellung umweltfreundlicher Anlagen und Einrichtungen wird also aus Kostengründen sich verlangsamen, auch dort, wo guter Wille und die nötigen Einsichten durchaus vorhanden sind. Diese Einsicht und diese Bereitschaft ist kein Privileg derjenigen, die sich zu Sprechern des Umweltschutzes machen. Sie ist, was gerechterweise anerkannt werden muß und was die Lösung auch der Umweltkrise sicherlich erleichtert, ebenso auf der Seite der gegenwartsbewußten Unternehmer anzutreffen. »Noch vor einem Jahrzehnt«, so sagte Hans L. Merkle 1971 auf einer Tagung baden-württembergischer Unternehmer[147], »formulierte ich in der Öffentlichkeit, das Ziel der Unternehmung ist der Ertrag, doch bin ich heute der Meinung, daß die unternehmerische Welt in ihrer derzeitigen Form ihrem Ende entgegengehen müßte, wenn nicht dem Unternehmer der Ausbruch gelänge aus dem engen Gehäuse seiner geschäftlichen Tätigkeit, wenn er sich nicht als aktives Element einer Lebenswelt zu betrachten lernt, die man als kulturell, religiös, politisch bezeichnen mag – eine Lebenswelt auf alle Fälle, die in moralische Kategorien hinübergreift, wobei sich wirtschaftliche Leistung von selbst versteht, deren fundamentale Notwendigkeit nur aus Kurzsichtigkeit oder aus gezielter Absicht in Zweifel gezogen werden könnte.« Karl Steinbuch fügt hinzu, diese Äußerung markiere die eindeutige Abkehr von der Denkweise des »Kapitalisten« oder »Technokraten«.

Wird die addierend wirkende Gleichzeitigkeit beider Krisenerscheinungen einen Wandel in der Wirtschaftsgesinnung und eine vermehrte Bereitschaft, an der Erhaltung der naturgegebenen Lebensbedingungen mitzuwirken, auch in der Masse der Bevölkerung der Industrienationen zur Folge haben?

Die deutliche und wahrscheinlich länger dauernde Verlangsamung des wirtschaftlichen Wachstums ist kein anonymer Vorgang, dessen Wirkungen sich auf die wirtschaftlichen Unternehmen, auf den Staat, z. B. in Gestalt verminderten Steueraufkommens, und auf die Sozialversicherungsträger, die höhere Unterstützungsleistungen erbringen müssen, beschränken. Sie berührt ebenso auch den einzelnen Bürger in seinem Einkommen und in seinem Vermögen und zwingt ihn, sich in seinen Konsumgewohnheiten mehr oder minder einschneidende Beschränkungen aufzuerlegen. Er bedarf keiner besonderen Belehrung darüber, was in Notzeiten zu tun ist. Gerade der von Arbeitslosigkeit und Kurzarbeit betroffene deutsche Arbeiter, von dem pauschalierend gesagt wurde, er sei nicht mehr bereit, einfache Arbeit zu verrichten – den Besen wieder in die Hand zu nehmen –, hat sofort beim Einsetzen der Krise ein erstaunliches Maß an Anpassungsfähigkeit bewiesen. Sie zeigt sich u. a. in der

Zunahme der Spareinlagen gerade in den Krisengebieten.
Wie sehr die ökonomische und die ökologische Krise im geistig-moralischen Bereich miteinander verknüpft sind, wird auch dadurch offenbar, daß eine wachsende Zahl von Menschen durch die sich abschwächende Wohlstandsentwicklung zu der Frage hingeführt werden, ob man nicht auch mit weniger zufrieden sein könnte. Das ist mehr, als nur aus der Not eine Tugend zu machen. Diese Haltung läßt die Bereitschaft erkennen, Einschränkungen und Verzichte auch dann hinzunehmen, wenn sie nicht durch die Notlagen erzwungen werden. Auch sie ist der Ausdruck von Ratlosigkeit und Zweifel. Man beginnt sich zu fragen, ob das sogenannte Wirtschaftswunder nicht allzu schnell verlaufen ist und ob der jetzt eingetretene Rückschlag nicht leichter zu ertragen wäre, wenn wir nicht einen immerfort weiter steigenden Wohlstand als eine Selbstverständlichkeit hingenommen und Gewohnheiten einer »Wegwerfgesellschaft« angenommen hätten, die unter dem Druck veränderter Verhältnisse kaum beibehalten werden können. Der hier sich anbahnende Geisteswandel ist durch überraschend aufgetretene materielle Fakten in Bewegung gesetzt worden. Er würde von kurzer Dauer sein und ohne nachhaltige Wirkungen bleiben, wenn er in nichts anderem bestünde, als in einer gewandten Anpassung an Notstände, die früher oder später behoben werden. Dann würde schließlich alles beim alten bleiben. Die jetzt freigesetzten Impulse, die zu einer grundlegend veränderten Einstellung gegenüber der bedrohten Umwelt führen sollten, würden in sich zusammenfallen. In diesem Sinne ist es nur zu bedauern, daß der Druck, den die Erdölkrise hervorgerufen hat, nachgelassen hat, ohne daß sie die Regierungen wie die Bürger zu einschneidender und dauerhafter Veränderung ihrer Verhaltensweise gezwungen hatte. Wie man aufgrund aller geschichtlichen Erfahrungen wohl überhaupt davon ausgehen muß, daß alle großen Akte zwischenmenschlicher Solidarität weit weniger das Ergebnis überlegener Einsichten und freiwilliger Entscheidungen, als vielmehr das Produkt bitterer und zwingender Notlagen gewesen sind.
Der existenzbedrohende Druck, den die erdölexportierenden Länder von einem Tage zum anderen auf die großen Industrienationen ausgeübt haben, war ein solcher Notstand; niemand weiß, wann

und in welcher Form er wiederholt wird mit dem Ziel einer weltweiten Umschichtung wirtschaftlicher Machtpositionen. Dieser Druck hat nicht nur technisch-wirtschaftliche Überlegungen ausgelöst. Er hat auch moralische Energien freigesetzt, den Willen zur Selbstbehauptung durch Selbstbeschränkung, durch Verzichte, durch sparsamen Umgang mit Rohstoffen, durch umweltfreundliches Verhalten. Waren die Anläufe, die in vielen staatlichen und privaten Bereichen unternommen worden sind, nur Strohfeuer? Fallen wir zurück in die alte Sorglosigkeit, wenn der Druck, der so heilsame Wirkungen zeitigte, von uns genommen wird? Oder sind wir auch in Zeiten der Atempause, wenn scheinbar die Wasser sich wieder verlaufen haben, noch bereit, uns auf eine latente Bedrohung nicht nur der Energieversorgung einzurichten? Auch wenn wir uns gegen eine Verketzerung jeglichen technischen Fortschritts und jedes weiteren wirtschaftlichen Wachstums, gegen Sektierertum, Fatalismus und Resignation wenden, bleiben die Gefahren für die natürlichen Daseinsvoraussetzungen bestehen. Sind wir bereit, sie ernst zu nehmen und alle Kraft und allen Einfallsreichtum gegen sie einzusetzen, selbst wenn die Maßnahmen, die der Behebung der akuten Wirtschaftskrise dienen sollen, zeitweilig den Vorrang vor denen des Umweltschutzes haben, ihnen sogar entgegenlaufen?
»Wir haben in dem vergangenen Vierteljahrhundert ein ungeheures Aufbauwerk geleistet, ohne Beispiel in der Geschichte. Aber wir haben dabei offenbar an unserer Seele Schaden genommen und das Gefilde der moralischen Werte nicht rechtzeitig zu bestellen gewußt.«[148]
Das ist nicht allein ein Dilemma der Staatsführung oder der Wirtschaft. Es ist die Entscheidung, vor die jeder einzelne gestellt ist. Will er dem natürlichen Hang nach Bequemlichkeit und Wohlleben nachgehen oder ist er bereit, den Kampf um Überlebenschancen, der Opfer und Entbehrungen verlangt, aufzunehmen und ihn ohne Rücksicht auf schwankende wirtschaftliche und gesellschaftliche Wetterlagen durchzustehen?
Probleme der Technik und der Technologie können wir nicht isoliert betrachten. Sie werfen tiefgreifende gesellschaftspolitische, wenn nicht sogar allgemein-politische Fragen auf. Sie betreffen den einzelnen Bürger vielleicht mehr als die meisten vordergründigen

politischen Vorgänge. »Deshalb können wir technologische Entscheidungen nicht mehr in der gewohnten Weise treffen. Wir können nicht zulassen, daß sie aufs Geratewohl und unabhängig voneinander gefällt werden, . . . daß sie allein durch kurzfristige wirtschaftliche Erwägungen diktiert werden . . . Wir können die Verantwortung für solche Entscheidungen nicht beiläufig an Geschäftsleute, Wissenschaftler, Ingenieure und Verwaltungsbeamte delegieren«, das ist jedenfalls eine in den USA entstandene und verbreitete Meinung[149].

Bislang, und nicht nur unter den harten Bedingungen der Wirtschaftskrise, scheint es so, daß im Konfliktfall Gesichtspunkte des Wachstums, des Fortschritts, des wirtschaftlichen Nutzens immer wieder die Oberhand gewinnen. Zwar bezweifeln immer mehr Menschen, daß die Vorteile von Schnellbahnen nach japanischem Vorbild oder von Überschallflugzeugen auch für die zivile Luftfahrt in einem angemessenen Verhältnis zu den Schäden stehen, die sie einer ohnehin überbelasteten Umwelt zufügen, und fragen sich darüber hinaus, ob immer mehr Schnelligkeit wesentlich ist für das Glück der Menschheit. Aber sie sind noch in der Minderheit. Ihre Argumente werden durch angeblich gewichtigere wirtschaftliche Notwendigkeiten beiseite geschoben. Gründe der internationalen Konkurrenz oder auch nur ehrgeizige Prestigemomente – z. B. von Stadtverwaltungen, die jede unbedingt einen Weltflughafen haben müssen – werden ihnen oft genug noch mit Erfolg entgegengestellt. Muß die Industrie jeden Auftrag übernehmen, auch wenn er nur mit immer mehr Fremdarbeitern bewältigt werden kann? Und um den Spieß herumzudrehen: ist die Wohlstandsgesellschaft gewillt, Beschränkungen etwa der Auslandsreisen ohne Widerspruch hinzunehmen, wenn der Rückgang an Industrieexporten zu einer Ungleichgewichtigkeit in der Zahlungsbilanz führen sollte? Wir sprechen davon, daß der Individualverkehr unsere Städte funktionsunfähig macht. Aber welcher Politiker hat den Mut, die Kilometerpauschale für die Fahrten zum Arbeitsplatz zu streichen und gleichzeitig die Verkehrsträger zu zwingen, die öffentlichen Verkehrseinrichtungen so auszubauen, daß sie für jedermann benutzbar werden? Wenn von der Verschmutzung des Rheins die Rede ist, wird sofort der Ruf nach wirksameren Auflagen für die Industrie und nach dem Verursachungsprinzip laut. Aber was geschieht, um die Verwaltungen der am Rhein gelegenen Städte zu zwingen, biologische Kläranlagen anstelle von Rathäusern, Sportstadien und ähnlichen Anlagen zu bauen? Große und neuerdings auch mittlere Industrieunternehmen sind dazu übergegangen, Betriebe dorthin zu verlegen, wo Arbeitskräfte in Hülle und Fülle vorhanden sind. Sie vermeiden dadurch weitere Anwerbungen von Gastarbeitern nebst allen damit verbundenen Problemen und verbessern gleichzeitig die Struktur von unterentwickelten Regionen in deren Heimatland. Aber wird diese vernünftige Entwicklung auch dann noch gefördert, wenn sie zu einem empfindlichen Rückgang der – raumordnungsfeindlichen – Gewerbeertragssteuer führt? Es ist noch ein weiter Weg, bis die unabdingbaren Forderungen des Natur- und Umweltschutzes, der Landschaftspflege und einer auf sie bezogenen Raumordnung die Beachtung und die Verwirklichung finden, die ihnen zukommt.

Das gleichzeitige Auftreten der Umwelt- wie der Wirtschaftskrise erleichtert es, den inneren Zusammenhang zu erkennen. Er besteht darin, daß beide gewisse Grenzen des Wachstums – der Wirtschaft wie der Bevölkerung – aufzeigen. Ihre wirksame Bekämpfung wird aber durch dieses Zusammentreffen erschwert, weil die Wirtschaftskrise andere Prioritäten setzt als die Umweltkrise und teilweise entgegengesetzte Lösungen erfordert. Aber diese Lösungen können nach beiden Richtungen nicht in einander ausschließenden Extremen gesucht werden. Sie müssen so angelegt werden, daß sie nicht wechselseitig zu Lasten der anderen gehen. Wie bei allen Vorhaben, die von Dauer sein sollen, liegen sie in einer wohlausgewogenen Mitte. Die Gesellschaft der Industrienationen, nachdenklich gestimmt durch die auf sie eindringenden Krisen, muß ein neues Verhältnis zur Technik suchen und umgekehrt muß die Technik Methoden, Verfahren und Einrichtungen entwickeln, die auch unter vertretbaren Aspekten des Umweltschutzes unbedenklich sind. Die Umweltpolitik muß nach Wegen suchen, die der Wirtschaft die Wege zu einem gesunden Wachstum und technischem Fortschritt nicht verbauen.

Nullwachstum?

Die Theorie des Untergangs

Wirtschaftliches Wachstum, in Prozenten ausgedrückt, bezeichnet den jährlichen Zugang zum Bruttosozialprodukt. Hält sich der Wert der im Bereich einer Volkswirtschaft erzeugten Güter und Dienstleistungen die Waage mit dem Bevölkerungswachstum, dann tritt keine Veränderung im Pro-Kopf-Einkommen ein. Steigt jedoch die Bevölkerungszahl schneller als die volkswirtschaftliche Gesamtleistung, dann verringert sich, abgesehen von der unterschiedlichen Verteilung, das Pro-Kopf-Einkommen und umgekehrt. Demnach bedeutet Nullwachstum die wirtschaftliche Stagnation, sofern auch in der Bevölkerungszahl keine Bewegungen nach oben oder unten eintreten, bedeutet aber Rückschritt, wenn die Bevölkerung, d. h. die Zahl der Menschen, die sich in das Volkseinkommen teilen müssen, zunimmt. Diesen einfachen Sachverhalt müssen wir im Auge behalten, wenn davon die Rede ist, daß wir uns ein weiteres wirtschaftliches Wachstum nicht mehr leisten können oder nicht leisten wollen.

In der Betrachtung des Politikers, des Wirtschaftlers, letzten Endes aber auch jedes Bürgers läuft die vom Klub von Rom und seinen Anhängern entfachte Umweltdiskussion auf die Frage hinaus, ob das, was zur Erhaltung oder Wiederherstellung der naturgegebenen Lebensbedingungen getan wurde oder getan werden soll, mit einem weiteren wirtschaftlichen Wachstum vereinbart werden kann. Dabei ist es aus der Sicht des Ökonomen belanglos, ob die Wachstumsraten schrumpfen, weil Rohstoffe knapp und teuer geworden sind und vielleicht auch der Markt gesättigt ist oder weil sinkendes Einkommen der öffentlichen Hand und der privaten Haushalte zu einer

Verminderung der Lebensansprüche und damit der Nachfrage führt. Jedes Anwachsen der Menschenzahl wie auch jede wirtschaftliche Expansion bedeuten eine weitere Belastung des Naturhaushaltes. Ist diese noch vertretbar, wenn es sich um die Rettung der Umwelt handelt? Oder erfordert eine konsequente Umweltpolitik den Verzicht auf jegliches Wachstum, der Bevölkerung wie der Wirtschaft?

Beide Berichte des Klubs von Rom haben diese Frage, die inzwischen zum zentralen Problem der Umweltdiskussion geworden ist, zwar aufgerührt und lassen sie immer wieder anklingen, aber sie haben sie offen gelassen. Auch die Frage nach den ökonomischen und sozialen Konsequenzen der von ihnen vertretenen Theorien haben sie nicht eindeutig beantwortet. Insbesondere ist der Klub von Rom einer Stellungnahme darüber ausgewichen, ob er einen Wachstumsstillstand als erstrebenswert oder notwendig betrachtet. Er hat zwar einige verbale Zugeständnisse an das Eigengewicht der bestehenden Verhältnisse gemacht. Dennoch kann das Ziel seiner programmatischen Postulate doch nur darin gesehen werden, daß ein an zahlreiche Hindernisse stoßendes Wachstum mittels zwischenstaatlicher Zwangsmaßnahmen aufgefangen und durch eine Gleichgewichtslage zwischen einer kontrolliert wachsenden Weltbevölkerung und dem insgesamt noch verfügbaren natürlichen und wirtschaftlichen Potential hergestellt wird. Vorausgesetzt und für erreichbar gehalten wird – trotz der enttäuschenden Erfahrungen, die hinsichtlich der Effektivität supranationaler Institutionen über den Völkerbund bis zu den Vereinten Nationen und dem Europarat vorliegen – ein Konsensus aller Länder und aller Regierungen. Er soll eine umfassende Wachstumsbegrenzung zum Inhalt haben, und dazu die Bereitschaft der gesamten Menschheit, die damit auch für den einzelnen verbundenen Verzichte und Entbehrungen hinzunehmen, weil sie aus zwingenden übergeordneten Gesichtspunkten verlangt werden müssen. Die Frage, ob eine solche Übereinstimmung, in der geistigen Haltung wie im alltäglichen Handeln, auch nur zwischen den westlichen Industrienationen mit einer gleichgerichteten freiheitlichen Verfassung und Wirtschaftsordnung erwartet werden kann, und das noch dazu innerhalb der uns noch verbleibenden Gnadenfrist von wenigen Jahrzehnten, lassen sie offen.

Und ebenso auch die weitere, ob die Bürger der großen Industrieländer ihre Lebensführung freiwillig und zwecks Sicherung ihrer Umwelt einschränken wollen, wenn sie ohnehin durch die Wirtschaftskrise zu sehr einschneidenden Einschränkungen gezwungen werden. Der naheliegende Einwand, daß der Arbeitslose und der, der morgen arbeitslos werden könnte, die Notwendigkeit, einen erheblichen Teil des Volkseinkommens und der Unternehmenserträge in die ökologische Zukunftssicherung zu investieren, heute, in der Krise, mit anderen Augen ansieht als in den Zeiten eines scheinbar unaufhaltsamen Aufschwungs, bleibt unerwähnt. Daß die Sorge um das tägliche Brot für viele Millionen von Menschen auch in den »reichen« Industrieländern plötzlich in den Vordergrund gerückt ist und die in der Umweltdiskussion dominierende Frage, wie es nun um die natürlichen Lebensvoraussetzungen kommender Generationen bestellt sein mag, zweitrangig geworden ist, bleibt ebenfalls außer Betracht.

Der Klub von Rom unterstellt, daß alle Menschen bereit sind oder bereit sein müßten, die Bemühungen um eine heile Umwelt als das wichtigste Vorhaben der Menschheit anzusehen. Aber er sieht nicht, daß diese Probleme für diejenigen an Aktualität verlieren, die nicht wissen, ob ihre berufliche und materielle Existenz in den nächsten Wochen und Monaten noch gesichert ist, die auch theoretische Spekulationen darüber, ob die Menschheit im Begriff ist, naturgegebene Wachstumsgrenzen leichtsinnig oder mutwillig zu überschreiten, als Blasphemie empfinden könnten, nachdem ihnen die Grenzen ihres eigenen wirtschaftlichen Wachstums über Nacht vor Augen gerückt worden sind.

Beide Berichte lassen offen, welche Wachstumsraten noch erwirtschaftet werden können – oder im Rahmen der Belastbarkeit des Naturhaushaltes noch erwirtschaftet werden dürfen –, wenn in den fünf von ihnen herausgestellten Gefahrenbereichen alle Folgerungen aus den von ihnen entwickelten pessimistischen Perspektiven gezogen werden. Aber auch dort, wo sie es nicht eindeutig aussprechen, kann kein Zweifel daran bestehen, daß sie mindestens eine einschneidende Wachstumsbeschränkung als eine unerläßliche Prämisse der von ihnen propagierten Maßnahmen ansehen.

Meadows versucht, die naturbedingten Wachstumsgrenzen zu er-

mitteln, indem er, vom derzeitigen Verbrauch z. B. an nicht ersetzbaren Rohstoffen ausgehend, den künftigen Verbrauch und aus diesem den Zeitpunkt ihrer totalen Erschöpfung errechnet. Aber auch die umgekehrte Methode wird empfohlen. Es sei nicht nötig, die bisherigen Abläufe hochzurechnen. Die Voraussagen könnten einfacher und mit größerer Beweiskraft auch von der Gegenposition her, von der letzten Begrenzung ausgehend, ermittelt werden: »Damit sind wieder Daten gegeben, die unumstößlich sind. Wenn schon keine Positivbestimmung getroffen werden kann, so läßt sich heute doch eine negative Bestimmung all dessen ausmachen, was alles nicht mehr geht. Diese Feststellungen bilden hinfort einen festen Rahmen, innerhalb dessen sich die Menschheitsgeschichte bewegen muß.« Diese höchst apodiktische Behauptung, die jede Gegenmeinung einfach ausschließt, finden wir bei Gruhl[150].
Aber kann eine solche Umkehrrechnung wirklich überzeugen? Es bleibt doch bei einer statischen Betrachtung. Die Gesamtmenge der jeweiligen Reserven und Möglichkeiten steht auch bei diesem Verfahren, wie behauptet wird, unverrückbar fest, ebenso die Verbrauchsraten, auch wenn sie als exponentiell steigend angenommen werden. Gegenüber der Argumentation von Meadows und ihren Ergebnissen würde sich dem Prinzip nach nichts ändern, wenn man, wie Gruhl vorschlägt, die Rechnung vom entgegengesetzten Ende her aufmacht. Die eine Methode ist so starr wie die andere, und beide lassen in ihrer Bilanz die Veränderungen außer Betracht, die sich z. B. aus der Aufschließung neuer Rohstoffe oder aus dem Ausweichen auf andere Stoffe oder andere Verfahren tagtäglich ergeben. Und beide berücksichtigen nicht, daß die menschliche Erfindungsgabe etwas ganz Neues entdecken könnte – obgleich wir auch das tagtäglich erleben.
Offenbar werden jedoch die Erwartungen, die an neue Gedanken wie an vernünftige Einsichten gestellt werden könnten, gering eingeschätzt. Oder wie soll man es sonst verstehen, daß ernsthaft die Frage aufgeworfen wird, ob das Großhirn des modernen Menschen seiner Konstruktion nach überhaupt noch in der Lage ist, mit den Problemen der Umweltgefährdung fertig zu werden, ob es wirklich groß genug ist, um »die ungeheure Verantwortung für die Zukunft unseres Planeten« zu begreifen. »Wird die Vernunft«, so werden

wir gefragt, »die Menschen abhalten können, ihre eigene Lebensgrundlage völlig zu zerstören.« Die Antwort fällt negativ aus. »Da besteht wohl wenig Hoffnung.«[151] Dabei weiß doch niemand, wieviel an bisher unentdeckten Rohstoffen oder Bodenschätzen die Erde noch bergen mag. Es gibt also keine präzisen Anhaltspunkte dafür, um wieviel Jahre sich ihre Reichweite zu gleichbleibendem oder exponentiellem Verbrauch verlängern könnten. Den Befürwortern des Nullwachstums ist aber auch das ein Argument für ihre Forderung, den Verbrauch auf dem derzeitigen Stand festzuhalten; sie kommen dann zu dem Ergebnis, daß Neuentdeckungen von Rohstofflägern nur gerade den Mehrverbrauch decken würden. Aber selbst dann würde ein Zuwachs an Bevölkerung eine Senkung des Pro-Kopf-Verbrauchs unerläßlich machen.
Die Verfasser der Klub-von-Rom-Berichte weisen es weit von sich, die Systemveränderung oder gar den gewaltsamen Umsturz propagieren zu wollen. Aber sie müssen sich doch gefallen lassen, daß sie, mindestens was die Ablehnung der Leistungsgesellschaft und die Empfehlung angeht, mehr Wachstum durch mehr Kulturgenuß zu ersetzen – also durch verbesserte Lebensqualität – in die geistige Nähe von Marcuse, Block und Gorkheimer rücken.
Die radikalsten Folgerungen aus der Forderung nach einem absoluten Nullwachstum zieht Herbert Gruhl. Er bezeichnet den Begriff des Nullwachstums als Idiotie. »Um der begrifflichen Redlichkeit wegen« will Gruhl weder von Wachstum noch von Nullwachstum und auch nicht von Negativwachstum sprechen. Was nach seiner Ansicht unzulässigerweise als Wirtschaftswachstum bezeichnet wird, ist für ihn Produktionssteigerung – wobei es dem Ökonomen schwerfallen mag, in dieser Unterscheidung etwas anderes als eine sprachliche Unterscheidung zu sehen. Auf diese Mehrproduktion kann, wie Gruhl meint, der Mensch durchaus verzichten. »Dann läuft eben die Produktion in der bisherigen Höhe weiter.«[152] Das heißt aber doch wohl: sie stagniert, und Stagnation bedeutet, wie wir gesehen haben, auf den einzelnen bezogen, Rückschritt, wenn bei gleichbleibender Produktion die Zahl derer zunimmt, die sich in diese Produktion teilen müssen.
Mit Beginn der Industrialisierung, d. h. mit dem Augenblick, an dem der Mensch seine eigene Kraft ergänzte durch Zuhilfenahme

fremder Energie, ist die Menschheit, so lesen wir bei Gruhl, aus dem natürlichen Regelkreis ausgebrochen. Sie hat Anleihen gemacht bei dem künstlichen Produktionskreis. Durch Zufuhren von industriell erzeugter Energie hat sie die Landwirtschaft in die Lage versetzt, ihre Produktion zu steigern. Aber diese künstlich hochgezogene Produktion fällt in sich zusammen, wenn die Energiezufuhren aus dem industriellen Bereich aufhören – weil die Energievorräte aufgebraucht sind. Dann könnten aber nur 1,5 Milliarden Menschen auf unserem Planeten ernährt werden, »wohlgemerkt, auf dem Lebensstandard, der in Europa vor 1850 herrschte«[153]. Die Menschheit hätte mit dem »Import aus dem metaökonomischen Bereich alles mögliche anstellen können – nur zu einem hätte sie sich nicht verleiten lassen dürfen: menschliches Leben zu vermehren«. Aber eben das hat sie getan, und dafür wird sie büßen müssen. Die Menschen werden ihre Schulden, die sie leichtsinnig kontrasigniert haben, bezahlen müssen. »Die einzige Währung aber, die hier gilt und in der Verstöße gegen die Naturgesetze beglichen werden können, ist der Tod. Der Tod bringt den Ausgleich, er schneidet alles Leben, das auf diesem Planeten auswuchert, wieder zurück, damit der Planet wieder ins Gleichgewicht kommt.«

Es ist ein schauerliches Zukunftsgemälde, das Gruhl entwirft: eine Überzahl von Menschen wird vergeblich nach Arbeit und Brot schreien. Aber diese Massen können nur so lange beschäftigt und ernährt werden, wie die Natur Rohstoffe und Energien zu liefern vermag. »Wenn die Vorräte der zehn Millionen Jahre zur Neige gehen, wird es für einige Milliarden Menschen keine Verwendung mehr geben. Das bedeutet nicht etwa nur, daß sie ein Leben in Armut führen müssen, sondern daß sie umkommen werden.« Soweit Gruhl.

Mit der Wachstumstheorie des Klubs von Rom, vor allem aber in der Zuspitzung, die Meadows' Thesen durch Gruhl erfahren haben, hat die umweltpolitische Diskussion eine Wende genommen, die es zweifelhaft erscheinen läßt, ob es den Verfechtern eines kompromißlosen Umweltschutzes überhaupt noch um einen Ausgleich zwischen Wachstum und technischem Fortschritt einerseits und gesunder Biosphäre andererseits zu tun ist. Für sie ist die Technik nebst allem, was sie seit dem Beginn des Maschinenzeitalters hervorgebracht hat, nichts anderes als ein von Verhängnis begleitetes Danaergeschenk an die Menschheit, die es als eine gute Gabe angenommen hat, nun aber, fast schon zu spät, seine zerstörerische Wirkung erkennen muß.

In den Aussagen der Absoluten sind Technik und technischer Fortschritt immer gleichbedeutend mit Raubbau an nicht ersetzbaren Hilfsstoffen und mit Vernichtung der natürlichen Lebensbedingungen, auch der seelischen Substanz des von der Maschine und der Mechanik versklavten Menschen.

Der geistige Nährboden des radikalen Umweltschutzes ist die Kulturphilosophie Friedrich Georg Jüngers. Was wir seit kurzem an Verdikten gegen die Technik und die Techniker zu hören bekommen, ist mühelos als das Geistesprodukt Jüngers zu erkennen, in der Argumentation und häufig genug auch im Vokabularium.

In einer vor fast vierzig Jahren, noch vor dem Zweiten Weltkrieg entstandenen visionären Betrachtung kommt Jünger zu dem Ergebnis, daß Technik und Raubbau gleichbedeutende Begriffe sind. »Da die Technik den Raubbau voraussetzt, da ihr Fortschritt von einem zunehmendem Raubbau begleitet ist, so leuchtet ein, daß sie im Zustand ihrer Perfektion auf die umfassendste und intensivste Weise Raubbau treiben wird, einen Raubbau, der planetarisch organisiert ist und in der rationalsten Weise ausgeübt wird. Die Verlustwirtschaft muß einen Umfang annehmen, der den Schluß gestattet, daß wir sie nicht lange ertragen können. Es ist nicht sowohl die Erschöpfung der Fundstätten, das Versiegen der Zapfstellen, durch das ihr ein Ende bereitet wird ... Die Verlustwirtschaft ist eine totale, sie erstreckt sich auch auf den in technischer Organisation lebenden Menschen.« Die Vision des geplünderten Planeten, wie Herbert Gruhl sie darstellt, finden wir hier beinahe im Wortlaut vorweggenommen. Und weiter hören wir von Friedrich Georg Jünger, die Maschine sei kein glückspendender Gott, und das Zeitalter der Technik werde nicht in einem friedlichen und liebenswürdigen Idyll enden. »Die Macht, die es uns anbietet, muß zu allen Zeiten teuer bezahlt werden mit dem Blute und der Nervenkraft von Hekatomben von Menschen, die auf irgendeine Weise in das Getriebe von Rädern und Schrauben geraten sind. Sie wird bezahlt durch den Stumpfsinn des Arbeits- und Erwerbslebens, ... in der mechanischen Arbeit um den Lohn, in dem Arbeitsautomatismus, von dem der Arbeiter abhängig wird. Sie wird bezahlt durch die Verödung des geistigen Lebens, die überall um sich greift, wo die Mechanik erweitert wird. Es ist gut, wenn man alle Illusionen über die Segnungen der Technik fahren läßt.«[154] Für die Griechen, die das Wort und den Begriff der Technik geschaffen haben, bedeutete Technik Kunstfertigkeit und schöpferisches Wirken unter Benutzung der Kräfte und der Stoffe der Natur und unter Beachtung der Naturgesetze. Für den klassisch gebildeten Philosophen Friedrich Georg Jünger ist sie der Inbegriff aller der Übel, die den Menschen der Gegenwart bedrücken und bedrohen, Ausdruck einer bloßen Philosophie des Nutzens. Und Techniker und Erfinder sind für ihn nichts anderes als Schrittmacher der Zerstörung. »Wenn . . . Erfinder . . . angespornt werden, neue Proben ihrer Intelligenz zu geben, ihre Arbeit zu beschleunigen und in schnellerem Tempo zu erfinden, dann geschieht das, weil die Ausbeute vermehrt werden soll, und zwar durch Rationalisierung des Ausbeuteverfahrens.« Die Wissenschaften werden zu Hilfsdisziplinen der Technik degradiert. Und der Techniker ist in Jüngers Sicht »einäugig wie alle Kyklopen. Sein Empirismus schon deutet darauf hin. Ihm bereitet die Frage, wohin seine Bemühungen führen, kein Kopfzerbrechen. Seine Sachlichkeit hindert ihn nicht nur daran, über sich selbst nachzudenken, sie verlegt ihm auch den Weg zu jenem geistigeren Wissen, das keiner Mechanik unterworfen werden kann.«[155]

Es ist ein neuer Turmbau zu Babel, auf den die Technik und der technische Fortschritt hinauslaufen. Ihr Machtstreben hat Grenzen, die bereits erkennbar werden. »Der Raubbau«, ohne den sich die die Perfektion nährende Technik nicht zu denken ist, »der rücksichtslose Verzehr von Menschen und Mitteln kann nicht auf lange Sicht hin fortgesetzt werden; er endet mit der Erschöpfung der Bestände, auf deren Konsum der technische Fortschritt angewiesen ist«[156]. Er verzehrt seine eigenen materiellen Grundlagen. Aber er zerstört auch den Menschen, der der alles erfassenden Technik hilflos ausgeliefert ist, dessen verängstigtes Denken mehr und mehr um die herannahende Katastrophe kreist[157].

Es bedarf keines Beweises, daß jeder Bevölkerungszuwachs und jede Steigerung der Produktion eine weitere Belastung der natürlichen Kraftreserven – der Bodennutzung, der Luft, des Wassers, der Rohstoffe, der Landschaft – mit sich bringen. Ob diese entsprechend vermehrbar oder ersetzbar sind, muß von Fall zu Fall untersucht und entschieden werden. Wenn sich jedoch absolute und damit zwingende Wachstumsbegrenzungen nicht oder noch nicht ergeben, dann bleibt zu fragen, ob eine auf das Nullwachstum abzielende Umweltpolitik erstrebenswert, erträglich und durchsetzbar ist.

Die Auseinandersetzung um das Nullwachstum dreht sich nicht allein um die Frage, ob es in einem aktuellen, für wirtschafts- und umweltpolitische Entscheidungen relevanten Zeitraum Wachstumsgrenzen gibt und wo sie verlaufen, sondern ebenso um die andere, mit welchen politischen und administrativen Methoden der Zustand des Nullwachstums erreicht und aufrechterhalten werden könnte.

Die Kritik am wirtschaftlichen Wachstum und an einer Wirtschafts- und Sozialpolitik, die diese oder jene Wachstumsraten ansteuert, ist Kritik an der Wirtschafts- und Sozialordnung, wenn und soweit diese auf technischem Fortschritt und wirtschaftlichem Wachstum beruht. Sie ist es implizite in der Beweisführung des Klubs von Rom, und sie ist es in aller Massivität bei einigen ihrer amerikanischen Vorläufer oder Nachfahren. Sie ist ein Teil jener politischen Strömung, die sich eine Änderung des Wirtschaftssystems und der Gesellschaftsstruktur der westlichen Industrienationen zum Ziel gesetzt hat. Ihre Verfechter meinen, daß mit dem Verzicht auf eine weitere wirtschaftliche Expansion und der Einrichtung auf einen Zustand wirtschaftlicher und bevölkerungspolitischer Stagnation die Wohlstandsunterschiede nivelliert würden und die ihnen unerwünscht erscheinende Konkurrenz – gemeint ist der Leistungswettkampf – unter den Unternehmen, den Konsumenten und den Arbeitern verringert und damit eine höhere Lebensqualität erreicht werden könnte. Aber sie vermeiden es, die politischen und sozialen Veränderungen zu fixieren, über die dieser vermeintliche Idealzustand verwirklicht werden könnte[158], und sie sagen nichts über den Weg und die Methoden, die zu ihm hinführen könnten. Dabei dürfte es auch ihnen klar sein, daß der Verzicht auf wirtschaftliches Wachstum, der bei steigender Bevölkerung automatisch zu einem

Rückgang des Pro-Kopf-Einkommens führen müßte, nicht durch einen freiwilligen Konsens aller Regierungen und schließlich aller Bürger zu erreichen ist, auch nicht über eine Panik erzeugende Darstellung der drohenden Umweltgefahren. Das Nullwachstum ist nicht anders zu verwirklichen als mit den Mitteln einer alle Lebensbereiche erfassenden staatlichen Planung, keinesfalls über freie individuelle Entscheidungen.

Die Autoren der Klub-von-Rom-Berichte haben die Wachstumstheorie in den Mittelpunkt der Umweltdiskussion gerückt, ohne die letzten Konsequenzen zu ziehen. Aber Gruhl hat die Katze aus dem Sack gelassen, indem er die Anschauungen und Forderungen seiner geistigen Schrittmacher – von Friedrich Georg Jünger bis zu Dennis Meadows – ins Absolute übersteigert hat. Seitdem sind die Fronten erst klar zu erkennen.

Wenn nicht bereits mit dem Klub von Rom, so spätestens mit Gruhl ist der Punkt erreicht, an dem die Geister sich scheiden müssen. Technischer Fortschritt und wirtschaftliches Wachstum entsprechen einem Urtrieb des tätigen Menschen. Der Verzicht auf beides – oder nach Gruhl auf weitere Produktionsleistungen – kann ihnen nur aufgezwungen werden, entweder durch umweltbedingte Fakten, indem die prophezeite Erschöpfung der Rohstoffe oder der Energieträger plötzlich harte Wirklichkeit wird, oder durch eine Staatsführung, die den Stillstand der Wirtschaft – und der Bevölkerung – durch staatliche Maßnahmen herbeiführt, vielleicht, weil sie einer drohenden Erschöpfung der Naturreserven beizeiten zuvorkommen will. Das würde eine totale Umkehr in den politischen, wirtschaftlichen und gesellschaftlichen Zielsetzungen jedenfalls der Regierungen bedeuten, die sich zu den Grundsätzen der freien Marktwirtschaft bekennen. Dabei muß offenbleiben, ob nicht auch demokratisch-freiheitliche Regierungen in bestimmten Situationen zu Eingriffen in die marktwirtschaftlichen Abläufe gezwungen sein werden. Gehen wir also davon aus, daß der Verzicht auf Fortschritt und Wachstum nur über so oder so gearteten und motivierten Zwang herbeigeführt werden kann, dann heißt das, daß die Forderung nach Nullwachstum oder Produktionsstillstand nur über die Preisgabe der marktwirtschaftlichen Ordnung und mehr noch: der freiheitlichen Wirtschaftsverfassung, der unternehmerischen Frei-

heit und des freien Wettbewerbs erreicht werden kann. Diese Feststellung soll nicht besagen, daß die notwendige Anpassung der Expansionsraten an die natürlichen Gegebenheiten grundsätzlich nur mit Methoden der Marktwirtschaft, d. h. letzten Endes nur über Appelle an Einsicht und Wohlverhalten, angesteuert werden sollte und ohne jegliche staatliche Intervention erreicht werden könnte. Wichtig ist nur, sich darüber klar zu sein, daß Forderungen auf Drosselung der wirtschaftlichen Entwicklung, wie der Klub von Rom sie angedeutet hat, mit marktwirtschaftlich-demokratischen Mitteln nicht zu realisieren sind. Ihre Verwirklichung – weltweit und innerhalb der angeblich nur noch verfügbaren Frist von wenigen Jahrzehnten – ist nur denkbar mittels der Machtinstrumente zentraler Lenkungswirtschaft, also durch staatlichen Zwang, der sich um Wünsche und Interessen der Bürger nicht zu kümmern braucht. Totaler Stillstand – der Rückschritt und vielfältigen Verzicht zum Inhalt hat – bedeutet totalen Zwang. Daß er über eine Weltregierung oder einen weltweiten Konsens ausgeübt werden soll, rückt die Diskussion in den Bereich des Unwirklichen.
Aber nicht einmal von planwirtschaftlichen Methoden ist, nach Gruhl, Rettung zu erwarten. Das kapitalistische System stimmt für ihn mit dem kommunistischen – und umgekehrt – darin überein, daß beide, auf dem Fortschrittsglauben des 19. Jahrhunderts fußend, die Erde nach den gleichen Methoden geplündert haben. Beide steuern einen selbstzerstörerischen Kurs. Mithin müssen beide Systeme überwunden werden, »d. h. eine neue umweltkonforme Wirtschaftsordnung muß sich von beiden uns geläufigen Systemen abheben«[159]. Von den derzeitigen Staatswesen, den demokratischen wie den kommunistischen, ist nach Auffassung der Experten ohnehin keine durchgreifende Hilfe zu erwarten. Gruhl spricht von einer »Komplicenschaft zwischen Kapital, Arbeit und Staat« und versteht darunter das Zweckbündnis der die heutige Wirtschaftsordnung tragenden Machtfaktoren. Um Wohlstand, Arbeitsplätze und Wachstum zu erhalten, auch um den Preis einer mehr oder weniger unabwendbaren Katastrophe, sind sie sich einig in der weiteren Ausbeutung der Erde. Mit dieser Kritik beruft sich Gruhl auf Bertrand de Jouvenel, einen seiner Kronzeugen, der meint, daß der heutige Staat gar nicht anders könne, als um ein wei-

teres Wachstum bemüht zu sein: »unser ganzes Sozialsystem ist auf eine unaufhörliche Steigerung der Bedürfnisse hier angelegt und auch auf eine solche Steigerung angewiesen«[160]; eine sicherlich zutreffende Beobachtung.

Und selbst mit der Erreichung des Nullwachstums wären, nach Gruhl, die Umweltprobleme noch keineswegs gelöst. Der Verzicht auf weitere Steigerungsraten bedeutet zwar bei stagnierender Bevölkerung das Stillstehen auf dem heutigen Stand. Gelingt es aber nicht, den Bevölkerungszuwachs abzustoppen, dann heißt es, daß das Lebenshaltungsniveau je Kopf absinkt. Und wenn es zutreffen sollte, daß die Gesamtmenge der auf der Erde verfügbaren Rohstoffe feststeht[161], dann eröffnet auch das Nullwachstum – oder, um mit Gruhl zu sprechen, der Verzicht auf weitere Produktionsleistung – keinen Ausweg aus der ökologischen Krise. Es schiebt nur die schließlich doch unvermeidliche Katastrophe um einige Jahrzehnte oder einige Generationen hinaus. Aber es löst die Probleme nicht. Die über die Menschheit hängende Existenzbedrohung wird nicht aufgehoben, sie wird nur vertagt. Wenn nicht im letzten Augenblick ein Wunder geschieht, wenn die Menschheit nicht abläßt von der Anbetung des Wachstums, dann treibt sie eben hoffnungslos dem Untergang entgegen.

Solange die Umweltdiskussion und die Umweltpolitik nichts anderes zum Gegenstand hatten als die Erhaltung oder Wiederherstellung der natürlichen Lebensbedingungen, konnte eine Übereinstimmung und praktische Zusammenarbeit zwischen Staat und Gesellschaft, zwischen den Bürgern und der Wirtschaft in wenigen Jahren hergestellt werden. Aber mit dem Hervorkehren der Wachstumstheorie und ihrer Zuspitzung in der Forderung nach dem Nullwachstum sind die Gräben wieder aufgerissen worden, ist die Konfrontation zwischen Theoretikern und Fanatikern hier und Praktikern und Pragmatikern dort unvermeidlich geworden.

Die Polarisierung der Positionen, die durch die Wachstumstheorie ausgelöst worden ist, rührt von den unterschiedlichen Systemvorstellungen her. Die ökonomische Theorie geht von den Funktionsbedingungen des vorhandenen Systems aus, zeigt im Prinzip die Möglichkeiten einer systemkonformen Lösung des Umweltproblems und das noch mögliche und modifizierte Wachstum. Die

Vertreter des Nullwachstums setzen mit der Fixierung des Wachstums ein anderes Wirtschaftssystem voraus, ohne es zu spezifizieren[162]. Jedenfalls kann es kein System sein, das auf dem Grundsatz der Freiheit des Individuums beruht.
Aber die Unmöglichkeit weiteren Wachstums ist von Verfechtern des Nullwachstums bisher nur behauptet, jedoch nicht bewiesen worden. Mit dem weltweiten Konjunkturumschwung ist in allen Industrieländern eine empfindliche Wachstumsverminderung eingetreten. Hingegen ist der Nachweis, daß sie auch zu einer adäquaten Veränderung der Umweltbelastung geführt hätte, nicht erbracht worden. Wenn ein solcher Zusammenhang nicht besteht oder nicht meßbar ist, dann hängt die Annahme in der Luft, daß die Lösung aller Umweltprobleme in einer stagnierenden Wirtschaft und Bevölkerung liegt.

Das Wachstumsproblem in der Umweltpolitik der Bundesregierung

Was die Bundesregierung geplant und unternommen hat, ist keine radikale Wendung in Richtung auf Stagnation und Nullwachstum. Es ist die Politik der kleinen Schritte, das ernsthafte und im ganzen erfolgreiche Bemühen, unter begrenzter Zielsetzung entstandene Umweltschäden zu beseitigen und künftige möglichst zu verhüten, nicht mehr, aber – das sollte doch deutlich gesagt sein – auch nicht weniger. Umweltschutz wird im biologischen Sinne verstanden, nicht als Strukturveränderung.
Die Bundesregierung hat in ihrem Umweltprogramm unzweideutig erklärt, daß ihre Umweltpolitik durchaus auf dem Boden und mit den Mitteln der freien Marktwirtschaft verwirklicht werden kann. Sie verwahrt sich gegen den Versuch, die Maßnahmen zum Schutze der Umwelt zum Hebelansatz für einen Umsturz unserer wirtschaftlichen und gesellschaftlichen Ordnung zu machen. Wiederholt hat sie die Auffassung bekräftigt, daß ein moderiertes, mit den Naturreserven im Einklang stehendes Wachstum durchaus mit ihren umweltpolitischen Zielsetzungen in Übereinstimmung sein kann. Sie sieht und anerkennt den Zusammenhang zwischen Un-

ternehmerinitiative, Wachstumsraten und Umweltschutz. Mit ihrem Umweltprogramm bemüht sie sich, ein Wachstum, das sie für erwünscht und notwendig hält, in eine umweltfreundliche Richtung zu lenken. Ihre Umweltpolitik ist abgestimmt auf die Erhaltung der Unternehmerinitiative und gleichzeitig auf die Innehaltung ökologischer Grenzen[163]. Die im Deutschen Bundestag vertretenen politischen Parteien stehen auf dem gleichen Boden. Für die Unionsparteien wie für die Freien Demokraten ist ihr immer wieder abgegebenes Bekenntnis zur freien Marktwirtschaft gleichbedeutend mit der Bejahung wirtschaftlichen Wachstums. Dasselbe dürfte für die Führungsgremien der Sozialdemokratischen Partei gelten, die bis heute diese ihre Auffassung gegenüber auf Systemveränderung gerichteten Forderungen durchsetzen konnten, wobei nicht einmal klar ist, ob für die radikale Linke der Kampf gegen die bestehende Wirtschafts- und Gesellschaftsordnung gleichgesetzt werden muß mit einer Bejahung der Stagnationsphilosophie. Auch die Gewerkschaften, die anfangs der Auffassung zuneigten, auf dem Boden und mit den Mitteln der Marktwirtschaft lasse sich ein wirksamer Umweltschutz nicht betreiben, und speziell im Instrument des Verursachungsprinzips einen Ansatzpunkt für einen Umverteilungsprozeß sahen, haben inzwischen erkannt, daß ein gesundes wirtschaftliches Wachstum die unverzichtbare Voraussetzung für die Stabilität des Wirtschaftsprozesses und erst recht für die Vollbeschäftigung ist. Demgemäß haben auch sie sich in Gymnich für die Fortführung der Umweltpolitik ausgesprochen.

Organisches Wachstum

Was also ist das Ziel der Umweltpolitik, wenn einerseits auf ein Mindestmaß an Wachstum, andererseits auf einen durchgreifenden Schutz der Umwelt nicht verzichtet werden kann? Doch wohl ein wahrscheinlich eingeschränktes Wachstum, das mit den auf längere Sicht verfügbaren natürlichen Kraftreserven in Übereinstimmung gehalten wird. Zum Abschluß des in der Bundesrepublik durchgeführten Europäischen Naturschutzjahres 1970 hat der damalige Bundeskanzler Willy Brandt zur Frage des Wachstums erklärt:

»Die aktive Gestaltung unserer Umwelt ist ein gesellschaftspolitisches Ziel, das sich mit dem Ziel einer bloßen Wohlstandssteigerung nicht vereinbaren läßt. Eine Politik, die sich allein auf das wirtschaftliche Wachstum konzentriert, bringt keinen echten Zuwachs für die Gesellschaft, sondern führt zu zivilisatorischen Fehlentwicklungen.«[164]

Das ist eine Absage an eine ausschließlich wachstumsorientierte Wirtschafts- und Gesellschaftspolitik. Aber es ist keine Absage an den im Wachstum zum Ausdruck kommenden wirtschaftlichen Fortschritt und schon gar nicht ein Bekenntnis zum Nullwachstum. Dabei wäre es zu jener Zeit, auf einem Höhepunkt der Konjunktur, auf dem niemand die Möglichkeit eines ernsthaften Rückschlages auch nur ins Auge faßte, leicht und gefahrlos gewesen, einer Verminderung des Wachstums das Wort zu reden. Auf der Talsohle der Konjunktur würde es den gewollten Verzicht auf die Wiederankurbelung der Wirtschaft bedeuten.

Sofern wir nicht die Meinungsäußerungen der Unheilspropheten mit der Stimme des Volkes gleichsetzen wollen – was sicher für die Masse der Bürger nicht zutreffen würde –, müssen wir davon ausgehen, daß die große Mehrzahl mindestens der im Wirtschaftsleben stehenden Menschen einem Verzicht auf weiteres wirtschaftliches Wachstum nicht zustimmt. Ebenso müssen wir unterstellen, daß eine wachsende Zahl von Menschen einer schrankenlosen Weiterentwicklung der Technologie mit Skepsis und Zweifeln gegenübersteht. Beide Seiten würden sich einigen können auf ein kontrolliertes Wachstum, wobei sich die Kontrolle vor allem darauf zu erstrecken hätte, daß neue Erfindungen und Verfahren nicht allein unter dem Gesichtspunkt der Gewinnerzielung zu prüfen wäre, sondern auch unter dem ihrer Nutzlosigkeit oder Schädlichkeit für die Allgemeinheit. Allein schon diese Überlegung, daß künftig nicht jede technische Neuerung ohne weiteres als Fortschritt hingenommen werden kann, läßt erkennen, daß der blinde Fortschrittsglaube ins Wanken geraten ist und daß sich hinsichtlich dessen, was machbar ist und gemacht werden sollte, neue Wertvorstellungen herausbilden[165].

Damit wird eine weitere Frage aufgeworfen. Können wir die praktische Anwendung neuer Erfindungen, die möglicherweise die Lebensbedingungen der Menschheit entscheidend beeinflussen, allein dem Verantwortungsbewußtsein der Erfinder oder dem Gewinnstreben der Industrie überlassen – das Problem Einstein und Atombombe? Oder brauchen wir eine politische Instanz mit internationaler Reichweite, die bestimmte Technologien fördern, abbremsen oder verbieten kann, eine staatliche Stelle, die neue Technologien unter gesellschaftlichen Gesichtspunkten kontrolliert und dennoch den Forschungsgeist nicht hemmt, z. B. die technisch mögliche Gen-Manipulation bis zum Menschen aus der Retorte? Solche Entwicklungen könnten die Regierungen durchaus in internationalen Konventionen, nach dem Muster etwa des Atomwaffensperrvertrages oder der Vereinbarungen über das Verbot bakteriologischer Kriegsführung, regeln.

Im übrigen kann in einer freiheitlichen Demokratie die Entscheidung, ob Wachstum oder Stillstand oder beides synchronisiert anzusteuern ist, nicht allein Sache der Regierung oder der Wirtschaft oder der Gewerkschaften sein. Sie ist ebenso Sache der Gesellschaft. Letzten Endes muß jeder einzelne Bürger auch in seiner Verhaltensweise darüber entscheiden, ob er eine Wohlstandsentwicklung will, die zu Lasten der Überlebenschancen, oder eine Umweltpolitik, die zu Lasten seines Wohlstandes, des jetzigen und des künftigen geht. Der Verlauf der Erdölkrise, die eine Art Vorprüfung, der Anflug einer Generalprobe auf eine wirkliche große Krise war, hat deutlich gemacht, daß der mündige Bürger, wenn ihm die Sachlage ungeschminkt dargestellt wird, bereit ist, einen Weg zwischen den Extremen zu suchen.

Die Forderung, das marktwirtschaftliche System durch ein zwangswirtschaftliches zu ersetzen, und zwar lediglich unter fragwürdig begründeten Umweltschutzforderungen, ist in unserem Lande stets auf entschiedene Ablehnung gestoßen. In der geistigen Auseinandersetzung um die Grundlagen der Umweltpolitik taucht sie allerdings immer wieder auf. Die Probleme der Umweltkatastrophe, die erst durch die kapitalistische Wirtschaft hervorgerufen worden seien, lassen sich, so hören wir, mit den Mitteln der freien Marktwirtschaft, d. h. der kapitalistischen Ausbauwirtschaft, nicht lösen, sondern nur durch eine radikale Änderung des politischen und gesellschaftlichen Systems[166]. Unter den Argumenten, die für ein Nullwachstum ins Feld geführt werden, begegnen wir auch der Auffassung, die großen Industriebetriebe seien unüberschaubar geworden, und die zunehmende Kompliziertheit unserer technischen Welt und die fortschreitende Konzentration in der Produktion wie in der Energieerzeugung machten unser Wirtschaftssystem immer krisenanfälliger. Es müsse daher eine Re-Industrialisierung angestrebt werden, eine Rückentwicklung auf den bäuerlich-handwerklichen Bereich. Dabei gehe es weniger darum, ob wir diese Rückwendung für wünschenswert halten, sondern darum, daß sie uns aufgezwungen wird, nicht zuletzt durch Rezession, die keine vorübergehende, später durch eine neue Wachstumseuphorie abgelöste Erscheinung sei[167].

Die Steigerung des wirtschaftlichen Wachstums war das Hauptziel der amtlichen Wirtschaftspolitik wie der privaten Initiative, auch über die Wiederaufbaujahre hinaus. Wachstum, wirtschaftliche Entwicklung und steigendes Einkommen auch der privaten Haushalte wurden als synonyme Begriffe verwendet, die Steigerung des gesellschaftlichen Wohlstandes mit der Ausdehnung der Güterproduktion gleichgesetzt[168]. Gelegentliche Kritik an der Richtung und den Folgewirkungen des Wirtschaftswachstums[169] hat weder die volkswirtschaftliche Theorie noch die wirtschaftspolitische Praxis beeinflußen können. Das änderte sich erst, als mit den Berichten des Klubs von Rom von der Begrenztheit der ökologischen Lebensvoraussetzungen die angebliche Unmöglichkeit eines weiteren Wachstums hergeleitet wurde.

Die Diskussion um das Zentralproblem der Umweltpolitik, nämlich welches weitere wirtschaftliche Wachstum die Menschheit und insbesondere die großen Industrienationen sich in naher oder fernerer Zukunft noch leisten können, ohne die natürlichen Voraussetzungen ihrer physischen Existenz vollends zu zerstören, wogt hin und her. Beide Seiten stützen sich auf gewichtige und ernstzunehmende Argumente. Versuchen wir, die Repräsentanten beider Lager zu fixieren, so können wir, grob vereinfachend, sagen, daß die Gegner jeglichen weiteren Wachstums vorwiegend von den Naturfreunden und den Naturwissenschaftlern gestellt werden, die Befürworter von den Politikern und den Technikern. Aber selbst diese haben zurückgesteckt. Es gibt kaum noch jemanden, der sich für

unbegrenztes Wachstum aussprechen würde. Die Wahrheit müssen wir in der Mitte suchen, in Richtung auf ein moderiertes Wachstum, das die Fortschritte der Technik und die Zunahme der Bevölkerung in Einklang hält mit den Kraftreserven, mit denen wir, weitere dynamische Entwicklungen einkalkuliert, uns einrichten müssen.
Zu einer Abschwächung der Wachstumsraten, an die wir uns in den Jahren der Hochkonjunktur gewöhnt hatten, wird es, wenn nicht alle Zeichen trügen, ohnehin kommen. Die Industrieländer richten sich darauf ein, daß sie den Zustand der Vollbeschäftigung in absehbarer Zeit nicht wieder erreichen werden. Sie werden »mit einem sehr viel höheren Preisniveau bei Rohstoffen rechnen müssen. Daß die Wachstumskurve nicht mehr ganz so steil nach oben geht, wäre der sichtbare Tribut, den die Industrieländer den neuen ›Mächtigen‹ – den Inhabern der Rohstoffmonopole – zu entrichten haben.«[170]
Das ist aber kein Grund, um die Flinte ins Korn zu werfen und auf Leerlauf zu schalten, vielmehr ein Anlaß zu vermehrten Anstrengungen. Der Verzicht auf Technik und Wohlstand, die Rückwendung zum einfachen Leben kann ein Fluchtweg sein nur für eine kleine Zahl von Träumern und Asketen, die sich ohnehin am Rande des tätigen Lebens bewegen. Würde die Menschheit des Abendlandes ihnen folgen, so würde sie mit einem solchen resignierenden Verzicht inmitten einer von Fortschrittsgläubigkeit besessenen Dritten und Vierten Welt nichts anderes erreichen als die Preisgabe des abendländischen Kulturerbes.
Nach Jünger schafft die Technik keinen neuen Reichtum, vielmehr baut sie den vorhandenen ab, »und zwar durch Raubbau, das heißt auf eine Weise, die jeder Rationalität ermangelt, aber mit rationalen Arbeitsmethoden. Sie vertilgt, indem sie fortschreitet, den Bestand, auf den sie angewiesen ist. Sie trägt dazu bei, daß ein beständiger Verlust stattfindet. Sie kommt deshalb immer wieder auf den Punkt, an dem sie gezwungen wird, ihr Inventar zu verbessern und ihre Arbeitsmethoden zu rationalisieren.«[171]
Aber schließlich ist Jünger selbst doch ein Mann der ratio. Anders als seine geistigen Nachfahren, die ihn nach fast vierzig Jahren entdeckt und entstaubt haben und nun seine Thesen mit einer kompromißlosen Konsequenz auf ihre Fahnen schreiben, läßt er sich eine kleine Hintertür offen. »Wenn diese Darstellung«, so sagt er

einlenkend, »Kritik übt an den rationalen Bemühungen der Technik, so ist sie doch . . . weit entfernt davon, der menschlichen ratio selbst Feindschaft anzusagen. Nichts liegt ihr ferner als die romantische Negation der Technik, die, wenn wir unsere Lage ernsthaft in Betracht ziehen, nicht mehr als eine bloße Postkutschenträumerei ist. Auch leben wir weder auf Inseln noch im Urwald; wir befinden uns dort, wo uns technische Apparatur und Organisation jederzeit erreichen kann. Es gibt hier kein Zurück, es gibt nur ein Hindurch.«[172]

Das ist doch wohl ein Zugeständnis an einen Pragmatismus, der nach einem Zwischenstück zwischen technischem Fortschritt und lebenserhaltender Umwelt sucht, ein kleiner Spalt in der Tür des antitechnischen Dogmas. Alvin Toffler, der in einem früheren Stadium seines Wirkens vielen Unheilsverkündern den Weg geebnet hat, geht in der Bereitschaft zu einer realistischen Synthese einen Schritt weiter. »Wir können und dürfen den technologischen Fortschritt nicht einfach abschalten. Nur romantische Toren reden von der Rückkehr zum Naturzustand. In einem solchen natürlichen Zustand verkümmern und sterben Kleinkinder aus Mangel an elementarer medizinischer Versorgung, führt Unterernährung zu Gehirnschäden, ist das Leben des Durchschnittsmenschen arm, häßlich, brutal und kurz. Der Technik den Rücken kehren, wäre nicht nur dumm, sondern geradezu verbrecherisch.«[173]

Das ist Absage genug an die Anachoreten der Stagnation, die sich entschieden wehren gegen den Vorwurf, sie seien auf dem Wege zurück zur Natur oder gar in die Höhlen der Dordogne, die aber nicht bestreiten können, daß der Verzicht auf Fortschritt eben doch ein Rückweg ist, gepflastert mit zahllosen Entbehrungen und Verzichten für diejenigen, die auf diese Weise die Umwelt heilen wollen. Das sind zwei sehr verschiedene Ansichten von ein und derselben Sache. Auch wenn wir der letzteren zuneigen, weil sie aus der Enge der Hoffnungslosigkeit hinausführt, können wir die andere, die pessimistische, nicht einfach beiseite tun. Friedrich Georg Jünger mag in seiner elitären Geisteshaltung unrepräsentativ sein, seine Interpreten sind es nicht. Es ist durchaus möglich, daß sie einen maßgebenden Einfluß nicht nur auf die Umweltpolitik, sondern auf die Gestaltung des Lebens, jedenfalls der kommenden Generation, gewinnen können. Ob es ihnen gelingt oder ob sie daran gehindert werden können; das ist der eigentliche Ansatzpunkt im Streit um Wachstum und technisch-zivilisatorische Fortentwicklung. Es ist der Ansatzpunkt der Umweltdiskussion.

Die Richtung, die die umweltpolitische Debatte im Jahre 1975 in der Bundesrepublik genommen hat, ist im geistigen Raum die Wiederholung des Weberaufstandes, auch in dem Bezug, daß auch die modernen Maschinenstürmer keine realisierbare Alternative anzubieten haben. Aus ihren Schreckensvisionen ziehen sie den logischen Schluß, daß der Raubbau an Rohstoffen und Energieträgern allenfalls eingeschränkt, nicht aber abgewendet würde, wenn es möglich wäre, das wirtschaftliche Wachstum und die Entwicklung der Technik auf dem derzeitigen Stand einzufrieren. Sie wollen aber mehr, jedenfalls sagen sie es neuerdings. Sie wollen zurückdrehen. Und damit geraten sie in einen unlöslichen Widerspruch auch zu denen, die sich zwar auf kleinere Wachstumsraten und bescheideneren Wohlstand einrichten, aber nicht gewillt sind, ihren derzeitigen Status aufzugeben und auf eine Weiterentwicklung der Technik zu verzichten.

Andererseits werden die Initiativen der Regierungen und der Wirtschaft der Industrienationen, die Talsohle der Rezession zu überwinden, kaum bewirken, daß das wirtschaftliche Wachstum genau dort wieder einsetzt, wo es durch den Konjunkturabschwung unterbrochen worden ist. Seit Beginn des industriellen Zeitalters ist jeder Konjunkturaufschwung ausgelöst und getragen worden nicht durch Wiederingangsetzen der bisherigen Abläufe, sondern immer nur durch neue Erfindungen und Verfahren, durch »Innovationen«. Mithin wird auch die gegenwärtige Flaute nur abgelöst werden können durch neue Entwicklungen. Damit wird die Möglichkeit eröffnet, neuen Wachstumsimpulsen von vorneherein eine umweltfreundliche Richtung zu geben. Neues Wachstum braucht durchaus nicht neue Umweltbelastung zu bedeuten. Währungspolitische Überlegungen weisen in die gleiche Richtung. Alle Regierungen aller Industrieländer brauchen eine Restriktion des monetären Wachstums, wenn es ihnen wirklich ernst ist mit der immer wieder verkündeten Absicht, die Inflation wenn nicht zurückzudrehen, so doch wenigstens abzustoppen[174].

Die Umweltpolitik der Bundesregierung ist bislang mit ihrem Schwerpunkt darauf gerichtet gewesen, entstandene Umweltschäden zu beseitigen und künftige zu verhüten. Sie hat keine Maßnahmen eingeleitet – und auch keine dahingehende Absichten erkennen lassen –, das Wachstum der Wirtschaft zu begrenzen oder, genauer gesagt, der exponentiellen Beanspruchung der natürlichen Kraftreserven entgegenzuwirken. Dabei dürfte sie sich auch von der Erwägung leiten lassen, daß ein wenn auch eingeschränktes Wachstum eine unerläßliche wirtschaftliche Voraussetzung für aktive Umweltmaßnahmen ist. Wenn und soweit Wachstumsbeschränkungen eingetreten sind, liegt ihre Ursache in ökonomischen Entwicklungen, die völlig außer Plan sich vollzogen haben, und nicht in beabsichtigten ökologischen Zielsetzungen. Sie entsprechen keineswegs den Vorstellungen der Wirtschaftspolitik. Diese ist vielmehr darum bemüht, das Absinken der Wachstumsraten im Sinne der Vollbeschäftigung zu überwinden. Allenfalls ist sie bereit, sich mit einer wirtschaftlich bedingten Wachstumsminderung abzufinden und sich darauf einzurichten, daß sie länger anhält oder vielleicht ein Dauerzustand wird. Eine Ausrichtung der Umweltpolitik auf eine gewollte Wachstumsbeschränkung oder gar auf ein Nullwachstum ist nicht zu erkennen, weder in der Bundesrepublik noch in anderen vergleichbaren Ländern[175]. Allerdings ist auch nicht auszuschließen, daß Maßnahmen zur Einschränkung des Verbrauchs bestimmter Rohstoffe – und damit staatliche Eingriffe in Unternehmerinitiative und freie Marktwirtschaft – eines Tages unvermeidbar werden, spätestens dann, wenn sich abzeichnet, daß sie nicht mehr im bisherigen Umfang verfügbar sind. Wir müssen uns auch darauf einstellen, daß die Rohstoffversorgung der rohstoffverbrauchenden Industrieländer nicht nur deshalb mit Unsicherheiten behaftet ist, weil die Vorkommen eines Tages erschöpft sein könnten, sondern auch, weil sie durch politische Entscheidungen oder kriegerische Ereignisse hinfällig werden könnte. Auch auf diese Eventualität müssen wir uns gefaßt machen. »Das bedeutet . . ., daß wir uns auf unsere Möglichkeiten besinnen und mit Intelligenz, technischem Können und mit Fleiß den Vorsprung wettmachen, den die Rohstoffländer haben. Das ist ein Appell an unsere Bereitschaft zur Leistung auf allen Gebieten.«[176]

Die Wohlstandsgesellschaft der Industrienationen wird sich Herausforderungen stellen müssen, die neu und hart sind. Sie stoßen auf eine Generation, die bisher keine Gelegenheit hatte, sich in Katastrophenlagen oder auch nur in länger anhaltenden Krisen – mit Massenarbeitslosigkeit und schrumpfendem Einkommen – zu bewähren.. Was aber berechtigt zu der Unterstellung, daß nicht auch sie die Kräfte aufbringen wird, die sie braucht, um die Krise zu überwinden[177]? Sie wird sich wahrscheinlich einrichten müssen auf ein eingeschränktes Wachstum, das zwar hinter den bisherigen Raten zurückbleibt, dennoch aber Fortschritt und Weiterentwicklung bedeutet. Die Krise, die so plötzlich zutage getreten ist, ist auch eine geistige Krise. »Die Menschheit wird sie meistern können, wenn sie sich frei hält von der kräftelähmenden Psychose der unverrückbaren Wachstumsgrenzen, von dem Fatalismus des Nullwachstums.«[178]

Die Umweltpolitik der Bundesregierung

Die Bundesregierung hat die Thesen des Klubs von Rom wie auch die ihnen geistesverwandten Verkündigungen kommenden Unheils gebührend zur Kenntnis genommen. Sie hat auch die Untersuchungen gefördert, die zur Grundlage und zum Inhalt des zweiten Berichtes geworden sind. Aber sie hat die Behauptungen und Unterstellungen nicht zur Richtschnur ihres umweltpolitischen Handelns gemacht. Sie hat sich von in der Luft schwebenden Theorien ferngehalten, hat anerkennenswerte Mühe darauf verwandt, die Spreu unbewiesener Thesen vom Weizen gesicherter Fakten zu trennen und hat ihre Planung konsequent auf feststehenden Tatsachen aufgebaut. Auch auf dem Gebiet der Atomenergie, auf dem die wissenschaftlichen Auffassungen z. B. über Sicherheitsvorkehrungen offensichtlich noch auseinandergehen, hat sie sich um optimale Lösungen bemüht.
Nach sorgfältiger Auslotung der gesetzgeberischen Möglichkeiten, worunter hauptsächlich die Bereitschaft der Bundesländer zu verstehen ist, dem Bund die Vollkompetenz für Maßnahmen des Umweltschutzes einzuräumen, hat die Bundesregierung einen Stufenplan entwickelt, mit dem sie, einen Schritt vor den anderen setzend, ihr Gesamtprogramm verwirklichen will. Sie hat es fundiert und abgesichert mit einer breit angelegten Aufklärungsaktion. Was die Bundesregierung mit ihrem Umweltprogramm erreichen will und ebenso das, was sie nicht will, hat sie in diesem Programm in erfreulicher Deutlichkeit dargelegt. Es ist ein Programm, bei dem die Füße auf dem Boden bleiben.

Das wertvollste Gut dieser Erde ist der Mensch. Ihn zu schützen, ist das Ziel der Umweltpolitik. Daß einer wirtschaftlichen Ausdehnung und Weiterentwicklung natürliche Grenzen gesetzt sind, ist inzwischen auch der Masse der Bürger bewußt geworden. Die Energiekrise hat deutlich gemacht, daß Rohstoffe und Energien nicht unbegrenzt und zu niedrigen Preisen zur Verfügung stehen. Ein quantitatives Wachstum auch um den Preis einer weiteren Umweltbelastung ist nicht mehr vertretbar. Aufgabe der Umweltpolitik muß es also sein, eine Verbesserung der Lebensbedingungen mit einem qualitativen Wachstum in Einklang zu bringen. Eine erfolgreiche Umweltpolitik setzt eine leistungsfähige Volkswirtschaft und soziale Sicherheit voraus. Sie ist eine gemeinsame Aufgabe von Staat, Wirtschaft, Gewerkschaften und Bürgern. Sie sollte nicht mit Parteienstreit belastet, nicht als Instrument von Machtverteilungskämpfen und als Hebel zur Änderung unseres freiheitlichen Wirtschaftssystems mißbraucht werden. Die freie Marktwirtschaft ist ihre sicherste Grundlage. Wer die Umwelt schädigt, muß für den Schaden aufkommen und seine Ursachen beseitigen. Sache des Staates ist es, der Wirtschaft wie der Gesellschaft vor Augen zu führen, was zum Schutze der Umwelt getan werden muß. Er muß die Eckwerte für das Verhalten der Bürger festsetzen, die vorrangig auf die Gesundheit und das Wohlbefinden der Menschen auszurichten sind, und die unvermeidlichen Risiken der modernen industriellen Technik wenn nicht beseitigen, so doch auf einen tragbaren Rest beschränken. Der Selbstverantwortung der Wirtschaft bleibt es überlassen, umweltfreundliche Produkte und Produktionsverfahren in dem vom Staat gesetzten Rahmen zu entwickeln. Durch verbesserte Informationen soll das Umweltbewußtsein der Bürger so gestärkt werden, daß sie imstande sind, die Maßnahmen des Staates kritisch zu beurteilen wie auch ihre eigenen Verhaltensweisen den Erfordernissen des Umweltschutzes anzupassen. Auf diesen Absichtserklärungen ist die Umweltschutzgesetzgebung der Bundesregierung aufgebaut worden.

Von wissenschaftlicher Seite ist gelegentlich geltend gemacht worden, daß nur Wissenschaftler, eigentlich auch nur Naturwissenschaftler, in der Lage seien, Gesetzgebern, Regierungen und Verwaltungen die fundierten Entscheidungsgrundlagen zur Umweltpolitik an die Hand zu geben, deren sie für ihre Aktivitäten auf dem weiten Feld des Umweltschutzes bedürfen. Dieser Anspruch dürfte aus dreierlei Gründen anfechtbar sein. Zunächst ist doch wohl die Feststellung begründet, daß spätestens, nachdem die Probleme des Umweltschutzes über den engen Kreis von Experten hinaus zu einem Anliegen der breiten Öffentlichkeit geworden sind, die Diskussion darüber, was getan werden muß und getan werden kann, wesentlich und in äußerst fruchtbarer Weise mitgetragen wird von Persönlichkeiten, die zwar nicht im Sinne von Berufstätigkeit Wissenschaftler – und das soll wohl heißen Lehrstuhlinhaber – sind, dennoch aber über ein unbestreitbares Sachwissen verfügen und dazu auch über die Urteilskompetenz darüber, was im Raum der Politik und der Gesetzgebung realisierbar ist und was nicht. Sodann kann es niemandem entgehen, daß sich eine einheitliche Meinung »der Wissenschaft« nicht einmal zu den Generalproblemen des Umweltschutzes, etwa dem des ökologischen und ökonomischen Wachstums, herausgebildet hat. Selbst wenn man den vorgetragenen Anspruch lediglich auf Naturwissenschaftler beschränken wollte – was eine ungerechtfertigte und der Sache höchst abträgliche Einengung der Diskussion bedeuten würde – kann von einer auch nur generellen Übereinstimmung keine Rede sein, wie der Gelehrtenstreit etwa über Nutzen und Gefahren der Atomenergiegewinnung tagtäglich zeigt. Und schließlich werden die mit der praktischen Verantwortung belasteten Stellen, die handfeste, auf das allgemeine Wohl ausgerichtete Entscheidungen zu treffen haben, darauf verweisen müssen, daß ihnen gerade zu den grundlegenden Fragen, von deren sachgerechter Lösung möglicherweise die Zukunft der Menschheit abhängt, selten oder niemals unstrittige wissenschaftliche Fakten präsentiert worden sind. Auch die Bundesregierung hat sich, als sie daranging, ihr Umweltprogramm zu entwikkeln, aus einem hin und her wogenden Streit der Meinungen die brauchbaren und verwertbaren mit Mühe heraussuchen müssen, immer der Kritik derer gewärtigt, die ihre Auffassung nicht gebührend beachtet sehen.

Der vorwiegend aus Wissenschaftlern bestehende »Rat von Sachverständigen für Umweltfragen« hat dann auch sein Gutachten mit der Feststellung eingeleitet, daß er sich »auf einem ungesicherten und nicht abgeschlossenen Arbeitsgebiet bewegen müsse, daß er nur einige vorsichtige Schritte in Richtung auf ein integriertes Gesamtmodell«[179] habe unternehmen können und daß der Aussagewert ökonomisch-ökologischer Gesamtmodelle »auch bei optimaler Datenbasis und geklärtem Problemhorizont« immer begrenzt sein werde[180]. Mithin haben die Sachverständigen auf eine Geschlossenheit vorspiegelnde Systematik verzichtet, haben gewisse Lücken in der Datenbasis in Kauf genommen und haben, nach den Vorbildern amerikanischer und japanischer Umweltgutachten, sich auf ein pragmatisches Vorgehen geeinigt. Allerdings haben sie sich nicht auf die klassischen Umweltprobleme: Abfall, Wasser- und Luftverunreinigung, Lärm beschränkt. Sie sind auch, und darin unterscheiden sie sich wesentlich von den Naturwissenschaftlern, die nur deren biologische Seite betrachten, den Verknüpfungen mit Produktions- und Konsumprozessen nachgegangen; ferner haben sie Bedingungen des Naturhaushaltes und der sozialen Bereiche mit einbezogen. Indem sie den komplexen Stoff auf diese Weise sowohl eingrenzten wie erweiterten, haben sie ihr Gutachten vor dem Einwand einer wirklichkeitsfremden Einseitigkeit bewahrt.

Mit ihrem im Oktober 1972 der Öffentlichkeit vorgelegten Umweltprogramm[181] ist die Bundesregierung ebenfalls den Weg eines schrittweisen Pragmatismus gegangen. Als erstes hat sie sich darum bemüht, ihre verfassungsmäßigen Rechte zu erweitern. Das ist geschehen mit dem Dreißigsten Gesetz zur Änderung des Grundgesetzes vom 12. April 1972, das dem Bund die Kompetenz der konkurrierenden Gesetzgebung, anstelle der bisherigen Rahmenkompetenz, wenigstens auf drei der vier Hauptgebiete des klassischen Umweltschutzes zugesteht, nämlich für Luftreinhaltung, Lärmbekämpfung und Abfallbeseitigung, während ihm die ebenso wichtige Vollkompetenz für den Wasserhaushalt bislang vorenthalten worden ist; hier muß sich der Bund auf die Rahmenvorschriften beschränken, die den Bundesländern Raum lassen für eigene Wasserhaushaltsgesetze mit mehr oder weniger voneinander abweichendem Inhalt.

Von seiner erweiterten Zuständigkeit hat der Bund nach drei Richtungen sofort Gebrauch gemacht. Der Reinhaltung der Luft, wenigstens auf dem wichtigsten Bereich der Autoabgase, soll das Ge-

setz zur Verminderung der Luftverunreinigungen durch Bleiverbindungen in Otto-Kraftstoffen für Kraftfahrzeugmotoren vom 5. August 1971, das sogenannte Benzinbleigesetz, dienen. Es sieht vor, daß der Bleigehalt des Benzins in zwei Stufen auf einen für die Luftverschmutzung unbedenklichen Grad reduziert wird. Ausnahmen können zugelassen werden, u. a. dann, wenn die Einhaltung des vorgeschriebenen Höchstgehaltes zu Versorgungsschwierigkeiten, etwa bei einem abermaligen Erdölembargo, führen würde. Die Bundesregierung verweist darauf, daß von diesen Ausnahmemöglichkeiten bisher nur in wenigen besonderen Fällen Gebrauch gemacht worden ist, obgleich das Gesetz sowohl die Mineralölwirtschaft wie die Kraftfahrzeugindustrie zu einschneidenden Umstellungen zwingt.
Dazu gehört auch die Erstellung spezieller Raffinerieanlagen zur Benzinveredelung. Sie sind notwendig, um die Benzinqualität, was die motorische Leistung angeht, auch bei einem Bleigehalt von 0,15 G/1 nicht absinken zu lassen. Die deutsche Mineralölindustrie ist dieser Forderung nachgekommen. Ähnliche Investitionen wurden erforderlich auf Grund einer Verordnung über den Schwefelgehalt von leichtem Heizöl und Dieselkraftstoff, mit der der Schwefelgehalt dieser Produkte stufenweise auf 0,30 v. H. ihres Gewichtes herabgesetzt wird. Mit der fünften Verordnung zur Durchführung des Bundes-Immissionsschutzgesetzes werden Unternehmen, die bestimmte genehmigungspflichtige Anlagen betreiben, zur Bestellung eines dem Betriebe angehörenden Immissionsschutzbeauftragten verpflichtet. Dessen Aufgabe ist es, die Einhaltung der Bestimmungen über Immissionsschutz zu überwachen, aber auch darauf hinzuwirken, daß umweltfreundliche Verfahren und Erzeugnisse entwickelt werden. Ebenfalls im Juni 1975 erschien eine Verordnung mit verschärften Bestimmungen über die Emissionsgrenzwerte für Kohlenmonoxid und Kohlenwasserstoff bei Kraftfahrzeugen mit Otto-Motoren und entsprechend für Kraftfahrzeuge mit Dieselmotoren. In der technischen Anleitung zur Reinhaltung der Luft wurden für etwa 50 Industrieanlagen, die wesentlich zur Luftverschmutzung beigetragen haben, Grenzwerte verbindlich festgelegt, die die Grundlage für Auflagen an die Unternehmer abgeben.

Mit dem Gesetz zum Schutz gegen Fluglärm vom 30. März 1971 werden zwar keine Zonen geschaffen, die von Düsenflugzeugen nicht überflogen werden dürfen. Es enthält auch nicht, wie in anderen Ländern erwogen wird, ein Verbot für die Verwendung von Überschallflugzeugen für zivile Zwecke. Immerhin verbietet es die Errichtung von Schulen, Krankenhäusern, Altenheimen und dergleichen innerhalb von Lärmschutzbereichen in der Nähe von Flugplätzen und schreibt Lärmschutzeinrichtungen für Wohnungen in diesen Bezirken vor, wobei allerdings die Kosten von den Wohnungsinhabern getragen werden müssen.
In der gleichen Richtung liegt das Gesetz zum Schutz gegen Baulärm vom 9. September 1965, nach dem Emissionsrichtwerte für alle Arten von lärmverursachenden Baumaschinen festgelegt wurden; es ist inzwischen in den größeren Rahmen des Bundes-Immissionsschutzgesetzes eingegangen. Die Richtwerte haben sich insbesondere auf die Produktion der Baumaschinenindustrie ausgewirkt, die nur noch solche Maschinen auf den Markt bringen kann, die den gesetzlichen Bestimmungen gerecht werden. Der Gesetzgeber denkt daran, die Anforderungen zu verschärfen und dadurch die Hersteller zu veranlassen, um weitere konstruktive Verbesserungen bemüht zu bleiben.
Ein weiteres Gesetz vom 26. März 1972 schränkt die Verwendung von Wasch- und Reinigungsmitteln, die nicht biologisch abbaufähig sind und einen hohen Anteil an der Verschmutzung der Flüsse haben, ein. In einem europäischen Übereinkommen über die Beschränkung der Verwendung bestimmter Detergentien hat die Bundesregierung erreicht, daß eine Reihe anderer Länder sich verpflichtet hat, solche umweltschädlichen Stoffe ebenfalls zu verbieten, ein erster Ansatz für eine grenzüberschreitende Zusammenarbeit.
Am 7. Juni 1972 folgte das Gesetz über die Beseitigung von Abfällen. Das Abfallbeseitigungsgesetz bestimmt, daß Abfälle – das sind »bewegliche Sachen, deren sich der Besitzer entledigen will oder deren geordnete Beseitigung zur Wahrung des Wohls der Allgemeinheit geboten ist« – so beseitigt werden müssen, daß Gesundheit und Wohlbefinden der Menschen nicht beeinträchtigt, Nutztiere, Vögel, Wild und Fische nicht gefährdet, Gewässer, Boden und Nutz-

pflanzen nicht geschädigt, keine Luftverschmutzung und kein Lärm verursacht, die öffentliche Sicherung und Ordnung und die Belange des Naturschutzes, der Landschaftspflege und des Städtebaus nicht gestört werden. Dem unerträglichen Zustand der wilden Mülldeponien soll damit ein Ende bereitet werden.

Wenn die Bundesregierung auch im Hinblick auf die Haltung, die Unternehmer wie Gewerkschaften im Gymnicher Gespräch eingenommen haben, der Meinung sein konnte, daß auch in der konjunkturellen Flaute einer zügigen Weiterführung ihrer Umweltgesetzgebung keine ernsthaften Widerstände entgegenstünden, so muß sie die Art, in der der Bundestag den Regierungsentwurf des Wasserabgabengesetzes zerpflückt und entwertet hat, als einen schweren Rückschlag empfinden. Sowohl hinsichtlich der Übergangsfristen wie vor allem der Abgabenhöhe haben sich die ablehnenden Auffassungen der betroffenen Wirtschaftszweige gegenüber der Regierungsvorlage durchgesetzt.

Den vorläufigen Abschluß dieses Gesetzgebungswerkes bildet das Gesetz zum Schutz vor schädlichen Umwelteinwirkungen durch Luftverunreinigung, Geräusche, Erschütterungen und ähnliche Vorgänge, das Bundes-Immissionsschutzgesetz vom 16. März 1974. Immissionen im Sinne dieses Gesetzes sind »auf Menschen sowie Tiere, Pflanzen oder andere Sachen einwirkende Luftverunreinigungen, Erschütterungen, Licht, Wärme, Strahlen und ähnliche Umwelteinwirkungen«. Die Vorschriften dieses Gesetzes gelten für alle gewerblichen Anlagen, alle Verkehrsmittel, den Bau von Straßen und Eisenbahnen usw. Verwaltungsvorschriften auf Grund dieses Gesetzes sollen bereits bestehende Vorschriften des Bundes und der Länder zusammenfassen und vereinheitlichen.

Auf Grund dieser Gesetze sind inzwischen zahlreiche Durchführungsverordnungen und Verwaltungsvorschriften ergangen. Ihre Schwerpunkte liegen beim Immissionsschutz und bei der Abfallbeseitigung. Mit einer Änderung, d. h. schärferen Fassung der Anlagenverordnung werden Anlagen, von denen Nachteile, Gefahren und Belästigungen für die Nachbarn oder für das Publikum ausgehen könnten, einer Genehmigungspflicht unterworfen. Von besonderer Bedeutung, so für die Errichtung von Atomkraftwerken und für die Trassenführung von Autobahnen, Eisenbahnlinien

usw., ist das Gesetz über die Prüfung der Umweltverträglichkeit öffentlicher Maßnahmen.
Weitere Gesetze, die das Programm konsequent weiterführen und abrunden, werden vorbereitet. Offensichtlich hält die Bundesregierung auch an ihrer Absicht fest, über eine abermalige Grundgesetzänderung weitere Zuständigkeiten auf dem Gebiet der Wasserwirtschaft zu erhalten. Doch zunächst sind die Dinge gerade auf diesem wichtigen Gebiet nicht nach den Wünschen der Umweltschützer und den Absichten der Regierung verlaufen.
Einen bedenklichen Rückschlag sowohl für die Umweltpolitik der Bundesregierung wie vor allem für die Erwartungen der Bevölkerung stellt die Behandlung des Wasserabgabengesetzes durch das Parlament dar. Die Ankündigung der Regierung, daß nach den bereits vorliegenden Gesetzen auf dem Gebiet der Luftverschmutzung, der Lärmbekämpfung u. a. nunmehr die Reinhaltung der Gewässer umfassend in Angriff genommen werden solle, ließ eine durchgreifende Regelung erwarten. Die Regierungsvorlage hätte sie auch herbeiführen können. Allerdings enthielt sie eine Lücke, die zu der vom Gesetzgeber vorgenommenen Verstümmelung der Vorlage erheblich beigetragen haben dürfte. Sie sah keine Zweckbindung der den Gemeinden zufließenden Abgaben vor. Die Gemeinden hätten also die Einkünfte aus dem Wasserabgabengesetz wie jedes andere Steueraufkommen behandeln, d. h. für allgemeine Zwecke des Gemeindehaushaltes statt für Kläranlagen verwenden können. Die Tatsache, daß viele Stadtverwaltungen keine oder unzulängliche Kläreinrichtungen geschaffen und sich dabei auf ihre Finanznot berufen, zu gleicher Zeit aber Geld für aufwendige Repräsentations- und Verwaltungsgebäude hatten, unterstreicht diese Befürchtung, die den Gegnern der Vorlage jedenfalls ein Argument für ihre Ablehnung geliefert haben.
Besonders die Hinausschiebung der »Schonfrist«, nach deren Ablauf die Abgaben voll geleistet werden sollten, hat erregten Widerspruch der um die Reinhaltung der Gewässer bemühten Institutionen hervorgerufen. Fachleute der Wasserwirtschaft und Sprecher der Umweltorganisationen haben in ungewöhnlicher Schärfe Stellung genommen. »Das Parlament kapituliert endgültig vor der Abwasserlobby«, sagen die fünf großen Wasser-Verbände, nämlich die

Vereinigung Deutscher Gewässerschutz, der Bundesverband der Deutschen Gas- und Wasserwirtschaft, der Verband kommunaler Unternehmer, die Arbeitsgemeinschaft Rheinwasserwerk und der Deutsche Verein von Gas- und Wasserfachmännern. Der Leiter des Instituts für Wasserrecht an der Universität Bonn nennt das verstümmelte Gesetz »eine Herausforderung für die Wasserwirtschaft«[182]. In ähnlicher Weise gibt auch der Deutsche Naturschutzring seiner Enttäuschung Ausdruck. Die Sachlage wird nicht leichter und nicht erfreulicher dadurch, daß die Wasserbehörden bei Vollzug auch eines vollkommeneren Gesetzes auf Schwierigkeiten und Widerstände stoßen, teils von den Gemeinden, die oft keine für rechtswirksame Entscheidungen ausreichende Kenntnis der Art der Abwässer sowie der Verursacher besitzen, teils von der einleitenden Industrie, die häufig genug »die Zusammensetzung der Abwässer als Betriebsgeheimnis« betrachtet und mit Informationen an die Gemeinden zurückhält[183].

Die Bundesregierung hat sich in anerkennenswerter Weise darum bemüht, ihr Umweltschutzprogramm auf eine breite Basis zu stellen, ihr die Zustimmung möglichst aller Betroffenen zu sichern und die anfallenden Probleme in einem Kreis von Wissenschaftlern, Wirtschaftlern, Verbänden und Gewerkschaften – der Aktionsgemeinschaft Umweltschutz – fortlaufend zu erörtern, außerdem auch die Öffentlichkeit ausführlich und rückhaltlos zu informieren. Aber sie hat immer wieder betont, daß die Sicherung einer gesunden Umwelt nicht ausschließlich Sache des Staates sein und nicht nur von oben her geschehen kann[184]. Mit diesem Programm wollte die Bundesregierung die Stufenfolge ihrer eigenen Maßnahmen festlegen, zugleich aber die Signale setzen für das, was von den Bürgern, der Öffentlichkeit, der Wirtschaft an umweltfreundlichen Eigenleistungen erwartet wird. Vor allem sollte die Initiative der Wirtschaft angeregt und auf Ziele hingelenkt werden, die auch dem allgemeinen Interesse dienen. Das hat sie, im ganzen gesehen und wenn man nicht alles auf einmal verlangt, erreicht. Auch außerhalb dessen, was Sache des Gesetzgebers, der Regierung und der Verwaltung ist, hat die Bevölkerung wie die Wirtschaft verstanden, um was es geht. In den Kommunen und Kommunalverbänden ist erkannt worden, wo etwas nachzuholen ist und daß mehr als bisher für einen nachhaltigen Umweltschutz, der zugleich und vielleicht in erster Linie Gesundheitsschutz sein soll, unternommen werden muß. Ebenso hat die Wirtschaft im ganzen und jedenfalls in ihren Führungsgremien doch wohl erkannt, was getan werden muß und getan werden kann, um Produktion und Produkte umweltfreundlich zu gestalten, und zwar nicht nur auf Grund gesetzlicher Bestimmungen und unter dem Druck des Verursachungsprinzips; in der Wirtschaft hat man schnell gesehen, daß Umweltschutz nicht nur Auflagen, Beschränkungen und Strafandrohungen bedeutet, sondern auch ein sehr weites Feld für neue technische und geschäftliche Möglichkeiten eröffnet.

In den Grundsatzerklärungen, die sie ihrem Aktionsprogramm vorangestellt hat, will die Regierung den Bürgern vor Augen führen, wohin der Weg der staatlichen Umweltschutzpolitik gehen soll. Sie will nicht nur auf bereits eingetretene Schäden reagieren und sie zu beheben suchen, sondern vielmehr dafür wirken, daß Schäden künftig gar nicht mehr entstehen. Mit ihrer Gesetzgebung will sie sich Instrumente schaffen, mit denen mögliche Umweltbelastungen zeitig erkannt und behoben werden können, bevor sie sich ausbreiten. Ihre Gesetze und Verwaltungsanordnungen sollen den Rahmen schaffen für gemeinsames Handeln mit Ländern, Gemeinden, Wissenschaft und Wirtschaft. Denen, die, aufgeschreckt von den vielfältigen Alarmrufen, Wunder erwarten, wird gesagt, daß nicht alles auf einmal, wohl aber in einer konsequenten Aufeinanderfolge in Angriff genommen werden kann. Das Programm der Regierung bedarf einer ständigen Weiterentwicklung und Fortschreibung, unter Einbeziehung aller neuen Erkenntnisse. Es stellt keinen abgeschlossenen Plan dar, nach dem nun ein für allemal verfahren wird und der »unabhängig von weiteren Erfahrungen« ablaufen könnte, vielmehr »den Beginn eines Prozesses des Umdenkens, dem sich keine Gruppe der Gesellschaft entziehen kann. Die Versäumnisse der letzten hundert Jahre können nicht von heute auf morgen aufgeholt werden.«[185]

Umweltschutz sei, so sagt die Bundesregierung, keine neue Aufgabe. Von jeher haben die Menschen verändernd in den Naturhaushalt eingegriffen. Alles, was sie zur Sicherung ihres Fortbestehens unternommen, auch an Kulturleistungen vollbracht haben, ist der

Natur abgerungen worden. Aber erst die Gesellschaft der hochindustrialisierten Länder hat diese Eingriffe so gesteigert, daß sie ernste Gefahren für sich und für ihre künftige Existenz heraufbeschworen haben. Die Regierung teilt zwar die Auffassung, daß das Eingreifen in die Biosphäre notwendig sei – eine unvermeidbare Begleiterscheinung des Industriezeitalters oder, nach heutigen Maßstäben, des elektronischen Zeitalters. Andererseits betont sie, daß die zunehmende Verstädterung und Industrialisierung die natürlichen Lebensgrundlagen übermäßig belastet und z. B. die Selbstreinigungskraft von Boden, Luft und Wasser in einem oftmals gefährlichen Ausmaß übersteigt. Der wachsende materielle Wohlstand führe zu einem rasch zunehmenden Stoffumsatz, zum vermehrten Anfall von Abfällen und zu einem schnell steigenden Energieverbrauch. Die Volksgesundheit werde auf mancherlei Weise bedroht, besonders durch die Verschmutzung von Luft und Wasser, aber auch durch den Verlust von Erholungsgebieten. »Die Wertverluste in unserer Umwelt sind hoch; sie werden weder in der volkswirtschaftlichen Gesamtrechnung noch in den einzelnen Sektoren der Volkswirtschaft ausgewiesen.«[186] Die die Menschheit bedrohenden Gefahren sind bislang unterschätzt oder überhaupt nicht gesehen worden.

Das ist der Standpunkt, von dem die Bundesregierung ausgeht, anfänglich in enger Anlehnung an die Thesen des Klubs von Rom, dessen aufrüttelnde Mahnungen und Warnungen ihr offenbar willkommen gewesen sind. Ihr Gesetzgebungswerk soll auch Anhaltspunkte für private Initiativen geben. Der Staat kann und will nicht alles selbst machen. Das Umweltbewußtsein der Bevölkerung soll gestärkt werden, wobei die Regierung sich offenbar auch von der Tätigkeit der Bürgerinitiativen viel verspricht. Die von umweltrelevanten Maßnahmen Betroffenen sollen rechtzeitig gehört werden. Vor allen Entscheidungen soll eine Beratung stattfinden. Die Prüfung der Umweltverträglichkeit soll obligatorisch werden. Das sind begrüßenswerte Neuerungen. Sie werden sicher dazu beitragen können, den Betroffenen Aufregungen und Befürchtungen und den beteiligten Behörden Ärger und Zeitverlust zu ersparen, wobei vorausgesetzt werden muß, daß die Intentionen der Bundesregierung auch von den Behörden der Bundesländer praktiziert werden. Die

spektakulären Protestaktionen gegen die Errichtung von Atomkraftwerken beweisen, daß es auf dem Gebiet der Aufklärung und Information, einer gezielten Öffentlichkeitsarbeit, vieles nachzuholen gibt.
Die grundsätzliche Einstellung der Bundesregierung zum Umweltschutz wie ihr ins einzelne gehende Aktionsprogramm lassen keinen Zweifel daran, daß sie die wirklichen Gefahren erkannt hat, daß sie sich um Abgrenzung gegenüber Panikmache und Übertreibungen bemüht und daß sie gewillt ist, zügig und entschlossen, einen Fuß vor den anderen setzend, zu tun, was von Staats wegen getan werden muß. Ihre immer aufs neue betonte Absicht, dem Verursachungsprinzip Geltung zu verschaffen, macht auch deutlich, daß sie vor Belastungen der Wirtschaft nicht zurückschreckt. Auf der anderen Seite tritt bei jedem Anlaß das Bemühen zutage, die Erfordernisse des Umweltschutzes mit den lebenswichtigen Interessen der Wirtschaft in Einklang zu bringen. Der technische Fortschritt soll nicht unterbunden werden. Aber die Technik soll prüfen, wie sie sich auf die Umwelt auswirkt. Sie soll umweltfreundlich gestaltet werden. Das Programm enthält keinerlei Anhaltspunkte dafür, daß, als Preis für die Humanisierung der Umwelt, auf weiteres wirtschaftliches Wachstum, etwa im Sinne des Klubs von Rom, verzichtet werden könnte und sollte, wohl aber eine klare Absage an diejenigen, die den Umweltschutz als einen willkommenen Ansatzpunkt für Systemveränderungen betrachten. Das Programm stellt ausdrücklich fest, daß das freiheitliche, marktwirtschaftliche System auch für die Durchführung praktikabler Umweltschutzforderungen geeigneter sei als jedes andere, womit wohl nicht gesagt sein soll, daß die Regierung auch in Krisenlagen den Dingen ihren freien Lauf lassen und grundsätzlich auf alle regulierenden Eingriffe verzichten will. Dazu gehört auch, daß das Verursachungsprinzip nicht überdehnt werden soll, zumal in der Praxis die Verursacher oft genug nicht ermittelt werden können, z. B. bei der Luftverschmutzung in geschlossenen Ortschaften. Außerdem ist es zweifelhaft, ob die Kosten für die Vermeidung oder die Beseitigung von Umweltschäden wirklich der Verursacher trägt, dem sie auferlegt werden, oder ob er sie, was er in der Regel versuchen wird, über den Preis auf den Verbraucher abwälzt.

Die Regierung äußert sich nicht ausdrücklich darüber, daß das Tempo bei der Durchführung von Umweltschutzmaßnahmen nicht allein von der sachlichen Notwendigkeit oder der technischen Durchführbarkeit bestimmt wird, sondern auch von den Kosten, die sie der öffentlichen Hand oder der Wirtschaft aufbürden. Diese Kosten lassen sich nicht genau fixieren, zumal die Dinge im Fließen sind und neue Erkenntnisse sogleich auch neue Aufgabenstellungen auslösen. Aber es wäre eine Illusion anzunehmen, daß sie vom Fiskus, von der Wirtschaft, vom Verbraucher und letztlich vom Steuerzahler so ganz nebenher und auf einem Brett aufgebracht werden können, in der Prosperität ebenso wie in der Rezession. Die Fristenverlängerungen, z. B. im Benzin-Blei-Gesetz, lassen erkennen, daß die Regierung gewillt ist, die Umwelterfordernisse in Einklang mit der zumutbaren Belastung der Wirtschaft zu halten.

Allerdings wird auch zugegeben, daß die Industrie diese Lasten nicht aus dem zu versteuernden Gewinn trägt, was zu Lasten des Steueraufkommens gehen würde, und im übrigen auch bemüht ist, ihre Umweltschutzkosten als Kostenbestandteil der Produktion dem Verbraucher aufzubürden. »Im Endergebnis heißt das nichts anderes, als daß die Kosten für die Erhaltung angemessener Umweltverhältnisse von der Bevölkerung insgesamt verkraftet werden müssen. Wir alle werden zur Kasse gebeten, wenn es um gute Luft, sauberes Wasser und einwandfreie Abfallbeseitigung geht.«[187] Das wiederum bedeutet, daß die Umweltschutzinvestitionen eben doch einen Stopp erfahren, wenn, in der Flaute, keine Gewinne mehr vorhanden sind, von denen abgeschrieben werden könnte, und wenn der Preisdruck so groß wird, daß die Umweltkosten im Endpreis nicht mehr unterzubringen sind.

Auch die Kommunen und Kommunalverbände können das, was sie als unabweisbare Notwendigkeit erkannt haben, trotz des in der Regel vorhandenen guten Willens nicht so zügig durchführen, wie sie möchten. Bei sinkendem Steueraufkommen, nachlassender Wirtschaftskraft und steigendem Verwaltungsaufwand stehen ihren Umweltschutzprojekten die gleichen Kostenbarrieren entgegen, vor denen auch andere Reformprojekte festgefahren sind. Die 50 000 Einwohner zählende Dreiflüssestadt Passau hat sich entschlossen, ein den Umwelterfordernissen entsprechendes Abwäs-

serbeseitigungs- und Klärsystem zu errichten. Die Kosten werden sich auf rd. 160 Millionen DM belaufen, das sind je nach Art der Finanzierung mehr als 3000 DM je Einwohner. Daß solche Belastungen gründlicher Überlegungen bedürfen und bei aller guten Absicht eventuell auch dazu führen können, die Durchführung der Planung auf einen längeren Zeitraum zu verteilen, dürfte sich von selbst verstehen. Diese Kostenbelastungen haben sich ergeben noch in der Zeit der Hochkonjunktur. Sie bekommen ein anderes Gewicht in der Rezession, wenn die Unternehmen mit jedem Pfennig rechnen müssen, wenn die amtliche Wirtschaftspolitik von ihnen Investitionen erwartet, die sich möglichst sofort produktionsbelebend auswirken, wenn auch die Betriebsräte und die Arbeitnehmervertreter in den Aufsichtsorganen scharf darauf achten, daß alle verfügbaren Mittel für die Fortführung der Produktion und die Erhaltung der Arbeitsplätze eingesetzt werden.
Die damit sich stellende Frage, ob und in welchen Ausmaßen und mit welchen Auswirkungen verzögernde Momente in der Durchführung der Umweltpolitik auftreten könnten, ist Gegenstand eines Grundsatzgespräches zwischen der Bundesregierung, Repräsentanten der Industrie, der Gewerkschaften und der politischen Parteien gewesen, das am 4. Juli 1975 unter Vorsitz des Bundeskanzlers auf Schloß Gymnich stattgefunden hat.

Das Gymnicher Gespräch

Die Probleme einer natürlichen Begrenzung wirtschaftlichen Wachstums sind zur Diskussion gestellt worden, als es uns noch gut ging, als niemand daran dachte, daß es noch einmal Massenarbeitslosigkeit und Masseninsolvenzen geben könnte und daß ein scheinbar unaufhaltsamer wirtschaftlicher Aufschwung, verbunden mit verbürgter sozialer Sicherheit, sich plötzlich in eine steile Talfahrt verwandeln würde. Ihre Lösung wurde darin gesucht, daß eine bis dahin gedankenlos dahintreibende, durch steigenden Wohlstand verwöhnte Gesellschaft sich aufraffen würde zu der Einsicht, die unendliche Fortsetzung der bisherigen technisch-zivilisatorischen Entwicklung werde die naturgegebenen, endlichen Kraftreserven

alsbald übersteigen, und um ihre Zukunft zu retten, werde sie sich selbst Beschränkungen auferlegen müssen, und zwar rechtzeitig.
Inzwischen haben sich Grenzen des wirtschaftlichen Wachstums unabhängig von solchen Einsichten und Entschlüssen ergeben. Die Wirtschaft ist plötzlich auf Schranken gestoßen, die sich aus der weltweiten Inflation, der Störung der internationalen Zusammenarbeit und der Übersättigung der Märkte entwickelt haben. Die Umweltkrise mit ihrer breiten Skala ökonomischer, sozialer und ökologischer Probleme hat sich zu einer Wirtschaftskrise in gleicher Breite ausgeweitet. Mit einem wesentlichen Unterschied allerdings. Während die an ihren Wohlstand gewöhnten Menschen der modernen Industriegesellschaften von den heraufziehenden Umweltgefahren, die ein unbegrenztes weiteres Wirtschaftswachstum in Frage stellen, nur schrittweise, zögernd, um nicht zu sagen unwillig Kenntnis nehmen, brennen ihnen die Folgewirkungen der Wirtschaftskrise unmittelbar auf den Nägeln. Sie treffen ausnahmslos alle. Die von ihnen ausgehende Drohung ist eine mit den Händen zu greifende Realität, wohingegen die mehr oder minder überzeugend dargestellte Umweltgefährdung abstrakt wirkt, jedenfalls in weiter Ferne liegt. Die wirtschaftlichen Probleme, die in Gestalt von Inflation, Rezession, Massenarbeitslosigkeit, Rohstoffverteuerung, steigenden Preisen, sinkenden Einkünften und ganzen Reihen von Konkursen auf die Industrieländer eindringen, setzen nicht nur neue Akzente für die Wirtschaftspolitik der Regierungen. Sie erfordern auch neue Entscheidungen der Wirtschaft und verlangen andere Prioritäten als die, die sich allein unter den Perspektiven des Umweltschutzes ergeben. Was die einzelnen Bürger, die Unternehmer und schließlich auch Bund, Länder und Gemeinden in Zeiten sinkender Wirtschaftskraft und angespannter Finanzen einerseits zur Sicherung ihrer ökonomischen Existenz bzw. zur Aufrechterhaltung ihrer fiskalischen Funktionen, andererseits zur Abwendung von Umweltgefahren tun können und tun werden, wird nicht immer identisch sein mit dem, was sie unter einer stetig aufwärtsführenden wirtschaftlichen Entwicklung als nötig oder vordringlich angesehen haben. Interessenkollisionen zwischen ökologischen und ökonomischen Planungen werden stärker als bisher hervortreten. Der Zwang, das Nächstliegende zu tun, kann dazu

führen, daß Umweltschutzvorhaben, auch wenn ihre Notwendigkeit außer Zweifel steht, in die zweite Linie geraten vor anderen, die der Existenzerhaltung, der Unternehmensrentabilität, der Arbeitsplatzsicherung dienen.
Dahingehende Verschiebungen in den Prioritäten werden sich im Einzelfall nicht vermeiden lassen. Die schrittweise Stufenfolge, mit der das Benzin-Blei-Gesetz durchgeführt wird, ist ein Beispiel. Um die Jahresmitte 1975 bot aber eine angebliche Äußerung des Bundeskanzlers, die eine Distanzierung vom Umweltschutz enthalten hätte, Anlaß zu der Befürchtung, daß eine grundlegende Richtungsänderung in der Umweltpolitik der Regierung beabsichtigt sei. Für eine Tendenzwende schien auch zu sprechen, daß der Regierungschef eine, wie es hieß, von ihm selbst ausgewählte Anzahl führender Persönlichkeiten aus der Industrie zu einem umweltpolitischen Gespräch auf Schloß Gymnich eingeladen hatte, dazu Gewerkschaftsführer und schließlich, auf deren Drängen, je einen Vertreter der im Bundestag vertretenen Parteien, nicht aber die Sprecher der drei großen Naturschutzverbände: des Deutschen Rates für Landespflege, des Deutschen Naturschutzringes und des Vereins Naturschutzpark. Es mußte damit gerechnet werden, daß die Industrie die wirtschaftliche Degression benutzen könnte, um Arm in Arm mit den vorrangig um die Erhaltung der Arbeitsplätze bemühten Gewerkschaften eine Auflockerung oder doch einen Aufschub der sie finanziell bedrückenden Umweltschutzbestimmungen zu erreichen. Das wäre hinausgelaufen auf eine wahrscheinlich irreparable Aufgabe des bisherigen Bemühens, ein gesundes wirtschaftliches Wachstum mit der Erhaltung einer gesunden Umwelt in Einklang zu bringen.
Diese zunächst naheliegenden Befürchtungen haben sich nicht bestätigt. Es ist müßig zu fragen, mit welchen Überlegungen und Absichten der Bundeskanzler und seine Berater in dieses Gespräch eingetreten sind. Jedenfalls haben weder die Repräsentanten der Industrie, insbesondere der mit Umweltschutzauflagen erheblich belasteten Großchemie, noch die Gewerkschaftsführer der Versuchung nachgegeben, eine Abkehr von der bisherigen Linie der Umweltpolitik zu fordern. Sie haben sich vielmehr dafür ausgesprochen, die für den Umweltschutz gebotenen Maßnahmen im

Rahmen der gegebenen wirtschaftlichen Möglichkeiten konsequent weiterzuführen. Das Bundesinnenministerium hat die von ihm entworfene und eingeleitete Umweltpolitik entschlossen und erfolgreich verteidigt. Es hat sich durchgesetzt mit der Forderung, daß es einen Stillstand in der Durchführung der Umweltpolitik, der nur erhöhte Kosten und erhöhte Gefahren, nicht zuletzt die der politischen Radikalisierung mit sich bringen würde, nicht geben darf. Zwar sollen vor dem Hintergrund der gegenwärtigen konjunkturellen Lage die Auswirkungen von Umweltschutzmaßnahmen auf Kosten und Erträge abgewogen und erforderlichenfalls angemessene Stufen- und Übergangsregelungen getroffen werden. Aber an dem langfristigen Gesamtkonzept soll nichts geändert und die noch ausstehenden wasserwirtschaftlichen Maßnahmen, die auf die Reinhaltung des Wassers abzielen, schwerpunktmäßig in Angriff genommen werden. Am Verursachungsprinzip soll festgehalten werden, u. a. auch deshalb, weil es einen starken individuellen Anreiz ausübt, Umweltschädigungen von vorneherein zu vermeiden. Eine Umweltverträglichkeitsprüfung soll obligatorisch gemacht werden, ein geeignetes Verfahren, um Planungsfehler auszuschließen. Verstärkt werden soll eine ungeschminkte Information der Öffentlichkeit. Sie wird als ein geeignetes Mittel angesehen, um emotionalen und radikalen Reaktionen vorzubeugen.

Als Ergebnis des Gymnicher Gesprächs kann festgehalten werden, daß keine der beteiligten Gruppen für eine Neuorientierung der Umweltpolitik oder für langsameres Vorgehen eingetreten ist. Es mag dahingestellt bleiben, ob Industrielle und Gewerkschafter zu dieser jedenfalls für die Initiatoren des Gesprächs unerwarteten Haltung unter anderem auch durch die Überlegung veranlaßt worden sind, daß großangelegte Bemühungen um eine Sanierung der Umwelt auch große technische und technologische Entwicklungen auslösen werden, die für zahlreiche Bereiche der Wirtschaft neue Produktions- und Absatzmöglichkeiten mit sich bringen werden. Wesentlich ist jedenfalls, daß weder die Unternehmer noch die Gewerkschaften der Regierung einen Anlaß geboten haben, an der Zielrichtung ihrer Umweltpolitik Korrekturen vorzunehmen.

Dennoch wäre es unrealistisch anzunehmen, daß eine länger anhaltende wirtschaftliche Degression ohne jeden Einfluß mindestens auf das Tempo der Umweltschutzmaßnahmen – des Gesetzgebers wie der Wirtschaft – bleiben könnte. Wir müssen uns damit abfinden, daß künftig manches nicht so schnell gehen wird, wie manche möchten. Zwar wird kaum damit zu rechnen sein, daß ein Unternehmen, weil es Umweltschutzmaßnahmen durchführen muß, deswegen genötigt sein könnte, Arbeiter zu entlassen. Vielmehr wird die Errichtung umweltschutzbedingter Anlagen neue Arbeitsmöglichkeiten schaffen. Aber andererseits kann doch kaum angenommen werden, daß ein am Rande des Defizits sich bewegendes Unternehmen sich verschuldet, um Umweltschutzerfordernissen rechtzeitig nachkommen zu können. Bei bestem Willen auf allen Seiten wird es sich kaum vermeiden lassen, daß noch so wünschenswerte und wichtige Vorhaben des Umweltschutzes mindestens zeitweilig zurücktreten müssen hinter vordringlich gewordenen wirtschaftlichen Interessen. Das gilt für den öffentlichen wie für den privaten Bereich. Die Grenzen des wirtschaftlichen Wachstums sind bisher vorwiegend Gegenstand theoretisierender Betrachtungen gewesen und allein gesehen oder aufgezeichnet worden unter Aspekten einer mehr oder minder aktuellen Umweltgefährdung. Wir haben über eine Umweltkrise diskutiert, einerlei, in welchem Maße sie eine Realität ist oder nicht. In der Wirtschaftskrise sind plötzlich Grenzen des wirtschaftlichen Wachstums zutage getreten, die andere Ursachen haben und ganz woanders liegen als die, die unter den Gesichtspunkten der Umweltbelastung konstruiert worden sind. Sie können heilsame Nebenwirkungen hinsichtlich der Belastung des Naturhaushaltes und der Beanspruchung der natürlichen Reserven haben. Aber für die Millionen von Menschen, für die das verlangsamte Wachstum zu einer handfesten Tatsache geworden ist, bedeuten sie einen Rückschlag, nicht selten auch eine echte Existenzgefährdung. Sie verändern die wirtschaftliche Situation vieler Bürger so, daß für sie die ökologischen Probleme des Umweltschutzes, auch wenn sie ihre Bedeutung richtig erkannt haben, notgedrungen in die zweite Linie rücken. Unter dem Druck harter wirtschaftlicher Fakten verschieben sich die Stellenwerte. Lebenssicherheit im materiellen Sinne hat für jeden, der sich in seinem wirtschaftlichen und sozialen Status bedroht fühlt, den Vorrang vor Lebensqualität im Sinne einer gesicherten Umwelt. Im

Zeichen der Wirtschaftskrise wird deutlicher, daß auch die Kosten das Tempo von Umweltschutzmaßnahmen bestimmen. Je ungünstiger sich die Ertragslage der Wirtschaft entwickelt, desto stärker werden die Bremswirkungen, die von der Kostenseite her sich der Durchführung umweltfreundlicher Maßnahmen entgegenstellen. Das kann nicht heißen, daß wir die uns eben erst aufgegangenen Erkenntnisse über Umweltgefährdung und Umweltsicherung über Bord gehen lassen und die ökologische Bedrohung, die uns gestern noch in den schwärzesten Farben erschien, heute bagatellisieren. Aber es heißt, daß wir sie unter dem Zwang wirtschaftlicher Fakten möglicherweise relativieren müssen, mindestens so lange, wie wirtschaftliche Notstände vorliegen, die unsere Aktivitäten vorrangig beanspruchen.

Die Bundesregierung ist mit den praktischen Ergebnissen ihrer Umweltpolitik nicht recht zufrieden. In ihrem Umwelt-Bericht 76, mit dem ihr Umweltprogramm fortgeschrieben werden soll, betont sie zwar, daß sie an den tragenden Prinzipien dieser Umweltpolitik – Abwehr drohender Gefahren, Beseitigung eingetretener Schäden und Vorsorge gegen künftige Belastungen des Naturhaushaltes – festhalten will. Unverändert bleibt sie bemüht, Gesundheit und Wohlbefinden des Menschen zu sichern, die Leistungsfähigkeit der Biosphäre zu erhalten, Schäden an Kultur- wie an Wirtschaftsgütern zu vermeiden und die Vielfalt von Landschaft, Fauna und Vegetation zu bewahren. Aber gleichzeitig sollen auch der zivilisatorische Fortschritt und die volkswirtschaftliche Produktivität langfristig gewährleistet werden. »Die Wirtschaftspolitik der Bundesregierung soll nicht allein auf Expansion gerichtet sein. Sie beruht auf der Erhaltung und Verbesserung einer Umwelt, die als Standort von Wohnsiedlungen und Produktionsstätten, Lieferant von Grundstoffen, Produzent von Nahrungsmitteln und als Raum zur Erholung geeignet ist.« Eine Umweltpolitik, die die Lebensgrundlagen des Menschen sichert, ist eine Vorbedingung für die langfristige Produktivität der Volkswirtschaft. Deshalb soll eine verantwortliche Umweltpolitik einerseits für eine menschenwürdige Umwelt sorgen, »aber auch andere existenzsichernde Aufgaben beachten«.

Es bleibt also bei der bereits im ersten Umweltprogramm bekräftig-

ten Absicht, die ökologischen Erfordernisse mit den ökonomischen Notwendigkeiten auf einen Nenner zu bringen. Der Operationsrahmen ist auch künftig so weit gespannt, daß Interessenkollisionen immer wieder auftreten werden. Damit aber stellt sich die Frage, ob das, was die Regierung will, beim Gesetzgeber und gegenüber den außerparlamentarischen Gegenkräften durchgesetzt werden kann, ob es ausreicht und ob es rechtzeitig kommt. Oder anders gesagt: ob die Einsicht und der gute Wille der Bürger wie vor allem der Wirtschaft den wohlgemeinten Absichten der Regierung entsprechen.
Sie selbst beantwortet diese Frage mit deutlicher Skepsis. Sie registriert zwar voller Genugtuung, daß viele der 1971 abgesteckten Ziele erreicht worden sind. Der Nachholbedarf an umweltfördernden Gesetzen sei weitgehend aufgeholt worden. Und durch zahlreiche Maßnahmen im Vollzug der Gesetze, verbunden mit wachsenden Aufwendungen, seien die Umweltbedingungen jedenfalls in bestimmten Regionen und hinsichtlich bestimmter schädlicher Wirkungen fühlbar verbessert worden. Dennoch seien, insgesamt gesehen, die Umweltbelastungen noch nicht erheblich zurückgegangen. Gute Gesetze allein genügen nicht. Wichtiger ist, daß sie angewendet und durchgeführt werden, was auch nach Ansicht der Regierung noch im argen liegt. Die Quintessenz: die Voraussetzungen für ein menschenwürdiges Dasein auch kommender Generationen sind noch nicht gesichert. Aber zugleich wird registriert, daß die Bürger umweltbewußter geworden sind und »energische Maßnahmen von Bund, Ländern und Gemeinden erwarten«. Soll das so verstanden werden, daß die öffentliche Hand des Anstoßes der öffentlichen Meinung bedarf, um mit Nachdruck zu tun, was auch nach ihrer Meinung getan werden muß? Oder steht dahinter die Doktrin, mit »möglichst wenig Staat« auszukommen und das Schwergewicht auf die Initiative der Bürger zu legen? Angesichts der Größe und Schwere der noch zu lösenden Aufgaben, auch vieler Beobachtungen und Erfahrungen mit Schwerfälligkeiten und Widerständen kann der Staat sich kaum auf die Rolle des Wegweisers und Schrittmachers beschränken. Er kann auf eigene Initiative und Aktivitäten nicht verzichten, jedenfalls nicht in Notzeiten.

Ermutigende Anfänge

Unter dem Eindruck von Forschungen auf dem Gebiet der Umweltökonomie in den Vereinigten Staaten schreibt Horst Siebert, das Lamentieren über die Umweltmisere müsse nun aufhören. Die moralische Entrüstung über die Zerstörung der Lebensbedingungen durch ökonomische Aktivitäten führe nicht weiter. Es müsse endlich etwas getan werden[188]. Das war 1973, wenige Jahre nachdem auch die breitere Öffentlichkeit sich mit den bis dahin so gut wie unbekannten Komplexen von Umwelt und Umweltgefährdung vertraut machte und die Massenmedien sich ihrer bemächtigten.

Seitdem ist einiges getan worden, zwar längst nicht alles, aber doch eine ganze Menge, sowohl im Faktischen wie hinsichtlich der Bereitschaft zum Umdenken und zum Handeln. Viele Anstöße sind von planerischen und gesetzgeberischen Aktivitäten der Bundesregierung ausgegangen.

Die Bundesregierung hat mit ihrem Umweltprogramm nicht nur die Stufenfolge ihres eigenen Handelns festlegen wollen. Sie wollte und will vor allem Signale setzen und Initiativen wecken. Das dürfte im wesentlichen erreicht sein. Die alarmierende Umweltliteratur hat die Diskussion mindestens in den Kreisen derer, die sich verantwortlich fühlen, immer wieder angefacht, hat die Themen umrissen und die allgemeine Richtung festgelegt. Dazu kam die aufklärende und unterrichtende Tätigkeit der zahlreichen privaten Organisationen, die sich mit Angelegenheiten des Naturschutzes, der Landschaftspflege und etwa seit 1970 auch mit solchen des Umweltschutzes im Sinne dessen, was wir heute darunter verstehen, befaßt haben. In Verbindung mit Presse, Rundfunk und Fernsehen, die das Thema interessiert aufgegriffen haben, ist es gelungen, eine überall sichtbar werdende Breitenwirkung zu erzielen. Es bleibt dem Temperament des Betrachters überlassen, ob er diese Wirkungen als erste Anzeichen eines noch sporadischen Aufbruchs oder als Ausdruck einer bereits in Gang gekommenen Massenbewegung werten will. Der Optimist wird manche ermutigende Bestätigungen für die letztere Auffassung antreffen.

Dabei wäre es wohl zuviel verlangt anzunehmen, daß alle Glieder einer zumeist in Großstädten ansässigen Massengesellschaft von einem Tage zum anderen sich den Verhaltensnormen anpassen würden, die wir uns auf Grund einer eben erst entdeckten Umweltgesinnung zugelegt haben. Unverkennbar ist aber, daß die Bereitschaft für Ordnung, Sauberkeit und Disziplin sich ausbreitet und daß Verstöße zunehmend mit wachem Sinn registriert werden.

Viele Gemeinden und Gemeindeverbände haben ebenfalls erkannt, was in der Vergangenheit verabsäumt worden ist und nun nachgeholt werden muß. In zahlreichen Orten, auch auf dem Lande, sehen wir Mülldeponien entstehen, die vielleicht noch nicht den letzten Anforderungen einer umweltfreundlichen und möglichst auch wirtschaftlich nutzbaren Müllbeseitigung entsprechen, aber mindestens doch den guten Willen erkennen lassen. Ebenso sehen wir, daß auch ländliche Gemeinden zum Bau von Kanalisationen übergehen. Antriebskraft ist hier wie dort der wachgewordene Sinn für Volksgesundheit und Sozialhygiene, aber auch für eine vor Verschandelung bewahrte Kultur- und Erholungslandschaft. Die schnell volkstümlich gewordenen Wettbewerbe der Deutschen Gartenbau-Gesellschaft »Unser Dorf soll schöner werden« und »Bürger, Deine Stadt« dürften wesentlich in der gleichen Richtung gewirkt haben. Der Bürger hat einen geschärften Blick dafür bekommen, daß die natürlichen Lebensbedingungen kein unwiderrufliches Geschenk darstellen, daß er selbst zu ihrer Pflege und Erhaltung täglich beitragen muß. Er beginnt einzusehen, daß er keine unbegrenzten Ansprüche an den Naturhaushalt und an die natürlichen Reserven stellen kann, daß reine Luft und sauberes Wasser Voraussetzungen seiner physischen Existenz sind, die sorgfältig gehütet werden müssen. Alles in allem kann man sagen, daß das Verständnis für die vom Menschen ausgehende Gefährdung der natürlichen Umwelt auch in den Bevölkerungsschichten erweckt worden ist, die von den Absichten des Naturschutzes und der Landschaftspflege bis dahin nicht berührt worden sind. Zugleich ist auch die Bereitschaft gewachsen, selbst mit Hand anzulegen, um die Gefahren abzuwenden oder sie durch eigenes umweltgerechtes Verhalten gar nicht erst entstehen zu lassen.

Im kommunalen Bereich liegt das Schwergewicht auf einer den Umweltschutzerfordernissen entsprechenden Abwässerbeseitigung. Dazu gewinnen die Probleme einer umweltgerechten Müllbeseitigung, die mehr und mehr auf Müllverwertung im wirtschaftlichen Sinne hinausläuft, an Bedeutung.

Als Beispiele für vorbildliche und umfassende Gewässerschutzplanung können die Maßnahmen gelten, die das Land Baden-Württemberg eingeleitet oder durchgeführt hat. Mit Schwerpunkt erstrecken sie sich auf den Bau von Kläranlagen. In diesem dichtbesiedelten und hochindustrialisierten Raum waren bislang nur zwei Drittel der Bevölkerung an öffentliche Kläranlagen angeschlossen, nur ein Drittel an mechanisch-biologische Anlagen, die allen zeitgemäßen Anforderungen an Hygiene und Umweltschutz entsprechen. Zwei Drittel des anfallenden Abwassers gehen also heute noch ungereinigt oder mangelhaft gereinigt in den Boden oder in Gewässer. Die Landesregierung ist entschlossen, den Bau ausreichender Kläranlagen mit Nachdruck voranzutreiben. Die Rechtsgrundlage ihrer Maßnahmen ist ein Gemeinsamer Erlaß des Ministeriums für Ernährung, Landwirtschaft und Umwelt und des Innenministeriums. Er legt den Gemeinden die Verpflichtung auf, bei der Aufstellung und Genehmigung von Bauleitplänen darauf zu achten, daß eine geordnete Abwässerbeseitigung gesichert wird. Bebauungspläne sollen nur dann genehmigt werden, wenn der Anschluß an Abwässeranlagen gewährleistet ist. Auf diesem Wege soll erreicht werden, daß bis 1980 die Abwässer von mindestens 60 v. H. der Bevölkerung biologisch geklärt sein werden. Die Kosten für dieses Vorhaben, die auf zwei Milliarden DM bis 1980 veranschlagt worden sind, sollen auf Jahresraten von rund 300 Millionen DM verteilt werden. Sie belasten die Haushalte der betroffenen Städte und Kommunalverbände so erheblich, daß diese dem Umweltschutz dienenden Anlagen ganz von selbst eine Priorität vor

anderen Bauvorhaben erhalten, was ja auch der Zweck des gemeinsamen Erlasses ist. Jede Stadtverwaltung wird sich gründlich überlegen müssen, ob sie noch Geld genug für Repräsentativbauten übrig hat, wenn sie gehalten ist, zunächst neue Abwässereinrichtungen zu bauen – die sich für feierliche Einweihungszeremonien allerdings weit weniger eignen als Rathäuser und Festhallen.
Auch in der Industrie werden beachtliche Anstrengungen unternommen, um den Wasserhaushalt zu entlasten. Sie erstrecken sich sowohl auf die Einschränkung des Wasserverbrauchs wie auf die Wiedernutzbarmachung von gebrauchtem Wasser. So hat die Mineralölindustrie, einer der größten industriellen Wasserverbraucher, den Wasserbedarf je Tonne von 16 Kubikmetern im Jahre 1959 auf 3,4 Kubikmeter in 1975 gesenkt und beabsichtigt, ihn bis zum Jahre 2000 auf 1,3 Kubikmeter zu reduzieren[189]. Im Steinkohlenbergbau ist der Wasserverbrauch je geförderte Tonne in dem Zeitraum von 1956 bis 1963 von 1,75 Kubikmetern auf 1,03 gesunken, wobei zu beachten ist, daß der Steinkohlenbergbau mehr als seinen Wasserverbrauch aus der Grubenwasserförderung gewinnt, Oberflächenwasser also überhaupt nicht in Anspruch nimmt. Für die gesamte Industrie ist, allerdings bei stark steigendem Gesamtverbrauch, berechnet worden, daß bis zum Jahre 2000 die Durchflußnutzung von 34,1 v. H. auf 22,3 v. H. absinken, die Kreislaufnutzung dagegen von 65,9 auf 77,7 v. H. ansteigen wird[190].
Ein besonderes Sorgenkind derer, die glauben, daß sich ein schlechter Zustand immer nur zum Schlechteren weiterentwickeln könnte, ist die Verfaulung der Seen und der Binnenmeere, die dargestellt wurde als erste Etappe zu einer unaufhaltsamen Vergiftung auch der Ozeane. Auch hier hat sich herausgestellt, daß es dem Erfindungsgeist der Menschen des technischen Zeitalters immer noch gelingt, den rettenden Ausweg zu finden, und sei es auch erst in der allerletzten Minute. Die Konfrontation mit der akuten Gefahr ist es, die den Abwehrwillen beflügelt.
Wir wissen heute, daß und wie wir die Binnengewässer davor bewahren können, an Sauerstoffmangel zu ersticken. Die Idee des Bürgermeisters von Annecy, Charles Bosson, Inhaber des Europapreises für Landschaftspflege, hat den Weg gewiesen; sie ist einfach, einleuchtend und überall anwendbar dort, wo andere Lösungen

nicht durchführbar sind. Sein Gedanke war es, Ringleitungen rund um die Seen herum zu bauen, die die Abwässer abfangen, bevor sie in den See gelangen, und einer zentralen Kläranlage zuzuführen. Dieses Verfahren hat Schule gemacht. An zahlreichen Seen sind solche Ringleitungen entstanden, und sie haben bewirkt, daß Seen, die jedenfalls von den Unheilspropheten bereits aufgegeben waren, wieder sauber geworden sind. Der Schloßherr der Insel Mainau, Graf Lennart Bernadotte, hat im Frühjahr 1975 mit einem Pressefoto demonstriert, daß man das Wasser des Bodensees, aus dem See geschöpft, wieder trinken kann.

Auch der Mälarsee, mit 1140 km^2 mehr als doppelt so groß wie der Bodensee und von zwei wichtigen Schiffahrtswegen durchzogen, ist entgiftet worden und führt wieder klares Wasser. Hier war allerdings das System der Ringleitung nicht anwendbar wegen der stark zerklüfteten Ufer und wegen der Unzahl bewohnter Inseln. Dennoch ist es gelungen, den See wieder sauber zu machen, und zwar durch Klärung der Industrie- und der Siedlungsabwässer. Selbst die Stockholmer Schärengewässer, die jahrzehntelang als besonders abschreckendes Beispiel nicht mehr zu heilender Verseuchung hingestellt wurden, haben wieder einen Normalzustand erreicht, der Mälarsee sogar Trinkwasserqualität. Der Generaldirektor des schwedischen Umweltschutzamtes, Staatssekretär Dr. Valfried Paulsson, konnte die Teilnehmer am Mainauer Gespräch 1975 mit der Mitteilung überraschen, daß einige Tage zuvor vor dem Stockholmer Rathaus zwei Lachse gefangen worden waren, wohl der sicherste Beweis dafür, daß die Schärengewässer sogar in der Großstadt Stockholm wieder intakt sind.

Erfreulich sich häufende Anzeichen lassen erkennen, daß der Rhein nicht für alle Zeiten die »Kloake Europas« zu bleiben braucht, als welche er seit 20 Jahren verschrien ist, obgleich er die meistbefahrene Schiffahrtsstraße der Welt ist, dicht eingefaßt von Industrieanlagen, besonders solchen der Großchemie, und die am dichtesten besiedelten Ballungsräume Europas durchfließt. Es dürfte außer Zweifel stehen, daß er in durchaus absehbarer Zeit wieder in einen sauberen Strom zurückverwandelt werden kann. Die technischen Voraussetzungen sind gegeben. Der gute Wille, das Notwendige und Mögliche zu tun, breitet sich aus. Der Zeitablauf wird aller-

dings weitgehend durch die Kosten bestimmt, durch die Finanznot der Gemeinden und durch die verschlechterte Ertragslage der Industrien, die Verschmutzungen verursachen und an der Sanierung des Stromes unter erheblichen Opfern mitwirken müssen. Es ist aber durchaus denkbar, daß selbst bei anhaltender Rezession die noch fehlenden Reinigungseinrichtungen schneller als vorgesehen erstellt werden können, dann nämlich, wenn sie als Notstandsmaßnahmen zur Milderung der Arbeitslosigkeit finanziert werden. Jedenfalls kann es als ermutigendes Zeichen gewertet werden, daß trotz Auftragsrückgang und Kurzarbeit die Bayer AG im Juni 1975 auch für ihren dritten Werkskomplex, einschließlich der mit ihm zusammenhängenden Wohnsiedlungen, eine biologische Kläranlage mit einem Kostenaufwand von 70 Millionen DM in Betrieb genommen hat. Damit verfügen nunmehr alle Werke dieses großen Chemiekonzerns über vollbiologische Anlagen für die Reinigung ihrer industriellen Abwässer, in Dormagen in Gemeinschaft mit den dortigen Betrieben der Erdölchemie, und mit einer Tageskapazität von demnächst rund 300 000 Kubikmeter Abwässer.
Ähnliches gilt auch von den anderen chemischen Großbetrieben, die Anlieger des Rheins sind, jedenfalls von den in der Bundesrepublik gelegenen. Sie sind unter Einsatz beträchtlicher Investitionen – die Aufwendungen der chemischen Industrie zur Rettung des Rheins werden bis 1975 auf rd. 1 Milliarde DM geschätzt – darum bemüht, die bislang ungeklärt in den Rhein geleiteten Abwässer zu reinigen, außerdem aber auch Verfahren zu entwickeln, die den Anfall von umweltschädlichen Abwässern – und Abgasen – überhaupt vermindern[191].
Und noch ein Wort zum Eriesee, dessen vermeintlich irreparabler Zustand wesentlich dazu beigetragen hat, den weltweiten Umweltalarm, soweit er die Vergiftung der Gewässer zum Gegenstand hat, auszulösen. Es soll nicht bestritten werden, daß die in diesen flachen Binnensee geleiteten ungereinigten Abwässer großer Städte wie Detroit und Buffalo ihn weit über die Grenzen seiner natürlichen Regenerierfähigkeit belastet haben. Ebenso unstreitig ist es, daß der See von einem verheerenden Fischsterben befallen wurde und die ihn befahrenden Fischer eine Zeitlang sich in ihrer Existenz bedroht fühlen mußten. Aber inzwischen wissen wir, daß die Fi-

sche nicht durch Abwässer vergiftet, sondern an Sauerstoffmangel eingegangen sind. Sie sind außerdem aber dezimiert worden durch einen tierischen Schädling. Nachdem der Eriesee wie auch der Huron- und der Michigansee durch den die Niagarafälle umgehenden Wellandkanal mit dem St.-Lorenz-Strom und damit mit der offenen See verbunden sind, konnte das giftige Meeresneunauge in den zunächst erreichbaren Eriesee eindringen[192]. Ihm sind einige Fischarten zum Opfer gefallen und nicht den Abwässern. Andere Arten haben sich behaupten können. Die Fischer sind auch nicht arbeitslos geworden. Sie fischen weiter. Ihre Ausbeute beträgt jährlich 25 000 Tonnen, und was sie an Land bringen, ist, wie Colin Clark uns versichert, durchaus zu genießen[193]. Es erscheint auch möglich, die Fischerei durch Aussetzen von widerstandsfähigen Arten wieder zu beleben. Außerdem wird erwogen, die Versalzung des Sees durch Ausbaggern der Sedimente, die als Düngemittel gut zu verwerten sind, zurückzudrängen. Und schließlich ist die Klärung der Abwässer der Anliegerstädte allenfalls ein finanzielles Problem, dem technische Schwierigkeiten nicht entgegenstehen. Das sind einfache Fakten. Daß sie von denen, die den Eriesee als abschrekkendes Beispiel für die verheerenden Folgen des Mutwillens, der Gedankenlosigkeit und der hemmungslosen Profitgier der modernen Industriegesellschaft angeprangert haben, hartnäckig ignoriert werden, ist doch wohl nur damit zu erklären, daß sie auf dieses so groß herausgestellte Demonstrationsobjekt nicht verzichten wollen, obgleich es längst nicht mehr beweiskräftig ist. Es wäre nichts weiter als ein Akt der Fairneß, wenn sie ihren alarmierenden Behauptungen den Hinweis hinzufügen würden, daß hier wie an unzähligen Orten in der ganzen Welt energische und erfolgversprechende Maßnahmen zur Beseitigung der Schäden eingeleitet oder durchgeführt worden sind.

Für die Fanatiker gilt die Industrie – als vereinfachender Sammelbegriff – nach wie vor als der eigentliche und hauptsächliche Verursacher der Umweltverschmutzung und als hauptverantwortlich für den angeblichen Raubbau an nur endlich vorhandenen und nicht ersetzbaren Rohstoffen. Es wird übersehen, daß in allen Industriezweigen tatkräftige, wenn auch zumeist von der Öffentlichkeit kaum beachtete Anstrengungen unternommen werden, um die

Umweltbelastungen auf ein Mindestmaß herabzudrücken und ihre Folgen zu beseitigen.

Die industriellen Aktivitäten erstrecken sich auf die Entwicklung umweltfreundlicher Produkte, auf die Gestaltung von Produktionsverfahren, bei denen so wenig wie möglich an Lärm, Staub und Schmutzwasser anfällt, und auf eine sinnvolle Verwertung der Abfälle.

Was die Lärmbelästigung angeht, die in Ballungsräumen von industriellen Anlagen ausgeht, so hat sich herausgestellt, daß sie zumeist weit geringer ist als die, die von der Eisenbahn und dem Straßenverkehr verursacht wird. Im Abbau der Immissionsschäden ist die Stahlindustrie, die bislang zu den wichtigsten Luftverschmutzern gezählt wurde, weit vorangekommen. Mit der Umstellung auf Oxygenstahl konnte der Staubausstoß erheblich reduziert werden. Die schwefelgelben Rauchfahnen über den Hochöfen, bis vor kurzem ein charakteristisches Merkmal der Hüttenwerke, sind bis auf unwesentliche Reste verschwunden. Mit dem Übergang vom Thomas-Konverter zum Sauerstoff-Aufblas-Verfahren hat z. B. das Mannesmann-Hüttenwerk in Duisburg bei Verdoppelung der Stahlerzeugung den Staubauswurf auf ein Zehntel senken können[194]. Im Jahre 1974 machte die Oxygenstahlproduktion bereits 70 v. H. der gesamten Stahlherstellung aus. Weitere 10 v. H. werden als Elektrostahl und die restlichen 20 v. H. als Siemens-Martin-Stahl verschmolzen. Alle drei Verfahren sind inzwischen völlig staubfrei. Die in der Umweltliteratur immer wieder auftauchenden Angaben über die von der Stahlindustrie verursachte Luftverschmutzung sind längst überholt durch Entwicklungen, die zwar primär von technischen und wirtschaftlichen Überlegungen ausgelöst worden sind, die aber auch dem Umweltschutz zugute kommen. »Impulse der Technologie, der Wirtschaftlichkeit, aber auch das Streben nach Schutz der Umwelt haben die Produktionsmethoden in der Eisen- und Stahlindustrie in den letzten 20 Jahren wesentlich beeinflußt. Die technologisch fortschrittlichen Verfahrenstechniken zur Eisen- und Stahlgewinnung sind gleichzeitig auch die umweltfreundlichsten. Umweltschutzmaßnahmen der eisenschaffenden Industrie, die ja nicht nur die Verminderung der Luftverschmutzung, sondern auch die Wasserbehandlung, die Abfallbeseitigung und die Lärmbekämpfung umfassen, haben einen wachsenden Anteil der Gesamtinvestitionen in Anspruch genommen; für die zweite Hälfte der 70er Jahre werden sie auf 13,5 v. H. geschätzt. Die deutsche Eisen- und Stahlindustrie hat diese Aufwendungen bisher verkraften können. Die Umweltkosten sind in den Preis ihrer Produkte eingegangen. Aber sie stellen eine erhebliche Wettbewerbsbelastung dar, die um so fühlbarer sind, wenn die außerdeutschen Eisen- und Stahlhersteller mit vergleichbaren Umweltschutzauflagen nicht belastet werden.«[195]

Die Papierindustrie, die mit ihren Abwässern eine starke Entwicklung von Mikroorganismen in den Vorflutern hervorruft und deren Sauerstoffsubstanz angreift, hat Verfahren entwickelt, die diese Umweltbelastung künftig ausschließen können. Sie bestehen vor allem darin, daß die bei der Produktion anfallende Schlemme in den Werken verbrannt werden kann. Dabei handelt es sich allerdings um zunächst noch vereinzelte Pionierleistungen. 1973 verfügten nur 11 von insgesamt 232 Betrieben der Zellstoff- und Papierindustrie über Eindampfungs- und Verbrennungsanlagen und nur 10 über eigene biologische Kläranlagen; weitere 43 Betriebe waren beteiligt an kommunalen Kläranlagen. Aber immerhin ist der Beweis erbracht worden, daß es anders und besser geht als bisher, wobei immer zu fragen bleibt, ob die Industrie den technisch möglichen Übergang zu umweltfreundlichen Verfahren aus eigenem Entschluß findet oder ob sie erst eines behördlichen Anstoßes bedarf.

Besonders hoch liegen die Aufwendungen der chemischen Industrie für Zwecke des Umweltschutzes. Nach einer Firmenbefragung, die das Batelle-Institut im Auftrage des Bundesinnenministeriums durchgeführt hat, sind allein im Jahre 1974 rd. 1,4 Mrd. DM für Umweltschutzzwecke investiert worden. Gleichzeitig wurden rd. 3 Mrd. DM für Betriebskosten von Umweltschutzeinrichtungen aufgewendet. Davon entfällt ein hoher Anteil auf die Entwicklung neuer umweltfreundlicher Produkte und Produktionsverfahren. Einen breiten Raum nehmen die Bemühungen ein, Schädlingsbekämpfungsmittel auf den Markt zu bringen, die einerseits ihren Zweck, die Vernichtung von Schädlingen, erfüllen, andererseits aber keine unerwünschten Nebenwirkungen verursachen. So ist es offenbar in England gelungen, ein chemisches Bekämpfungsmittel zu entwickeln, das um ein Vielfaches wirksamer sein soll als DDT, aber den Vorteil hat, daß es sich im Fettgewebe aller Lebewesen bedeutend schneller abbaut als Chlorkohlenwasserstoffe[196]. Es beruht auf einem natürlichen Pflanzengift, das auch synthetisch hergestellt werden kann. Die chemische Industrie ist offenbar bestrebt, derartige Entwicklungen voranzutreiben. Sie lassen sich nur, so wünschenswert sie im allseitigen Interesse sind, nicht erzwingen und von heute auf morgen aus dem Boden stampfen. Die Ungeduld, mit der umweltfreundliche Ergebnisse dieser Forschungsarbeiten erwartet werden, sollte jedenfalls nicht dazu verleiten, der chemischen Industrie mangelnde Bereitschaft oder mangelndes Verständnis vorzuhalten, ganz abgesehen davon, daß es auch handfeste wirtschaftliche Interessen sind, die die Suche nach kritikfreien Bekämpfungsmitteln vorantreibt.

Die Umstellungen, die die Umweltpolitik der Bundesregierung der Wirtschaft insgesamt abverlangt, sind nicht allein eine Frage der Einsicht und des guten Willens, sondern ebensosehr auch der Kosten. Zwar ist mit Recht darauf hingewiesen worden, daß die Umweltauflagen manche Wirtschaftszweige erheblich belasten und sicher auch zu mehr oder minder strukturellen Schrumpfungserscheinungen führen können, daß aber auch neue Produktionsbereiche erschlossen werden, die dem Umweltschutz dienen. Neben den bisherigen Industrien oder aus diesen heraus – z. B. in der chemischen Industrie – entsteht eine Umweltindustrie, die zwar, soweit sie zusätzlich produziert, neue Umweltbelastungen hervorrufen kann, aber deren Gesamteffekt doch zu einer langfristigen Verringerung der Natur- und Umweltbelastung führen wird[197]. Produktionsrückgänge und neu erschlossene Produktionen, beides als Folge sich verschärfender Umweltschutzanforderungen, werden sich zwar nicht innerhalb jedes Wirtschaftszweiges und erst recht nicht für jedes einzelne Unternehmen, aber doch vielleicht in der volkswirtschaftlichen Gesamtrechnung die Waage halten.

Dennoch darf nicht übersehen werden, daß das Tempo, mit dem die notwendigen Umweltschutzmaßnahmen in der Wirtschaft – und übrigens auch in den Kommunen und Kommunalverbänden – von den Kosten zum mindesten mitbestimmt wird. Die Bundesregierung hat geschätzt, daß die Belastungen für Umweltschutzmaßnahmen sich auf 1,7 v. H. des Bruttosozialproduktes belaufen werden. Nach Ansicht des Instituts der Deutschen Wirtschaft und des Vereins Deutscher Ingenieure müssen sie mehr als doppelt so hoch, nämlich im Mittel mit 4 v. H., angesetzt werden. Der VDI erwartet innerhalb der nächsten sechs Jahre umweltschutzbedingte Preissteigerungen bis zu 10 v. H. für Produkte besonders belasteter Industriezweige. In seiner Zeitschrift ›Umwelt‹ berichtet er, daß der durchschnittliche Anteil für Investitionen der Industrie, die durch den Umweltschutz erforderlich werden, schon jetzt bei 6 v. H. liegt und damit 3,5mal so hoch wie ursprünglich berechnet wurde. Der VDI nimmt an, daß in der Bundesrepublik die Aufwendungen allein für die Luftreinhaltung die Schätzung der Regierung um das Doppelte übertreffen werden. Und zu den Aufwendungen für Anlagen, die aus Gründen des Umweltschutzes installiert werden müssen, kommen die Kosten für deren laufenden Betrieb, Wartung und Überwachung, sowie die für Versuche und Entwicklungen. Nach Ansicht des Instituts der Deutschen Wirtschaft wird die Klein- und Mittelindustrie durch umweltschutzbedingte Auflagen am härtesten betroffen. Das dürfte vor allem für die Zuliefererbetriebe gelten, deren Kalkulationsrahmen zwischen ihren Rohstofflieferanten und ihren Abnehmern eingeklemmt ist und die ihre Umweltkosten nicht oder doch nur eingeschränkt über den Preis weitergeben können. Immerhin haben auch die Großbetriebe erhebliche Lasten zu tragen. Nach den VDI-Presseinformationen 71 aus 1974 belaufen sie sich beispielsweise bei den Continental-Gummiwerken auf 2 bis 5 v. H. der Gesamtbetriebskosten, bei Schering 3 bis 5 v. H., bei der August-Thyssen-Hütte auf 4 v. H., bei der Degussa jedoch auf bis zu 24 v. H.[198]

Das Institut der Deutschen Wirtschaft hat errechnet[199], daß von den rund 36 Milliarden DM, die nach der Schätzung der Bundesregierung für den Umweltschutz aufgewendet werden müssen, etwas mehr als die Hälfte auf Bund, Länder und Gemeinden entfallen werden, nämlich 18,9 Mrd. DM, die allerdings nicht nur unter dem Gesichtspunkt des aufgestauten Nachholbedarfs gesehen werden müssen, sondern, solange die Rezession anhält, auch unter dem der Arbeitsbeschaffung. Weitere 12,8 Mrd. DM entfallen auf die Industrie, davon nahezu zwei Drittel allein auf die chemische. »Für die

Unternehmen« – so das Institut – »bedeuten die verschärften Vorschriften Milliarden-Kosten, die nicht ohne Auswirkungen auf die Preise bleiben können. Die entscheidende Frage, die am konkreten Fall immer wieder neu beantwortet werden muß, lautet: mit wieviel Aufwand ist wieviel Umweltverbesserung zu erreichen. Es gilt, ein Optimum und nicht perfektionistische Lösungen um jeden Preis anzustreben, ein Optimum, das sich aus den zusätzlich für den Umweltschutz aufgewandten Kosten und der dadurch erzielten Umweltverbesserung ergibt.« Ob diese Auffassung, die den Umfang der für den Umweltschutz benötigten Aufwendungen allein nach Kosten und Preisen bemißt, in jedem Falle den Erfordernissen des Umweltschutzes genügen wird, sollte ebenfalls am konkreten Fall abgelesen werden. Mit dem Benzin-Blei-Gesetz hat die Bundesregierung sich jedenfalls nicht durch diese Art von Argumentation von ihren Zielen abbringen lassen. Schwieriger dürfte es sein, in dem immer aufs neue auftretenden Konflikt zwischen den Forderungen des Umweltschutzes und denen nach Stabilität, Vollbeschäftigung, Einkommenssteigerung, nach ausreichenden Ertrags- und Investitionsraten und befriedigender Energie- und Rohstoffversorgung den richtigen Ausgleich zu finden. Ihn zu lösen, kann nicht allein die Aufgabe der Regierung und der Wirtschaft sein. Er bedarf der Zustimmung und der aktiven Mitwirkung der gesamten Bevölkerung. Aber auch wenn diese vorliegt oder doch in steigendem Maße zu erwarten ist, wird es sich nicht vermeiden lassen, daß die allgemeine Konjunkturlage sich auch in den Umweltschutzmaßnahmen und den dafür gemachten Aufwendungen niederschlägt. Im Vergleich der Jahre 1972 und 1973 ist jedenfalls festzustellen, daß die Stagnation der allgemeinen Investitionstätigkeit auch zu einem merklichen Rückgang der umweltschutzbedingten Anlageinvestitionen geführt hat[200].
Die Antwort auf die uns bewegende Frage, ob und unter welchen Voraussetzungen die Menschheit als Ganzes oder die Bevölkerung der Industrieländer oder auch nur die unseres Landes Aussicht hat, einer möglicherweise auf sie zukommenden Umweltkatastrophe zu entgehen, kann nicht und nicht einmal in erster Linie von der Obrigkeit erwartet werden. Sie muß vorrangig von den Bürgern selbst erteilt werden und hängt ab von deren Einsicht in etwa heraufzie-

hende Gefahren und von der Bereitschaft, ihnen schnell und entschlossen zu begegnen. Aber Lösungen ohne den Staat – Gesetzgeber und Verwaltung – sind ebenfalls nicht denkbar. Wesentlich ist nur, die Grenzen staatlicher Wirksamkeit zu erkennen und zu beachten.

In der Bundesrepublik Deutschland hat die Regierung frühzeitig ein ziemlich weitgreifendes Programm für ihre Umweltpolitik – um dessen Aktualisierung sie fortlaufend bemüht ist – entwickelt und schrittweise in Angriff genommen. Sie hat gleichzeitig Richtpunkte festgelegt, auf die die Wirtschaft wie die einzelnen Bürger sich einstellen können. Ob sie dabei allen Erwartungen entsprochen hat, muß ebenso dahingestellt bleiben wie ihre Entschlossenheit, den abgesteckten umweltpolitischen Kurs auch dann durchzuhalten, wenn er zu anders gerichteten Interessen in Konflikt gerät, etwa solchen gesellschaftspolitischer oder wirtschaftlicher Art. Ebenso bleibt abzuwarten, ob die Bundesregierung ihre umweltpolitischen Ziele mit den Instrumenten der freien Marktwirtschaft durchsetzen kann, wie sie immer wieder betont. Nicht in allen denkbaren Fällen wird die Regierung mit gutem Zureden und dem marktwirtschaftlichen Automatismus auskommen. Sollten wir einer ernsteren und lange anhaltenden Krise gegenübergestellt werden, was jeden Augenblick geschehen kann, wird auch eine liberale Regierung noch so gut gemeinte wirtschaftsideologische Vorstellungen preisgeben und zu massiveren Mitteln greifen müssen. Und das könnte notwendig werden nicht nur, um eine ökonomische Krise zu bewältigen, sondern auch dann, wenn sich herausstellen sollte, daß die Bereinigung der Umwelt allein mit marktwirtschaftlich liberalen Methoden nicht oder nicht schnell genug zu erreichen ist.

Krisen

Während der ersten zehn Nachkriegsjahre sind die Menschen in unserem Lande vom frühen Morgen bis in die tiefe Nacht damit beschäftigt gewesen, ihre Wohnungen und Arbeitsstätten wieder aufzubauen. Die nächsten fünfzehn Jahre haben sie, emsig weiterarbeitend, ihren steigenden Wohlstand genossen, ohne sich durch die Vorstellung aufhalten zu lassen, daß die stete Aufwärtsentwicklung einmal, und zwar plötzlich und in naher Zukunft, ein Ende nehmen könnte. Und seit 1970 sehen sie sich den unterschiedlichen Erscheinungen einer unversehens hereingebrochenen Krise gegenübergestellt.

Die damit eingeleitete Periode der Unsicherheit, des Zweifels, des Umdenkens setzte ein mit der etwa seit dem Europäischen Naturschutzjahr in der öffentlichen Diskussion aufgeworfenen Frage, ob unsere Welt noch heil ist und ob die naturgegebenen Daseinsvoraussetzungen noch ausreichen, um uns die Fortführung unserer bisherigen Lebens- und Wirtschaftsweise zu gestatten.

In den kleinen Kreisen derer, die die heraufziehenden Gefahren erkannten und sich Sorgen machten wegen der schnell zunehmenden Belastungen des Naturhaushaltes, hatte sich diese Frage schon ein Jahrzehnt früher gestellt. Die Grüne Charta von der Mainau und Nixons Botschaft an die Nation waren die ersten weithin sichtbaren Fanale. Was aber erst eigentlich die Umweltgefährdung und den Umweltschutz – mit Einschluß dieser bis dahin ungebräuchlichen Wortprägungen – in den Mittelpunkt einer weltweiten Diskussion gerückt haben, waren zwei literarische Ereignisse: Rachel Carsons ›Der stumme Frühling‹ und Dennis Meadows' ›Die Grenzen des

Wachstums‹. Vor allem Rachel Carsons Alarmruf ist es, der mit einer höchst wirkungsvollen Mischung von unbestreitbarer biologisch-wissenschaftlicher Autorität und sektiererischer, auch sozial-kritisch gefärbter Emotion Hunderttausende, und sei es auch nur indirekt, angesprochen hat.

Einige wenige Wissenschaftler, Literaten und Publizisten haben es also vermocht, die zufrieden in sich selbst ruhende Welt gewissermaßen aus den Angeln zu heben, indem sie die Menschheit aufschreckten mit der apodiktischen Frage, ob sie so wie bisher weitermachen könne und wolle oder ob sie haltmachen oder gar umkehren müsse. Sie haben die Krise, in der sich die Umwelt befindet, wenn nicht heraufbeschworen, so jedenfalls doch aufgedeckt und der Menschheit bewußt gemacht; unter Umwelt wollen wir die Einheit aus Lebensraum und Lebensgemeinschaft verstehen, die durch das in ihr bestehende ökologische Gleichgewicht erhalten wird.

Ist diese Krise unserer natürlichen Lebensbedingungen eine Realität oder ist sie von einer Handvoll Eiferer herbeigeredet worden? Sicherlich ist sie mehr als nur ein Alptraum derer, die sie zum ersten Male beim Namen genannt haben, mehr als ein Schreckgespenst. Sie ist in ihrem Kern unbezweifelbare Wirklichkeit, die den Menschen der Wohlstandsgesellschaft nur allzu lange verborgen geblieben ist. Die Menschheit muß sich mit ihr auseinandersetzen, wenn sie nicht einfach einem ungewissen Schicksal entgegentreiben will. In erster Linie sind die Verantwortlichen, die Regierungen, die Gesetzgeber, die Bürger der hochzivilisierten und hochtechnisierten Industrienationen angesprochen. Von ihrer Einsicht und ihrem guten Willen, allerdings auch von ihren materiellen Möglichkeiten hängt es ab, ob, innerhalb welcher Zeitspannen und auf welche Weise Wandel geschaffen werden kann. Die Wahrheit, die sie ansteuern müssen, werden sie auf einer mittleren Linie zu suchen haben, auf der Mitte zwischen ungehemmtem Fortschritt und Stillstand, der praktisch Rückschritt ist.

Es ist auch nicht zu bestreiten, daß die den Menschen des elektronischen Zeitalters plötzlich bewußt gewordenen Probleme der Umweltgefährdung und dessen, was gegen sie unternommen werden kann, nicht auf die lange Bank geschoben werden dürften. Sie erfordern alsbaldige und auf lange Sicht abgestellte Lösungen. Die ernstzunehmenden Warnungen vor möglichen Entwicklungen, die früher oder später an nicht mehr überwindbare Grenzen stoßen könnten, und vor Verhaltensweisen, die die Reserven des Naturhaushaltes überbeanspruchen, können wir nicht einfach in den Wind schlagen. Es wäre mehr als leichtfertig und auch bei noch so sachlicher Betrachtung der Verhältnisse nicht zu rechtfertigen, wenn wir den Alarmrufen, die in so vielfacher Form auf uns eindringen, die bequeme, aber unzutreffende Selbstberuhigung entgegenstellen würden, die Welt, jedenfalls unsere persönliche Welt, sei doch im ganzen gesehen noch heil, und wo sie es nicht sei, könne sie mit kleinen Reparaturen, ohne Dramatik und ohne großen materiellen und geistigen Aufwand, wieder in Ordnung gebracht werden. So leicht können wir uns der Verantwortung, die das Bemühen um eine lebensfähige Welt jedem einzelnen auferlegt, nicht entziehen.

Aber die drohenden Gefahren, die mit den ersten Gefahrensignalen aufgezeigt werden, lagen für die meisten Menschen der modernen Wohlstandsgesellschaften doch noch allzu tief unter dem Horizont, als daß sie – innerhalb der angeblich nur noch verfügbaren kurzen Fristen – umweltrelevante Änderungen im Denken und Verhalten auch der breiten Massen hätten hervorrufen können. Dazu hätte es einer langen und intensiven Aufklärungstätigkeit bedurft, wenngleich die aufrüttelnden Wirkungen nicht unterbewertet werden sollen, die von ständig wiederholten Hinweisen in der Presse und im Rundfunk, vor allem aber durch Fernsehsendungen ausgegangen sind. Aber hätten sie ausgereicht, um die Menschheit in den hochentwickelten Industrieländern zu bewegen, auf einen Teil der ihnen so unentbehrlich gewordenen Wohlstandsattribute freiwillig zu verzichten?

Ein massiverer Anschauungsunterricht, dem sich niemand entziehen konnte, erfolgte durch den mit sensationellen Preiserhöhungen verbundenen Ausfuhrstopp, mit dem die erdölexportierenden Länder die Industrienationen überfielen. Die über Nacht eintretende Verteuerung dieses für die westliche Wirtschaft wichtigsten Rohstoffes verwandelte positive Zahlungsbilanzen binnen weniger Wochen in defizitäre, setzte die noch verbliebenen Reste des Weltwäh-

rungssystems außer Funktion und warf das Produktionskostengefüge innerhalb der erdölverbrauchenden Länder über den Haufen. Das Ausmaß der auch politisch relevanten Abhängigkeit, in die sie sich im Vertrauen auf eine unbegrenzte Dauer billiger Erdöleinfuhren begeben hatten, wurde den hochindustrialisierten Ländern, ebenso aber auch den wirtschaftlich schwächsten Entwicklungsländern nachdrücklich vor Augen geführt. Abgesehen von der Verteuerung führte das Embargo zu unmittelbar wirksamen Verknappungserscheinungen. Auch solche Länder, deren Wirtschaftsverfassung auf dem Prinzip der freien Marktwirtschaft beruht, mußten mit Sonntagsfahrverboten, Geschwindigkeitsbeschränkungen und Rationierungen zu Restriktionsmaßnahmen greifen, die der Bevölkerung wie das Wiederingangsetzen der längst vergessenen Kriegswirtschaftsmethoden vorkommen mußten. Aber so ungewohnt, namentlich für die jüngere Generation, die staatlichen Eingriffe in das Wirtschafts- und damit auch in das Privatleben waren, so wurden sie doch, entgegen allen anderslautenden Befürchtungen, mit Verständnis für ihre Notwendigkeit und mit einer bemerkenswerten disziplinierten Gelassenheit hingenommen.
Während die Politiker die Auffassung hegten, die große Masse der Bevölkerung würde auf jede Beschränkung ihrer gewohnten Lebenshaltung mit sozialen Unruhen reagieren, trat ihre Bereitschaft, sich mit bescheideneren Verhältnissen abzufinden, überall überzeugend zutage. Der Prozeß des Umdenkens, der sich hinter der Fassade des Alltagsgeschehens, für die meisten im Unterbewußtsein, angebahnt hatte, fand plötzlich einen mit Händen zu greifenden Orientierungspunkt.
Die sogenannte Erdölkrise muß als Anfang, wenn man so will, als Vorankündigung einer allgemeinen Wirtschaftskrise gesehen werden. Die von ihr ausgelösten Zwänge, ganze Wirtschaftszweige und Produktionsverfahren ohne Übergang auf eine andere Basis umzustellen, fließen zusammen mit den von der Umweltkrise in Gang gebrachten Überlegungen, was getan werden müsse, um unsere Welt lebensfähig zu erhalten oder wieder heil zu machen. Der materielle Notstand ist somit zum Ausgangspunkt einer geistigen Bewegung geworden, die sehr wohl in eine allgemeine Neuordnung unserer Anschauung von der Umwelt und unserer Lebensauffassung

einmünden könnte. Ihr Kernstück ist die vor allem die Jugend bewegende Frage, ob das, was die heute agierende und in der Verantwortung stehende Generation während des Großteils ihrer Schaffensjahre vorrangig beschäftigt hat, nämlich das Ringen um dauerhafte ökonomische Daseinsgrundlagen, auch für die nachfolgende Generation ein Lebensziel darstellt, das die Anstrengungen der Berufsausbildung und der Berufsausübung lohnend macht. Das Aufbegehren der Jungen, wie übrigens auch der Wandervogelgeneration um die Jahrhundertwende, hat doch seinen Grund zum guten Teil darin, daß ihnen Wohlstand und Wohlergehen als Lebensinhalt nicht genügen, daß es ihnen um mehr idealistische Ziele geht. Das braucht keine Absage an die Lebensleistung oder die Denkweise der Generation zu bedeuten, die während des Menschenalters von 1945 bis 1975 im Vordergrund des Geschehens gestanden hat. Mit dem Wiederaufbau hat sie eine geschichtliche Leistung vollbracht, die auch eine Unsumme von bewußt in Kauf genommenen Verzichten und Entbehrungen mit einschließt. Aber was den Jüngeren mehr noch in die Augen fällt ist, daß aus dem Zwang zum Wiederaufbau das Streben nach immer mehr Wohlstand und aus diesem die Inflation der Ansprüche erwachsen sind. Zugleich verfallen viele junge Menschen einem in Fatalismus begründeten Nachlassen der wirtschaftlichen Aktivität, einer Erschlaffung des Selbstbehauptungswillens, einem Sich-treiben-Lassen in der lauen Atmosphäre eines scheinbar gesicherten Wohlstandes – einer bequemen Grundlage für das eigene Laissez-faire – verbunden mit der Neigung, Ansprüche zu stellen, an den Staat, an die Gesellschaft, an jedermann, und möglichst keine Forderungen an sich selbst. Dazu kommen die Gleichgültigkeit gegenüber dem allgemeinen Schicksal, gegenüber Volk und Vaterland und ein bemerkenswerter Mangel an Gemeinsinn und Solidaritätsbewußtsein. Es mag sein, daß die erste Nachkriegsgeneration sich allzu sehr hat absorbieren lassen von ihren ökonomischen Zielen, und sich zu wenig Zeit gelassen hat für eine geistige Neuorientierung. Und als sicher kann gelten, daß manche unserer heutigen Sorgen geringer wären, wenn die Wohlstandsentwicklung etwas weniger stürmisch verlaufen und der soziale Teil der freien Marktwirtschaft nicht zu kurz gekommen wäre. Aber ebenso sicher ist auch, daß die Vernachlässigung oder die Umkehr der Eigenschaften und Energien, die uns wieder in die Höhe gebracht haben, noch keine Zukunftsgarantie bedeutet. Grenzen des Wachstums können sich nicht nur aus den Umweltbelastungen auftun, aus Versorgungsengpässen und aus dem Konjunkturumschwung, sondern ebenso und vor allem aus einem Nachlassen der geistigen Antriebskräfte.

»Wir befinden uns nicht in einer Krise des Kapitalismus, sondern in einer Krise der industriellen Gesellschaft, die von ihrer politischen Form her unabhängig ist. Wir erleben eine Revolution der Jugend, eine sexuelle Revolution, eine Rassenrevolution, eine Revolution der ehemaligen Kolonialgebiete, eine Wirtschaftsrevolution und die rascheste und tiefgreifendste technologische Revolution der Geschichte. Wir gehen durch eine allgemeine Krise des Industrialismus. Mit einem Wort: wir stehen mitten in der superindustriellen Revolution.«[201]

Die junge Generation hat einer Lebensform, die ihr als leer und unsinnig erscheint, zunächst Resignation, dann Proteste und schließlich die Flucht in Unwirklichkeiten entgegengesetzt. Aber auch die ältere ist ihres materiellen Lebenserfolges nicht recht froh geworden. Sie beginnt zweifelnd zu fragen, ob das Ziel all ihrer rastlosen Arbeit und der Inhalt des Daseins überhaupt in der Ansammlung eines immer größeren Wohlstandes besteht. Sie erkennt, daß die Technik mit all ihren grandiosen Leistungen eben doch nur einen Teil unserer Lebensprobleme lösen kann. Auch sie empfindet die Entleerung überkommener Wertvorstellungen und ist auch auf der Suche nach einem tieferen Sinn des Lebens. Dieser Stimmung hat Walter Scheel Ausdruck gegeben: »Das Gefühl des Versagens, der Unzulänglichkeit wächst zugleich aus der Unsicherheit und Hilflosigkeit. Wir stehen auf schwankendem Boden, die gewohnten Orientierungspunkte sind nicht mehr dieselben, denen wir gestern noch vertrauten. Sie stimmen heute schon nicht mehr.«

Scheinbar festgefügte Traditionen werden in Frage gestellt. Alle Erscheinungen des täglichen Lebens werden komplexer. »Die starken Kräfte, die früher die industrielle Gesellschaft integrierten – Gesetzgebung, allgemeinverbindliche Werte, zentralisierte und standardisierte Bildungswege und Kulturproduktionen –, brechen zusammen.«[202]

Inzwischen hat sich die durch das Erdölembargo ausgelöste Teilkrise zu einer insbesondere die großen Industrienationen erfassenden Weltwirtschaftskrise ausgeweitet. Sie berührt und verändert die Lebensumstände und die Zukunftsaussichten einer Millionenzahl von Menschen, Unternehmern wie Lohn- und Gehaltsempfängern und, da die Inflation neben der Stagnation einherläuft, die der Rentner und Sparer viel unmittelbarer als die auch zeitlich begrenzten Auswirkungen der Ölkrise. Die Grenzen wirtschaftlichen Wachstums, bisher heftig umstrittener Gegenstand einer um die Probleme des Umweltschutzes kreisenden Diskussionen, sind plötzlich von der Seite der Wirtschaft selbst in einer für jedermann fühlbaren Weise zutage getreten. Die Warnungen, die wir bisher nur unter den Aspekten des Umweltschutzes gehört oder überhört haben, sind unter denen des Konjunkturabschwungs höchst aktuell geworden. Sie haben auch eine weit größere Gewichtigkeit erhalten. Der Zwang zum Umdenken und Umgewöhnen erfaßt nun in aller Breite auch diejenigen, die bis vor kurzem noch glaubten, daß es in der bisherigen Richtung immer noch weitergehen werde. Es scheint so, als ob jetzt die Stunde der Bewährung angebrochen sei, mit der Frage an alle, ob sie bereit sind, sich in einem wesentlich engeren Rahmen einzupassen.
Was wir erleben, ist eine Krisis auch der marktwirtschaftlichen Wirtschaftsordnung. Auch sie lebt von ihren meßbaren Erfolgen. Mit Erfolgen überzeugt sie. Was aber geschieht, wenn die Erfolge, soweit sie in wirtschaftlicher Expansion und steigendem Volkseinkommen bestehen, ausbleiben oder schrumpfen? Auch diesem Problem, das die Suche nach einem dritten Weg, einer Ordnung zwischen Freiheit und Plan, zum Inhalt hat, werden wir uns stellen müssen. Jedenfalls dürfte es schwerfallen, das System der freien – und auch bereits sozialen – Marktwirtschaft um des Prinzips willen zu verteidigen, wenn die Wirtschaft nachhaltig in eine Gefahrenlage gerät, die den Staat zwingt, im Interesse aller seiner Bürger verstärkt zu intervenieren. Freie Marktwirtschaft und freier Wettbewerb sind elementare Merkmale einer freiheitlichen Staats- und Gesellschaftsordnung. Als Gegenposition zur zentralen Lenkungswirtschaft wollen und müssen wir an ihren Grundsätzen festhalten. Das braucht jedoch nicht auszuschließen, daß wir sie stärker als in Zei-

ten der Hochkonjunktur mit Ordnungselementen ausstatten – und sie damit widerstandsfähiger machen.
Wir sind an Wachstumsgrenzen angekommen, aber nicht, wie der Klub von Rom es von uns erwartet, durch einen Akt bewußter, an Umweltaspekten orientierter Selbstbeschränkung, sondern höchst unfreiwillig als Ergebnis von Entwicklungen, die die Regierung, die Wirtschaft, die Öffentlichkeit wie der Mann auf der Straße als absolut unerwünscht ansehen. Das Bestreben aller Verantwortlichen geht also auch nicht dahin, sich an diesen Grenzen in einem Idyll behaglicher Selbstgenügsamkeit einzurichten. Vielmehr werden sie sich mit allen ihren Kräften darum bemühen, diese Grenzen aufzuweichen und in Bewegung zu bringen oder, anders gesagt, eine neue Wachstumsphase in Gang zu setzen.
Die ›Grenzen des Wachstums‹, über die sich so trefflich diskutieren ließ, als sie noch in weiter Ferne lagen, sind mit einem Male nähergerückt, in der Wirtschaft der westlichen Industrienationen wie auch in ihrer Bevölkerungsentwicklung. Und diese Grenzen sehen in ihrer harten Realität ganz anders aus als in der Diskussion über Umweltprobleme, die den meisten Menschen noch nicht sonderlich auf den Nägeln gebrannt haben. Wenn wir die Gegenwartsfragen richtig deuten, dann kommen wir an der Feststellung nicht vorbei, daß die Masse der wirtschaftenden Menschen den Wachstumsschwund nicht einfach als eine Schicksalsfügung hinnehmen, sondern vielmehr alle Anstrengungen machen, um ihn ins Gegenteil zu verkehren, selbst wenn sie sich darüber klar sind, daß sie sich künftig mit bescheideneren Raten werden begnügen müssen.
Tun wir dabei des Guten zuviel? Es wäre bedauerlich und gefährlich, wenn unter dem vorherrschenden Eindruck wirtschaftlicher Notstände alle Warnungen vor den Gefahren für die Zukunft der Menschheit verhallen würden. Wenn wir diese Warnungen und Mahnungen von sektiererischen Übertreibungen freimachen, die sie in den Augen denkgewohnter Menschen überdies nur diskreditieren können, dann bleibt doch sehr vieles, das wir ernst nehmen müssen. Es steht außer Frage, daß wir die begrenzten Möglichkeiten, die die Erde uns bietet, überfordern, wenn wir in der bisherigen Richtung fortfahren. Wir müssen uns dazu aufraffen, die Expansion der Wirtschaft in einem wohlabgestimmten Einklang

mit den natürlichen Gegebenheiten zu halten.
Auch wird niemand Rachel Carson, Jay Forrester, Dennis Meadows, den Verfassern der Klub-von-Rom-Berichte, Herbert Gruhl, ihren zahlreichen Mitarbeitern und den vielen anderen, die sich mit ihnen identifiziert haben, eine ernstzunehmende Absicht absprechen wollen. Zweifellos haben sie sich von ehrlicher Überzeugung, echten Sorgen und einem wirklichen Verantwortungsbewußtsein leiten lassen. Ihnen gebührt das Verdienst, mit ihren frühen Alarmrufen die Menschheit und die Verantwortlichen wachgerüttelt zu haben. Daß sie den Stein weiter geworfen haben, als er vernünftigerweise zu liegen kommen müßte, wird man ihrem Eifer zugute halten müssen. Ohne Übertreibungen und Verzerrungen hätten ihre Thesen und Argumente kaum die von ihnen erreichte weltweite Resonanz gefunden.
Das heißt aber nicht, daß wir uns ihrer Beweisführung im ganzen und in allen Einzelheiten anschließen und deren Ergebnisse zur alleinigen Richtschnur unseres Handelns machen müßten. Vielmehr müssen wir uns das eigene Urteil und das Recht bewahren, in der Umweltdiskussion unsere eigene Auffassung zu vertreten, und Überspitzungen, die der Sache nur schaden können, auf reale Maße zurückzuführen. Das gilt sowohl von den Statusanalysen wie von den Zukunftserwartungen. Vor allem müssen wir uns dort, wo es zu handeln gilt, den Mut zu eigenen Entschlüssen bewahren. Wir müssen uns kritisch auseinandersetzen mit Meinungen und Forderungen, die weit über das Ziel hinausschießen. Wir müssen uns wehren gegen die Forderung nach Verzicht auf moderne Produktionsmethoden, auf weiteren technischen Fortschritt und anhaltendes wirtschaftliches Wachstum und erst recht gegen alle Katastrophentheorien, »die allzu leicht den Leistungswillen untergraben, Lebensunlust hervorrufen, vermeintliche Wohlstandsverdrossenheit an den Tag bringen und . . . letztlich die freiheitliche Demokratie gefährden«[203]. Wem wäre denn auch damit genützt, wenn man den westlichen Industrienationen, die der Hort des europäischen Kulturerbes sind, den Verzicht auf weiteren technischen Fortschritt aufnötigen will, weil er – nach fehlerhaften Hochrechnungen – die Kraftreserven überfordert, die die Erde bereit hält, und wenn man den tätigen Menschen den Glauben an lebenswerte Zukunft zer-

stört? Der kommunistischen Weltherrschaftsideologie, die darauf hofft, daß das System des westlichen Kapitalismus seiner Auflösung entgegentreibe, könnte kein besserer Dienst erwiesen werden. Auch von der Sache her haben wir gute Gründe, der Weltuntergangsstimmung ein Überlebenscredo entgegenzusetzen. Es ist das Credo derer, die sich dem Natur- und Umweltschutz nicht minder verbunden und verpflichtet fühlen als die Unheilsverkünder, die auch nicht blind sind gegenüber wirklichen Gefahren, die wissen, daß in manchen Richtungen neue Wege gesucht werden müssen. Die sich aber die Überzeugung bewahrt haben, daß die Menschheit auch angesichts dieser Bedrohung die Einsicht, den Willen und die Kraft aufbringen kann und, wie viele ermutigende Fakten erkennen lassen, auch aufbringen wird, sie zu überwinden.

Wir können und werden überleben

Die Welt um uns herum betrachten wir kritisch, seitdem wir sie in einer neuen Perspektive sehen. Die Störungen des natürlichen Gleichgewichtes, die Überbeanspruchung der Naturkräfte, die schnell zunehmende Belastung des Naturhaushaltes, die wir selbst vornehmen und selbst zu verantworten haben, können wir nicht auf die leichte Achsel nehmen. Mit Sorgen blicken wir in die Zukunft. Wir fühlen, daß wir an einer Weggabelung, wenn nicht sogar vor einer Mauer stehen. Wir empfinden, daß unsere Einstellung zur Natur und zu den naturbedingten Voraussetzungen unseres Daseins einer gründlichen Revision bedürfen. Und wir setzen uns auseinander mit der Möglichkeit, daß, wenn wir es nicht schaffen, unser Verhältnis zur Natur neu zu ordnen, unserer bisherigen Art zu leben und zu wirtschaften, durch eine Katastrophe ein Ende gesetzt werden könnte.

Nachdem wir in zwei Jahrzehnten eine kaum unterbrochene Hochkonjunktur erlebt und als selbstverständlich hingenommen haben, ist uns inzwischen deutlich geworden, daß sie nicht von unbegrenzter Dauer sein kann. »Der Trend geht auf Abschwächung der Wachstumswirtschaft.«[204] Die hauptsächlichen Markierungspunkte der sichtbar gewordenen Grenzen sind die Zunahme der Weltbevölkerung und in Verbindung mit ihr die Weltnahrungsgüterproduktion sowie die industrielle Expansion, verbunden mit Rohstoffabbau und Umweltverschmutzung. Wo aber liegen die Grenzen? Wann erreichen wir sie? Sind sie dehnbar oder sind sie eine unverrückbare Schranke?

Seit einigen Jahren bemühen wir uns, diese Grenzen ausfindig zu

ten Ergebnisse der bisherigen Technik zu beseitigen. Aber stabile Wirtschaft heißt doch nicht Verzicht auf fortschreitende Weiterentwicklung.

In der Umweltdiskussion begegnen wir der Auffassung, das sogenannte Nullwachstum sei doch kein Unglück, weil die Menschheit inzwischen alles und noch mehr hat, was sie zu einem angenehmen Leben in Wohlstand und Wohlergehen brauche. Das ist eine egoistische Betrachtung von Menschen, die sich gesättigt fühlen oder die sich bescheiden wollen mit dem, was sie erreicht haben. Aber sie können nicht für die jungen Menschen sprechen, die noch vor der Tür des Lebens stehen und viele Wünsche haben hinsichtlich auch ihrer materiellen Daseinsbedingungen, die noch keineswegs erfüllt sind. Und ebensowenig können sie sich zum Anwalt der jungen Völker machen, die den Lebensstand der reichen Industrieländer möglichst schnell auch für sich erreichen wollen. Sie übersehen auch, daß der modernen Industriewirtschaft eine selbstwirkende Dynamik innewohnt, die nicht einfach abgeschaltet werden kann. Und wenn die Verkünder der Selbstbescheidung die Abkehr von weiteren Zivilisationsgütern erträglich machen wollen durch eine vermehrte Hinwendung zu kulturellen Gütern, dann ist dem entgegenzuhalten, daß mehr Theater, Konzerte, Museen und Freizeitunterhaltung nicht durch weniger Arbeit und weniger volkswirtschaftliche Leistung erbracht, d. h. doch finanziert, werden kann, jedenfalls nicht, um mit Herbert Weichmann zu sprechen, solange es nicht Manna vom Himmel regnet – und die Frage offen bleibt, wer dann eigentlich wen ernährt[205].

Viele und sich häufende Anzeichen lassen erkennen, daß auch die Technik selbst nach neuen, den Naturhaushalt nicht belastenden Verfahren sucht, daß die Wirtschaft bemüht ist, sich den Grenzen anzupassen, die dem weiteren Wachstum von der Natur her entgegenstehen, und daß der einzelne Bürger bereit ist, seine Einstellung zur Umwelt zu überprüfen. Die Forderungen nach einer gesunden Umwelt werden begriffen. Die Ansteuerungspunkte eines umweltfreundlichen Verhaltens treten immer deutlicher hervor. Sicher ist, daß unsere Welt in hohem Maße gefährdet ist und daß wir nicht mehr viel Zeit zu verlieren haben, wenn wir diesen großenteils von uns selbst heraufbeschworenen Gefahren entgegenwirken wollen.

Doch nicht sicher ist, daß wir unwiderruflich und unaufhaltsam dem Abgrund zutreiben müssen. Allerdings müssen wir in die Speichen greifen. Wir können den Karren nicht laufen lassen, indem wir auf den Deus ex machina warten und darauf vertrauen, daß alles von selbst wieder in eine erträgliche Ordnung kommt. Wir müssen nach Lösungen suchen, die die wirtschaftlichen und die naturabhängigen Grundlagen unseres Daseins in gleicher Weise erhalten. Wir werden auf dem rechten Wege sein und die Zukunft für uns wie für unsere Nachfahren sichern zu können, wenn wir Lebensmut, Lebenskraft und Einfallsreichtum gegen die Verworrenheit einer verzweifelnden Weltuntergangsstimmung setzen.
Lassen wir uns, nachdem wir uns mit so vielen düsteren Betrachtungen haben auseinandersetzen müssen, ermuntern durch einige Stimmen, die uns mit Hoffnung und Vertrauen erfüllen können. Es sind die Stimmen von Männern, die die Bedrohung unserer natürlichen und wirtschaftlichen Existenzgrundlagen durchaus richtig einschätzen und nicht auf die leichte Achsel nehmen, die aber davon überzeugt sind, daß wir sie meistern können und werden.
Zu diesem tröstlichen Schluß kommt auch Solschenizyn. In seinem Offenen Brief an die sowjetische Führung schreibt er: »Übrigens ist es am wahrscheinlichsten, daß die westliche Zivilisation nicht zugrunde geht. Sie ist so dynamisch, so erfindungsreich, daß sie auch diese drohende Krise überleben, mit den jahrhundertealten falschen Vorstellungen brechen und in wenigen Jahren zu der notwendigen Umstrukturierung übergehen wird.«[206]
Den gleichen zuversichtlichen Optimismus finden wir bei Robert Jungk, einem Zukunftsforscher, der mit den Problemen der Umweltgefährdung ebenso eng vertraut ist, wie mit den Ansichten und Argumenten der zahlreichen Wissenschaftler und Publizisten, die den Weltuntergang herannahen sehen. Jungk sagt: »Wer das Spektrum der weltweiten Bemühungen, Neues zu erkennen und zu entwickeln, zu überblicken versucht, dem formen sich hoffnungsvolle Zukunftsvorstellungen. Er wird letzten Endes auch optimistischer urteilen, als etwa die Computerdiagnostiker des Klubs von Rom, die den Faktor Mensch und die Größe Phantasie ausklammerten, weil sie beide nicht als erfaßbare, klar definierbare Daten in ihre Betrachtungen einsetzen konnten.«

Peter Bamm hat die uns bedrängende Frage, ob die Menschheit untergehen muß oder fortbestehen kann, mit einer bedingten Zuversicht beantwortet. Seine Lebensbeschreibung ›Eines Menschen Zeit‹ schließt er ab mit einer Betrachtung, die wir uns zu eigen machen können. »Der Mensch«, so sagt er, »hat Eiszeiten überstanden. In der Sahara und in Mittelasien hat er zusehen müssen, wie wunderbare, fruchtbare Steppen sich in ungesunde Wüste verwandelten. Er hat Vulkanausbrüche, ozeanische Springfluten, Inseluntergänge erlebt. Er hat Völkerwanderungen, Mongolenstürme, Hungersnöte, Pestepidemien, Weltkriege durchgestanden. Sollte er nicht imstande sein, seine eigenen aus Forschung, Wissenschaft und Technik entstandenen Schöpfungen zu überleben? Ob er das freilich ganz aus eigenem zustande bringen wird, dessen kann man nicht ganz so sicher sein. Auch Vernunft hat eine Causa.«[207] Vertrauen wir also auf unsere Vernunft, die uns helfen soll, einerseits die Gefährdung der Welt, in der wir leben, rechtzeitig und deutlich zu erkennen, andererseits uns die Kraft geben soll, den nach uns Kommenden die Welt in einem lebenswerten Zustand zu hinterlassen. Die Gefahren, die unsere Welt und uns bedrohen, wollen wir weder leugnen, noch geringschätzen. Wir wollen ihnen ins Gesicht sehen, aber nicht voller Überlebensangst, sondern mit dem Willen und der Gewißheit, daß wir sie bewältigen werden. Die unheilsverkündenden Warnungen, von denen wir überflutet werden, wollen wir nicht leichthin beiseite schieben. Aber wir wollen sie auf ihren realen Kern reduzieren. Und keinesfalls wollen wir uns den Mut nehmen lassen.

Was erwarten wir in dieser Lage und angesichts dieser Aufgabe?

Von der Wirtschaft: daß sie ihre Bemühungen um die Entwicklung umweltfreundlicher Technologien auch in Zeiten der Flaute intensiv weiterführt.

Von der Öffentlichkeit: daß der Schwung des Interesses an einer heilen Umwelt unvermindert anhält und daß die Umweltdiskussion freigehalten wird von Übertreibungen, die der Sache nicht nützen.

Vom Staat: daß er die notwendigen und möglichen Krisenvorsorgen unbeeinflußt von theoretisierenden Grundsatzüberlegungen rechtzeitig und entschlossen in die Wege leitet, notfalls auch unter Anwendung hoheitlicher Interventionen; daß er bereit ist, die öko-

logischen Erfordernisse auch gegen ökonomische Interessen durchzusetzen, wenn das allgemeine Wohl es nötig macht.
Von uns selbst: daß wir uns bereit machen, auch in einem bescheideneren Rahmen zu wirtschaften und zu leben, wenn wir damit uns und unseren Nachkommen eine lebenswerte Zukunft sichern können, daß wir nach Lösungen suchen, die dem entsprechen, was der Mensch des elektronischen Zeitalters sich wünscht, und dem, was er sich angesichts der Begrenztheit der Mittel leisten kann.
Niemand kann genau wissen, ob und wie wir überleben werden, zumal Katastrophen die Menschheit bedrohen können, die ganz anderer Art sind als die, die aus einer Überbelastung des Naturhaushaltes entstehen könnten. Aber ebenso kann niemand sagen, daß die Menschheit zum Untergang verurteilt ist. Und wir haben gute Aussichten zu überleben; wenn wir selbst das Nötige rechtzeitig dazu tun, wenn wir auch weiterhin unseren Geist anstrengen, um neue Lebensmöglichkeiten zu erschließen.

Anmerkungen

1 Wilhelm Röpke, Jenseits von Angebot und Nachfrage. Erlenbach, Zürich 1958
1a Peter Werle/Hendrik Vygen, Abriß der Entwicklung des Naturschutzes in der Bundesrepublik Deutschland. Hrsg. vom Deutschen Naturschutzring e. V. Bonn-Oberkassel, S. 10 ff
2 Herbert Offner, Das Naturparkprogramm in der Bundesrepublik Deutschland. Sonderdruck aus dem Bulletin des Presse- und Informationsamtes. Bonn, Dezember 1962
3 Hugo Conwentz, Die Gefährdung der Naturdenkmäler und Vorschläge zu ihrer Erhaltung. Berlin 1904, S. 4 ff
4 Werle/Vygen, a. a. O., S. 11
5 Ebenda, S. 12 ff
6 Theodor Sonnemann, Laudatio auf Alfred Toepfer. Naturschutz und Naturparke, H. 73/1974
7 Wolfgang Engelhardt, Ideen und Taten. Festschrift zum 80. Geburtstag von Alfred C. Toepfer. Stuttgart 1974
8 Herbert Offner, Naturparke – ein Anliegen der Menschheit. Schriftenreihe des Vereins Naturschutzpark e. V., H. 1–8. Stuttgart 1970
9 Theodor Sonnemann, Naturparke – eine soziale Verpflichtung. Vortrag Frankfurt/M. 10. 6. 1958. Schriftenreihe des Vereins Naturschutzpark e. V., Stuttgart
10 Ebenda, S. 5
11 Einführung zur Grünen Charta von der Mainau, Pfullingen 1961
12 Ebenda
13 Richard M. Nixon, Botschaft über die Lage der Nation, 22. 1. 1970. U. S. Informationsdienst. Washington 1970
14 Kurt H. Biedenkopf, Fortschritt in Freiheit. München 1974, S. 71 ff
15 Eduard Pestel, Einführung zu Jay Forrester, Der teuflische Regelkreis. Stuttgart 1972
16 Rachel Carson, Der stumme Frühling. München 1962, S. 4 ff
17 Ebenda, S. 59
18 Pflanzenschutz und Schädlingsbekämpfung. Hrsg. von Mitgliedern des Coope-

rative Programme of Agro-Allied Industries, der FAO und anderen Organisationen der Vereinten Nationen. 1972, S. 9

19 Ebenda, S. 47

20 Zeitschrift Vereinigte Landwarenkaufleute, 13/1975, S. 58

21 Informationsschrift des Industrieverbandes Pflanzenschutz und Schädlingsbekämpfung. Hattingen 1975

22 Jamie L. Whitten, Damit wir leben können. New York 1966, S. 203

23 Jay W. Forrester, Der teuflische Regelkreis. Stuttgart 1972, Nachwort des Herausgebers

24 Ebenda

25 Ebenda, S. 42

26 N. Gugol, World Energy Requirements and Supplies 1970–2000. Umweltbrief Nr. 16 des Bundesministeriums des Innern. Bonn, 18. November 1973, S. 40

27 Ebenda, S. 84

28 Forrester, a. a. O., S. 58 ff

29 Ebenda

30 Wilhelm Bardorff. Bezaubernde Natur in deutschen Naturschutzlandschaften. Berlin 1965; Vilma Sturm, Deutsche Naturparke. Stuttgart 1964; Wilhelm Kapfer, Naturparke in Nord- und Süddeutschland. Flensburg 1970; Ernst Bock, Grüne Umwelt, humaner Lebensraum. Hannover 1975; Kurt Ruppert, Der Stadtwald als Wirtschafts- und Erholungswald. München 1960; Herbert Offner, Unsere Naturparke. Bd. 1. Stuttgart 1976

31 Kurt Winnacker, Nie den Mut verlieren. Düsseldorf, Wien 1971

32 Dennis Meadows, Grenzen des Wachstums. Stuttgart 1972, S. 14 ff

33 Ebenda, S. 149 ff

34 Ebenda, S. 36

35 Ebenda, S. 17

36 Edward Heinrich Geyer, Die ökologische Katastrophe. In: Der Rotarier, H. 9/1972.

37 Hans-Jürgen Wischnewski, Nord-Süd-Konflikt. Hannover 1966

38 Mihailo Mesarovic/Eduard Pestel, Menschheit am Wendepunkt. 2. Bericht an den Club of Rome zur Weltlage. Stuttgart 1974

39 Ebenda, S. 182 f

40 John Maddox, Unsere Zukunft hat Zukunft. Der Jüngste Tag findet nicht statt. Stuttgart 1973

41 Ossip K. Flechtheim, Ist die Zukunft noch zu retten? In: Alvin Toffler, Kursbuch ins Dritte Jahrtausend. Bern, München, Wien 1972, S. 357 ff

42 Erich Jantsch, Plädoyer für eine Wissenschaft vom Menschen. In: Toffler, a. a. O., S. 259 ff

43 Maddox, a. a. O.

44 Ebenda, S. 8

45 Whitten, a. a. O., S. 197 ff

46 Ebenda, S. 104 f

47 Ebenda, S. 204

48 Ebenda, S. 16

49 Ebenda, S. 125
50 Ebenda, S. 198
51 Heinrich Niehaus, Wirtschaftswachstum – wieviel und wohin? Vortrag auf der Hochschultagung der Landwirtschaftlichen Fakultät Bonn am 2./3. Oktober 1973
52 Ebenda
53 Ebenda
54 Maddox, a. a. O., S. 50 ff
55 Mesarovic/Pestel, a. a. O., S. 83
56 Maddox, a. a. O., S. 55
57 UN World Population – Prospect as Assessed in 1963 Population Studies, Nr. 41, New York 1966, S. 184 ff
58 Maddox, a. a. O., S. 208
59 Paul R. Ehrlich/Anne H. Ehrlich, Bevölkerungswachstum und Umweltkrise. Frankfurt/M. 1972
60 Ebenda, S. 153
61 Ebenda, S. 324
62 Ebenda, S. 318
63 Ebenda, S. 331 ff
64 Ebenda, S. 331 ff
65 Ebenda, S. 362
66 Paul R. Ehrlich, Die Öko-Katastrophe. In: Toffler, a. a. O.
67 Mesarovic/Pestel, a. a. O., S. 119 ff
68 P. Ehrlich/A. Ehrlich, a. a. O., S. 274 ff
69 Fritz Baade, . . . denn sie sollen satt werden. Oldenburg 1964, S. 128 ff
70 Mesarovic/Pestel, a. a. O., S. 113 ff
71 Ebenda, S. 115
72 Paul Ehrlich, The Population Bomb, S. 3. zit. nach Colin Clark, Der Mythos von der Überbevölkerung. Köln 1975, S. 57
73 Ehrlich, Die Öko-Katastrophe, a. a. O., S. 24
74 Colin Clark, Der Mythos von der Überbevölkerung. Köln 1975
75 Ebenda, S. 33
76 Zitiert ebenda, S. 33 f
77 Ebenda, S. 33 ff
78 Ebenda, S. 147 ff
79 Mesarovic/Pestel, a. a. O., S. 56
80 Ebenda
81 Ebenda
82 Meadows, a. a. O., S. 40
83 FAZ vom 16. Mai 1975
84 Baade, a. a. O., S. 163 ff
85 F. W. Parker, Fertilizers and Economy. Food and Agriculture Organization of the United Nations. Rom 1962
86 Baade, a. a. O., S. 187
87 Ebenda, S. 197

88 Ebenda, S. 41 ff
89 Thomas Robert Malthus, Versuch über das Bevölkerungsgesetz. Berlin 1879
90 F. Baade, Der Wettlauf zum Jahr 2000. Oldenburg 1960
91 Ebenda, S. 34
92 F. Baade, Brot für ganz Europa. Hamburg und Berlin 1952
93 Baade, . . . denn sie sollen satt werden, a. a. O., S. 27
94 Ebenda, S. 128 ff
95 Hermann Höcherl, Die Welt zwischen Hunger und Überfluß. Stuttgart 1969, S. 22 ff
96 Ebenda
97 State of Food and Culture. FAO, Rom 1968
98 Aufstellung des Bundesministeriums für Ernährung, Landwirtschaft und Forsten vom 20. 11. 1975
99 Günther Thiede, Europas grüne Zukunft – Die Veränderung der ländlichen Welt. Düsseldorf und Wien 1975, S. 282 ff
100 Klaus Peter Krause, Das große Rohstoffmanöver. Frankfurt 1975, S. 189 ff
101 Ebenda, S. 184
102 Giselher Wirsing, Der abwendbare Untergang. Düsseldorf und Wien 1975, S. 408 ff
103 Herbert Gruhl, Ein Planet wird geplündert. Frankfurt 1975, S. 73 ff
104 Mesarovic/Pestel, a. a. O., S. 82
105 Ebenda, S. 162
106 Ebenda, S. 122 ff
107 Niehaus, a. a. O., S. 3
108 Mesarovic/Pestel, a. a. O., S. 122 ff
109 Maddox, a. a. O., S. 85
110 Ebenda
111 Ebenda, S. 87
112 Colin Clark, Natur, Bevölkerung und Wirtschaftswachstum. Vortrag vor dem Lindenthal-Institut e. V. Köln. Köln 1975, S. 65 ff
113 Ebenda, S. 68
114 Baade, . . . denn sie sollen satt werden, a. a. O., S. 180 ff
115 Isabel und Rudolf Mühlfenzl, Der Irrtum. Weltwirtschaft zwischen Hoffnung und Angst. München und Zürich 1975, S. 145 f
116 Ebenda, S. 420
117 Zit. nach Krause, a. a. O., S. 46
118 Sir Alister Hardy, Die Weltmeere 1985. In: Unsere Welt. München, Wien, Basel 1965
119 Ehrlich, Die Öko-Katastrophe, a. a. O.
120 Ernährungsdienst. 30/1975, Nr. 64
121 Toffler, Kursbuch ins Dritte Jahrtausend, a. a. O., S. 21
122 Clark, a. a. O., S. 17
123 Dt. Zusammenfassung: Ökonomische und ökologische Konsequenzen einer energiepolitischen Konzeption (weltweit). Hrsg. vom Bundesministerium des Innern. Bonn 1972

124 Bericht der Projektgruppe »Umwelt und Energie«. Hrsg. vom Bundesministerium des Innern. Bonn 1974
125 Erste Fortschreibung des Energieprogramms der Bundesregierung. Hrsg. vom Bundesministerium für Wirtschaft. Bonn 1975
126 Umweltbrief Nr. 9 Hrsg. vom Bundesministerium des Innern. Ref. Öffentlichkeitsarbeit. Bonn 1975
127 Kernenergie – Eine Bürgerinformation, Hrsg. vom Bundesminister für Forschung und Technologie. Bonn [2]1976, S. 6 f
128 Friedliche Nutzung der Kernenergie in der Bundesrepublik Deutschland. Antwort der Bundesregierung auf eine Große Anfrage im Deutschen Bundestag. Drucksache 7/3871, 16. 7. 1975
129 Erste Fortschreibung des Energieprogramms . . ., a. a. O., S. 33
130 Rüdiger Proske, Statt polemisieren – die Zukunft durchdenken. Informationskreis Kernenergie. Bonn 1976
131 Friedliche Nutzung der Kernenergie in der Bundesrepublik Deutschland. Bundestagsdrucksache 7/3871 vom 18. 7. 1975
132 Mühlfenzl, a. a. O., S. 80 ff
133 Max Kruk, Altpapier – kein Abfall, sondern Rohstoff. Blick durch die Wirtschaft, Nr. 6 vom 20. 1. 1975
134 Heinz Heck, Warten aufs Gesetz. Das Bonner Abfallwirtschaftsprogramm. Blick durch die Wirtschaft, Nr. 119 vom 26. 5. 1975
135 Isabel und Rudolf Mühlfenzl, Die Zeiten der Wegwerfwirtschaft sind vorüber. Die Welt vom 21. 7. 1975
136 Franziska Haenert, Erfolge der Abfallbörsen der Industrie- und Handelskammern. Veröffentl. des DIHT vom 16. 9. 1975
137 Bulletin Nr. 167, S. 1777 vom 1. 12. 1970
138 Wolfgang Haber, Der Begriffsdschungel. Zur Terminologie des Umweltschutzes. In: Die kranke Umwelt. Schriftenreihe der Bundeszentrale für Politische Bildung. Bonn 1974
139 Margaret Mead, Präfigurative Kulturen und Kinder, von denen wir nichts wissen. In: Toffler, Kursbuch . . ., a. a. O.
140 Clark, a. a. O., S. 7
141 Biedenkopf, a. a. O., S. 16
142 Ebenda, S. 16 f
143 Ebenda, S. 29 ff
144 Friedrich Georg Jünger, Die Perfektion der Technik. Frankfurt 1946, S. 116 ff
145 Biedenkopf, a. a. O., S. 129 ff
146 Karl Steinbuch, Kurskorrektur. Stuttgart 1973, S. 123
147 Herbert Weichmann, Gefährdete Freiheit. Hamburg 1974, S. 70
148 Alvin Toffler, Der Zukunftsschock. Bern, München, Wien 1970, S. 341
149 Gruhl, a. a. O., S. 22 ff
150 Ebenda, S. 25
151 Herbert Gruhl, Wirtschaftliches Wachstum – ein Schwindel mit Begriffen. Zeitschrift Nationalpark Bayerischer Wald – Königsee. Grafenau 1975

152 Gruhl, Ein Planet wird geplündert, a. a. O., S. 167 ff
153 Jünger, a. a. O., S. 136 f
154 Ebenda, S. 72
155 Ebenda, S. 155
156 Ebenda, S. 149
157 Erich Hödl, Umweltpolitik – Begrenzung oder Voraussetzung für wirtschaftliches Wachstum. Gutachten i. A. der Kommission für wirtschaftlichen und sozialen Wandel der Bundesregierung. Darmstadt 1974
158 Hans Binswanger, Können wir das Wirtschaftswachstum steuern? Zit. nach Gruhl, Ein Planet wird geplündert, a. a. O., S. 360 u. S. 128
159 Gruhl, Ein Planet wird geplündert, a. a. O., S. 203
160 Ebenda, S. 108
161 Hödl, a. a. O., S. 10 ff
162 Ebenda
163 Bulletin vom 1. 12. 1970, S. 1777
164 Toffler, Der Zukunftsschock, a. a. O., S. 347
165 Knut Krusewitz auf der Podiumsdiskussion des Bundes demokratischer Wissenschaftler e. V. in Hamburg am 11. 6. 1976
166 O. Rohwedder, Wie überwinden wir die Umweltkrise? In: Leben und Umwelt 12/1975, Nr. 2
167 G. Brombach, Wirtschaftswachstum. In: Handwörterbuch der Sozialwissenschaften. Bd. 12, Stuttgart 1956
168 E. J. Mithan, The Costs of Economic Growth. London 1967
169 Mühlfenzl, Der Irrtum, a. a. O., S. 386
170 Jünger, a. a. O., S. 217
171 Ebenda, S. 118
172 Toffler, Der Zukunftsschock, a. a. O.
173 Mühlfenzl, Der Irrtum, a. a. O., S. 302
174 Ansprache von Bundesminister Matthöfer am 7. 2. 76 in Bad Boll
175 Mühlfenzl, Der Irrtum, a. a. O.
176 Wirsing, a. a. O., S. 395 ff
177 Toffler, Die Grenzen der Krise, a. a. O., S. 7
178 Kurzfassung des Umweltgutachtens 1974 des Rates der Sachverständigen für Umweltfragen. Hrsg. vom Bundesministerium des Innern. Bonn 1974
179 Ebenda
180 Umweltprogramm der Bundesregierung. Hrsg. vom Bundesministerium des Innern
181 umweltpress aktuell, 10/76, S. 2 f
182 Gutachten des Rates von Sachverständigen für Umweltfragen über »Umweltprobleme des Rheins«. Bundestagsdrucksache 7/5014 vom 9. 4. 1976, S. 148
183 Umweltprogramm der Bundesregierung, a. a. O.
184 Ebenda
185 Ebenda
186 Stefan Graf von Schlippenbach, Viele Milliarden fließen für sauberes Wasser und reine Luft. Blick durch die Wirtschaft. Nr. 139/1971

187 Horst Siebert, Das produzierte Chaos. Ökonomie und Umwelt. Stuttgart u. a. 1973, S. 175
188 Prognose des Wasserbedarfs in der Bundesrepublik Deutschland bis zum Jahre 2000. Hrsg. vom Battelle-Institut. Frankfurt 1975
189 Ebenda
190 Umweltschutzinformation. Böhringer Ingelheim April 1975
191 Gordon Jocny, The Great Lakes. Will Our Inland Seas Survive? National Geographic Magazine, August 1973
192 Clark, a. a. O., S. 77
193 Egon Overbeck, Festvortrag vor dem 6. Kongreß für Meßtechnik und Automatik 1974. Rohrpost, November 1974
194 Maßnahmen und Kosten des Umweltschutzes im Industriezweig Stahl. Stand: März 1975. Hrsg. von der Ges. für Systemtechnik mbH. Düsseldorf 1975
195 umweltpress aktuell. 8/1975
196 Hödl, a. a. O.
197 Leben und Umwelt. Nr. 12/1974, S. 221
198 Umwelt heute. Hrsg. vom Institut der Deutschen Wirtschaft. H. 7,8/1974
199 Kostenfaktor »Umweltschutz«. Ergebnisse einer Umfrage in der deutschen Industrie. Ifo-Schnelldienst Nr. 3 vom 20. 2. 1975
200 Toffler, Der Zukunftsschock, a. a. O., S. 142
201 Ebenda, S. 241
202 Udo Riemann, Landwirtschaft und Umweltschutz. Hamburg 1975
203 Weichmann, a. a. O.
204 Ebenda, S. 15 ff
205 Alexander Solschenizyn, Offener Brief an die sowjetische Führung. Darmstadt, Neuwied 1974
206 Peter Bamm, Eines Menschen Zeit. München, Zürich 1973

Literaturverzeichnis

Amery, Carl: Natur als Politik. Die ökologische Chance des Menschen. Reinbek b. Hamburg 1976

Baade, Fritz: . . . denn sie sollen satt werden. Oldenburg 1964

Baade, Fritz: Der Wettlauf zum Jahre 2000. Oldenburg 1960

Baade, Fritz: Brot für ganz Europa. Hamburg, Berlin 1952

Bamm, Peter: Eines Menschen Zeit. München, Zürich 1973

Bardorff, Wilhelm: Bezaubernde Natur in deutschen Naturschutzlandschaften. Berlin 1965

Biedenkopf, Kurt H.: Fortschritt in Freiheit. München 1974

Binswanger, Hans: Können wir das Wirtschaftswachstum steuern? 1. St. Gallener Symposium. Zit. bei Gruhl. Zürich 1974

Bock, Ernst: Grüne Umwelt, humaner Lebensraum. Hannover 1975

Borsook, Henry: Der Hungrige kann nicht warten – Das Welternährungsproblem. München, Zürich 1968

Brombach, G.: Wirtschaftswachstum. In: Handwörterbuch der Sozialwissenschaften. Stuttgart 1956

Buchwald, Konrad: Die Zukunft des Menschen in der industriellen Gesellschaft und Landschaft. Hannover 1964

Buchwald, Konrad/Engelhardt, Wolfgang: Handbuch für Landschaftspflege und Naturschutz. München, Basel, Wien 1968

Bundesministerium des Innern: Ökonomische und ökologische Konsequenzen einer energiepolitischen Konzeption. Bonn 1972

Bundesministerium des Innern: Bericht der Projektgruppe Umwelt und Energie. Bonn 1974

Bundesministerium des Innern: Umweltbrief Nr. 9. Bonn 1975

Bundesministerium des Innern: Kurzfassung des Umweltgutachtens 1974 des Rates von Sachverständigen für Umweltfragen. Bonn 1974

Bundesministerium des Innern: Abfallwirtschaftsprogramm 75 der Bundesregierung. Bonn 1976

Bundesministerium für Forschung und Technologie: Kernenergie – Eine Bürgerinformation. Bonn 1976

Bundesministerium für Wirtschaft: Erste Fortschreibung des Energieprogramms der Bundesregierung. Bonn
Bussauer Manifest zur umweltpolitischen Situation. In: Vierteljahreszeitschrift für skeptisches Denken. Stuttgart 1975
Carson, Rachel: Der stumme Frühling. München 1962
Clark, Colin: Der Mythos von der Überbevölkerung. Köln 1975
Clark, Colin: Natur, Bevölkerung und Wirtschaftswachstum. Vortrag vor dem Lindenthal-Institut. Köln 1975
Commoner, Barry: Wachstumswahn und Umweltkrise. München 1971
Conwentz, Hugo: Die Gefährdung der Naturdenkmäler und Vorschläge zu ihrer Erhaltung. Berlin 1904
Dahrendorf, Ralf: Die neue Freiheit. Überleben und Gerechtigkeit in einer veränderten Welt. München 1975
Deutsche Gartenbau-Gesellschaft: Die Grüne Charta von der Mainau. Pfullingen 1961
Ehrlich, Paul R./Ehrlich, Anne H.: Bevölkerungswachstum und Umweltkrise. Frankfurt/M. 1972
Engelhardt, Wolfgang: Ideen und Taten. Festschrift zum 80. Geburtstag Alfred Toepfers. Stuttgart 1974
Eppler, Erhard: Wenig Zeit für die Dritte Welt. Stuttgart u. a. 1971
Fahrbach, Georg u. a.: Naturschutz – eine politische Aufgabe. Stuttgart 1965
FAO (Hrsg.): Pflanzenschutz und Schädlingsbekämpfung. Rom 1972
FAO (Hrsg.): State of Food and Agriculture. Rom 1968
Forrester, Jay M.: Der teuflische Regelkreis. Stuttgart 1971
Frey, Bruno S.: Umweltökonomie. Göttingen 1971
Galbraith, John K.: Wirtschaft für Staat und Gesellschaft. München 1974
Gesellschaft für Systemtechnik mbH: Maßnahmen und Kosten des Umweltschutzes im Industriezweig Stahl. Düsseldorf 1975
Geyer, Edward Heinrich: Die ökologische Katastrophe. In: Der Rotarier. Hamburg 1972
Gruhl, Herbert: Ein Planet wird geplündert. Frankfurt 1975
Gruhl, Herbert: Wirtschaftliches Wachstum – ein Schwindel mit Begriffen. In: Nationalpark Bayerischer Wald – Königsee. Grafenau 1975
Gugol, N.: World Energy Requirements and Supplies 1970 bis 2000. In: Umweltbrief Nr. 16 des Bundesministeriums des Innern. Bonn 1973
Haber, Heinz: Stirbt unser blauer Planet? Stuttgart 1973
Haber, Wolfgang: Der Begriffsdschungel. Zur Terminologie des Umweltschutzes: In: Die kranke Umwelt. Schriftenreihe der Bundeszentrale für politische Bildung. Bonn 1974
Haenert, Franziska: Erfolge der Abfallbörsen der Industrie- und Handelskammer. Hrsg. vom Deutschen Industrie- und Handelstag. Bonn 1975
Häsler, A. A.: Mensch ohne Umwelt. Olten, Freiburg 1972
Hardy, Sir Alister: Die Weltmeere 1985. In: Unsere Welt. München, Wien, Basel 1965.
Hayek, Friedrich: Der Weg zur Knechtschaft. München 1971

Heck, Heinz: Warten aufs Gesetz – Das Bonner Abfallwirtschaftsprogramm. In: Blick durch die Wirtschaft. Frankfurt 1975

Höcherl, Hermann: Die Welt zwischen Hunger und Überfluß. Stuttgart 1969

Hödl, Erich: Umweltpolitik – Begrenzung oder Voraussetzung für wirtschaftliches Wachstum. Gutachten i. A. der Kommission für wirtschaftlichen und sozialen Wandel der Bundesregierung. Darmstadt 1974

Imhoff, Christoph von/Silenius, Axel: Energie – politische Macht. Frankfurt 1976

Institut der Deutschen Wirtschaft (Hrsg.): Umwelt heute – Argumente zu Wirtschaftsfragen. Köln 1974

Jocny, Gordon: The Great Lakes. Will Our Inland Seas Survive? In: National Geographic Magazine. Ottawa 1973

Jünger, Friedrich Georg: Die Perfektion der Technik. Frankfurt 1946

Kapfer, Wilhelm: Naturparke in Nord- und Süddeutschland. Flensburg 1970

Krause, Klaus Peter: Das große Rohstoffmanöver. Wie abhängig ist unsere Wirtschaft? Frankfurt 1975

Kruk, Max: Altpapier – kein Abfall sondern Rohstoff. In: Blick durch die Wirtschaft. Nr. 6/1975.

Kühn, Karl: Wachstum und Gemeinwirtschaft. Frankfurt 1976

Lorenz, Konrad: Die acht Todsünden der zivilisierten Menschheit. München 1973

Maddox, John: Unsere Zukunft hat Zukunft – Der jüngste Tag findet nicht statt. Stuttgart 1973

Malthus, Thomas Robert: Versuch über das Bevölkerungsgesetz. Berlin 1879

Matzke, Otto: Der Hunger wartet nicht. Bonn 1974

Meadows, Dennis: Grenzen des Wachstums. Stuttgart 1972

Meadows, Dennis: Das globale Gleichgewicht. Stuttgart 1973

Meadows, Dennis u. a.: Wachstum bis zur Katastrophe? Stuttgart 1974

Mesarovic, Mihailo/ Pestel, Eduard: Menschheit am Wendepunkt. 2. Bericht an den Club of Rome zur Weltlage. Stuttgart 1974

Mithan, E. J.: The Costs of Economic Growth. London 1967

Mühlfenzl, Rudolf/Mühlfenzl, Isabel: Der Irrtum. Weltwirtschaft zwischen Hoffnung und Angst. München, Zürich 1975

Mühlfenzl, Rudolf/Mühlfenzl, Isabel: Die Zeiten der Wegwerfgesellschaft sind vorüber. Die Welt vom 21. 7. 75

Niehaus, Heinrich: Wirtschaftswachstum – wieviel und wohin? Vortrag auf der Hochschultagung der Landwirtschaftl. Fakultät. Bonn 1973

Nixon, Richard M.: Botschaft über die Lage der Nation. US-Informationsdienst. Washington 1970

Nußbaum, Heinrich von: Die Zukunft des Unterganges. München 1975

Offner, Herbert: Das Naturparkprogramm in der Bundesrepublik Deutschland. Sonderdruck aus dem Bulletin des Presse- und Informationsamtes der Bundesregierung. Bonn 1962

Offner, Herbert: Naturparke – ein Anliegen der Menschheit. In: Schriftenreihe des Vereins Naturschutzpark. Heft 1–8. Stuttgart 1970

Offner, Herbert: Unsere Naturparke. Bd. 1. Stuttgart 1976

Olschowy, Gerhard: Belastete Landschaft – gefährdete Umwelt. München 1971
Olschowy, Gerhard: Auswertung von Untersuchungen und Forschungsergebnisse zur Belastung der Landschaft und ihres Naturhaushaltes. Schriftenreihe für Landschaftspflege und Naturschutz der Bundesanstalt für Vegetationskunde, Naturschutz und Landschaftspflege. Bonn-Bad Godesberg 1974
Overbeck, Egon: Festvortrag vor dem 6. Kongreß für Meßtechnik und Automatik. In: Rohrpost. Düsseldorf 1974
Parker, F. W.: Fertilisers and Economy. Food and Agricultur Organization of the United Nations. Rom 1962
Pestel, Eduard/Mesarovic, Mihailo: Menschheit am Wendepunkt. Stuttgart 1974
Piehl, Georg: Mut zur Utopie. Die großen Zukunftsaufgaben. München 1969
Presse- und Informationsamt der Bundesregierung (Hrsg.): Friedliche Nutzung der Kernenergie in der Bundesrepublik Deutschland. Antwort der Bundesregierung auf eine Große Anfrage im Deutschen Bundestag. Bundestagsdrucksache 7/3871. Bonn 1975
Presse- und Informationsamt der Bundesregierung (Hrsg.): Bulletin der Bundesregierung Nr. 167 v. 1. 12. 1970. Bonn 1970
Presse- und Informationsamt der Bundesregierung (Hrsg.): Umweltprobleme des Rheins. Gutachten des Rates der Sachverständigen für Umweltfragen. Bundestagsdrucksache 7/5014
Proske, Rüdiger: Statt polemisieren – die Zukunft durchdenken. Informationskreis Kernenergie. Bonn 1976
Riemann, Udo: Landwirtschaft und Umweltschutz. Hamburg 1975
Röpke, Wilhelm: Jenseits von Angebot und Nachfrage. Erlenbach, Zürich, Stuttgart 1952
Rohwedder, O.: Wie überwinden wir die Umweltkrise? In: Leben und Umwelt. Wiesbaden 1975
Ruppert, Kurt: Der Stadtwald als Wirtschafts- und Erholungswald. München 1960
Schlippenbach, Stefan Graf von: Viele Milliarden fließen für sauberes Wasser und reine Luft. In: Blick durch die Wirtschaft. Frankfurt 1971
Schwabe, G. H.: Menschheit am Wendepunkt? In: Scheidewege. Vierteljahresschrift für skeptisches Denken. H. 2, 5 (1975).
Servan-Schreiber, Jean-Jacques: Die amerikanische Herausforderung. Hamburg 1968
Siebert, Horst: Das produzierte Chaos. Ökonomie und Umwelt. Stuttgart u. a. 1973
Solschenizyn, Alexander: Offener Brief an die sowjetische Führung. Darmstadt, Neuwied 1974
Sonnemann, Theodor: Laudatio auf Alfred Toepfer. In: Naturschutz und Naturparke. Heft 73/1974.
Sonnemann, Theodor: Naturparke – eine soziale Verpflichtung. In: Schriftenreihe des Vereins Naturschutzpark. Stuttgart 1958
Steinbuch, Karl: Kurskorrektur. Stuttgart 1973
Strzygonski, Walter: Europa braucht Naturparke. Horn 1959

Sturm, Wilma: Deutsche Naturparke. Stuttgart 1964

Thiede, Günther: Europas grüne Zukunft – Die Veränderung der ländlichen Welt. Düsseldorf, Wien 1975

Thiede, Günther: Standorte der EWG-Agrarerzeugung. Schwerpunkte und Entwicklungstendenzen. Hamburg, Berlin 1971

Alvin Toffler (Hrsg.): Kursbuch ins Dritte Jahrtausend. Bern, München, Wien 1973

Toffler, Alvin: Der Zukunftsschock. Bern, München, Wien 1970

Toffler, Alvin: Die Grenzen der Krise. Bern, München, Wien 1975

Vygen, Hendrik/Werle, Peter: Abriß der Entwicklung des Naturschutzes in der Bundesrepublik Deutschland. Bonn-Oberkassel

Weichmann, Herbert: Gefährdete Freiheit. Hamburg 1974

Weinzierl, Hubert: Die große Wende im Naturschutz. München, Basel, Wien 1970

Weinzierl, Hubert: Das große Sterben. München 1971

Whitten, Jamie L.: Damit wir leben können. New York 1966

Widemer, Dean: Kein Platz für Menschen. Der programmierte Selbstmord. Stuttgart 1971

Winnacker, Kurt: Nie den Mut verlieren. Düsseldorf, Wien 1971

Wirsing, Giselher: Der abwendbare Untergang. Eine Herausforderung an Menschen und Mächte. Düsseldorf, Wien 1975

Wischnewski, Hans-Jürgen: Nord-Süd-Konflikt. Hannover 1966

Personenregister